전면개정
제 12 판

외환관련 여신

김종환 · 김성민 · 김용승 · 신태용 공저

본서는 무역금융, 외화대출, 외화지급보증, 외환회계 관련 내용과
실무 처리상의 유의사항을 실무자 입장에서 소개함으로써
관련 분야 종사자에게 실무적인 참고자료로 활용되도록 구성하였다.

한국금융연수원
KOREA BANKING INSTITUTE

머리말

최근 글로벌 기업들의 대외무역 및 건설, 용역거래가 지속적으로 증가함에 따라, 외국기업과의 거래규모가 대형화되고 거래방식도 복잡해지고 있습니다. 이러한 거래를 신속하고 원활하게 수행하기 위해서는 외환관련여신에 대한 다양한 업무지식 습득이 요구된다 할 것입니다.

따라서, 본 서는 종전 「외환관련여신」 내용 중 많은 분량을 차지하던 국내기업의 수출지원 목적인 무역금융 · 내국신용장 등의 내용을 간소화하고, 중요성이 증대되고 있는 외화대출 · 외화지급보증 등의 내용은 강화하는 방향으로 전면 개정작업을 진행하였습니다.

외환관련여신에 관한 지식이 전혀 없는 이들도 무역금융, 외화대출, 외화지급보증, 외환회계 등을 기본적으로 쉽게 이해할 수 있도록 소개하고자 했습니다.

아울러 외환관련여신의 업무 내용 및 실무처리상 유의사항 등을 소개함으로써 이 분야에 종사하는 이들에게 실무적인 참고자료가 되도록 하였습니다. 또한, 본 서를 집필한 저자들은 이론이 이론으로만 끝나서는 안 된다는 생각에서 각 편마다 다양한 예제를 들고 사례를 분석하는 등 되도록 많은 지면을 이론의 실무 적용에 할애하려고 노력하였습니다.

본 서의 내용 중에는 아직도 미진한 부분이 많이 있습니다. 앞으로 더 유용한 책이 될 수 있도록 계속해서 보완해 나갈 것을 약속드리며, 본 서가 외환관련 여신업무에 관심을 가지신 독자 여러분에게 유익하고 소중한 지침서가 되기를 바랍니다.

끝으로 본 서가 세상에 나오기까지 많은 도움을 주신 한국금융연수원 원장님을 비롯한 도서출판부 관계자 여러분께 진심으로 감사의 말씀을 드립니다.

2017년 4월

저자 일동

CONTENTS

제1편 무역금융

CONTENTS

CONTENTS

제3편 외화지급보증

CONTENTS

제1편

외환관련여신 [무역금융]

한국금융연수원

제 1 장

총 론

제1절 ..... 총 론

1. 의 의

2. 무역금융 연혁

3. 무역금융제도의 특징

4. 무역금융의 종류

제1절 총 론

1. 의 의

무역금융이란 수출업체 등에 대하여 "물품의 수출 및 용역의 제공"을 통한 외화획득을 위하여 수출물품의 생산, 원자재 및 완제품 구매에 필요한 자금을 지원하는 단기 원화자금대출이다.

넓은 의미에서는 대외무역거래에 수반하여 발생하는 모든 여신 즉, 무역 관련 대출을 의미하나, 일반적으로는 좁은 의미로서 수출물품의 선적 전 또는 외화입금 전에 취급되는 무역금융 및 무역금융 관련 지급보증을 말한다.

2. 무역금융 연혁

우리나라의 무역금융제도는 1961년 2월 금융통화운영위원회가 제정한 수출금융규정을 시작으로 경제환경 등의 변화에 따라 수차례 개정되어 왔다. 현행 무역금융제도는 1994년 2월 17일 금융통화운영위원회가 제정한 한국은행의 금융회사에 대한 대출규정을 근거로 하여 한국은행총재가 제정한 「한국은행 금융중개지원대출관련 무역금융지원 프로그램 운용세칙」, 동 「운용절차」 등을 기본규정으로 하여 시행되고 있다. 이들 규정은 중앙은행인 한국은행의 무역금융 융자취급은행 앞 대출취급 적격요건을 정한 것으로서, 융자취급은행은 동 규정의 요건 및 절차에 맞게 취급한 대출금만을 은행의 재무상태표상에 '무역어음대출'이라는 계정과목으로 처리할 수 있다.

또한 융자취급은행의 한국은행으로부터의 차입방법, 차입이자율 등 무역금융 취급과 관련한 제 규정도 시행되고 있다.

1998년 5월 1일부터는 한국은행 금융중개지원대출 대상 무역금융의 융자한도와 융자비율은 수출업체의 과거 수출실적, 신용장내도액, 기업신용도 등을 감안하여 은행이 자율적으로 판단하여 결정하도록 하였으며, 1999년 5월 1일부터는 내국신용장의 표시통화와 대금결제방식을 자유화하여 내국신용장 제도 활성화를 도모하였고, 포괄금융 이용대상 업체 확대 및 제조시설을 보유하지 않은 업체들도 수출품의 기획 · 개발 및 위탁가공 등에 필요한 자금을 생산자금으로 이용할 수 있도록 하는 등 무역금융 융자대상 및 이용절차상의 규제를 대폭완화 또는 철폐하여 운용되고 있다.

어음, 수표 등 전자정보교환제도 시행 등 기업들의 경상거래에 대한 결제환경 변화와 정부의 과세자료 전산 추진 등으로 내국신용장 개설 및 결제방식을 전자문서교환방식으로 전환하는 필요성이 제기되었다. 이에 따라 2013년 2월 서류교환방식에 의한 내국신용장 개설방식이 폐지되었고, 2014년 2월부터는 서류교환방식에 의한 내국신용장 결제방식이 폐지되어 내국신용장 제도가 전면 전자화되었다. 2015년 9월부터는 외국인에 대한 국내에서의 용역 수출을 포함한 용역을 수출하는 데 소요되는 경우에도 생산자금을 이용할 수 있게 되었다.

구 분	내 용
기본 규정	• 한국은행 금융중개지원대출관련 무역금융지원 프로그램 운용세칙 • 한국은행 금융중개지원대출관련 무역금융지원 프로그램 운용절차
관련 규정	• 각 은행의 무역금융관련 여신규정 및 지침

3. 무역금융제도의 특징

무역금융은 수출물품의 생산 등에 필요한 수출업체 등의 소요자금을 적기에 지원, 수출물품을 공급하게 함으로써 국제경쟁력을 강화하고 수출증대를 달성하기 위하여 지원되는 금융으로 다음과 같은 특징이 있다.

3-1. 선적 전에 지원되는 금융

무역금융은 수출물품을 제조 · 가공하는 데 소요되는 자금을 동 물품의 선적 전에 지원한 후 동 수출대금으로 상환토록 하는 선적 전 금융이다.

선적 후 금융 지원하는 것으로는 수출환어음의 추심전매입이 있다.

구 분	선적 전 금융	선적 후 금융
정책금융	무역금융	수출환어음 담보대출*
일반금융	무역어음(인수 및 할인)	수출환어음 매입

* 수출환어음 담보대출제도는 한국은행 "수출환어음 담보대출 취급규정 등"에 근거하여, 지난 1975년 제정 후 1988년까지 시행되다 무역수지가 흑자로 돌아서고 국내 금융기관의 외화차입금리가 낮아지면서 1989년부터 중단됐었다가, 금융위기 때인 1998년 재개 후 1999년에 다시 중단되어 현재는 운영을 하지 않고 있다.

3-2. 자금의 수출단계별 지원

수출계약에서부터 수출대금의 회수 시까지 수출이행의 전과정을 대상으로 원자재, 생산 및 완제품 구매 등 각종 자금을 연계하여 지원한다.

3-3. 내국신용장제도 운용

무역금융은 수출물품을 제조, 가공하여 수출함에 있어 필요한 원자재의 국내조달을 촉진하기 위하여, 내국신용장에 의해 국내에서 물품을 생산하여 수출업자에게 공급하는 내국신용장의 수혜자도 수출신용장에 의해 물품을 수출하는 직수출업자와 동등하게 무역금융을 지원한다.

3-4. 사후관리제도 운용

무역금융은 수출진흥을 위한 지원금융이므로 여신취급은행은 지정된 용도 외의 다른 목적에 사용되지 않도록 관리하여야 하고 부당금융 수혜 행위에 대하여서는 제재제도 등을 운영하고 있다.

3-5. 융자취급은행의 제한

무역금융은 대외 무역거래와 관련하여 취급되는 여신이므로 외국환업무 취급인가를 받은 금융회사만이 취급할 수 있으며, 하나의 수출신용장 등과 관련된 무역금융의 취급 및 수출대금의 영수는 동일한 외국환은행에서 이루어지도록 되어 있다.

3-6. 한국은행의 자금지원

무역금융은 정책금융으로서 무역금융 취급실적을 금융중개지원대출의 금융회사별 한도에 반영함으로써 무역금융 취급 금융회사는 한국은행으로부터 일정비율의 자금지원을 받고 있다.

따라서, 은행 자체적으로 조달하는 일반금융에 비하여 무역금융 수혜 시 개별금융회사의 자금사정에 구애받지 않고, 낮은 금리를 적용받을 수 있다.

2015년 5월부터는 금융기관의 무역금융 취급 실적을 산정할 때, 다음과 같은 신용대출의 취급실적을 2배로 인정하였고, 2023년 1월부터는 금융기관의 순수 신용 무역금융 취급 유인을 제고할 목적으로 ①에 해당하는 신용대출의 취급 실적은 2.5배로, ②,③에 해당하는 신용대출의 취급 실적은 2배로 인정하였다. 신용대출 인정 여부는 대출 건별로 정한다.

① 전액을 담보나 보증없이 취급한 순수 신용대출

② 동업자 보증대출

③ 인적 보증대출

4. 무역금융의 종류

무역금융의 종류를 요약하면 다음과 같다.

<table>
<tr><th>구 분</th><th>종 류</th><th>내 용</th></tr>
<tr><td rowspan="3">용도별 금융</td><td>생산자금</td><td>국내에서 수출용 완제품 또는 원자재의 제조 · 가공 · 개발비 또는 용역을 수출(외국인에 대한 국내에서의 용역수출 포함)하기 위해 소요되는 자금</td></tr>
<tr><td>원자재자금</td><td>수출용 원자재를 해외로부터 수입하거나, 내국신용장에 의하여 국내에서 구매하는 데 소요되는 자금</td></tr>
<tr><td>완제품 구매자금</td><td>국내에서 생산된 수출용 완제품을 내국신용장에 의하여 구매하는 데 소요되는 자금</td></tr>
<tr><td>포괄금융</td><td colspan="2">전년도 또는 과거 1년간 수출실적이 미화 2억(자 · 타사 수출실적 포함) 달러 미만인 업체에 대하여 상기 제조 · 가공 · 개발비 또는 용역 수출에 소요되는 자금, 수입 · 국산 원자재자금을 자금용도 구분 없이 취급하는 자금</td></tr>
</table>

즉, 종류별로 살펴보면, 수출물품을 제조 · 개발하는 업체에는 생산하는 데 필요한 생산자금, 원자재를 구매하거나, 수입하는 데 결제자금조로 원자재자금을 지원한다. 수출용 완제품 구매업체에는 완제품 구매자금을, 전년도 또는 과거 1년간 수출실적이 미화 2억불 미만인 업체는 생산, 원자재 구분 없이 포괄금융으로 지원할 수 있다.

〈수출절차와 무역금융의 관계〉

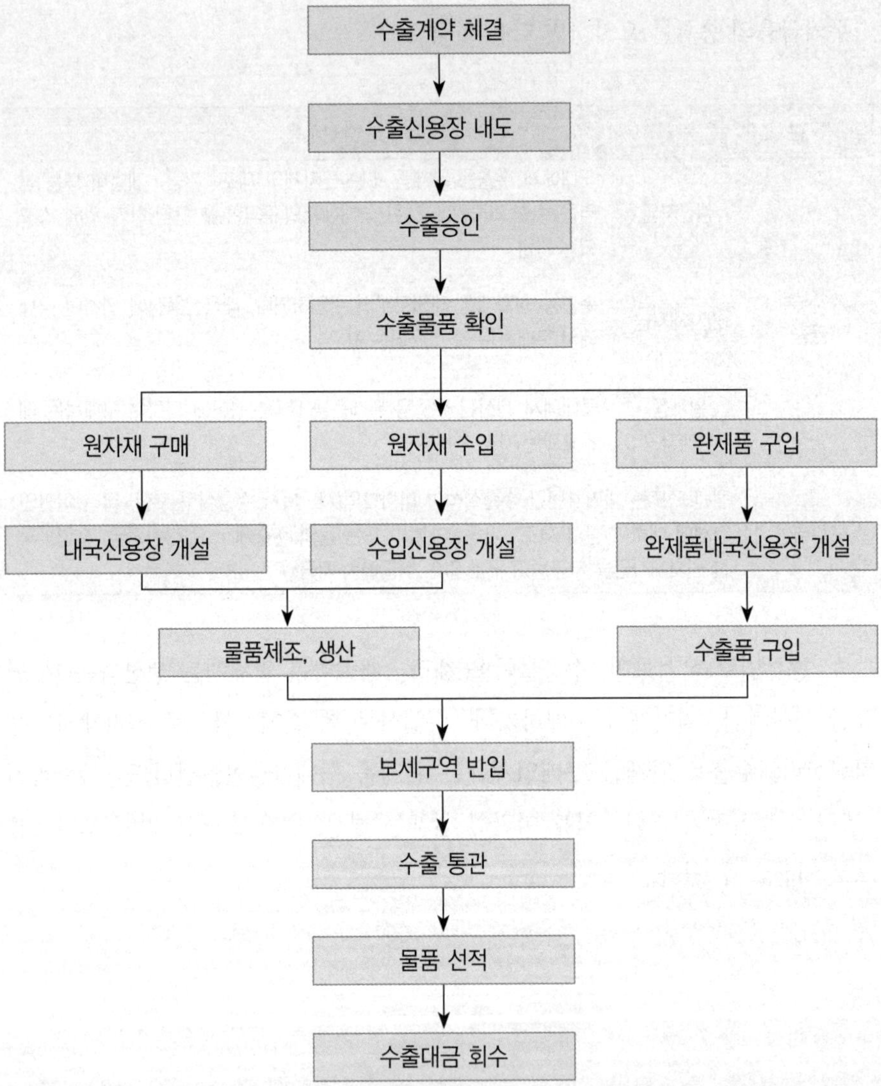

제 2 장

무역금융

제1절 무역금융

1. 무역금융의 융자절차

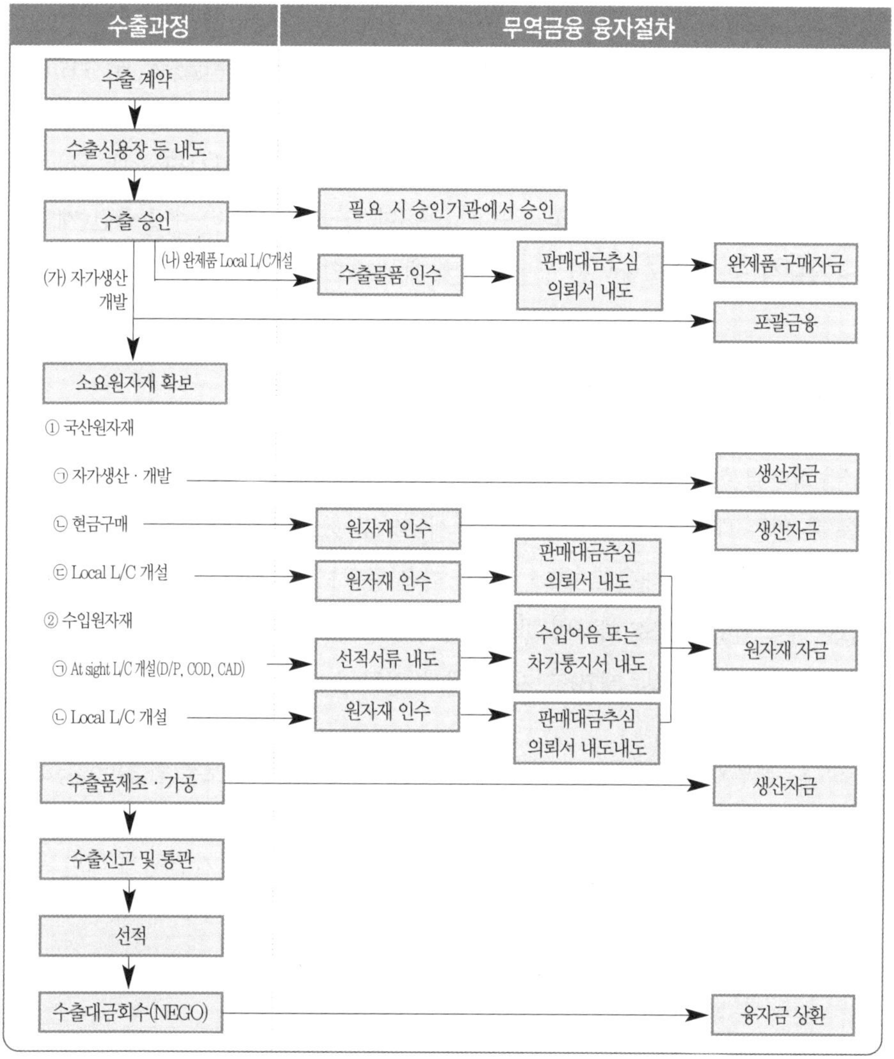

2. 융자대상

2-1. 연혁

1961년 2월 '수출금융규정' 제정 당시에는 수출신용장을 받은 수출업자만 융자 대상이었으나, 1969년 5월 수출용 원자재 생산업자도 그 대상에 포함됨으로써 무역금융의 지원대상이 국내의 수출물품 생산업체에까지 확대되었다.

융자대상 수출거래의 형태도 수출신용장에서 1966년 10월에는 D/P, D/A방식 수출이 추가되었고, 1985년 11월에는 COD, CAD방식, 1992년 4월에는 위탁가공무역에 소요되는 국산원자재의 무상수출방식도 추가되는 등 무역금융의 융자대상은 경제 여건, 수출상품의 구성 및 국제거래방법의 다양화 추세 등에 따라 그 범위가 확대되고 있으나 근본적으로 수출이행이 확실시되고 대금회수가 보장되는 경우로 한정되고 있다. 또한 1998년 10월에는 기타 수출관련 계약서도 융자대상 증빙에 포함되면서 융자수혜 대상이 확대되었다.

2-2. 융자대상

금융회사별 한도 배정, 즉, 한국은행 금융중개지원 대출 관련 무역금융을 융자받을 수 있는 대상은 「중소기업기본법」 제2조 및 동법 시행령 제3조의 규정에의한 중소기업에 대한 대출로 한다. 다만, 다음 중 하나에 해당하는 업체에 대하여 취급한 무역금융은 금융회사별 한도배정에 반영하지 아니한다.

(1) 「은행업감독규정」 제79조 제1항에서 정하는 주채무계열 소속기업체에 대한 무역관련대출

※ 주채무계열 소속 기업체도 무역금융 및 무역금융관련 지급보증 취급은 가능하나, 한국은행 금융중개지원 대출대상에서는 제외된다.

(2) 「신용정보 관리규약」에 의해 최종부도거래처로 분류된 기업체에 대한 무역관련 대출

(3) 폐업업체에 대한 무역관련 대출

첫째, 신용장기준금융을 수혜 받을 수 있는 경우는 다음과 같다.

가. 수출신용장에 의하여 물품(이하 「대외무역법」에서 정하는 전자적 형태의 무체물을 포함한다), 건설 및 용역을 수출하거나 국내 공급하고자 하는 자(내국수출 포함)

나. 지급인도(D/P)와 인수인도(D/A) 조건 및 기타 수출관련 계약서(이하 "수출계약서"라 한다)에 의하여 물품, 건설 및 용역을 수출하거나 국내 공급하고자 하는 자

다. 내국신용장 또는 「대외무역법」에 의한 외화획득용 원료 · 물품 등 구매확인서(이하 구매확인서)에 의하여 수출용 완제품 또는 원자재를 공급(수탁가공 포함)하고자 하는 자

라. 다음 각 호의 하나에 해당하는 외화 또는 원화표시 물품공급계약서(이하 "외화표시물품공급계약서"라 한다)에 의하여 물품, 건설 및 용역을 수출하거나 국내 공급하고자 하는 자

① 외국정부, 외국공공기관 또는 국제기구와 체결된 물품, 건설 및 용역공급계약서

② 선박건조공급(개조공급 포함) 및 「대외무역법」에서 정한 산업설비의 수출을 위한 계약서

③ 정부, 지방자치단체 또는 정부투자기관이 외국으로부터 받은 차관자금에 의한 국제경쟁 입찰에 의하여 국내에서 유상으로 물품, 건설 및 용역을 공급하기 위하여 체결된 계약서

④ 「한국국제협력단법」에 따른 한국국제협력단이 같은 법 제7조에 따른 사업을 위하여 물자, 용역 및 공사 등을 외국에 무상으로 원조하는 경우 동 물자, 용역 및 공사에 관한 계약서

마. 다음 어느 하나에 해당하는 국제기구 발급 구매주문서(Purchase Order)를 보유한 자

① 수출거래 당사자, 물품거래조건 등의 기재 등을 통하여 은행이 발급사실을 확인한 국제기구 발급 구매주문서

② 한국무역보험공사가 보증서를 제공한 국제기구 발급 구매주문서

둘째, 실적기준금융을 수혜 받을 수 있는 경우는 다음과 같다.

가. 상기 수출신용장, 지급인도(D/P)와 인수인도(D/A) 조건 및 기타 수출관련 계약서, 외화표시 물품공급계약서, 내국신용장 또는 구매확인서에서 정한 방식에 의한 과거 수출 또는 공급실적(이하 "수출실적"이라 한다)이 있는 자로서 동 수출실적 기준으로 금융을 받고자 하는 자

나. 「관세법」의 규정에 의하여 설치된 보세판매장에서 자가생산품을 외국인에게 외화로 판매한 실적이 있거나, 외항항공, 외항해상운송 또는 선박수리 업체로서 과거 외화입금실적이 있는 경우 등 외화판매실적 및 외화입금실적을 기준으로 융자를 받고자 하는 자

[참고] 기타 수출관련계약서로서 다음에 해당하는 것이 수출실적에 포함될 수 있음

- 단순송금방식에 의한 수출실적으로서 대응수출이 이행되고 수출대금이 전액 입금된 분
- 대금교환도(COD 및 CAD)방식에 의한 수출실적으로서 수출대금이 전액 입금된 분
- 팩터링방식에 의한 수출실적으로서 수출대금이 전액 입금된 분

2-3. 융자대상에서 제외되는 경우

가. 중계무역방식에 의한 수출

나. 한국수출입은행의 수출자금대출(인도 전 금융)을 수혜한 경우

다. 무역어음을 할인받은 경우

라. 「중소기업협동조합법」에서 정하는 중소기업협동조합 또는 사업협동조합이 중소기업협동조합 공동사업자금을 융자받은 경우

[참고] 무역금융 융자 취급이 불가능한 경우와 융자취급 제외사유

수출신용장	
• 중계무역방식	← 국산원자재 및 제품 수출이 아님
• 수출입은행의 수출자금대출(인도 전 금융)	← 이중융자
• 전액 무역어음 인수취급분*	← 이중융자
수출계약서와 외화표시물품공급계약서	
• 수출입은행의 수출자금대출(인도 전 금융)수혜	← 이중융자
• 무역어음 인수취급분	← 이중융자
내국신용장	
• 무역어음 인수취급분	← 이중융자

* 무역어음 인수취급분 중 당해 신용장 등의 금액에서 일부 금액만 선수금을 수령하였거나 무역어음 인수를 취급한 경우 동 인수취급금액을 제외한 나머지 금액에 대해서는 무역금융 융자취급이 가능하다.

3. 융자대상 수출실적

수출실적이란 일반적으로 물품 및 용역 등을 수출하고 영수한 외화입금실적을 말하나, 수출실적의 집계목적(통계, 정책수립)에 따라 수출실적의 인정범위가 크게 달라진다.

무역금융에 있어 수출실적이라 함은, 융자대상 수출실적을 의미한다.

가. 직수출실적

수출 관련 통계자료로 활용하기 위하여 집계하는 수출실적으로서 관세청의 수출통관 실적을 기준(FOB 금액)으로 집계한 수출실적

나. 총수출실적 : 대외무역관리규정 제 25조에서 정하는 수출실적

① 유상으로 거래되는 수출(대북한유상반출실적 포함)

② 수출승인이 면제되는 수출에 해당하는 물품 등이 현지에서 매각된 것,

해외 건설공사에 직접 공하여지는 원료 · 기재, 공사용장비 또는 기계류의 수출(수출신고필증에 재반입하지 않는다는 조건이 명시된 분에 한한다)

③ 수출자 또는 수출물품 등의 제조업자에 대한 외화획득용 원료 또는 물품 등의 공급 중 수출에 공하여지는 것으로 내국신용장(Local L/C)에 의한 공급, 구매확인서에 의한 공급, 산업통상자원부 장관이 지정하는 생산자의 수출물품포장용 골판지상자의 공급

④ 외국인으로부터 외화를 영수하고 외화획득용 시설기재를 외국인과 임대차계약을 맺은 국내업체에 인도

⑤ 외국인으로부터 외화를 영수하고 자유무역지역으로 반입 신고한 물품 등을 공급

⑥ 외국인으로부터 외화를 영수하고 그가 지정하는 자가 국내에 있음으로써 물품 등을 외국으로 수출할 수 없어 「관세법」 제154조에 따른 보세구역으로 물품 등을 공급하는 경우

⑦ 외화를 받고 외항선박에 선박용품 등 관리에 관한 고시에 따른 내국선박용품을 공급하는 경우

다. 무역금융 융자대상 수출실적

상기 '나'의 총수출실적 중에서 무역금융 관련규정에서 구체적으로 인정한 분(分)만을 집계한 수출실적을 말한다. 이러한 무역금융의 '융자대상 수출실적'은 특정업체의 자금종류별 융자한도를 결정할 뿐만 아니라, 실적기준금융의 경우에는 수출신용장 등의 보유와 관계없이 과거 융자대상 수출실적만으로도 융자가 취급될 수 있다. 따라서 융자대상 수출실적의 개념, 용도 및 분류기준에 관한 정확한 이해와 더불어, 업체별 동 수출실적에 대한 정확한 통계의 작성 및 관리가 매우 중요하다.

3-1. 수출실적의 인정금액

1) 국외수출실적

수출실적은 국외수출과 국내수출로 구분할 수 있는데 국외수출에 해당하는 것으로는 다음과 같은 것이 있다.

가. 수출신용장, 수출계약서와 외화표시물품공급계약서

융자대상 수출실적은 융자대상 증빙 요건에 부합하는 수출신용장 등에 의한 본선인도가격(FOB)을 기준으로 한다. 대금결제조건이 운임보험료 포함가격(CIF) 등인 경우에는 이를 본선인도가격으로 환산한 금액을 수출실적으로 인정한다.

나. 사전송금방식 수출

사전송금방식 수출실적으로서 대응수출이 이행되고 수출대금이 입금된 분

다. 대금교환도(COD 및 CAD)방식 수출

대금교환도조건 수출실적으로서 수출대금이 입금된 분

라. 팩토링 방식에 의한 수출실적

국제팩토링 방식에 의한 수출실적으로서 수출대금이 입금된 분

마. 보세판매장을 통한 내국수출

관세법의 규정에 의하여 설치된 보세판매장을 통하여 자가생산품을 외국인에게 외화로 판매한 실적이 있거나 외항항공, 외항해상운송 또는 선박수리업체로서 과거 외화입금실적이 있는 경우 동 외화판매실적 및 외화입금실적

바. 위탁가공무역 방식에 의한 수출실적

국산원자재를 구매하여 무상으로 수출한 실적

2) 국내수출실적

국내수출은 내국신용장과 구매확인서에 의한 공급실적이 있는데 내국신용장에 의한 공급실적은 국내거래로서 외항운임, 보험료를 포함하는 가격으로 개설되지 아니하므로 내국신용장 결제금액을 기준으로 한다. 동 금액에는 당해 공급물품의 제조 · 가공에 투입된 수입원자재와 관련된 관세 등 제세공과금 부담액을 포함할 수 있다. 한편 구매확인서에 의한 공급실적은 융자한도관리 외국환은행이 해당업체로부터 징구하는 구매확인서 및 세금계산서 상의 금액을 기준으로 한다.

3) 수출실적 인정의 제한

다음의 경우에 해당하는 수출실적 또는 공급대금 영수실적은 당해 업체의 융자대상 수출실적으로 인정되지 아니한다.

가. 신용장기준금융 수혜업체인 경우

하나의 수출신용장 등과 관련된 무역금융의 취급 및 수출대금의 영수가 동일 외국환은행을 통하여 이루어지지 아니한 경우

나. 실적기준금융 수혜업체 및 포괄금융 수혜업체인 경우

실적기준금융 수혜업체 및 포괄금융 수혜업체가 발행한 수출환어음 또는 내국신용장의 매입과 추심이 동 업체에 대한 융자취급은행을 통하여 이루어지지 아니한 경우

다. 무역어음이 인수취급된 수출신용장 등에 의한 수출실적은 당해 인수취급분을 제외한 부분만을 융자대상 수출실적으로 인정한다.

라. 위탁가공무역의 경우 국산원자재를 구매하여 가공하지 않고 수출한 실적은 생산자금 및 포괄금융 융자한도의 산정 대상이 되는 수출실적에서 제외한다.

3-2. 수출실적의 인정시점

수출실적은 다음 기준에 따라 해당월의 수출실적으로 산입된다.

가. 수출신용장 및 내국신용장

당해 수출환어음 또는 내국신용장이 매입(또는 추심의뢰)된 때. 그러나, 수출환어음 또는 내국신용장의 매입금액 중 소정기일 내에 미회수되어 부도 처리된 분은 부도 발생월의 매입실적에서 차감하고 부도처리 후 입금된 분은 당해 입금월의 매입실적에서 이를 재산입한다.

나. 구매확인서

딩해 물품관련 세금계산서가 발급된 때

다. 수출계약서와 외화표시물품공급계약서

당해 수출대금 또는 공급대금이 입금된 때. 단, 선수금 영수방식 수출의 경우에는 동 수출이 이행된 때

라. 사전송금방식에 의한 수출

대응수출이 이행되고 수출대금 전액이 입금된 때

마. 대금교환도(COD 및 CAD)방식에 의한 수출

수출대금 전액이 입금된 때

바. 팩토링 방식에 의한 수출

수출대금 전액이 입금된 때

사. '관세법'의 규정에 의하여 설치된 보세판매장을 통한 내국수출

자가생산품을 외국인들에게 외화로 판매한 실적으로서 그 판매대금을 외국환

은행에 판매 또는 입금한 때

아. 위탁가공무역 방식에 의한 수출

수출신용장은 매입(추심의뢰 포함) 시, 기타방법은 수출대금 입금 시

[참고] 수출실적의 인정금액 및 인정시점

구 분	인정금액	인정시점	비 고
① 수출신용장	매입(추심)액	매입(추심) 시	FOB 금액
② 내국신용장	매입(추심)액	매입(추심) 시	
③ 수출계약서, 외화표시 물품공급계약서 (단, 단순방식 수출의 경우에는 동 수출이 이행된 때)	입금액	입금 시	
④ 전자적 형태의 무체물 수출	입금액	입금 시	
⑤ 구매확인서	구매확인서 금액 또는 세금계산서금액	세금계산서 발급일	

3-3. 수출실적의 승계 및 이관

가. 수출실적의 승계

외국환은행(포괄금융의 경우 주거래외국환은행)은 업체가 다음에 해당하는 경우에는 「수출실적승계 승인신청서」 〈별지 제3-1호 서식〉에 의하여 수출실적의 승계를 인정할 수 있다.

① 개인기업이 법인기업으로 전환하는 경우

② 영업의 전부 또는 특정업종 전체를 양수하는 경우

③ 기업의 합병(신설합병 및 흡수합병 포함)이 이루어지는 경우

④ 기타 수출실적의 승계가 타당하다고 인정하는 경우

나. 수출실적의 이관

거래업체의 요청에 따라 별지「수출실적 이관 승인 신청서」〈별지 제3-2호 서식〉에 의하여 수출실적을 다른 외국환은행으로부터 이관 받아 당해 업체의 여신한도 산정 시 동 수출실적을 반영할 수 있다.

다만, 수출실적을 승계하거나 이관한 외국환은행은 무역금융이 중복취급되지 않도록 승계 및 이관된 수출실적에 대응하는 융자한도를 당해 업체의 융자한도에서 차감하는 등의 조치를 취하여야 한다.

4. 융자금의 종류

무역금융의 융자대상 자금은 그 용도에 따라 생산자금, 원자재자금 및 완제품구매자금의 세 가지가 있다.

1985년 11월 1일부터 수출절차 간소화 방안의 일환으로서 일정한 자격요건을 갖춘 중소 수출업체에 대해서는 수출물품의 생산에 소요되는 자금을 융자금의 구분 없이 일괄 융자하는 포괄금융제도가 도입, 실시되고 있다.

무역금융의 융자금을 이와 같이 구분 운용하는 목적은 수출물품의 조달 형태에 그 자금의 소요시기 및 기간에 맞추어 지원함으로써 적정융자를 도모하고 자금유용을 방지하는 한편, 중소공급업자 보호 등 여러 가지 정책적 목적을 달성하기 위한 것이다. 각 자금의 성격 및 특징을 좀 더 구체적으로 살펴보면 다음과 같다.

4-1. 생산자금

국내에서 수출용 완제품 또는 원자재를 제조, 가공, 개발하거나 용역을 수출(외국인에 대한 국내에서의 용역수출 포함)하는 데 소요되는 자금으로 신용장금액(FOB)에서 소요 원자재액을 차감하여 계산한다.

제조시설을 갖춘 업체들만 생산자금을 이용할 수 있었으나 1999년 5월부터는 제조시설을 갖추지 않은 업체들도 수출품의 기획 · 개발 및 위탁가공 등에 필요한 자금을 생산자금으로 이용할 수 있도록 허용되었다.

중고품, 농수산물 및 자가생산한 원자재 등과 같이 상거래 관례상 내국신용장에 의하여 조달하기 곤란한 수출용 원자재 및 완제품을 구매하는 데 소요되는 자금은 생산자금으로 취급할 수 있다.

2015년 9월부터는 외국인에 대한 국내에서의 용역 수출을 포함한 용역을 수출하는 데 소요되는 자금에도 이용할 수 있게 되었다.

4-2. 원자재자금

수출용 수입원자재를 해외로부터 일람출급(at sight) 조건으로 직접 수입하거나 국내에서 제조 · 생산된 수출용 원자재를 내국신용장에 의하여 구매하는 데 소요되는 자금으로 융자대상 금액 기준은 수입의 경우에는 운임 · 보험료를 포함한 가격(CIF), 국내 구매의 경우에는 내국신용장 외화금액(원화로만 표시되어 있는 경우에는 동 금액)으로 한다.

다만, 선수출 후수입을 위하여 발행된 수입신용장은 원자재자금의 융자대상에 해당되지 않으나, 수출(외화표시 물품공급 포함)대금이 입금되지 않은 경우에는 당해 수출대금의 입금 시까지 이미 개설된 수입신용장에 대하여 원자재자금을 취급할 수 있다.

[참고] 화물운임관련 원자재자금의 융자대상금액

원자재자금 취급 시 융자대상 수입금액은 운임보험료 포함가격(CIF)을 기준으로 하고 있기 때문에 원자재수입에 따른 해상운임을 수입어음 금액에 포함하여 결제하지 않고 따로 지급키로 되어 있는 경우에는 해당 선박회사 또는 대리점이 발급한 운임증명서에 의거 동 운임 결제를 위한 자금도 원자재자금으로 지원할 수 있다.

[참고] 임가공내국신용장에 대한 원자재자금의 예외 취급

원자재자금은 자가생산을 위하여 수출용 원자재를 필요로 하는 실수요자를 대상으로 융자 취급함을 원칙으로 하고 있으나, 임가공 방식에 의하여 수출용 원자재 제조공정 일부를 위탁가공하기 위하여 수탁가공업체에 대한 가공임을 내국신용장에 의하여 지급하는 '원자재 임가공 내국신용장'의 경우에는, 동 가공임 결제를 위한 자금을 원자재자금으로 취급할 수 있다. 또한 수출용 완제품 제조공정 전부를 위탁, 가공하기 위하여 개설하는 '완제품 임가공 내국신용장'의 결제를 위한 융자취급도 가능하다.

4-3. 완제품구매자금

국내에서 생산된 수출용 완제품을 내국신용장에 의하여 구매하는 데 소요되는 자금으로 융자 대상금액 기준은 내국신용장의 외화금액으로 하되, 내국신용장의 금액이 원화로만 표시되어 있는 경우에는 동 금액으로 한다.

4-4. 포괄금융

전년도(1월 1일부터 12월 31일 기준) 또는 과거 1년간 수출실적이 미화 2억 달러 미만인 업체가 자금용도의 구분없이 일괄하여 대출 받을 수 있는 금융으로, 수출물품 확보에 필요한 자금을 생산자금과 원자재자금으로 구분하지 않고 수출신용장 등 융자대상증빙서류나 과거 수출실적의 일정비율에 대하여 일괄 현금 대출하는 제도이다.

포괄금융을 대출 받은 기업은 별도의 생산자금이나 원자재자금을 대출 받을 수 없다. 신설법인으로서 수출신용장 등을 보유한 업체의 경우 당해 업체가 보유한 수출신용장 등의 금액 범위 내에서 포괄금융을 취급할 수 있다.

5. 융자(수혜)방법

무역금융의 융자방법은 수출업체의 금융편의와 여신절차 간소화를 위하여 각 자금별(포괄금융의 경우에는 업체별)로 "신용장기준금융"과 "실적기준금융"으로 구분 운용하며, 동일한 자금에 대하여는 융자방법을 병행하여 사용할 수 없다.

5-1. 신용장기준금융

수출업체가 보유하고 있는 수출신용장, 수출관련 계약서 및 내국신용장 등의 융자대상 증빙을 매 건별로 심사하여 당해 증빙의 공급계약금액, 선적 및 유효기일 등을 참고하여 자금소요시기에 맞추어 적정금액을 융자하고 당해 수출대금으로 융자금을 회수하는 방식을 말한다.

5-2. 실적기준금융

업체별 과거 수출실적을 기준으로 각 자금별 융자한도를 설정하여 동 한도범위 내에서 지급보증 및 대출금을 취급하되 융자기간 만료일에 융자금을 회수하는 방식을 말한다.

5-3. 신용장기준금융과 실적기준금융의 비교

구 분	신용장기준금융	실적기준금융
금융수혜시기	당해 업체가 보유한 수출신용장 등이 있어야 금융 수혜 가능	수출신용장 보유 유무에 관계없이 과거 수출실적에 의한 융자한도 범위 내에서 금융수혜 가능
편의성	수출신용장 등의 건별로 금융관리를 하게되므로 취급 불편	융자한도 산정기준에 의거 수출실적을 기준으로 융자한도 관리
한도관리	신용장 잔액이 융자한도를 초과하지 않도록 관리	융자한도 산정기준에 의거 수출실적을 기준으로 융자한도 관리

융자기간	당해 신용장의 선적기일 및 유효기일을 감안하여 거래 외국환은행이 정함.	거래외국환은행이 정함.
특징	신규업체 및 원자재 사전확보가 불필요한 업종이 편리	원재재 사전 비축 확보가 용이하므로 원자재자금은 대부분 실적기준을 이용하고 있음.

5-4. 융자방법의 변경

외국환은행은 업체가 융자방법을 변경하는 경우에는 융자방법의 변경시점에서 기 취급된 대출금 및 지급보증 잔액이 융자방법 변경 대상자금의 융자한도를 이미 초과한 경우에는 소정 융자한도로 축소될 때까지 신규 금융을 취급할 수 없다.

6. 융자한도

6-1. 의의

무역금융의 융자한도란 특정기업이 각 자금별(생산자금, 원자재자금, 완제품 구매자금)로 융자취급은행에서 융자받을 수 있는 최고한도를 의미하는 바, 실적기준금융의 경우에는 수출신용장 등 개별 증빙을 징구하지 않고 융자하는 제도이므로 업체별 수출규모를 감안한 융자한도의 설정이 필수적이며, 신용장기준금융의 경우에도 업체가 보유한 수출신용장 범위 내에서 과다한 지원이 발생하지 않도록 당해 업체의 과거 수출실적에 비추어 융자기간 내에 수출이행이 확실시되는 금액범위 내에서 적정 융자가 이루어질 수 있도록 관리하여야 한다.

실적기준금융의 융자한도는 수출실적에 연동하여 결정되기 때문에 편의상 미 달러화 금액으로 표시하고 있으며, 매월 산정되는 융자한도 범위 내에서는 회전 사용할 수 있다.

6-2. 융자한도

1998년 5월 1일부터 무역금융의 융자한도 산출방법은 수출업체의 과거 수출실적 등을 감안하여 외국환은행이 자율적으로 산정한다. 용도별 금융은 자금별로 산정, 포괄금융은 업체별로 산정한다.

6-3. 융자한도의 관리

가. 실적기준금융을 이용하는 업체에 대하여 과거실적 등을 감안하여 외국환은행이 자율적으로 융자한도를 산정하여야 한다.

나. 수입대행업체가 실수요자를 위하여 수출용 원자재의 수입신용장 개설을 의뢰하는 경우에는 당해 수입신용장 개설금액과 동 수입대금의 결제를 위한 원자재자금의 융자취급액은 실수요자의 원자재자금 한도관리 대상에 포함, 관리하여야 한다.

다. 원자재자금의 경우 당해 내국신용장 또는 수입신용장이 융자한도 내에서 개설된 경우에는 당해 어음의 결제시점에서 융자한도가 부족하더라도 융자취급할 수 있다.

라. 당해 융자한도에는 당해 원자재의 수입신용장 개설분 〔지급인도조건 및 대금 교환도 조건(CAD 및 COD)에 의한 수입의 경우에는 수입승인분, 수입계약서 또는 물품매도확약서상의 수입금액〕과 내국신용장 개설분을 포함한다.

7. 융자금액

7-1. 자금별 융자금액 산출

융자금액은 융자한도 범위 내에서 자금별 융자대상금액에 「외국환거래규정」에서 정하는 매매기준율의 융자취급일 전월의 평균매매기준율을 곱한 금액 범위 내에서 취급하며, 원화표시내국신용장은 동 어음 금액범위 내에서 취급한다. 다만, 융자금액이 결제자금 등 소요자금보다 클 경우에는 소요자금범위 내에서 취급한다. 무역어음대출 최저금액은 10만원 단위로 한다(10만원 미만은 절사).

〈자금별 융자금액 비교〉

구 분	신용장기준	실적기준
(1) 포괄금융	수출신용장 등의 금액 × 평균매매기준율 × 융자비율	융자한도금액 × 평균매매기준율 × 융자비율.
(2) 생산자금	(가) 외화가득액주1) × 평균매매기준율 × 융자비율 (나) 외화가득액 = [수출신용장 등의 융자대상 금액 (F.O.B기준) - 원자재수입액(C.I.F기준) - 국내원자재구매액(내국L/C의 외화금액)]	
(3) 원자재자금	수입어음금액, 수입대금주2) 또는 내국신용장의 외화금액 × 평균매매기준율 × 융자비율	좌 동
(4) 완제품 구매자금	내국신용장의 외화금액 × 평균매매기준율 × 융자비율	좌 동

주1) 외화가득액 관련 유의사항
- 수출신용장 등에서 소요원자재금액을 사정하기 위하여는 "대외무역관리규정"에 의거 발급된 소요량 증명서 등 소요량을 확인할 수 있는 증빙서류에 의하여야 함.
- 국산원자재를 상거래관습상 현금거래에 의하지 않고는 조달하기 어렵거나 자가 생산한 원자재와 같이 국산원자재를 내국신용장에 의하여 조달하기 곤란한 경우는 소요 원자재의 확보가 확실하게 된 때에 동 부분을 생산자금의 융자대상에 포함할 수 있음.
- 수출자유지역 내 입주기업에 대한 생산자금 및 원자재금융 취급 시 융자대상 품목의 기준 소요량이 고시되어 있는 경우는 동 기준 소요량에 의거 소요량 계산의 타당성 여부를 확인하고, 기준소요량이 고시되어 있지 않은 품목의 경우 관할세관장이 확인한 "실소요량신고서"에 의거 이의 적정여부를 심사하여 과다여신 취급을 방지하여야 함.

주2) 수출용 원자재 수입을 위한 원자재금융 융자대상 금액
- 일람급 조건 L/C, 지급인도조건(D/P) 수입계약서 : 수입어음금액
- 대금교환도(COD, CAD)조건 수입의 경우 : 수입대금

[유의사항] 연체 · 대지급 중인 상태에서 무역금융 신규 취급 가능 여부

연체 · 대지급 중인 융자 수혜업체에 대하여 신규로 무역금융 및 관련 지급보증을 취급하고자 하는 경우에는 무역금융 관련 규정상에 제한은 없으나(과거 20일 이내 결제인 경우에만 가능했었음). 융자취급은행의 여신규정상에 의하여 신규취급이 제한되는 것이 일반적이므로 주의를 요한다. 또한 동 연체 · 대지급 상태에서 신용보증서를 담보로 무역금융을 취급하는 경우 신용보증기금의 서면동의 없이 신규 무역금융 및 관련 지급보증을 취급하게 되면 신용보증기금의 면책사유에 해당되므로 각별히 조심하여야 한다.

7-2. 수출신용장 등의 융자대상금액 산정기준

신용장기준에 따라 무역금융을 융자받는 업체는 융자대상 증빙인 수출신용장 등의 융자대상금액을 산출하여야 한다.

가. 「수출신용장 등」의 본선인도(FOB)가격을 기준

다만, 전자적 형태의 무체물 수출의 경우에는 신용장 등의 금액을 기준

※ 수출신용장 등의 FOB가격 환산 방법

① 운임 및 보험료가 수출신용장 등에 확정되어 표시된 경우, 해당 운임 · 보험료를 제외한 실제 물품가격을 기준으로 융자대상 금액 산정

② 운임, 보험료 등이 포함된 가격이나 동 금액이 미확정된 수출신용장 등의 경우, 과거 수출신용장 등의 금액에 아래 환산율표의 해당 항목을 곱한 금액을 융자대상 금액으로 하기도 하였으나, 환율, 운임, 보험료 등의 변동성 확대로, 실제 소요되는 운임, 보험료 명세 등을 확인하여 FOB가격으로 환산한다.

[참고] 한국무역협회에서 정한 FOB가격 환산율표

구분 / 지역	CIF		CFR	
	선박	항공	선박	항공
일본 · 중국	0.9902	0.9909	0.9923	0.9930
아시아, 기타	0.9836	0.9890	0.9863	0.9918
미주 · 구주	0.9648	0.9806	0.9721	0.9839

나. 선수금 영수조건의 경우 당해 수출신용장이나 계약서 금액에서 이미 영수한 선수금을 차감한 금액을 기준

다. 무역어음이 인수 취급된 경우 당해 인수 취급액을 차감한 금액을 기준

라. 회전신용장의 경우 당해 신용장의 액면금액을 초과할 수 없다.

마. 위탁가공무역방식의 경우 융자대상 금액은 위탁가공무역에 소요되는 국산원자재를 무상으로 수출하는 금액 범위 내로 한다. 다만, 가공물품을 현지 또는 제3국으로 수출하는 경우에 한하며, 국산원자재를 구매하여 가공하지 않고 수출하는 경우에는 생산자금 및 포괄금융 융자대상에서 제외한다.

바. 수출대금을 수입대금과 상계 처리하는 경우 동 수출대금은 융자대상 수출실적에서 차감한다.

사. 특수조건 수출신용장 등의 산정기준

① 과부족 허용(10% more or less)조건의 경우 수출신용장 금액에서 10%를 차감한 금액을 기준

② 최초 수출환어음 매입비율을 제한하는 경우 동 수출환어음 매입비율 해당액을 기준

③ 분할선적조건의 경우 수출신용장 등의 금액 범위 내에서 융자취급하되 융자기간은 최초 유효기일 이내로 함. 선적기일 이내에 지정된 수량의 선적이 이행되지 않는 경우는 동 수출신용장 전체가 무효가 되므로 동 신용장 관련 여신금액을 즉시 회수하여야 함.

[유의사항] 할부선적조건의 신용장 등에 대한 융자취급방법

할부선적조건(Installment Shipment Clause)이 삽입된 수출신용장 등의 경우에는 수출이행이 가능한 부분에 대하여 융자취급 하되 융자기간만료일은 '최초 선적기일+7일'까지로 하여야 한다. 다만 선적기일 내에 지정된 수량의 선적이 이행되지 아니하는 경우에는 수출신용장의 성격상 잔여 선적분은 신용장조건과 불일치하게 되므로 관련 융자금은 즉시 회수하여야 한다.

【예시】 금액 U$100,000, 가득률 50%, 1차 선적기일 202X. 2. 28(할부선적금액 U$30,OOO), 2차 선적기일 202X. 3. 31(할부선적금액 U$30,000). 3차 선적기일 202X. 4. 30(할부선적금액 U$40,000)인 수출신용장에 의거 202X. 1. 3에 생산자금(평균기준환율 @1,300원, 융자비율 90%)을 취급하는 경우

① 최초융자금액 : 58,500,000원

(산식) USD100,000 × 50% × @1,300 × 90% = 58,500,000(10만원 미만 금액은 절사)

② 융자기일 : 202X년 3월 7일 (= 최초선적기일 + 7일)

③ 1차 선적분이 1차 선적기일 내에 수출이행된 경우에는 동 1차 선적분 해당 융자취급 금액을 상환하여 나머지 잔여분을 2차 선적기일에 7일을 더한 기간까지 취급

④ 정부, 지방자치단체 또는 정부투자기관이 외국으로부터 받은 차관자금에 의한 국제경쟁입찰에 의하여 국내에서 유상으로 물품을 납품하기 위하여 체결된 외화표시 물품공급 계약서의 경우 당해 계약서 금액 중 외화 해당액 기준

⑤ 원화표시 신용장의 경우 당해 원화금액을 융자취급당일의 매매기준율로 환산한 미달러 금액을 기준으로 함.

단, 동 신용장 등에 미달러화가 명시되어 있는 경우에는 이를 기준

⑥ 미달러화 이외의 외국통화의 경우 : 융자취급 당일의 당해 통화의 「외국환거래규정」에 의한 매매기준율 및 미달러화의 매매기준율로 환산한 금액을 기준으로 함.

$$\text{환산대상통화금액} \times \frac{\text{환산대상통화 매매기준율}}{\text{미화 매매기준율}} = \text{미화 상당금액}$$

⑦ 화물운임 관련 원자재자금의 경우 화물운임분에 대하여 원자재자금을 별도로 취급하는 경우는 해당 선박회사 또는 대리점이 발급한 운임증명서의 운임금액을 기준으로 함.

아. 융자대상에서 제외되는 수출실적 등

① 중계무역방식에 의한 수출실적

② 중장기 연불방식에 의한 수출실적

③ 한국수출입은행의 수출자금대출을 수혜 받은 수출실적

④ 수출대금 미회수분의 처리방법

i) 신용장방식 매입금액 중 부도처리분은 부도발생월의 매입실적에서 차감

ii) 부도처리 후 입금된 분은 당해 입금월의 매입실적에 재산입

[유의사항] 외화표시 내국신용장 등에 대한 무역금융 융자

외국환은행은 외화표시 내국신용장이나 수입신용장 등에 의하여 발행된 어음의 대금을 개설의뢰인의 거주자계정 예치금이나 기타 외화자금으로 결제하는 경우 「한국은행 금융중개지원대출관련 무역금융 프로그램운용세칙」 제2조 제1항 및 제10조에 의거 동 자금의 이체와 동시에 개설의뢰인에게 원화로 무역금융(원자재자금)을 융자해 줄 수 있음(정금 5029-543, 1999.07.03).

8. 융자시기 및 융자기간

자금의 유용을 방지하고 금융의 효율성 제고를 위해 실제 자금 소요시기에 맞추어 융자취급토록 하고 있어 자금별 융자시기가 상이하다.

자금별	융자시기	융자기간	융자기산일
생산자금	융자한도 산정 후 즉시 융자가능하며 융자한도 금액 범위 내 분할융자도 가능하다.	수출물품 제조 · 수출에 소요되는 해당 업체의 1회전 소요기간을 감안하여 외국환은행이 정한다.	융자취급일
원자재자금	– 수입어음 결제 시 – 수입대금 지급 시 – 수입화물운임 지급 시		
	– 내국신용장 결제 시		
포괄금융	– 자금 소요 시		
완제품구매자금	– 내국신용장 결제 시		

원자재자금 중 수입결제는 선적서류 접수 익영업일로부터 5영업일 이내, 내국신용장 어음 결제는 지급제시된 날로부터 3영업일 이내에 취급하여야 하며, 동 자금 수혜업체로부터 도산 등으로 자기자금분(수입어음의 원화 해당금융 · 융자금액)을 징구하지 못하는 경우에는 수입신용장 개설은행, 내국신용장 개설은행이 어음금액 전액을 대지급 처리하여야 한다.

9. 융자금의 회수

구 분	신용장기준금융	실적기준금융
회수 시기	융자기한이 만료되기 이전이라도 수출신용장 등에 의해 발행된 어음을 매입할 때(또는 입금 시) 동 대금으로 회수한다. ☞ 하나의 수출신용장 등과 관련된 무역금융의 취급 및 수출대금의 영수는 동일 외국환은행을 통하여 이루어져야 한다.	융자기간 만료 시 회수

회수 금액	(1) 생산자금 : Nego금액(F.O.B기준) × 당해 수출신용장 등의 가득률 × 평균매매기준율(융자취급 시) × 융자비율 (2) 원자재자금 : Nego금액(F.O.B기준) × 당해 수출신용장 등의 원자재의존율 × 평균매매기준율(융자취급 시) × 융자비율 (3) 포괄금융 : 원수출신용장 등의 Nego금액 × 평균 매매기준율(융자취급 시) × 융자비율	당초 대출금전액

10. 위탁가공무역 관련 무역금융 취급방법

10-1. 위탁가공무역의 의의

위탁가공무역이란, 가공임을 지급하는 조건으로 외국에서 가공(제조, 조립, 재생, 개조를 포함한다)할 원료의 전부 또는 일부를 거래상대방에게 수출하거나 외국에서 조달하여 이를 가공한 후 가공물품 등을 수입하거나 외국으로 인도하는 수출입을 말한다.

가. 가공임의 지급방법 : 가공임은 T/T 또는 L/C방식으로 지급한다.
나. 가공무역계약은 Consignment Process Contract 또는 Cutting Making Trimming Contract라고 하며 통상 가공임을 CMT charge라 한다.

10-2. 융자대상 수출형태

인건비 등이 저렴한 국가에 현지법인 또는 지사를 설치하거나 현지기업과 위탁 가공계약을 체결한 국내기업이 국산원자재를 사용하여 제조 · 가공한 물품을 현지 또는 제3국으로 수출하는 경우에 한하여 동 국산원자재의 무상 수출실적을 무역금융 융자대상의 수출실적으로 인정한다.

10-3. 융자대상 수출실적

실무상으로는 동 국산원자재의 수출통관 시 발급받는 '수출신고필증'을 징구하여 융자대상 수출실적을 산정하여야 하는 바, 동 수출신고서상에는 반드시 다음 사항이 모두 기재되어 있어야 하며, '총신고가격(FOB)'금액을 융자대상 수출실적으로 인정한다.

- 거래구분 – ⑪항 : 관리번호 29
- 결제방법 – ⑬항 : 결제부호 PT

당해 업체가 위탁가공무역에 소요되는 국산원자재를 직접 제조 · 가공(내국신용장에 의한 위탁가공분 포함)하여 무상으로 수출한 실적을 융자대상 수출실적으로 인정하여 생산자금, 원자재자금 및 포괄금융을 취급할 수 있다.

당해 업체가 위탁가공무역에 소요되는 국산원자재를 구매하여 가공하지 않고 무상으로 수출한 실적도 융자대상 수출실적으로 인정하나, 동 수출실적을 근거로 생산자금 및 포괄금융은 수혜 받을 수 없으며 원자재자금만 가능하다.

제2절 포괄금융

1. 도입배경

우리나라의 무역금융제도는 수출업체뿐만 아니라 국내공급업자(수출물품 제조업체)에게도 무역금융을 지원하고 있으므로 자금의 용도외 사용 및 중복금융 방지를 위하여 융자금의 구분, 융자한도, 융자취급시기 등 제반사항을 규제하고 있다.

따라서 기업규모가 영세한 중소수출업체에서는 복잡한 무역금융제도를 이해하는 데 애로를 겪는 경우가 많아 1985년 11월 1일부터 연간 수출실적 US$ 5천만 미만인 영세수출업체에 대해서는 융자금의 구분, 융자시기, 융자한도 융자단가 등에 관한 특례를 적용하는 포괄금융제도가 도입되었다. 그 후 수혜대상 업체의 범위 및 융자한도 등을 계속 확대, 현재는 많은 수출업체가 이 제도를 이용하고 있다. 2013년 11월 7일부터는 중소기업에 대한 수출금융지원을 강화하기 위하여 포괄금융 적용기준이 US$ 5천만 미만에서 US$ 2억 미만으로 확대되었다.

2. 의 의

일반수출입금융은 적정자금 지원 및 자금의 용도외 사용금지라는 목적을 위하여 생산자금, 원자재자금 또는 완제품구매자금 등으로 자금용도에 따라 구분 융자취급(이를 '용도별 금융'이라 한다)하고 있다. 포괄금융이란 일정요건을 갖춘 융자대상업체에게 상기 자금용도의 구분 없이 물품수출에 필요한 원자재구매자금, 제조 · 가공비를 일괄하여 현금으로 융자취급함으로써 해당업체의 편의를 도모하고자 하여 실시되고 있다.

따라서 포괄금융은 융자취급절차가 상당히 간소화되어 있으나 반면에 융자금이 융자대상업체에 직접 현금으로 지급됨에 따라 동 자금이 수출용 운전자금이 아닌 타 용도로 유용될 가능성도 높다는 특징을 갖고 있다.

[유의사항]

포괄금융을 이용함에 있어 완제품구매자금을 생산자금, 원자재자금과 함께 포괄금융으로 이용할 수는 있지만, 완제품구매자금만으로 포괄금융으로 이용할 수는 없는 경우가 대부분이다.

수출실적의 범위

융자대상 수출실적으로서 자사제품 수출실적과 타사제품 수출실적의 합계액이 미화 2억달러 미만인 경우 포괄금융 대상임.(내국신용장에 의한 내국수출실적을 포함한다.)

각 외국환은행별로 선정하나, 일반적으로 다음의 기준으로 산정한다.

구 분	용 도	범 위
자사제품 수출실적	생산자금 원자재자금 포괄금융	(1) 당해 업체가 직접 제조, 가공(내국신용장에 의한 위탁 가공분 포함)하여 수출 또는 국내 공급한 실적 다만, 임가공내국신용장에 의한 완제품 조달분은 원수출 신용장 등의 뒷면에 당해 수출용 완제품의 가공임에 해당하는 내국신용장의 개설 사실이 확인된 분에 한함. (2) 직수출의 경우 수출신고필증상의 "제조자 수출분"(A)으로 표시된 수출신고필증상 수출금액을 기준으로 하되 당해업체가 직접 제조, 가공한 분만을 대상으로 함. "제조자 수출"분으로 구분된 수출신고필증의 경우라 하더라도 "자사제품 수출실적"에서 정하는 요건에 해당하지 않으면 "타사제품 수출실적"에 포함함. ※ 수출신고필증상 부호란에는 무역업고유번호를 기재하고 고유번호 우측에 수출자와 제조자가 같으면 "A"로, 수출자가 수출대행만 하면 "B"로, 수출자가 완제품을 받아 수출하는 경우에는 "C"로 표기됨. (3) 내국신용장에 의하여 위탁가공무역에 소요되는 국산원자재를 구매하여 가공하지 않고 수출한 실적은 자사제품 수출실적에 포함하되 생산자금 및 포괄금융 융자한도 산정 시 수출실적에는 제외함.
타사제품 수출실적	완제품 구매자금	수출신고필증상 "수출위탁분"(B), "완제품공급분"(C)으로 표시된 수출실적

3. 융자대상업체

전년도(1.1~12.31까지 기준) 또는 포괄금융 수혜업체 선정 신청 전월로부터 과거 1년간 수출실적이 미화 2억달러 미만 업체가 대상이다.

수출실적 보유기간이 1년 미만인 신규업체라 하더라도 동 기간 동안의 수출실적이 미화 2억달러 미만인 경우에는 포괄금융 수혜업체로 선정할 수 있다.

4. 수혜업체의 선정 및 취소

가. 주 · 부거래 외국환은행 지정

포괄금융을 이용하고자 하는 업체는 당해 업체의 수출실적 관리 등을 담당할 외국환은행(주거래은행 : 1개 영업점을 기준으로 함)을 지정하여야 한다.

나. 포괄금융 수혜업체의 선정 및 취소 등

주거래 외국환은행은 융자대상 요건에 해당하는 업체의 신청에 의하여 포괄금융 수혜업체로 선정할 수 있다.

주거래 외국환은행은 선정한 포괄금융 이용업체의 자격을 매년 1월 중에 전년도 수출실적을 기준으로 재심사 선정하여야 한다. 이 경우 재심사하여 포괄금융 이용업체로 선정된 업체는 당해 연도말까지는 과거 1년간 수출실적이 미화 2억달러가 초과되더라도 수혜자격을 계속 유지할 수 있다.

포괄금융 이용업체의 주거래 외국환은행으로 신규 또는 변경 지정되어 포괄금융 이용업체를 선정한 주거래 외국환은행은 〈별지 제1-1호 서식〉 사본에 의하여 동 사실을 지체 없이 당해 업체가 무역금융 및 무역금융 관련 지급보증을 이용하고 있는 다른 외국환은행(이하 '부거래 외국환은행')에 통보하여야한다.

부거래 외국환은행은 주거래 외국환은행으로부터 포괄금융 이용대상 선정통보를 받은 후 당해업체에 대한 무역금융 및 무역금융관련 지급보증을 취급하여야 한다.

주거래 외국환은행이 포괄금융 이용업체의 선정을 취소한 경우에는 〈별지 제1-2호 서식〉에 의하여 동 사실을 지체 없이 포괄금융업체의 부거래 외국환은행에 통보하여야 한다.

[참고]

포괄금융 이용 시 수출실적확인서 발급제도는 없어졌지만 어느 한 은행에서 포괄금융을 이용하고 있는 업체는 다른 은행에서도 포괄금융만을 이용하여야 한다.

5. 융자방법

포괄금융도 용도별 금융처럼 신용장기준금융 방식 또는 실적기준금융 방식 중 업체가 임의로 선택, 이용할 수 있다.

6. 융자한도

포괄금융의 융자한도는 지급보증한도를 포함하여 운영하며, 융자한도는 주거래 외국환은행이 산정하고, 부거래 외국환은행은 주거래 외국환은행으로부터 포괄금융 이용대상 선정 통보(포괄금융 주거래외국환은행(신규 · 변경)지정 및 이용업체선정신청서, 포괄금융 이용업체 선정취소 통보서)를 받은 후 부거래 외국환은행 자체실적에 의한 융자한도 산정방법에 의하여 취급한다.

포괄금융 한도 내에서 원자재 조달을 위한 수입신용장 및 내국신용장 개설이 가능하며 이 경우 무역금융으로 결제할 수 있으나, 원자재자금을 병행하여 사용할 수 없다.

7. 융자금액 및 융자시기

구 분	신용장기준금융	실적기준금융
융자금액	수출신용장 등의 자사제품 수출실적(FOB기준)× 평균매매기준율	외국환은행이 자율산정한 업체별 융자한도금액 × 평균매매기준율
융자시기	소정의 융자금액 범위 내에서 업체의 신청에 따라 일괄 또는 수시 융자취급이 가능하다.	

8. 수출실적관리

포괄금융 이용업체의 부거래 외국환은행은 매월별 수출실적을 「수출실적관리카드」에 기재하여야 하고, 관리카드 사본에 원본대조필인을 날인한 후 그 사본을 당해 업체 주거래 외국환은행에 매년 1월 10일까지 송부하여야 한다(연 1회).

포괄금융 이용업체의 주거래 외국환은행은 부거래 외국환은행으로부터 송부받은 「수출실적관리카드」를 종합하여 당해 업체에 대한 「수출실적관리카드」를 작성, 관리하여야 하며, 업체가 주거래 외국환은행을 변경하는 경우에는 동 「관리카드」 사본을 지체 없이 새로이 지정된 주거래 외국환은행에 송부한다.

포괄금융의 주거래 외국환은행은 당해 업체 부거래 외국환은행으로부터 송부받은 수출실적을 업체별로 매년 1월 중 전년도 수출실적을 기준으로 재심사하여야 한다.

제 3 장

내국신용장

제1절 내국신용장

1. 도입배경

내국신용장 제도는 수출용 원자재의 국내 조달을 촉진하고 수출용 완제품의 생산 · 공급을 원활히 하기 위하여 1967년 10월에 최초로 국내에 도입되었다. 도입된 이래 시행되어 오는 동안 지속적인 제도 개선, 보완이 이루어짐으로써 오늘날 우리나라의 수출지원제도 운용을 위한 필수적 수단이 되었다.

즉, 내국신용장 제도는 원래 무역금융의 융자대상을 수출업자로부터 수출물품을 생산업체에까지 확대하는 과정에서, 수출물품 생산업체에 대한 융자취급 시에도 직수출업체에 대한 융자취급 시와 마찬가지로 융자대상 수출물품 거래대금에 의한 자동적인 융자금 회수가 보장되도록 하기 위하여 국내에서 수출물품 거래 시 취소불능 신용장방식을 이용하도록 한 것이다.

1975년 7월 1일 관세환급제도가 도입된 데 이어, 1977년 7월 1일 부가가치세 영세율 제도가 도입, 시행되면서 내국신용장은 금융수단으로서의 기능 외에 수출용 원자재 및 수출용 완제품 등 수출재화의 국내 거래단계별 이동경로를 포착하여, 관세 환급 및 부가가치세 영세율을 적용받을 수 있는 세금 혜택을 통한 수출장려 수단으로서의 기능을 더하게 되었다.

또한, 「대외무역법」에 의한 수출입허가 및 수출입업 자격 갱신 시 내국신용장에 의한 물품공급실적을 수출실적으로 인정하는 등 수출증대에 긴요한 역할을 담당하고 있다.

중소기업의 보호육성의 시각에서 볼 때 내국신용장은 금융, 세제 및 무역행정상 수출지원 수단으로서의 기능보다도 신용장 본래의 기능으로서 물품대급 지급보증기능이 더욱 중요시된다.

즉, 내국신용장에 의한 대금 결제는 물품공급자가 내국신용장을 거래 외국환은행에 매각하거나, 외국환은행을 통해 추심하는 방식으로 이루어지기 때문에 내국신용장 수혜자는 물품공급대금을 안전하게 회수할 수 있는 것이다.

따라서 금융당국은 중소공급업자 보호시책의 일환으로 수출입업자로 하여금 내국신용장방식에 의하여 수출물품을 구매하도록 적극 유도하고 있으며, 이를 위한 제도적 장치로서 무역금융의 융자금을 자금용도별로 구분하여, 수출용 원자재 및 완제품 구매에 소요되는 자금을 차주에게 직접 지급하지 않고 내국신용장 결제자금으로 융자하도록 하고 있다.

결제환경이 변화함에 따라, 산업통상자원부와 한국은행에서는 무역업체 및 중소기업의 경쟁력을 강화하기 위하여 내국신용장 전체 업무가 은행방문 없이 인터넷 접속만으로 전자무역기반시설을 통해 전자적으로 진행 가능하게 되었다.

2013년 2월부터 내국신용장 개설 신청 · 개설, 통지를 전자무역기반시설을 통한 전자문서 교환 방식으로 일원화한 데 이어, 2014년 2월부터는 내국신용장 환어음을 폐지하고 내국신용장 결제가 전자적으로 작성 · 전송된 판매대금 추심의뢰서를 통해 처리하게 되었고 2015년 10월부터는 근거서류 제출이 전자화되었다.

2. 개 요

2-1. 의의

가. '내국신용장'이란 무역금융 취급대상 수출실적(실적기준금융 이용업체)이 있거나 외국으로부터 수출신용장 등을 받은 국내수출업자(신용장기준금융 이용업체)가 수출물품을 제조 · 가공 하는 데 소요되는 원자재 또는 수출용 완제품을 국내에서 원활하게 조달하기 위하여 융자대상 수출실적 또는 원 수출신용장 등을 근거로 하여 원자재 또는 수출용 완제품의 국내공급업자를 수익자로 하여 개설되는 신용장을 말한다.

나. 수출신용장(Master L/C)과는 달리 국제 간 무역거래에는 사용할 수 없으며, 수출에 제공하기 위한 국내 업체 간 국내거래에서만 사용이 가능하다.

다. 내국신용장 개설의뢰인은 원수출신용장 등을 근거로 하여 수평적으로 다수의 내국신용장을 개설할 수 있을 뿐 아니라 물품의 제조공정에 따라 수직적으로 다수의 내국신용장의 개설이 가능하다.

라. 「한국은행 금융중개지원대출관련 무역금융지원 프로그램 운용세칙」, 동 「운용절차」 및 「전자무역 촉진에 관한 법률」 등의 규정을 적용한다.

2-2. 거래당사자

가. 개설의뢰인(구매자)

수출용 원자재 또는 수출용 완제품을 내국신용장 방식에 따라 구매(또는 임가공 위탁)하는 업체로서 동 내국신용장 대금의 지급의무를 부담하게 된다.

개설의뢰인의 자격은 원칙적으로 무역금융의 융자대상자, 즉 수출신용장 등을 보유한 자, 융자대상 수출실적 보유자 및 외화표시 건설 · 용역공급계약자 등에 한한다.

나. 수혜자(공급자)

내국신용장의 공급대상 물품을 제조 · 생산(또는 임가공수탁)하여 개설의뢰인에게 매도하는 업체 또는 수출용 수입원자재를 공급하는자

다. 개설은행

개설의뢰인의 신청에 따라 내국신용장을 개설하는 외국환은행이며, 개설의뢰인에 대한 무역금융 융자취급은행

라. 매입은행

내국신용장 수혜자가 물품공급을 완료한 후 동 물품대금 회수목적으로 발행한 판매대금추심의뢰서를 매입 또는 추심하는 은행

2-3. 기능

가. 대금회수의 안정성

내국신용장은 개설은행의 지급보증이므로 수익자가 물품공급을 정당하게 완료한 경우에는 동 공급 관련 서류에 하자가 없는 한 개설의뢰인이 부도 · 도산 등으로 지급능력을 상실하더라도 개설은행이 대지급하여야 하며, 따라서 물품대금의 회수가 보장된다.

나. 물품대금의 조기회수

내국신용장상의 물품공급을 완료한 수혜자는 개설의뢰인으로부터 원칙적으로 10일 이내에 물품수령증명서를 발급 받은 후 판매대금추심의뢰서를 발행, 매입은행을 통한 매입 또는 추심으로 물품대금을 회수한다.

다. 무역금융 수혜가능

내국신용장에 의하여 수출용 원자재 또는 수출용 완제품을 구매하는 업체는 원자재자금 및 완제품구매자금을 대출받을 수 있다.

라. 부가가치세 영세율 적용

마. 융자대상 수출실적으로 인정

바. 관세환급 기능

〈내국신용장의 주요기능 요약〉

개설의뢰인	수익자
- 원자재 또는 수출용 완제품을 구매 시 무역금융 수혜 - 내국신용장에 의해 물품 구매 시 물품공급 후에 대금을 지급하므로 자금부담 경감 - 개설의뢰인은 내국신용장에서 정한 기일 내에 물품을 공급받으므로 수출물품 확보에 원활화를 기함.	- 내국신용장에 의한 국내 공급실적은 무역금융 및 "대외무역법상" 수출실적으로 인정 - 수익자는 동 내국신용장을 융자대상증빙으로 하여 무역금융 수혜 가능 - 은행의 지급보증으로 물품대금 회수 보장 - 부가가치세 영세율 적용 및 관세 환급 - 내수거래에 비하여 물품공급대금의 조기회수

2-4. 내국신용장의 종류

1) 공급대상품목에 따른 종류

가. 원자재내국신용장

수출용 원자재를 공급대상으로 하여 개설된 내국신용장으로서 국산원자재 및 외국산원자재를 국내에서 구매하기 위하여 개설되는 내국신용장이다.

개설의뢰인은 동 원자재내국신용장 결제조로 원자재구매자금의 융자를 받을 수 있다.

나. 완제품내국신용장

수출용 완제품을 공급대상으로 하여 개설된 내국신용장으로서 수출물품을 자가 공장에서 직접 제조 · 가공하지 아니하고 타업체로부터 동 수출물품을 구매하기위하여 개설되는 내국신용장이다.

개설의뢰인은 동 완제품내국신용장 결제조로 완제품구매자금을 대출 받을 수 있다.

다. 임가공내국신용장

생산시설이 없거나 부족한 업체가 생산시설을 보유한 업체와 가공계약을 체결하고 수출용 원자재 또는 수출용 완제품을 위탁 가공하기 위한 가공임을 대상으로 하여 개설된 내국신용장을 말한다.

① 원자재 임가공내국신용장

원자재금융 이용업체가 수출물품을 제조 · 가공하는 과정에서 생산공정의 일부가 없거나 부족한 경우, 당해 공정을 보유한 업체와 임가공계약 체결 및 가공임 결제를 위한 내국신용장을 개설하고 임가공 대상물품의 가공을 위탁하여 원자재 상태로 반환받는 거래방식

② 완제품 임가공내국신용장

생산능력이 없거나 부족한 직수출업체가 해외로부터 수령한 원수출신용장 등을 근거로 소요원자재 전량을 확보하여 이를 수출용 완제품으로 가공할 업체에게 무상으로 공급한 후 가공임 결제를 위한 내국신용장을 개설하여 완제품을 반환받는 거래방식

2) 표시통화에 따른 분류

가. 순수원화표시 내국신용장

금액표시를 외화부기 없이 원화로만 표시하는 내국신용장으로 원화자금으로 결제되는 내국신용장을 말한다.

나. 외화표시 내국신용장

원화로는 금액표시를 하지 않고 외화로만 표시하는 내국신용장으로 외국환은행을 통하여 결제되는 내국신용장을 말한다.

다. 원화표시(외화부기) 내국신용장

금액표시를 원화로 하되 개설일 당일 매매기준율*로 환산된 외화금액을 부기

하고 부기한 외화금액을기준으로 환산된 원화자금으로 결제되는 내국신용장을 말한다.

* 매매기준율은 기준환율로서 각 외국환은행에 일중 최초 고시환율을 말한다.

2-5. 내국신용장의 특징

내국신용장은 국내 통용을 전제로 도입된 제도이므로 국제적으로 통용되고 있는 화환신용장(Master L/C)과는 달리 다음과 같은 몇 가지 중요한 특징을 가지고 있다.

첫째, 내국신용장 개설의뢰인은 원수출신용장을 근거로 하여 수평적으로 다수의 내국신용장을 개설할 수 있을 뿐 아니라 물품의 제조 · 가공 · 유통과정이 여러 단계인 경우에는 각 단계별로 순차적으로 내국신용장의 개설이 가능하다.

둘째, 내국신용장은 물품대금 회수를 위한 '판매대금추심의뢰서'가 발행되며 동 판매대금추심의뢰서의 매입 또는 추심을 통해 대금이 결제되고 있다.

셋째, 내국신용장은 대금을 개설의뢰인이 자기자금으로 결제하는 '일람불 내국신용장'과 개설은행의 융자로 결제하는 '기한부 내국신용장'으로 이원화되어 운용되고 있다.

넷째, 내국신용장은 국내업체 간에 통용되는 신용장이므로 원화금액을 기준으로 결제한다. 원화표시(외화부기) 내국신용장의 경우, 표시통화는 원화로 표시하되 외화금액이 부기되어 내국신용장 매입 시 부기외화금액을 기준으로 매입일 현재의 매매기준율을 적용하여 환산매입된 신용장금액을 기준으로 결제한다.

2-6. 내국신용장의 거래절차

가. 기반시설 가입 및 은행 약정 체결

내국신용장의 전자적 이용을 위해 개설의뢰인(구매자) 및 수혜자(공급자)는 관련 규정에 따라 전자무역 기반시설을 이용한 전자문서로 하여야 하며, 이를 위해 기반시설(KTNET)에 사전에 가입해야 한다. 즉, 이용업체는 사전에 유트레이드허브 사이트에서 회원 가입하여야 하며, 거래은행을 방문하여 거래은행과 EDI 약정을 체결하여야 한다.

〈전체 업무 구성도〉

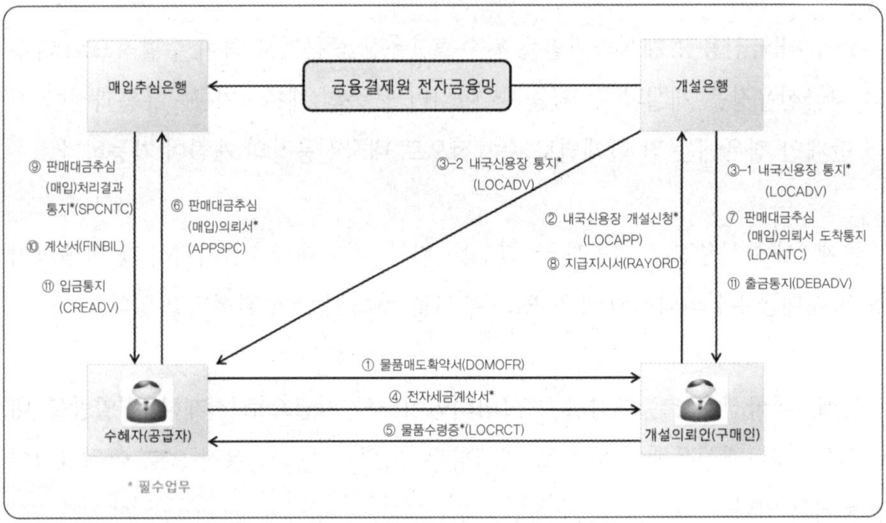

나. 거래절차

① 공급자가 개설의뢰인에 물품매도확약서를 발행한다.

② 개설의뢰인, 수출물품 구매인은 내국신용장 개설을 신청한다.

③ 개설은행은 개설의뢰인 및 수혜자에게 내국신용장을 통지한다.

④ 수혜자(공급자)는 개설의뢰인에게 전자세금계산서를 발행한다.

⑤ 개설의뢰인은 수혜자(공급자)에게 물품수령증명서를 발급한다.

⑥ 수혜자(공급자가)가 거래은행에 판매대금 추심(매입)의뢰한다.

⑦ 개설은행이 개설의뢰인에게 판매대금추심(매입)의뢰서가 도착했음을 통지한다.

⑧ 개설의뢰인이 개설은행에 지급지시서를 송부한다.

⑨ 매입은행은 수혜자에게 판매대금 추심처리결과를 통지하고, 계산서를 발행하며 입금통지를 한다. Local L/C 매입대금 지급 및 무역금융을 상환한다.

⑩ 개설은행은 개설의뢰인에게 출금통지를 한다.

2-7. 구매확인서와의 차이

1) 구매확인서의 의의

구매확인서란 외화획득용 원료 · 기재를 구매하려는 경우 또는 구매한 경우 외국환은행의 장 또는 「전자무역 촉진에 관한 법률」 제6조에 따라 산업통상자원부장관이 지정한 전자무역기반사업자(이하 "전자무역기반사업자"라 한다)가 내국신용장에 준하여 발급하는 증서(구매한 경우에는 구매확인서 신청인이 세금계산서를 발급받아 「부가가치세법 시행규칙」 제21조의 2에서 정한 기한 내에 신청하여 발급받은 증서에 한한다)를 말한다.

은행의 지급보증이 수반되지 않는 점을 제외하고는 내국신용장의 기능과 거의 동일하다고 할 수 있다.

[참고] 구매확인서 (대외무역관리규정 제2조 제18호)

- 외화획득용 원료 · 기재를 (구매 목적 및 대상)
- 구매하려는 경우 또는 구매한 경우 (구매 행위)
- 외국환은행의 장 또는 전자무역기반사업자가 내국신용장에 준하여 발급하는 증서 (발급 방법)

가. 구매확인서에 의한 구매목적 및 대상

구매확인서에 의해 구매할 수 있는 물품은 외화획득용 원료 · 기재이다.

외화획득, 즉 수출, 주한 국제연합군 기타 외국군기관에 대한 물품 등의 매도,

관광, 용역 및 건설의 해외진출, 대외무역관리규정(이하 '규정'이라 함) 제31조 각호의 1에 해당하는 국내물품매도 등을 이행하기 위한 목적으로 구매확인서에 의해 원료나 물품을 구매한다.

내국신용장에 의해서는 수출용 원자재와 완제품을 구매하는 반면, 구매확인서에 의해서는 수출보다 광의의 개념인 외화획득용 원료와 물품을 구매한다는 측면에서 서로 차이가 있다.

[참고] 수출용과 외화획득용의 차이

- **수출용(한국은행 금융중개지원대출관련 무역금융 지원 프로그램 운용세칙) : 수출**
- **외화획득의 범위(대외무역법 시행령 제26조)**

가. 외화획득의 범위는 다음 각호의 1에 해당하는 방법에 따라 외화를 획득하는 것으로 함.

1. 수출
2. 주한 국제연합군이나 그 밖의 외국군기관에 대한 물품 등의 매도
3. 관광
4. 용역 및 건설의 해외진출
5. 국내에서 물품을 매도하는 것으로서 산업통상자원부장관이 정하여 고시하는 기준에 해당하는 것

나. 무역거래업자가 외국의 수입업자로부터 수수료를 받고 행한 수출 알선은 상기 규정에 의한 외화획득행위에 준하는 외화획득행위로 봄.

- **산업통상자원부 장관이 정하여 고시하는 기준에 해당하는 것(규정 제31조)**

1. 외국인으로부터 외화를 받고 국내의 보세지역에 물품 등을 공급하는 경우
2. 외국인으로부터 외화를 받고 공장건설에 필요한 물품 등을 국내에서 공급하는 경우
3. 외국인으로부터 외화를 받고 외화획득용 시설 · 기재를 외국인과 임대차계약을 맺은 국내업체에 인도하는 경우
4. 정 · 지방자치단체 또는 정부투자기관이 외국으로부터 받은 차관자금에 의한 국제경쟁입찰에 의하여 국내에서 유상으로 물품 등을 공급하는 경우(대금결제 통화의 종류를 불문)
5. 외화를 받고 외항선박(항공기)에 선(기)용품을 공급하거나 급유하는 경우
6. 절충교역거래(off set)의 보완거래로서 외국으로부터 외화를 받고 국내에서 제조된 물품 등을 국가기관에 공급하는 경우

외화획득용 원료 · 기재는 외화획득용 원료, 외화획득용 시설기재, 외화획득용 제품, 외화획득용 용역 및 외화획득용 전자적 형태의 무체물을 말한다.

"외화획득용 원료"란 외화획득에 제공되는 물품과 대외무역법 시행령 제3조에 따른 용역 및 대외무역법 시행령 제4조에 따른 전자적 형태의 무체물(이하 "물품등"이라 한다)을 생산(제조 · 가공 · 조립 · 수리 · 재생 또는 개조하는 것을 말한다)하는 데 필요한 원자재 · 부자재 · 부품 및 구성품을 말한다.

"외화획득용 시설기재"란 외화획득에 제공되는 물품 등을 생산하는 데에 사용되는 시설 · 기계 · 장치 · 부품 및 구성품[물품등의 하자(瑕疵)를 보수하거나 물품등을 유지 · 보수하는 데에 필요한 부품 및 구성품을 포함한다]을 말한다.

"외화획득용 제품"이란 수입한 후 생산과정을 거치지 아니한 상태로 외화획득에 제공되는 물품등을 말한다.

"외화획득용 용역"이란 외화획득에 제공되는 물품등을 생산하는 데에 필요한 대외무역법 시행령 제3조에 따른 용역을 말한다.

"외화획득용 전자적 형태의 무체물"이란 외화획득에 제공되는 물품등을 생산하는 데에 필요한 대외무역법 시행령 제4조에 따른 전자적 형태의 무체물을 말한다.

[참고] 용역과 전자적 형태의 무체물 (대외무역법 제2조, 동 시행령 3조)

- **용역**
  1. 「부가가치세법 시행령」 제3조에 따른 용역(출판업과 영상 · 오디오 기록물 제작 및 배급업을 포함한다)
     - 건설업, 숙박 및 음식점업, 운수업, 통신업, 금융 및 보험업, 부동산업 및 임대업(전 · 답 · 과수원 목장용지 · 임야 또는 염전임대업을 제외), 사업서비스업, 공공행정 · 국방 및 사회보장행정, 교육서비스업, 보건 및 사회복지사업, 오락 · 문화 및 운동관련 서비스업, 기타 공공 · 수리 및 개인서비스업, 가사서비스업, 국제 및 외국기관의 사업

2. 지식기반용역 등 수출유망산업으로서 산업통상자원부장관이 정하여 고시하는 업종의 사업을 영위하는 자가 제공하는 용역

3. 국내의 법령 또는 대한민국이 당사자인 조약에 따라 보호되는 특허권 · 실용신안권 · 디자인권 · 상표권 · 저작권 · 저작인접권 · 프로그램저작권 · 반도체집적회로의 배치설계권의 양도(讓渡), 전용실시권(專用實施權)의 설정 또는 통상실시권(通常實施權)의 허락

- **전자적 형태의 무체물(대외무역법 제2조, 동 시행령 4조)**

1. 「소프트웨어산업 진흥법」 제2조 제1호에 따른 소프트웨어
2. 부호 · 문자 · 음성 · 음향 · 이미지 · 영상 등을 디지털 방식으로 제작하거나 처리한 자료 또는 정보 등으로서 산업통상자원부장관이 정하여 고시하는 것
즉, 영상물(영화, 게임, 애니메이션, 만화, 캐릭터를 포함한다), 음향 · 음성물 전자서적, 데이터베이스의 자료 또는 정보
3. 제1호와 제2호의 집합체와 그 밖에 이와 유사한 전자적 형태의 무체물로서 산업통상자원부장관이 정하여 고시하는 것

나. 구매확인서에 의한 구매행위

구매확인서에 의한 구매 행위에는 물품의 일반구매뿐만 아니라, 임가공위탁도 포함된다.

대외무역관리규정에서는 임가공위탁에 대해서는 명문의 규정이 없으나, 내국신용장의 경우 임가공위탁을 명시적으로 구매행위에 포함시키고 있다. 따라서 구매확인서도 내국신용장에 준하여 발급(규정 제2조 18호)되기 때문에 임가공위탁도 구매확인서에 의한 구매행위에 포함된다.

[참고] 한국은행 금융중개지원대출관련 무역금융지원 프로그램 운영절차 (제17조 제3항)

수출입업자가 원자재 및 완제품을 임가공 계약에 의하여 위탁 생산하고자 하는 경우 당해 수탁가공업자에 대한 가공임을 지급하기 위하여 내국신용장(이하 "원자재임가공내국신용장" 및 "완제품임가공내국신용장"이라 한다)을 개설할 수 있다.

다. 구매확인서의 발급방법 (법 제18조, 영 제31조, 규정 제36조)

구매확인서는 '한국은행 금융중개지원대출관련 무역금융지원 프로그램 운영세칙' 및 동 '절차'에서 정하는 바에 의하여 외국환은행의 장 또는 전자무역기반사업자가 내국신용장에 준하여 발급한다. (규정 제2조 18호)

따라서 구매확인서에 대해 대외무역관리규정에서 별도로 정한 규정 이외에는 내국신용장에 관한 규정이 동일하게 준용된다.

2) 구매확인서의 발급절차

구매자와 공급자 사이에 물품공급계약(공급물품명세, 공급시기, 대금결제방법, 결제통화, 결제시기 등)을 체결하고, 구매자가 구매확인신청서를 「전자무역 촉진에 관한 법률」 제12조에서 정하는 바에 따른 전자무역문서로 작성하여 외국환은행의 장 또는 전자무역기반사업자에게 구매확인서의 발급을 신청한다. (신청서류: 규정 제36조)

구매확인서의 발급을 신청받은 외국환은행의 장 또는 전자무역기반사업자는 발급근거, 발급신청서류, 공급자(수혜자)의 자격 등을 확인한 후 외화획득용 원료 · 기재 구매확인서를 전자무역문서로 구매자와 공급자에게 발급하고 신청한 자에게 발급사실을 알릴 때 승인번호, 개설 및 통지일자, 발신기관 전자서명 등 최소한의 사항만 알릴 수 있다.

구매확인서를 발급한 외국환은행 또는 전자무역기반사업자는 구매확인서 발급사실을 공급자에게 통지하여야 하며, 공급자가 달리 요청한 경우를 제외하고는 당해 구매확인서를 공급자에게 직접 교부하여야 한다(무역금융지원 프로그램 운용세칙 제15조 준용).

2011년 7월 1일부터 은행창구를 통한 구매확인서 발급(off-line 발급)은 폐지되었다.

3) 구매확인서의 당사자

가. 구매확인서에 의한 구매자(발급신청자)

국내에서 외화획득용 원료 또는 물품을 구매하고자 하는 자가 외국환은행의 장 또는 전자무역기반사업자에게 구매확인서의 발급을 신청한다(규정 제37조).

물품공급이 완료된 분에 대하여 확인서 발급이 금지되었으나, 2014. 10. 31일부터 부가가치세법시행규칙에서 정한 기한 내(물품공급시기가 속하는 과세기간 종료 후 25일)에는 사후발급이 가능하도록 개정되었다. 개정 배경은 물품공급 당시에는 외화획득용으로 사용될 목적이 아니거나, 개설대상이지만 당사자의 무지로 인해 구매확인서를 개설하지 못했으나, 추후 상황변화로 납품한 원자재 등이 외화획득용으로 사용됨에도 불구하고, 사후발급이 불가능하여 부가세 영세율 · 관세환급 · 수출실적 인정 등 제도상 혜택을 받을 수 없어 무역업체들이 민원을 제기하였다. 내국신용장은 은행이 대금지급을 보증하므로 근본적으로 사후발급이 모순이나, 구매확인서의 경우 은행의 지급보증이 없는 단순히 외화획득용 원료구매라는 사실만을 확인한 것으로 부가세법령에서도 물품공급 후에라도 부가세 신고기한(과세기간 종료 후25일) 이내일 경우 사후발급을 인정(부가세법 시행규칙 제21조 ②구매확인서라 함은 대외 무역법령에 의해 내국신용장에 준하여 재화 또는 용역의 공급시기가 속하는 과세기간 종료 후 25일 이내에 발급하는 확인서…)하고 있어 구매확인서의 사후발급을 인정하되, 발급기한을 부가세법령과 동일하게 한정(공급시기가 속하는 과세기간 종료 후 25일)하고 무분별 사후발급 방지를 위해 내국신용장의 물품수령증명서처럼 사후개설 근거서류로 세금계산서(사본)을 요구토록 하고 있었다. 그러나, 수출관련 기업들의 애로사항 등을 반영하여 2017.11.10일부터는 구매확인서의 발급기한을 대외무역관리 규정 제37조2항 규정을 삭제하여 납품업체들이 기한에 상관없이 구매확인서를 발급받을 수 있도록 되었다.

나. 구매확인서에 의한 공급자(수혜자)

제조업체는 물론 공급물품(국내에서 생산되거나 수입된 외화획득용 원료 또는 물품)을 공급할 능력이 있는 유통업자(규정 제2조 제28호의 규정에 의한 유통업자로서 부가가치세법에 의한 사업자등록증상의 도매업자, 조달청 및 중소기업협동조합법에서 정하는 중소기업협동조합)도 공급자가 될 수 있다.

다. 발급기관

외국환은행의 장 또는 전자무역기반사업자(규정 제2조 제18호, 제36조, 제37조)가 발급한다.

4) 구매확인서 발급 근거

가. 발급근거서류

구매확인서를 발급하기 위한 근거는 다음과 같다. 다만, 내국신용장처럼 실적기준으로 발급할 수는 없다.

① 수출신용장

② 수출계약서(D/A, D/P)(품목, 수량, 가격 등에 합의하여 서명한 수출계약입증 서류)

③ 외화매입(예치)증명서(외화획득이행관련 대금임이 관계서류에 의해 확인되는 경우에 한함)

④ 내국신용장

⑤ 구매확인서

⑥ 수출신고필증(외화획득용 원료 · 기재를 구매한 자가 신청한 경우만 해당한다)

⑦ 대외무역법 시행령 제26조 각 호에 따른 외화획득에 제공되는 물품 등을 생산하기 위한 경우임을 입증할 수 있는 서류

나. 발급신청서류

① 대외무역관리규정 별지 제13호 서식에 의한 외화획득용 원료 · 기재 구

매확인서

② 구매확인서 발급근거서류 1부

③ 외화획득용 물품공급계약서 또는 물품매도(수탁가공 포함) 확약서 1부

④ 세금계산서 사본(사후발급의 경우)

5) 구매확인서의 발급한도와 차수

가. 발급한도

구매자가 보유한 발급근거서류(수출신용장 등)의 범위 내에서 발급할 수 있다.

나. 발급차수

외국환은행의 장 또는 전자무역기반사업자는 기 발급된 구매확인서에 의하여 2차 구매확인서를 발급할 수 있으며 외화획득용 원료 또는 물품의 제조 · 가공 · 유통(완제품의 유통포함)과정이 여러 단계인 경우 각 단계별로 순차적으로 차수 제한 없이 발급할 수 있다.

6) 구매확인서의 표시통화와 결제

가. 구매확인서에 의한 공급대금의 표시통화

표시통화는 원화, 외화, 또는 원화(외화부기)로 표시하되 구매확인서 발급일 현재의 매매기준율로 환산한 외화(수출신용장 등의 표시통화 또는 미달러화)금액을 부기할 수 있다(무역금융취급세칙 제14조 제1항 제3호 준용).

나. 구매확인서에 의한 공급대금의 결제

대금결제방법과 대금결제기간은 계약당사자(공급자와 구매자)가 체결하는 물품공급 계약서에서 정하는 바에 따른다.

7) 구매확인서의 재발급

구매확인서를 발급한 후 발급근거서류(규정 제36조 제2항 각호)의 외화획득용 원료 또는 물품의 내용변경 등으로 이미 발급한 구매확인서와 내용이 상이한 경

우 구매확인서를 재발급할 수 있다.

8) 구매확인서의 사후발급 인정

구매확인서의 사후발급 기한은 종전에는 부가세법시행규칙 제21조의 2에서 정한 기한으로 정해져 있었으나 2017년 10월 11일부터는 폐지되었다.

9) 구매확인서의 혜택

구매확인서에 의한 공급은 수출실적으로 인정되며(규정 제25조 제1항 제3호 나목), 관세를 환급받을 수 있고 부가가치세 영세율이 적용된다.

10) 수출실적 확인

가. 수출실적 인정시점

- 외국환은행을 통하여 대금을 결제한 경우 : 결제일
- 당사자간 대금을 결제한 경우 : 세금계산서 발급일

나. 수출실적 인정금액: 외국환은행의 결제액 또는 확인액

다. 수출실적 발급기관

① 은행을 통하여 대금을 결제한 경우 : 공급자 거래은행(입금은행)

② 당사자 간 대금을 결제한 경우 : 구매확인서 발급 외국환은행의 장 또는 전자무역기반사업자

[참고] 구매확인서에 의한 공급실적의 융자대상 수출실적 포함 여부

한국은행 금융중개지원대출관련 무역금융지원 프로그램 운용세칙 제5조(융자대상) ①항 2호 (2006. 08. 17개정)

'제3장에서 정하는 바에 따라 개설된 내국신용장 또는 「대외무역법」에 의한 외화획득용 원료 · 물품 등 구매확인서(이하 "구매확인서"라 한다)에 의하여 수출용 완제품 또는 원자재를 공급(수탁가공 포함)하고자 하는 자'

동 규정 개정으로 구매확인서에 의한 공급실적도 무역금융 융자대상 수출실적으로 인정이 가능하며, 타 융자대상 수출실적과 동일하게 수혜 받을 수 있다.

[별지 제13호 서식]

외화획득용원료 · 기재구매확인신청서

① 구매자 (상호)
(주소)
(성명)
(사업자등록번호)

② 공급자 (상호)
(주소)
(성명)
(사업자등록번호)

1. 구매원료 · 기재의 내용

③ HS부호	④ 품명 및 규격	⑤ 단위 및 수량	⑥ 구매일	⑦ 단가	⑧ 금액	⑨ 비고

2. 외화획득용 원료 · 기재라는 사실을 증명하는 서류

⑩ 서류명 및 번호	⑪ HS부호	⑫ 품명 및 규격	⑬ 금액	⑭ 선적기일	⑮ 발급기관명

3. 세금계산서(외화획득용 원료 · 기재를 구매한 자가 신청하는 경우에만 해당)

⑯ 세금계산서 번호	⑰ 작성일자	⑱ 공급가액	⑲ 세액	⑳ 품목	㉑ 규격	㉒ 수량

㉓ 구매원료 · 기재의 용도명세 : 원자재구매, 원자재 임가공위탁, 완제품 임가공위탁, 완제품구매, 수출대행 등 해당 용도를 표시하되, 위탁가공무역에 소요되는 국산원자재를 구입하는 경우는"(위탁가공)"문구를 추가표시
* 한국은행 총액한도대출관련 무역금융 취급절차상의 용도표시 준용

위의 사항을 대외무역법 제18조에 따라 신청합니다.

신청일자 년 월 일
신 청 자
전자서명

※ * 내지 은 1. 구매원료 · 기재의 내용과 금액이 다른 경우에는 반드시 기재하여야 합니다.

210㎜ × 297㎜ 일반용지 60g/㎡

1/총페이지수

[별지 제13-1호 서식]

외화획득용원료 · 기재구매확인서

① 구매자 (상호)
(주소)
(성명)
(사업자등록번호)

② 공급자 (상호)
(주소)
(성명)
(사업자등록번호)

1. 구매원료 · 기재의 내용

③ HS부호	④ 품명 및 규격	⑤ 단위 및 수량	⑥ 구매일	⑦ 단가	⑧ 금액	⑨ 비고

2. 세금계산서(외화획득용 원료 · 기재를 구매한 자가 신청하는 경우에만 해당)

⑩ 세금계산서 번호	⑪ 작성일자	⑫ 공급가액	⑬ 세액	⑭ 품목	⑮ 규격	⑯ 수량

⑰ 구매원료 · 기재의 용도명세 : 원자재구매, 원자재 임가공위탁, 완제품 임가공위탁, 완제품구매, 수출대행 등 해당 용도를 표시하되, 위탁가공무역에 소요되는 국산원자재를 구입하는 경우는"(위탁가공)"문구를 추가표시
* 한국은행 총액한도대출관련 무역금융 취급절차상의 용도표시 준용

위의 사항을 대외무역법 제18조에 따라 신청합니다.

신청일자 년 월 일
신 청 자
전자서명

이 전자무역문서는「전자무역 촉진에 관한 법률」에 따라 전자문서교환방식으로 발행된 것으로서 출력하여 세관 또는 무역유관기관 등 제3자에게 제출하려는 경우 업체는 동 법률 시행규정 제12조제3항에 따라 적색고무인을 날인하여야 합니다.

210㎜ × 297㎜ 일반용지 60g/㎡

1/총페이지수

〈내국신용장과 구매확인서의 비교〉

구 분	내국신용장	구매확인서
관련법규	금융중개지원대출관련 무역금융지원 프로그램 운용세칙, 동 절차(한국은행)	대외무역법, 대외무역법시행령, 대외무역관리규정
발행(발급)기관	외국환은행	외국환은행의 장 또는 전자무역기반사업자
거래대상물품	수출용 원자재 · 완제품	외화획득용 원료 · 시설기재 · 제품 · 용역 · 전자적 형태의 무체물
개설(발급)조건	수출근거서류 또는 무역금융 융자한도 내 발행	거래증빙서류를 보유금액 범위 내 제한 없이 발급
개설(발급)비용	지급보증에 준하는 신용장 개설 수수료	발급수수료
공급실적의 수출실적 인정여부	"동 운용세칙" 및 "대외무역관리 규정"상의 수출실적으로 인정	"동 운용세칙" 및 "대외무역관리 규정"상의 수출실적으로 인정
공급실적의 무역금융 융자가능여부	무역금융 융자가능	무역금융 융자가능
세제상 혜택	부가가치세 영세율 적용 및 관세환급	부가가치세 영세율 적용 및 관세환급

3. 내국신용장의 개설

3-1. 개설대상

가. 외국환은행은 수출용 수입원자재, 국내에서 생산된 수출용 원자재 및 수출용 완제품을 구매(임가공위탁 포함)하고자 하는 업체의 신청에 의하여 내국신용장을 개설할 수 있다.

나. 내국신용장 수혜자는 해당 내국신용장을 근거로 수출용 원자재 및 완제품을 구매하기 위하여 또 다른 내국신용장의 개설을 의뢰할 수 있다.

다. 내국신용장 개설 이전에 이미 물품공급이 완료된 분에 대하여는 당해 물품대금결제를 위한 내국신용장을 개설할 수 없다.

라. 국내사업자 간의 매매계약에 따라 국외에서 어획물을 수집하여 직접 수출하는 경우에도 동 거래의 특수성에 비추어 내국신용장을 개설할 수 있다.

마. 수출입업자가 원자재 및 완제품을 임가공계약에 의하여 위탁 생산하고자 하는 경우 당해 수탁가공업자에 대한 가공임을 지급하기 위하여 내국신용장(이하 "원자재 임가공 내국신용장" 및 "완제품 임가공 내국신용장"이라 한다)을 개설할 수 있다.

바. 위탁가공무역에 소요되는 국산원자재를 구매하여 가공하지 않고 수출하기 위하여 동 소요 원자재 조달을 위한 내국신용장을 개설하는 경우에는 원 수출신용장 등에 동 개설사실을 기재한다.

사. 선수금영수조건 수출신용장 등의 경우 동 수출신용장 등을 근거로 당해 원자재 및 완제품조달을 위하여 내국신용장을 개설할 수 있다. 다만, 원자재자금 및 완제품구매자금의 여신금액은 동 선수금을 제외한 금액 범위 내로 한다.

3-2. 개설근거 융자대상증빙

내국신용장을 개설하기 위하여는 다음과 같은 서류를 확인하여야 한다.

1) 신용장기준금융 수혜업체인 경우

① 수출신용장

② 수출관련 계약서(D/P, D/A 등)

③ 외화 표시 물품 공급계약서

④ 내국신용장

⑤ 외화표시 건설 · 용역공급계약서

2) 실적기준금융 수혜업체인 경우 : 수출실적

3-3. 개설한도

가. 신용장기준

① 원자재 내국신용장 : 수출신용장(FOB) 등의 금액에 원자재 의존율을 곱한 범위 내

② 완제품 내국신용장 : 수출신용장(FOB) 등의 금액 범위 내

나. 실적기준

수출실적을 근거로 외국환은행이 자율 결정한다.

[참고] 주채무계열 소속 기업체의 원자재 내국신용장 개설한도 및 융자

「은행업감독규정」 제79조 제1항에 규정된 주채무계열 소속 기업체는 한국은행 금융중개지원대출 무역금융지원 프로그램 운용세칙 제2조에서 정한 무역금융은 융자받을 수 없으나, 원자재 내국신용장을 개설하고 결제자금을 개설은행에서 자체조달한 자금은 받을 수 있다.

[참고] 내국신용장 개설한도 신청 시 유의사항

내국신용장 개설한도(주채무계열 소속 기업체 및 부도거래처 포함)산정 시에는 수입원자재분이 있을 경우 동 원자재의 수입신용장 개설액(D/P · COD · CAD조건 원자재 수입의 경우에는 수입계약서 또는 물품매도확약서의 수입금액)을 차감하여야 한다.

3-4. 내국신용장 개설 시 징구서류

신용장기준금융 또는 실적기준금융에 따라 다음의 서류를 구분하여 징구한다.

신용장기준금융	실적기준금융
• 전자문서 교환방식 내국신용장 개설신청서 • 원수출신용장 등의 원본 및 사본 • 대행계약서(완제품 대행 시)	• 전자문서교환방식 내국신용장 개설신청서

3-5. 내국신용장의 조건

가. 양도가 불가능한 취소불능신용장일 것

나. 표시통화는

① 원화표시

② 외화표시

③ 원화로 하되 개설일 현재 최초 고시된 매매기준율로 환산한 외화금액을 부기

☞ 판매대금 추심의뢰서 매입 시의 환율이 신용장 개설 시와 다를 경우 부기 외화금액은 매입(추심 시는 추심의뢰 시) 현재의 매매기준율로 환산한 금액으로 하는 것이어야 한다.

다. 내국신용장의 금액은 물품대금 전액으로 한다.

라. 물품인도기일은 대응수출 또는 물품공급이 원활히 이행되는 데 지장이 없도록 책정된 것일 것

마. 유효기일은 물품의 인도기일에 최장 10일을 가산한 기일 이내일 것. 다만, 원수출신용장 등을 근거로 하여 개설되는 내국신용장의 유효기일은 원수출신용장 등의 선적 또는 인도기일 이전이어야 한다.

바. 서류제시기간은 물품수령증명서 발급일로부터 최장 5영업일 범위 내에서 책정된 것일 것

사. 내국신용장 등의 형식은 개설의뢰인을 지급인으로 하고, 개설은행을 지급장소로 하는 일람출급식일 것

아. 내국신용장 등 개설조건은 원수출신용장 매입조건부 결제 등 수익자에게 불리한 조건이 아닐 것. 다만, 선박 또는 「대외무역법」에서 정하는 산업 설비의 수출을 위하여 개설되는 완제품 내국신용장의 경우에는 원수출신용장 등의 대금결제조건에 따른 제조공정별 분할지급 조건으로 할 수 있다.

자. 「전자무역 촉진에 관한 법률」에서 정하는 전자문서교환방식에 의한 내국신용장의 경우에는 동 법률 시행규정 제12조 3항의 별표4에 정하는 정당발급문서 표시의무를 준수하여야 한다.

[참고] 전자문서교환방식 내국신용장의 정당발급문서 표시의무

무역업자가 자기시스템에서 출력한 전자문서를 세관 또는 무역기관 등 제3자에게 제출할 경우에는 당해 출력된 전자문서의 여백에 다음의 적색 고무인을 날인하여야 함.
(가로 12 세로4㎝)
"본 문서는 「전자무역 촉진에 관한 법률」 제14조 및 제15조에 의거 정당하게 발급된 문서이며 위조 · 변조 시 동 법률 제30에 의한 책임을 준수할 것을 확인함."

20 . . .

제출자 ○ ○ ○ 날인

차. 상기 제"가"항 내지 제"자"항에서 정하는 사항 이외의 조건에 관하여는 국제상업회의소(ICC) 제정 「화환신용장에 관한 통일규칙 및 관례」를 준용한다는 문언이 기재된 것일 것

3-6. 내국신용장의 조건변경 및 취소

가. 내국신용장은 취소불능신용장이므로 관계당사자(개설의뢰인, 수혜자, 개설은행) 전원의 합의 없이는 내국신용장의 조건을 변경하거나 취소할 수 없다. 따라서 이미 개설된 내국신용장의 내용을 변경하고자 하는 경우 내국신용장의 기본요건에 위배되지 않는 범위 내에서 관계 당사자 전원 합의에 의하여 내국신용장의 내용을 변경하거나 취소하는 업무를 말한다.

나. 서류접수

① 전자문서교환방식 내국신용장 조건변경신청서
② 조건변경동의서(개설의뢰인 및 수혜자의 쌍방 합의)
③ 원전자문서교환방식 내국신용장
④ 원수출신용장 등(신용장기준금융인 경우)

다. 서류 검토

① 조건변경신청서 및 동의서상의 사용인감과 기 신고된 인감과의 일치 여부를 확인한다.

② 증액 시에는 여신한도 범위 내인가를 확인한다.

③ 유효기일 변경 시에는 원수출신용장 등의 선적 또는 유효기일 이내에서 내국신용장의 인도기일에 최장 10일을 가산한 기간 이내로 한다.(신용장 기준)

④ 감액 시에는 관련 금융취급 사실이 있으면 동 비율만큼 회수한 후 처리한다.

⑤ Full Margin 적립업체인 경우 증액 시에는 비율만큼 수입보증금을 추가 적립하여야 한다.

⑥ 내국신용장 조건변경신청서 내용과 동의서 내용의 일치 여부를 확인한다.

3-7. 기타 개설절차

가. 내국신용장의 앞면에 동 내국신용장의 개설근거인 "원수출신용장 등의 내용"과 동 내국신용장의 "용도"를 다음 용도별 표시방법에 의해 표시한다.

개설근거	용 도	표시방법		비 고
		표시문언	표시장소	
가. 원자재내국신용장* ① 신용장기준 원자재자금 이용업체 및 신용장기준 포괄금융 수혜업체의 개설의뢰분 ② 실적기준 원자재자금 이용업체 및 실적기준 포괄금융 수혜업체의 개설의뢰분	• 원자재구매 • 원자재임가공 위탁 • 완제품임가공 위탁 • 원자재구매 • 원자재임가공 위탁 • 완제품임가공 위탁	• 원자재 • 원자재임가공 • 완제품임가공 • 원자재(실적) • 원자재임가공(실적) • 완제품임가공(실적)	용도란	"원수출신용장 내용" 란에 원 수출신용장 등의 내용기재
나. 완제품내국신용장 ① 신용장기준 완제품구매자금 이용업체의 개설의뢰분 ② 실적기준 완제품구매자금 이용업체의 개설의뢰분	• 완제품구매 • 수출대행 • 완제품구매 • 수출대행	완제품 완제품(수출대행) 완제품(실적) 완제품(수출대행)(실적)		

* 위탁가공무역에 소요되는 국산원자재를 내국신용장에 의해 구입하는 경우는 현행 표시 문언인 "원자재" 앞에 "(위탁가공)"이라 표시

나. 내국신용장을 개설한 외국환은행은 내국신용장을 전자문서로 개설하였다

는 사실을 내국신용장 수혜자에게 통지하고, 개설된 내국신용장을 수혜자에게 전자문서교환방식으로 전달하여야 한다.

4. 내국신용장의 매입

4-1. 개요

내국신용장의 수익자가 내국신용장 조건에 부합되도록 물품을 공급 완료하고 개설의뢰인으로부터 물품수령증명서를 발급받았을 경우에 동 내국신용장에서 요구하는 환어음 및 제반서류를 구비하여 수익자의 거래은행에 물품대금의 회수를 매입(또는 추심) 의뢰하는 절차를 내국신용장 등의 매입이라 한다.

내국신용장 등 매입(추심) 거래만 이루어지는 경우에도 외국환거래약정이 선행되어야 한다.

4-2. 업무처리 절차

내국신용장 매입 시의 업무 절차는 다음과 같다.

주체	내국신용장 매입 프로세스
수혜자	유트레이드허브 서비스 가입 → 매입추신은행과 EDI약정 체결 → 구매자 약정정보 등록 → 물품매도확약서 송신 → 내국신용장 통지(조건변경/취소통지) → 물품생산/공급 → 세금계산서 발행 및 물품수령증 접수 → 매입추심의뢰
매입은행	접수 → 서류심사(매입 또는 추심여부 결정) → 매입번호 부여 → 수수료 징수 및 기표 → 추심: 금융결제원에 제시정보 전송 → 지급정보 전송 → 대금회수 → 추심대금 수혜자 지급 매입: 매입대금 지급 → 금융결제원에 제시정보 전송 → 지급정보 전송 → 대금회수

4-3. 내국신용장 매입 시 구비서류

가. 판매대금 추심의뢰서

나. 물품수령증명서

물품수령증명서는 공급자발행 세금계산서 건별로 취급하여야 한다.

다만, 내국신용장에 명시된 조건에 따라 수출용 원자재를 분할 공급받는 경우에는 매 반월(1～15일, 16～말일) 또는 동일 역월(1～말일)을 단위로 하는 경우에 한하여 동 기간 중분할공급 시마다 교부된 세금계산서상의 공급가액을 일괄하여 하나의 물품수령증명서를 발급할 수 있다.

[참고] 물품수령증명서

1. 의의: 내국신용장 개설의뢰인이 동 신용장의 수혜자로부터 수출용 원자재 및 완제품을 공급받은 후 수혜자에게 발급하는 서류로서 '인수증'이라 통칭하며 수출신용장의 선하증권과 동일한 성격을 갖는다.
2. 발급 시기: 내국신용장 개설의뢰인은 공급자의 세금계산서 발행일로부터 10일 이내에 물품수령증명서를 발급하여야 한다. 물품을 인수하였음에도 불구하고 정당한 사유없이 세금계산서 발행일로부터 10일 이내에 물품수령증명서를 발급하지 않거나, 10일을 경과하여 발급한 때에는 제재(경고, 내국신용장 개설 정지 등)를 받는다. 그러나, 중소기업이 대기업으로부터 물품을 인수하는 경우에는 이를 적용하지 아니한다.

[참고] 물품수령증명서가 세금계산서 건별로 대응발급되어야 하는 이유

물품수령증명서를 공급자발행 세금계산서와 건별로 대응시키는 이유는 내국신용장 개설 조건대로 물품이 실제 공급되고 인수되었는지를 확인하기 위함이다. 즉, 계약 내용이 실제로 잘 이행되었는지를 확인하기 위함이다(한국은행 2004.1.12 해석).

[참고] 물품수령증명서상 특약 효력

내국신용장의 개설의뢰인과 수혜자간 합의에 의해 물품수령증명서상 '기타' 란에 「유효기일 또는 물품기일 경과 후 NEGO에 동의함」 등이 표시되었다 하더라도 개설은행이 지급거절 사유를 이유로 부도처리가 가능하므로 매입 시 각별히 유의하여야 한다.

다. 『부가가치세법』상 전송 가능한 공급자발행 세금계산서

세금계산서의 교부대상과 내국신용장의 개설의뢰인은 일치하여야 하며, 완제품 내국신용장의 수혜자가 수출대행 위탁자인 경우(즉, 수출대행 계약을 체결한 경우) 등 「부가가치세법」에 의한 세금계산서 발급대상이 아닌 경우에는 물품명세서에 기재된 송장으로 갈음할 수 있다.

라. 선박 또는 「대외무역법」에서 정하는 산업설비의 수출을 위하여 개설되는 완제품 내국신용장인 경우에는 다음 각 호의 전자문서 또는 서류를 전송받거나 징구하여야 한다. 다만, 계약체결 시 수령하는 금액에 대하여는 아래 ③, ④의 서류를 요청하지 않아도 되며, 물품인도 시 수령하는 금액에 대하여는 전자문서 또는 서류를 전송받거나 징구하여야 한다.

① 판매대금추심의뢰서

② 개설은행이 발행한 원수출신용장 등의 대금입금증명서

③ 개설의뢰인이 발급한 공정 또는 제조확인서

④ 공급자발행 세금계산서

4-4. 외화표시 내국신용장의 매입

외국환은행은 외화표시 내국신용장에 의하여 발행된 판매대금추심의뢰서를 매입할 수 있으며, 외화표시 내국신용장 중 미달러화 표시 판매대금추심의뢰서의 교환결제는 내국신용장 판매대금 추심의뢰서 청구내역을 전산 정보화하여 금융결제원 전산망을 통해 서로 교환 · 결제하며 차액은 한국은행 외화지준계좌를 통해 결제되며, 미달러화를 제외한 기타 통화의 경우에는 KEB하나은행을 통하여 결제되고 있다.

외화표시 내국신용장 개설의뢰인에 대한 원자재자금은 당해 외화표시 내국신용장 대금의 거주자계정 간 이체 결제와 동시에 융자하여야 한다. 다만, 거주자계정 예치금의 부족으로 개설은행이 외화를 대지급 결제한 경우에는 동 융자금을 외화대지급금의 상환에 우선적으로 충당하여야 한다.

4-5. 내국신용장 매입 시 검토사항

가. 매입신청인은 내국신용장의 수익자와 동일한가.

나. 신청금액이 내국신용장의 금액 범위 내이며, 세금계산서 및 물품수령증명서의 금액과 일치하는가.

다. 물품수령증명서는 개설의뢰인이 작성한 것이며, 세금계산서 건별로 발급되었는가.

라. 세금계산서 교부대상자(공급 받은자)와 개설의뢰인 일치여부 및 세금계산서상의 발급일자와 물품수령증명서상의 물품인수일자가 일치하는가.

마. 물품수령증명서는 원칙적으로 공급자발행 세금계산서상의 공급일로부터 10일 이내에 발급된 것이어야한다. 다만, 중소기업이 대기업으로부터 물품을 구매하는 경우에는 10일 이내에 발급하여야 하는 것에 제한을 두지 않는다.

사. 제시된 서류는 내국신용장의 제 조건과 일치하게 작성되었는가.

아. 서류상호간의 불일치는 없는지 등

4-6. 회계처리, 무역금융과 관련 지급보증의 회수 및 매입사실의 기재

1) 판매대금추심의뢰서 매입 시 회계처리

가. 매입원금

① 매입 시의 계정과목은 원화표시 내국신용장(원화표시 외화부기 포함)은 '내국신용장 매입', 외화표시 내국신용장은 '매입외환'이다.

② 원화표시 외화부기 내국신용장의 원화금액은 부기외화금액에 매입일 현재의 매매기준율을 곱한 금액으로 한다.

나. 매입이자의 징수

① 산식

- 원화표시 내국신용장 매입이자 = 매입원금(원화금액) × (각 외국환은행에서 정한 요율) × 해당일/365 일(윤년의 경우 366일)
- 외화표시 내국신용장 매입이자 = 매입원금 × 매입 시 대고객 매매기준율 × 매입일의 수출환어음 환가료율(각 외국환은행에서 정한 요율) × 해당일/360일

② 해당일수(입금일 제외) : 4영업일

- 자점개설분은 3영업일

2) 무역금융 및 관련 지급보증 회수

내국신용장 수혜자가 신용장기준금융 수혜업체인 경우 매입은행은 동 내국신용장 매입 시 매입대금에서 동 내국신용장을 근거로 하여 기 취급된 무역금융 및 관련 지급 보증을 회수하여야 한다.

3) 부도이자

매입한 내국신용장이 부도가 발생한 때에는 내국신용장 부도일로부터 상환일까지의 기간에 대하여 원화여신 연체이율에 의한 부도이자를 받는다. 다만, 내국신용장의 부도일자가 매입 만기일 이내인 경우에는 부도일로부터 만기일까지의 이미 받은 매입이자를 환급한다.

4-7. 내국신용장의 추심의뢰서 발송

가. 당일(19시 50분까지만 가능) 매입(추심)실행한 판매대금추심의뢰서는 각 은행 소관부서에서 당일 20시에 지출정보(LE6611) 생성하여 금융결제원에 전송한다.

나. 금융결제원은 판매대금추심의뢰서 지출정보(LE6611)를 받은 익영업일 7시에 개설은행으로 전송한다.

4-8. 판매대금추심의뢰서 대금 청구

가. 추심의뢰점포는 부도통보 받지 않은 원화 및 미달러표시 내국신용장 판매대금추심의뢰서에 대하여 정보 교환을 통하여 개설점포에 해당 대금을 청구한다.

나. 추심의뢰점포에서는 제시정보를 금융결제원 전산망으로 전송한다. 매입(추심)거래 시 상기 제시정보 등의 정확한 정보를 입력하여야 한다. 오류 정보제시로 인하여 개설은행에 손해가 발생하는 경우, 추심의뢰 은행에서 그 책임을 부담하여야 한다.

4-9. 매입(추심)대금처리

매입하였을 경우에는 내국신용장 매입계정을 대체 기표하여 정리하고, 추심매입하였을 경우에는 관련 대출금 유무 확인 후 대출금 우선 변제 후 잔액발생 시 고객에게 지급한다.

5. 내국신용장의 결제

5-1. 개 요

'내국신용장 결제'란 내국신용장을 매입(추심)한 외국환은행이 교환절차를 이용하여 내국신용장 개설은행 앞으로 내국신용장 대금을 추심할 때 지급거절 사유가 없는 한 개설은행이 내국신용장 대금을 지급하는 절차를 의미한다.

5-2. 내국신용장 결제 업무처리 절차도

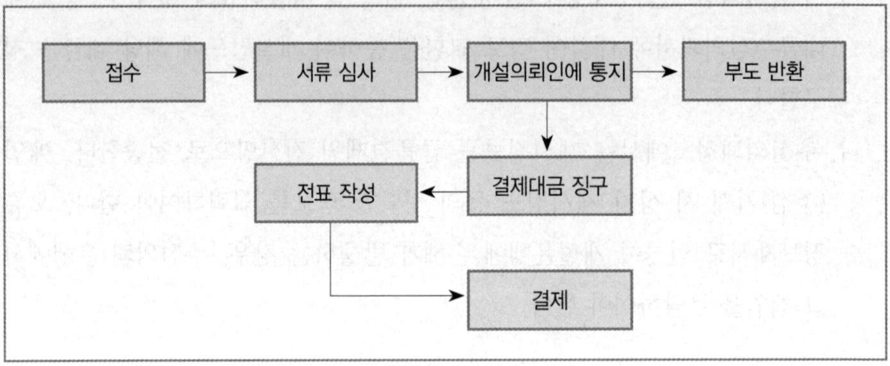

가. 은행은 매 영업일 매입(추심)은행으로부터 지급 제시 받은 판매대금추심의뢰서 등의 전자문서 결제 정보를 조회하고, 판매대금추심의뢰서 등을 출력하여 내국신용장 조건과 일치하는지 여부를 심사한다.

나. 결제대상 명세를 조회하여 내국신용장 개설의뢰인에게 신속, 정확히 통지한다.

다. 내국신용장 조건 불일치(하자) 서류의 통지 및 회신

① 내국신용장 조건 불일치 통지

「내국신용장 조건불일치에 관한 조회장」을 작성하여 개설의뢰인에게 송부하거나 유선으로 통지(통화자, 통화일시 기록)한다.

② 「내국신용장 조건불일치에 관한 회신장」 접수

내국신용장 판매대금추심의뢰서 접수일의 익영업일 영업종료 2시간전까지 조회장 하단의 「내국신용장 조건불일치에 관한 회신장」에 의한 지급 동의 여부를 확인한다.

라. 결제 부도처리

① 지급 동의하는 경우 판매대금추심의뢰서 접수일로부터 3영업일 이내에 결제한다.

② 지급 거절하는 경우 즉시 부도통보한다.

5-3. 결제 업무의 처리

가. 개설은행은 내국신용장을 개설한 경우 다음의 하나에 해당하는 지급 거절 사유가 있는 경우를 제외하고는 지급제시를 받은 날로부터 3영업일 이내에 판매대금추심의뢰서를 결제하여야 한다.

① 판매대금추심의뢰서의 추심의뢰일이 전자문서교환방식 내국신용장의 유효기일을 경과한 경우

② 전자문서교환방식 물품수령증명서상의 물품명세가 전자문서교환방식 내국신용장상의 대표 물품명세와 불일치한 경우

③ 판매대금추심의뢰서와 전자문서교환방식 물품수령증명서가 전자문서교환방식 내국신용장상의 기타 조건 등과 불일치한 경우

나. 전자문서에 하자가 있는 경우 「수입신용장 조건불일치에 관한 회신」을 개설의뢰인으로부터 제출받아 거절여부를 확인한다.

다. 원자재금융 융자분에 대하여는 융자금액과 판매대금추심의뢰서 금액과의 차액을 개설의뢰인으로부터 징구하여 결제한다.

라. 내국신용장을 결제한 개설은행은 대응하는 수출신용장 등의 뒷면에 그 내용을 기재한다.

마. 개설은행은 당해 내국신용장 판매대금추심의뢰서가 지급제시되기 전에 개설근거가 되는 원수출신용장 등의 수출환어음을 매입하거나 수출대금을 영수한 경우 내국신용장 금액 해당액을 수입보증금계정에 예치한 후 이를 당해 내국신용장의 결제자금에 충당하여야 한다.

6. 내국신용장 교환제도

6-1. 의의

외국환은행에 대하여 내국신용장에 의해 개설된 어음의 매입을 촉진하고 수출용 원자재 및 완제품공급자의 대금 회수 편의를 제공하는 한편, 내국신용장 어음의 신속, 원활한 결제를 도모하기 위하여 1984년 5월 내국신용장 어음교환규약이 제정되었다. 그 이후 경제환경변화에 따라 여러 차례 개정이 되었으며, 내국신용장의 표시 통화 자유화에 발맞추어 2000년 5월에는 미달러화표시 내국신용장 어음에 대하여 전자정보교환을 통한 차액결제시스템이 도입되었고 2003년 9월에는 영수증 교환업무 방식에서 정보교환 방식으로의 변경을 통해 내국신용장어음교환 업무부담 경감을 위하여 미화표시 내국신용장 차액결제시스템과 동일한 방식으로 내국신용장의 결제시스템이 변경되었다.

2014년 2월부터는 내국신용장 매입관련 절차가 전면 전자화되었다. 은행창구를 통한 오프라인 추심과 매입은 폐지되어 외국환은행이 금융결제원에 매일 내국신용장에 의하여 발행된 판매대금추심의뢰서의 제시정보를 전송한 후, 제시정보 교환을 통한 한국은행 당좌예금 및 외화예수금 계정의 차액결제방식 또는 KEB하나은행을 통한 자금이체방식으로 대금을 청구 또는 회수하는 방식으로 변경되었다.

[참고] 차액결제시스템

- 차액결제란 은행별로 내국신용장을 매입하여 상대은행에 청구할 금액과 내국신용장을 개설하여 상대은행에 결제할 금액의 차액을 한국은행의 당좌예금 및 외화예수금 계정을 통하여 결제하는 것을 말함.

- 차액결제시스템 적용대상
  - 미화표시 내국신용장 : 2000. 5. 29 시행
  - 원화표시(외화부기) 내국신용장 : 2003. 9. 5 시행

- 차액결제시스템 적용 제외
  - 미화를 제외한 기타통화 외화표시 내국신용장
  - 자점(동일영업점) 개설 내국신용장에 대한 매입(원화표시, 외화표시)

6-2. 내국신용장 교환절차

2014년 2월부터 다음과 같은 방식으로 이루어진다. 내국신용장 판매대금추심의뢰서에 대한 교환절차는 외국환은행이 금융결제원에 매일 내국신용장에 의하여 발행된 판매대금추심의뢰서 제시정보를 먼저 전송한다. 전송 후 순수원화표시, 원화표시(외화부기) 내국신용장 판매대금추심의뢰서, 미달러화표시 순수외화표시 내국신용장 판매대금추심의뢰서는 제시정보 교환을 통한 한국은행 당좌예금 및 외화예수금 계정의 차액결제 방식으로, 기타통화외화표시 내국신용장 등은 KEB하나은행을 통한 자금이체방식으로 대금을 청구 또는 회수하는 절차로 이루어진다.

6-3. 내국신용장 교환 업무 흐름

[그림 1] 업무처리흐름도

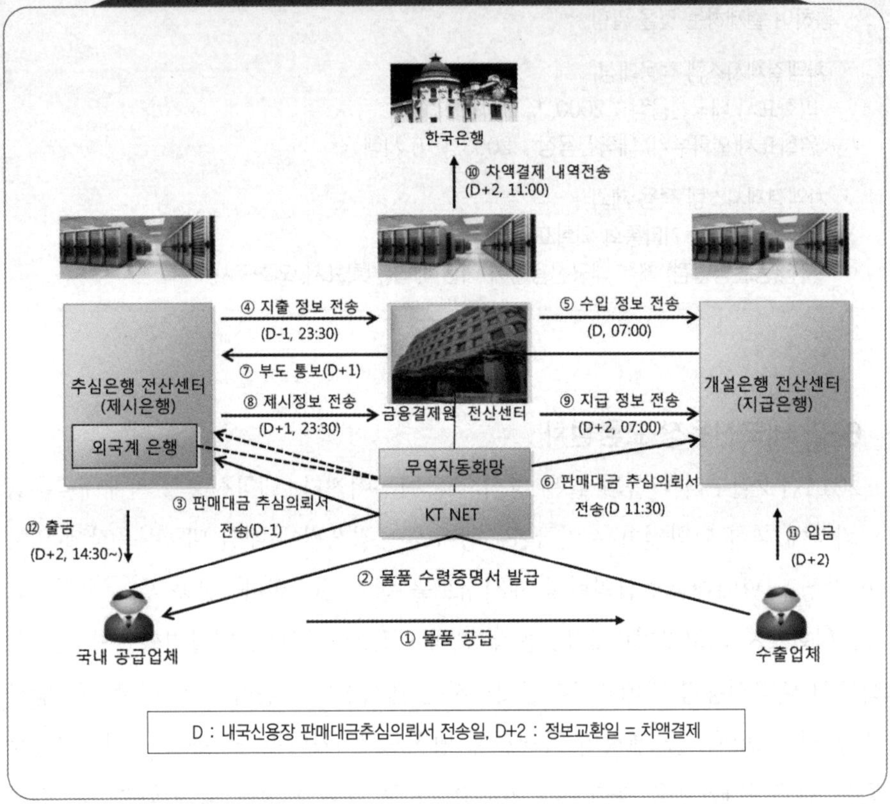

① 국내공급업체가 내국신용장 개설의뢰인인 수출업체에 물품을 공급한다.

② 수출업체는 Ktnet을 통해 물품수령증명서를 발급한다.

③ 국내 공급업체는 Ktnet을 통해 추심 · 매입은행(제시은행)으로 판매대금추심의뢰서를 전송한다.

※ 외국계 은행인 경우 매입심사 후 해당 판매대금추심의뢰서의 식별자 정보*만 변경하여 Ktnet과 무역자동화망을 통해 국내은행(수탁은행) 앞 전송

* 송신식별자 : 외국계은행 코드, 수신식별자 : 국내은행(수탁은행) 코드

④ 제시은행에서는 외국은행 위탁분과 자행 매입분을 합하여 지출정보를 전송한다.

⑤ 금융결제원은 국내은행(수탁은행)이 송부한 지출정보를 개설은행별로 분류 후 개설은행으로 전송한다.

⑥ 금융결제원은 수입정보와 판매대금추심의뢰서를 비교 · 검증하여 일치하는 판매대금추심의뢰서를 개설은행으로 전송한다.

⑦ 부도사항이 있을 경우, 개설은행은 제시은행에 부도통보를 한다.

⑧ 매입은행은 금융결제원에 제시정보를 전송한다.

⑨ 금융결제원은 제시정보를 개설은행별로 분류한 후 개설은행으로 전송한다.

⑩ 금융결제원은 교환차액내역을 작성하고 한국은행에 전송한다.

6-4. 내국신용장의 부도 통보

개설은행이 지급에 응하지 못할 경우에는 판매대금추심의뢰서 접수일의 다음 영업일 영업종료 2시간 전까지 모든 불일치 사항을 통지하여야 한다. 매입(추심)은행에 「내국신용장 부도통보/확인서」를 FAX로 송부한다. 매입은행으로부터 영업종료시각까지 4자리의 부도확인번호를 부여한 「내국신용장 부도통보/확인서」를 FAX로 수신하여 확인한다.

내국신용장 부도통보/확인서

내국신용장 부도통보/확인서

년 월 일

은행 은행

부(지점) 앞 부(지점) (인)

내국신용장판매대금 추심의뢰서의 부도를 아래와 같이 통보하오니 부도확인번호를 부여하여 주시기 바랍니다.

부도통보 번호	판매대금 추심의뢰서 구분	추심(매입) 번호	신용장번호	금액		부도사유	부도확인 번호
				원화	외화		

주) 1. 부도통보번호는 개설은행의 관리번호임.
2. 원화표시(외화부기) 내국신용장의 경우에는 외화란에 부기 외화금액을 병기함.

은행 부(지점) 귀하

귀행에서 통보하신 부도 판매대금추심의뢰서에 대하여 위와 같이 부도확인번호를 통보합니다.

은행 부(지점) (인)

개설 은행	TEL ( ) –	담당자명	추심의뢰 은행	TEL ( ) –	담당자명
	FAX ( ) –			FAX ( ) –	

제 4 장

무역금융 기타사항

제1절 평균원자재의존율의 산정

1. 의 의

평균원자재의존율이란, 개별 수출업체의 각 수출물품에 소요되는 원자재의 평균비율을 말하며, 평균가득률이란, 수출금액에서 원자재액을 차감한 가득액의 평균비율을 말한다. 평균원자재의존율 및 평균가득률은 실적기준금융 수혜업체에 대해 융자한도 산정 시 적용되는 제도로, 1999년 5월 한국은행 무역금융 관련 세칙 절차 등에서 폐지하였으나 적정지원을 위하여 외국환은행에서 자율적으로 운용하고 있다.

1-1. 원자재의존율 및 가득율의 개념

수출물품을 제조 · 가공하기 위하여 투입한 원자재 구입 총비용을 원자재의존액이라 하며 원자재를 국내에서 구매하는 금액과 외국에서 수입하는 금액의 합계로 표시된다.

이 원자재의존액이 수출신용장 등의 수출금액(FOB)에서 차지하는 비율을 '원자재의존율'이라 한다.

수출신용장 등의 수출금액에서 동 원자재의존액을 차감한 금액을 '외화가득액'이라 하며 이 외화가득액이 수출신용장 등의 수출금액에서 차지하는 비율을 '가득률'이라 한다.

이를 산식으로 표현하면 다음과 같다.

원자재의존율 = 원자재의존액/수출신용장 등 수출금액(FOB) X 100

가득률 = 외화가득액/수출신용장 등 수출금액(FOB) X 100

가득률 + 원자재의존율 = 100%

1-2. 평균원자재의존율 및 평균가득율의 개념

수출신용장 등의 수출금액의 원자재의존율을 일정기간 동안(1년) 평균하여 산출한 비율을 '평균원자재의존율'이라 하며, 평균가득률은 100%에서 평균원자재의존율을 차감한 비율이다.

평균가득률 = 100% - 평균원자재의존율

2. 산 정

평균원자재의존율 및 평균가득률의 산정시기, 산정방법, 산정 대상 등은 외국환은행의 판단에 따라 자율적으로 결정하나, 통상적으로는 다음의 방법 중 하나로 산정한다.

가. 산정대상

신용장기준금융 및 실적기준금융으로 생산자금 및 원자재자금을 이용하는 업체를 대상으로 한다.

나. 산정방법

① 평균원자재의존률(%) = (원자재 내국신용장어음 결제액+수출용 원자재 수입신용장어음의 결제액+수출용 원자재의 현금구매분) ÷ 자사제품 수출실적 ×100

평균가득률(%) = 100% − 평균원자재의존률

☞ 수출실적 보유기간이 1년 미만인 신규업체는 동 기간 동안의 수출실적을 기준으로 산정함.

☞ 위탁가공무역에 소요되는 국산원자재를 수출하는 업체에 대하여는 국내에서 제조 가공한 원자재의 수출실적을 기준으로 산정함.

② 「대외무역관리규정」에 의거 발급된 소요량증명서 또는 중앙행정관서의 장이 고시한 품목별 기준소요량

③ 최근년도 한국은행 「기업경영분석」에서 정한 업종별 동업계 평균재료비 해당 비율 또는 당해 업체의 재무제표상 제조원가명세서의 총제조비용에서 재료비가 차지하는 비율

④ 관세청장이 수출물품별 평균소요량 등을 별도 기준으로 정하여 고시한 "표준소요량"에 해당하는 비율

⑤ 고시품목에 대한 당해 업체가 작성한 소요량계산서 등에 의거 산출된 비율

⑥ 수출신용장 등에 소요원자재 수량 및 금액이 표기되어 있는 경우 해당 비율

다. 다음의 경우에는 각 외국환은행에서는 평균원자재의존율 및 평균가득률을 재산정하도록 하고 있다.

① 업체가 재산정을 신청한 경우로서 그 사유가 타당하다고 인정되는 경우

② 주요 수출품목의 구성, 수출가격, 원자재소요량, 원자재가격 등의 변동 및 수출용 원자재 현금 구매분의 과대 또는 과소계상 등으로 재산정할 필요가 있다고 판단하는 경우

제2절 융자취급은행

1. 의 의

무역금융 및 무역금융관련 지급보증은 무역금융 수혜대상업체가 거래은행으로 지정한 각 외국환은행에서 취급한다. 이러한 은행을 '융자취급은행'이라 한다.

2. 포괄금융 수혜업체의 주 · 부거래 외국환은행 지정

포괄금융을 수혜하고자 하는 업체는 무역금융의 융자한도의 결정과 제재 등 무역금융에 대한 종합관리를 담당하는 외국환은행(1개 영업점 기준)을 '주거래 외국환은행'으로 지정하고 거래하며, 그 외의 포괄금융 융자취급은행은 '부거래 외국환은행'이라 하는데, 부거래 외국환은행은 주거래 외국환은행에 연단위로 수출실적 집계 보고 등을 하여야 한다.

3. 융자취급은행의 제한

3-1. 융자취급은행의 제한

하나의 수출신용장 등과 관련된 무역금융의 취급 및 수출대금의 영수는 동일한 외국환은행을 통하여 이루어져야 한다.

3-2. 매입은행의 제한

실적기준금융 이용업체 및 포괄금융 이용업체가 발행한 수출환어음 또는 내국신용장의 매입과 추심은 동 업체에 대한 융자취급은행을 통해 이루어져야 한다.

4. 융자취급은행의 의무

4-1. 거래외국환은행의 공통의무

가. 적정여신 준수의무

무역금융 취급 시에는 융자한도, 기간 등이 규정상 허용된 범위 내라 하더라도 무역금융 수혜업체의 수출실적과 수출능력, 수출 또는 국내공급에 필요한 실제 소요자금, 적정기간 여부 등을 종합적으로 심사하여 적정수준의 무역금융이 취급되도록 하여야 한다.

나. 융자취급상황 기재의무

동일 신용장에 대하여 중복금융 취급 방지를 위하여 다음의 사항을 수출신용장 등 무역금융의 융자대상 증빙서류 뒷면에 기재하여야 한다.

① 수출신용장 등에 대한 무역금융 취급 내용(취급일자, 금액, 기일, 취급점명)

② 무역어음의 인수 취급내용(취급일자, 금액, 기일, 취급점명)

③ 관련 수입신용장 및 내국신용장 등의 결제 및 결제내용

④ 수출 또는 공급대금 입금상황(매입 또는 입금일자, 금액, 취급점명 등)

다. 융자금의 관리

융자취급은행은 무역금융이 자금용도에 따라 수출물자의 구매, 제조 · 가공, 기타 수출에 직접 관계되는 비용이나 원자재 수입 또는 원자재 구매 이외의 타 목적에 사용되지 않도록 관리하여야 한다.

라. 무역금융 취급상황 보호의무

거래 외국환은행은 매월 무역금융의 취급상황을 「한국은행 금융중개지원대출 무역금융지원 프로그램 운용절차」에서 규정한 〈별지 제6호 서식〉에 따라 다음 달 20일까지 한국은행 통화정책국에 제출하여야 한다.

마. 무역금융관련 제재대상자 보고의무

외국환은행은 무역금융 및 무역금융 관련 지급보증에 대한 제재조치를 취하거나, 제재를 감면할 경우에는 동 내용을 「한국은행 금융중개지원대출 무역금융지원 프로그램 운용절차」에서 규정한 〈별지 제5호 서식〉에 따라 지체 없이 한국은행 취급점 및 각 외국환은행(본점기준)에 통보하여야 한다.

바. 수출실적의 이관

외국환은행은 업체의 요청에 따라 수출실적을 다른 외국환은행으로 이 · 수관받아 당해 업체의 융자한도 산정 시 동 수출실적을 반영할 수 있다. 다만, 수출실적을 이관한 외국환은행은 무역금융 중복 취급 방지를 위하여 이관된 수출실적에 대응하는 융자한도를 당해 업체의 융자한도에서 차감하는 등의 조치를 취하여야 한다.

수출실적 이관 시 주로 업체의 서면 요청을 통해 이관함에 따라 처리 지연 및 업무효율성 저하 등의 문제가 다소 발생 하여, 2022년 11월 22일 부터는, 은행

간 「신용정보의 이용 및 보호에 관한 법률」에 따른 종합신용정보집중기관이 운영하는 시스템을 이용한 전문으로 수신하여 처리할 수 있도록 하여 수출업체 및 외국환은행의 업무효율성을 제고하였다.

4-2. 포괄금융 수혜업체의 주거래 외국환은행의 의무

가. 주거래 외국환은행 지정 및 포괄금융 수혜업체 선정 통보

수출업체로부터 주거래 외국환은행으로 신규지정(또는 변경지정)되어 포괄금융 수혜업체를 선정한 주거래 외국환은행은 동 사실을 지체 없이 당해 업체의 외국환은행으로 통보한다.

나. 수출실적 관리

주거래 외국환은행은 포괄금융 이용업체의 자격여부를 확인하기 위하여 매년 1월 중에 부거래 외국환은행으로부터 송부 받은 「한국은행 금융중개지원대출 무역금융지원 프로그램 운용절차」에서 규정한 〈별지 제2호 서식〉에 따른 수출실적 관리카드를 종합하여 당해 업체에 대한 수출실적관리카드를 작성하여야 한다.

4-3. 포괄금융 수혜업체의 부거래 외국환은행의 의무

포괄금융 수혜업체의 부거래 외국환은행은 거래업체별로 수출실적 관리카드를 관리하여야 하며, 동 카드 사본을 매년 1월 10일까지 주거래 외국환은행으로 송부하여야 한다.

제3절 무역금융 기타사항

1. 무역금융 취급 시의 수익성 분석

1) 한계이익 산출산식

한계이익 = 대출금 이자(대출금 × 적용금리) - 직접비용(자금조달비용 + 신용보증기금 출연금 + 교육세)

가. 대출금 이자

무역금융은 일정비율 한국은행으로 차입이 이루어지므로 일반대출보다는 저금리로 운용된다.

나. 자금조달비용

자금조달비용 = (한국은행 차입금 × 차입금리) + (자체자금 × 조달금리)

① 한국은행 차입금 : 1994년 3월 15일부터 한국은행 금융중개지원대출이 시행됨에 따라 은행별 차입비율(한국은행 차입금 규모/ 은행별 금융중개지원대출 규모)이 월별로 변동되며, 여타 대출금 대비 약 1% 전후 금리 하락 효과가 있다.

② 차입 금리 : 연 1.5%(2022년 10월 현재, 변동 가능)

다. 보증기금 출연금 / 지역신용보증재단 출연금

출연금납부대상 대출금의 평잔에 '기본출연료율(신용보증기금 0.225%, 기술보증기금 0.135%, 지역신용보증재단 0.040%, 2022년 10월 현재, 변동 가능)±은행별 차등료율'을 곱한 금액을 납부한다.

라. 교육세

대출이자의 0.5%를 납부한다.

2. 검토사항

무역금융의 취급 시에는 무역금융 관련 규정상의 요건에 합당한지, 지정된 용도 이외의 다른 목적에 사용되는 않는지 등을 관리하여야 한다. 특히, 무역금융 융자한도의 산정 기준이 되는 수출실적의 집계관리가 필요하다. 각 자금별 주요 검토사항을 살펴보면 다음과 같다.

2-1. 공통 검토사항

가. 신용장기준금융

① 융자금액(또는 내국신용장 및 수입신용장 개설금액)이 개별 수출신용장 등의 금액 범위 내인지 여부

② 수출신용장 등이 무역금융 관련 규정 등에서 정하고 있는 융자대상 증빙의 요건을 갖추었는지 여부

③ 융자기간은 융자취급의 근거가 되는 수출신용장 등의 유효기간 범위 내인지 여부

④ 선수금 영수조건 수출신용장은 원자재 및 완제품조달을 위한 내국신용장 및 수입신용장 등을 개설할 수 있으나, 실제 융자금은 동 선수금을 제외한 금액 범위 내로 한다.

나. 실적기준금융의 경우, 신청금액이 향후 신청업체의 수출이행 능력 등을 감안할 때 과다한지 여부

2-2. 생산자금 및 포괄금융

가. 신청업체가 수출물품 등을 직접 제조 · 가공할 수 있는 생산능력 및 용역 수출능력을 보유하고 있는지 여부

나. 신용장기준금융 생산자금의 경우 수출 등에 소요되는 원자재 기 확보 여부 (품목 및 수량)

다. 실적기준 포괄금융의 경우, 수출실적관리를 위한 주거래 외국환은행인지 부거래 외국환은행인지 여부, 연간수출금액이 미화 2억달러 미만인지 여부

2-3. 원자재자금(완제품구매자금 포함)

가. 내국신용장에 의하여 구매하는 데 소요되는 자금

① 구매조건이 내국신용장상의 조건의 준수 여부

② 내국신용장 수혜자에게 불리한 조건 등을 신청하는지 여부

나. 수입신용장에 의하여 수입하는 데 소요되는 자금

① 구매조건이 수입신용장상의 조건의 준수 여부

② 원자재 수입 시 화물운송에 따른 보험은 적절하게 부보되었는지 여부

3. 무역금융 및 관련 지급보증의 실행

3-1. 실행 및 회계처리

1) 무역금융 관련 지급보증의 실행

가. 실행방법

내국신용장 개설 및 일람불수입신용장 개설

나. 계정처리

① 원자재수입신용장 개설 시 : 신용장개설관계(수입신용장 발행)

② 원화표시 내국신용장 개설 시 : 신용장개설관계(내국신용장 발행)

③ 외화표시 내국신용장 개설 시 : 신용장개설관계(외화표시 내국신용장 발행)

2) 무역금융의 실행

가. 실행방법

앞에서 기술한 '제2장 7. 융자금액' 참조

나. 계정처리

① 자금별 구분 없이 '무역어음대출'계정으로 처리한다.

② 지급보증관련 계정 처리 : 수입어음, 수입대금 및 결제대상 원화금액에서 원자재자금 융자취급액을 차감한 나머지 금액을 융자수혜업체로부터 징구하여 수입신용장 또는 내국신용장 지급보증을 회수하게 되며, 이 경우 동 지급보증 취급 시의 기표를 반대 기표하여 정리한다.

3) 무역금융 관련 이자의 징수

가. 징수금액

무역어음대출이자 = 대출금액 × 이자율 × 대출기간/365

* 대출기간: 대출 당일로부터 대출기간 전일까지의 기간으로서 한편 넣기로 계산한다.

나. 징수원칙

무역금융은 해당이자를 매월 후취하며, 대출실행 당일에 회수되는 대출금액에 대해서는 1일간의 이자를 징수한다.

다. 계정처리

자금별 구분 없이 무역어음대출이자계정으로 처리한다.

4) 융자취급 내용의 기재

무역금융 취급 시에는 중복금융 취급 방지를 위하여 관련 수출신용장 등 무역금융의 융자대상 증빙서류 뒷면에 아래와 같은 내용을 기재하여야 한다.

① 수출신용장 등에 대한 무역금융 취급 내용(취급일자, 금액, 기일, 취급점명)

② 무역어음의 인수 취급내용(취급일자, 금액, 기일, 취급점명)

③ 관련 수입신용장 및 내국신용장 등의 결제 및 결제내용

④ 수출 또는 공급대금 입금상황(매입 또는 입금일자, 금액, 취급점명 등)

3-2. 무역금융 신규 명세의 한국은행 통보

외국환은행 각 영업점에서 실행한 무역금융 신규 취급건은 한국은행으로부터 차입을 위하여 각 자금별 신규 취급 명세를 소정 양식에 따라, '한국은행 금융결제망(BOK-Wire)'을 통하여 한국은행으로 통보가 되므로, 융자취급은행의 본점 당당부서에서는 영업점 실행건의 관련 규정 부합여부 등을 심사하여 부적합 내용 여부를 확인 후 오류 발생 시 정정한다.

4. 무역금융 및 관련 지급보증의 회수

4-1. 회수원칙

가. 회수시기

융자기간 및 지급보증기간이 만료되기 이전이라도 당해 융자대상 수출, 건설공사 용역대금이 입금될 때 동 대금으로 회수(지급보증의 경우 보증금 적립)하여야 한다. 다만, 실적기준금융의 경우에는 융자기간 만료 시에 회수할 수 있다.

나. 회수금액의 산출

앞에서 기술한 '제2장의 9. 융자금의 회수' 참조

다. 회전대출대상

실적기준 생산자금, 실적기준 포괄금융의 경우에는 융자기간 만료 시 새로이 산정된 융자한도 범위 내에서 회전대출할 수 있다.

4-2. 무역금융 관련 지급보증의 대지급 처리

가. 대지급 처리방법

① 대지급 처리시기

- 수입신용장 개설 지급보증 : 선적서류 접수 다음영업일로부터 6영업일 해당일
- 내국신용장 개설 지급보증 : 판매대금추심의뢰서가 지급제시된 날로부터 4영업일 해당일

② 대지급 처리금액

- 수입신용장 개설 지급보증(외화표시 내국신용장 포함) : 수입어음금액(또는 외화표시 내국신용장 금액) × 대지급 처리당일의 대고객 전신환

매도율(T/T Selling Rate)

• 원화표시 내국신용장 개설 지급보증 : 지급제시된 내국신용장금액

나. 계정처리

① 수입신용장 개설 지급보증(외화표시 내국신용장 포함) : 외화지급보증대지급금계정

② 원화표시 내국신용장 개설 지급보증 : 원화지급보증대지급금계정

4-3. 신용보증서를 담보로 무역금융 취급 시 유의사항

신용보증서를 담보로 취득하여 무역금융 및 관련 지급보증을 취급 또는 회수하는 경우에는 다음의 내용을 각별히 유의하여야 한다.

가. 무역금융 수혜업체가 신용장기준금융 수혜업체인 경우

전술한 바와 같이, 기 취급한 무역금융은 소정 융자기한이 만료되기 이전이라 하더라도 관련 수출환어음을 매입하거나 내국신용장에 의하여 발행된 판매대금 추심의뢰서를 매입(추심 포함)할 때 또는 융자대상 수출대금이 입금될 때에 동 수출대금 또는 매입대금으로 회수하여야 한다. 그럼에도 불구하고 동 어음의 매입대금으로 관련 무역금융 상환에 충당하지 아니하고 무역금융 수혜업체 앞 지급으로 사용하거나 융자취급은행이 타 여신상환에 충당한 상태에서 동 수혜업체가 도산 등으로 관련 무역금융이 회수되지 아니한 경우 동 신용보증서의 면책사유에 해당하므로 주의를 요한다. 특히 무역금융 수혜업체가 연체(대지급금 보유) 발생 등 신용태가 악화된 경우(신용보증약관상 '신용보증사고' 발생 시)에는 이에 대한 각별한 주의를 요한다.

나. 무역금융 수혜업체가 실적기준금융 수혜업체인 경우

신용장기준금융과는 달리 융자기간 만료 시에 일괄 회수할 수 있으므로 수출환어음 등의 매입 또는 수출대금 입금 시 동 대전으로 기 취급된 무역금융을 회

수하지 않아도 된다. 다만 무역금융 수혜업체가 '신용보증사고'가 발생한 경우에는 상기 '가'와 같이 처리하여야 한다.

5. 무역금융 관련규정 위반업체에 대한 제재

무역금융을 수혜한 업체가 융자 관련서류를 허위 작성하거나 위 · 변조하는 등 관련 규정을 위반한 경우에는 그 정도에 따라 필요한 제재를 받음으로써 무역금융의 남용을 방지하는 제재제도가 다음과 같이 도입 · 실시되고 있다.

5-1. 제재대상자

가. 융자대상증빙, 관련계약서, 물품수령증명서, 기타 융자 관계서류를 위조, 변조하거나 허위로 작성한 경우

나. 내국신용장 개설의뢰인이 정당한 사유없이 물품인수를 지연 또는 거부하거나 물품을 인수하고 물품수령증명서를 공급자발행 세금계산서상의 발행일로부터 10일 이내에 발급하지 않고 있어 내국신용장 수혜자 또는 중소기업협동조합중앙회가 신고한 경우

다. 내국신용장 개설의뢰인이 물품을 인수하고 물품수령증명서를 공급자의 세금계산서 발행일로부터 10일을 경과하여 발급한 경우. 다만, 중소기업이 대기업으로부터 물품을 인수한 경우에는 이를 적용하지 아니한다.

라. 동일 수출 건에 대해 관련 서류의 중복발급 내지 사용 등으로 외국환은행이 자체적으로 정한 융자한도를 초과하여 무역금융을 지원받는 경우

▶ 한국은행 금융결제국장 또는 지역본부장은 한국은행 제규정을 위반한 외국환은행에 대하여 대출한도 감축 또는 기대출금 회수 등의 제재조치를 취할 수 있다.

5-2. 제재처리

가. 외국환은행은 상기 제재대상업체에 대하여 다음 각항의 기준에 따라 제재 조치를 취하고 지체 없이 한국은행 및 다른 외국환은행에 제재 사실을 통지 하여야 한다.

〈무역금융 제재대상 사유 및 제재기준〉

제재대상사유	제재기준
• 융자대상증빙, 관련계약서, 물품수령증명서, 기타 융자관계서류를 위조 · 변조하거나 허위로 작성하였을 경우 • 동일 수출 건에 대해 관련서류의 중복 발급 내지 사용 등으로 무역금융 융자한도를 초과하여 무역금융을 지원받는 경우	1개월 이상 1년 이내 무역금융 및 무역금융관련 지급보증 수혜 자격 정지
• 내국신용장 개설의뢰인이 정당한 사유 없이 물품인수를 지연 또는 거부하거나 물품을인수하고 물품수령증명서를 공급자발행세금계산서상의 발행일로부터 10일 이내에 발급하지 않고 있어 내국신용장 수혜자 또는 중소기업협동조합중앙회가 신고한 경우	경고 다만, 동 경고를 받은 날로부터 5일 이내에 물품수령증명서를 발급 하지 않은 업체 : 1개월간 내국신용장의 개설자격 정지
• 내국신용장 개설의뢰인이 물품을 인수하고 물품수령증명서를 공급자의 세금계산서 발행일로부터 10일을 경과하여 발급한 경우(단, 중소기업이 대기업으로부터 물품을 인수한 경우에는 이를 적용하지 않음)	연중(1월 1일~12월 31일 기준) 가) 1차 발견 시 : 경고 나) 2차 발견 시 : 관련금융 융자 한도의 5% 해당 금액을 1개월 이상 3개월 이내 동 한도에서 차감 다) 3차 발견 시: 관련금융 융자 한도의 15% 해당 금액을 1개월 이상 3개월 이내 동 한도에서 차감 라) 4차 발견 시 : 관련금융 융자 한도의 25% 해당 금액을 1개월 이상 3월 이내 동 한도에서 차감 마) '나)' 내지 '라)'의 규정에 불구하고 관련 판매대금추심의뢰서 금액이 차감대상금액을 초과하는 경우에는 동 어음금액을 당해 융자한도에서 차감

나. 외국환은행은 부득이하다고 인정하여 특별히 승인하는 경우에는 제재를 감면할 수 있되, 동 제재 감면사유 및 내용을 한국은행에 보고하여야 한다.

다. 상기 '나'에 의하여 제재 사실을 통지 받은 외국환은행은 당해 업체에 대하여 통지 받은 제재내용과 동일한 제재조치를 취하여야 한다.

라. 외국환은행은 무역금융 및 무역금융 관련 지급보증에 관한 제재조치를 취하거나 제재를 감면한 때에는 동 내용을 「한국은행 금융중개지원대출 무역금융지원 프로그램 운용절차」에서 규정한 〈별지 제5호 서식〉에 의하여 지체 없이 한국은행 취급점 및 각 외국환은행(본점 기준)에 통보하여야 한다.

제 5 장

무역어음제도

제1절 무역어음제도

1. 무역어음제도의 개요

1-1. 무역어음제도의 개요

수출신용장 등 수출관련계약서 보유 또는 수출실적이 있는 수출업체가 발행한 환어음을 인수기관에서 인수하고(외국환은행이 인수함으로써 환어음은 은행인수(BA ; Banker's Acceptance)어음으로써 무역어음화 됨) 인수된 어음을 중개기관의 할인 · 매각을 통하여 시중에 유통시키고 어음기일에 수출업체 Nego대금으로 무역어음을 결제하는 제도로서 무역어음의 인수는 지급보증, 할인은 할인어음에 준하여 업무처리하면 된다.

1-2. 무역어음의 의의

무역어음이란 수출업체가 인수기관과의 일정한 약정에 의하여, 무역어음 발행대상이 되는 신용장 등 수출관련계약서 또는 수출실적을 근거로 수출물품을 제조 · 가공 또는 국내 구매하는 데 소요되는 자금을 선적 전에 조달할 목적으로, 인수기관을 지급인으로 하여 발행하는 기한부 환어음을 말한다.

1-3. 무역어음의 인수 · 유통체계

1) 무역어음의 관계인

가. 무역어음 발행인(수출업체)

무역어음의 발행 근거가 되는 수출신용장 등의 수익자 또는 양수인으로서 수출물품을 제조 · 가공하여 수출하거나 공급하는 업체 및 국내에서 생산된 수출용 완제품을 내국신용장에 의하여 구매하여 수출하고자 하는 업체를 말한다.

나. 인수기관

무역어음 발행인이 발행한 무역어음에 인수사실을 기명날인함으로써 동 무역어음의 지급기일에 지급 의무를 부담하는 금융기관을 말한다.

다. 할인기관

인수기관이 인수한 무역어음을 발행인의 요청에 의하여 할인매입하는 기관을 말한다.

라. 매출기관

매출기관은 할인기관이 되며 할인하여 보유한 무역어음을 투자가(기관, 개인)에게 할인매출하는 기관을 말한다.

[그림 2] 무역어음의 인수 · 유통 체계도

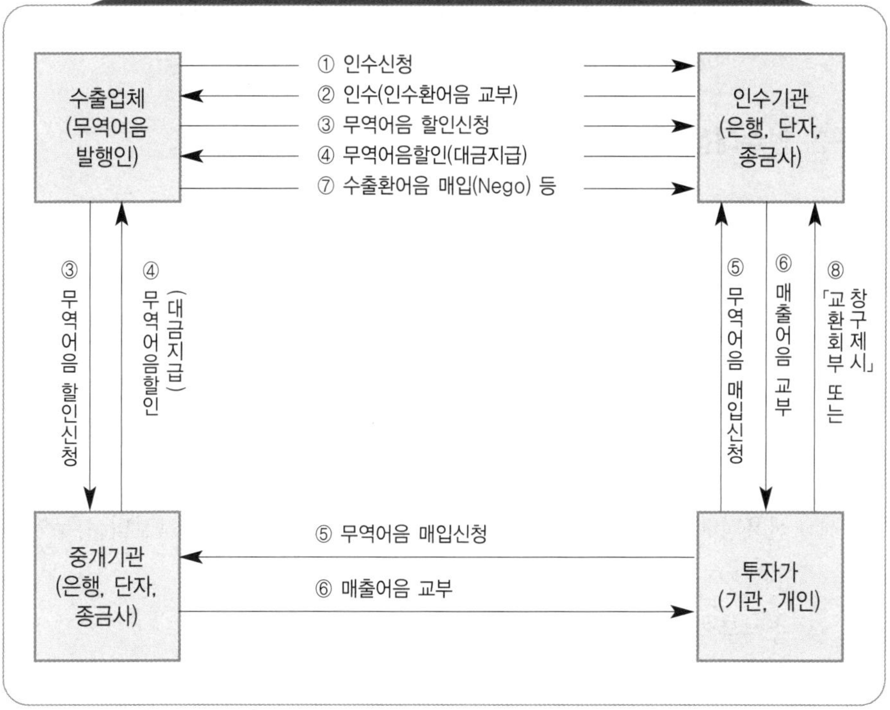

2. 무역어음의 인수

2-1. 무역어음 인수의 의의

무역어음의 인수란 수출업체 등이 발행한 기한부 환어음에 대하여 인수기관이 지급기일에 지급의무를 부담하는 것을 말하며, 신용도가 양호한 금융기관이 인수함으로써 무역어음의 발행인으로 하여금 무역어음 중개기관으로부터 자금의 융통을 용이하게 하는 데 그 의의가 있다.

인수기관 입장에서는 수출업체 등에게 지급보증(즉, 여신)하는 것이 된다. 따라서 대상업체(인수의뢰인)는 수출실적 보유자, 수출신용장 등의 수익자로서 수출신용장 등에 표시된 물품을 직접 제조 · 가공하여 수출하거나 공급하고자 하는 자 및 국내에서 완제품을 구입하여 직수출하고자 하는 자로 한다.

2-2. 인수대상 신용장 등의 요건

가. 수출신용장

① 취소불능화환신용장일 것

② 외국환은행과 환거래계약을 체결한 은행, 외국환은행의 해외지점 또는 외국환은행이 인정하는 기타 은행이 발행 또는 확인한 것일 것

③ 당해 수출에 관하여 필요한 당국의 허가, 승인, 인증 또는 추천을 받은 것일 것

④ 신용장 내용 중 동 신용장조건의 이행이 불가능하다고 인정되는 문언이 없을 것

⑤ 중계무역방식에 의한 수출이 아닐 것

⑥ 한국수출입은행의 수출자금대출(인도 전 금융)을 수혜한 수출신용장이 아닐 것

나. 지급인도(D/P)조건 및 인수인도(D/A)조건 수출계약서와 외화표시물품공급계약서

① 당해 수출에 관하여 필요한 당국의 허가, 승인, 인증 또는 추천을 받은 것일 것

② 수출대금 회수방식은 수출업자가 수출환어음을 발행하여 외국환은행을 통해서 이를 추심하는 방식이거나 수출대금의 회수와 동시에 융자금의 회수가 보장되는 기타방식에 의하여 결제되는 것일 것

③ 중장기연불방식에 의한 수출계약서가 아닐 것

④ 한국수출입은행의 수출자금대출(인도 전 금융)을 수혜한 수출계약서가 아닐 것

다. 내국신용장

「한국은행 금융중개지원대출관련 무역금융지원 프로그램 운용세칙」에 의하여 발행된 융자대상 내국신용장일 것

라. 수출신용장 결제조건부 수출계약서

① 수출계약서상에 수출신용장발행 예정문구 및 예정일자, 선적기일, 품목, 금액 등을 표시할 것

② 수출업자가 소관부장의 승인을 받은 업체일 것(승인절차는 「수출계약서에 의한 무역어음 인수 대상업체 선정신청서」에 의함)

마. 실적기준으로 무역어음 발행

수출실적증명서 요구

2-3. 인수대상업체

무역어음 인수대상업체는 상기 2-2의 신용장 등을 보유하고 이를 근거로 무역어음을 발행하는 업체로서 다음 중 하나에 해당하는 업체이다.

① 수출신용장상의 수익자

② 수출계약서에 의한 수출자

③ 외화표시물품공급계약서의 물품공급자

④ 내국신용장상의 수혜자

⑤ 수출신용장 결제조건부 수출계약서

⑥ 과거 수출실적을 보유한 수출자

무역어음 인수도 무역금융과 마찬가지로 ①~⑤를 근거로 한 신용장 기준과 실적기준으로도 취급가능하다.

2-4. 무역어음 인수한도 및 인수제한

1) 인수한도

가. 무역어음의 업체별 인수한도

업체의 수출실적, 생산능력, 1회전 소요자금규모 및 기취급 운전자금 여신규모 등을 감안하여야 하며, 무역어음의 인수가 인수기관 입장에서는 여신(지급보증)의 성격이므로 안정성 확보(채권보전) 측면에서 업체의 상환능력, 신용상태 및 담보 등을 고려하여 업체별 인수한도(Credit Line)를 결정한다.

나. 은행의 동일인 앞 인수한도의 제한(은행법 제35조 ①항)

동일한 개인 또는 법인(이상 '동일인'이라 함)에 대한 각 은행의 채무의 보증 또는 인수 총금액은 은행 자기자본의 25%를 초과할 수 없다.

동일한 개인 또는 법인(이상 '동일인'이라 함)에 각각에 대하여 당해 금융기관의 각 은행의 채무의 보증 또는 인수 총금액은 은행 자기자본의 20%를 초과하는 신용공여를 할 수 없다.

2) 인수제한

「한국은행 금융중개지원대출관련 무역금융지원 프로그램 운영세칙」 및 동「절차」에 의거 신용장 등을 기준으로 무역금융을 이미 수혜받은 부분에 대해서는 중복융자를 방지하기 위하여 무역어음을 인수할 수 없다.

2-5. 인수대상 무역어음의 요건

1) 무역어음 발행인의 인감은 인수기관에 신고한(여신거래용) 인감명판 등 신고상의 인감과 일치하여야 한다.

2) 인수대상 무역어음은 인수기관 소정의 환어음 용지를 사용한 것으로서 다음 각 호의 요건을 갖추어야 한다.

가. 어음금액

① 무역어음의 발행금액은 원칙적으로 신용장 금액(FOB기준)의 범위 내에서 인수당일의 대고객 전신환 매입률로 환산한 원화금액 이내의 금액이어야 한다.

② 최저 발행금액은 10만원 단위로 하며, 10만원 미만은 절사한다.

③ 한 건의 신용장 금액이 거액인 경우, 업체가 요청하거나, 인수기관이 할인 시 동 어음의 매출 원활화를 위해 필요한 경우 분할하여 수개의 무역어음으로 발행할 수 있다.

나. 어음의 지급기일

① 수출관련계약서를 근거로 무역어음을 발행하는 경우 무역어음의 지급기일은 수출관련계약서의 유효기일 범위 내에서 최종선적기일(내국신용장의 경우 물품인도기일)에 10일을 가산한 기일 이내로 한다.

② 선적기간이 각각 다른 수개의 신용장 등을 통합하여 하나로 발행한 어음을 인수할 수 있으며, 이 경우의 어음기간은 최종 선적기일이 가장 늦은 신용장을 기준으로 하여 정할 수 있으나, 선적기일이 크게 차이가 있을 경우에는 무역어음을 분할 발행함으로써 자금이 용도 외로 유용되지 않도록 한다.

3) 다음의 환어음의 법적 기재사항(어음법 제1조)이 모두 충족되어야 한다.

① 증권의 본문 중에 그 증권의 작성에 사용하는 국어로 환어음을 표시하는 문자 : 환어음용지에 인쇄된다.

② 일정한 금액을 지급할 뜻의 무조건적 위탁 : 환어음용지에 인쇄된다.

③ 지급인의 명칭 : 은행이 인수하는 경우에는 '㈜XX은행 귀하'로 표시하고 기타 인수기관에 어음을 교부하는 경우에는 'XX종합금융㈜' 등으로 표시한다.

④ 만기의 표시 : 환어음상의 지급기일을 말하며, 어음발행인이 기재한다.

⑤ 지급지 : 은행지점이 소재하는 행정구역의 표시로써 미리 고무인으로

찍어둔다.(예 : 서울특별시, 부산광역시, 수원시 등) 또한 은행양식의 환어음에는 지급장소가 기재되어야 하는바, 그 표시는 은행지급점명을 기재하여야 한다.(예 : XX은행 종로지점)

⑥ 지급받을 자 또는 지급을 받을 자를 지시할 자의 명칭 : 발행인이 배서하는 경우에 기재하는 사항으로 통상 인수 시에는 기재되지 않는다.

⑦ 발행일과 발행지 : 어음발행인이 기재한다.

⑧ 발행인의 기명날인 : (여신거래용)인감명판 등 신고서상의 인감과 일치하는지 여부를 확인하여야 한다.

무역어음용 환어음 양식

인수 년 월 일

환 어 음(무역어음용)

(인) 귀하 가나 ○○○○○ ○○

금

위의 금액을 이 환어음과 상환하여 ____________또는 그 지시인에게 지급하여 주십시오.
거절증서 작성을 면제함.

지급기일 발 행 일 년 월 일
지 급 지 발 행 지
지급장소 ○ ○ 은행 주 소
발 행 인

000000120 05 00

2-6. 무역어음의 인수절차

가. 서류접수

① 무역어음 인수 · 할인신청서

② 무역어음거래약정서

③ 수출신용장 등 원본(확인용) 및 사본(보관용)

④ 수출승인서 사본(필요 시)

⑤ 수출실적 확인서(실적기준으로 취급하는 경우)

⑥ 기타 필요한 서류

나. 서류 검토

① 신청서류상의 사용인감과 기 신고된 인감의 일치여부를 대조 · 확인한다.

② 융자대상증빙의 요건을 확인한다.

③ 환어음의 법정기재사항 누락 여부를 확인한다.

다. 인수절차

① 환어음(무역어음용) 앞면의 인수란에 인수일자, 인수번호, 취급기관명(또는 취급영업점명)을 기재하고 취급점장 직인을 날인한다.

② 무역어음은 사본 1매를 무역어음인수 · 할인 신청서 뒷면에 첨부하여 책임자가 간인한다.

③ 수출신용장 등의 원본 뒷면에 무역어음 인수금액, 인수일, 지급기일, 인수기관 및 매입은행제한문구 등이 기재된 다음과 같이 고무인을 날인하고 무역어음과 함께 교부한다.

<table>
<tr><th colspan="6">무역어음인수필</th></tr>
<tr><td>인수금액(인수근거액)</td><td>₩(U$)</td><td>지급기일</td><td></td><td>인수번호</td><td></td></tr>
<tr><td colspan="6">본 무역어음발행 근거서류와 관련한 수출환어음(내국신용장 어음)의 매입은 반드시 당행을 통하여 이루어져야만 합니다.

200 년 월 일
인수기관 : 신 한 은 행 지점장 대리 (인)</td></tr>
</table>

④ 타사제품 수출업자가 무역어음을 발행하는 경우에는 환어음(무역어음용)과 신용장 등 원본의 뒷면에 '완제품내국신용장결제용'이라는 고무인을 찍는다.

라. 인수수수료 징수

인수수수료는 다음 산식에 의하여 계산하여 인수일에 선취한다.

인수수수료 = 무역어음금액 × 인수수수료율 × 어음기간/365

① 인수수수료 : 인수기관별로 차등 적용되고 있다.

② 어음기간 : 인수일로부터 지급기일까지의 기간으로서 한편넣기로 산출하고, 수수료는 선취

2-7. 신용장 등의 조건변경

가. 신용장 등의 감액 취소 또는 하자 등의 사유가 발생한 경우에는 해당금액을 인수일의 대고객 전신환매입률로 환산한 원화금액을 수입보증금계정에 적립하여야 한다.

나. 신용장상 선적기일 연장 등의 사유로 이미 발행된 무역어음의 지급기일에 결제대전을 적립하지 못하는 경우의 업무처리는 다음과 같다.

① 신용장 조건변경통지서에 의하여 선적기일의 연장사실 여부를 확인하여야 한다.
② 무역어음인수 · 할인신청서에 의하여 무역어음 차환허용여부에 대하여 결정한다.
③ 무역어음의 발행 및 교부는 무역어음의 당초 지급기일에 실행하며 그 절차는 당초 무역어음 발행 및 교부 절차와 같다.
④ 인수수수료의 징수는 차환발행일로부터 지급기일까지 일수계산하여 선취하여야 한다.

다. 신용장 등의 증액

무역어음의 인수 취급 후 신용장의 금액이 증액되는 경우에 증액된 경우에 대해서는 당초 무역어음의 교부 및 인수절차와 같이 처리한다.

3. 무역어음의 할인

3-1. 무역어음 할인의 의의

'무역어음의 할인'이란, 인수기관이 인수한 무역어음을 무역어음 발행인의 신청에 의하여 할인기관이 할인 매입하는 것을 말하며, 무역어음의 발행인은 할인을 통하여 자금조달을 용이하게 할 수 있다. 또한 할인기관 입장에서는 수출업체 등 할인신청업체에게 대출(여신)을 취급하는 것이 된다.

3-2. 할인대상 무역어음

할인대상 어음은 「어음법」상 요건을 구비한 환어음으로서 외국환은행, 종합금융회사 등이 인수한 무역어음을 대상으로 한다.

3-3. 무역어음 할인한도

무역어음의 할인은 인수기관의 인수사실이 담보이므로 할인기관 입장에서는 별도의 채권보전 조치가 불필요하며 할인신청업체의 거래실적, 기여도 및 동 할인기관의 자금사정 등을 고려하여 결정한다.

3-4. 할인절차

가. 서류의 징구

할인기관인 금융기관이 각 기관의 여신관련 규정에서 정하는 여신관련 일반서류 이외에 다음의 서류를 징구한다.

① 무역어음 인수 · 할인신청서

② 무역어음거래약정서

③ 무역어음(금융기관 인수)

④ 기타 필요한 서류

나. 할인대상 어음 등의 검토

무역어음의 할인 취급 시에는 할인의뢰인의 서류상의 사용인감과 기 신고된 인감의 일치여부 등 본인 여부를 확인하고 다음사항을 검토하여야 한다.

① 할인대상 어음의 인수기관인 금융기관앞 유선조회 등을 통하여 자기앞수표에 준하여 인수사실(예 : 인수번호, 금액, 환어음번호 등) 및 사고신고 여부 등을 확인한다.

② 어음의 위 · 변조, 배서의 연속여부 등을 확인한다.

③ 기타 환어음의 법정기재사항의 누락 여부를 확인한다.

4. 무역어음의 매출

4-1. 무역어음 매출의 의의

'무역어음 매출'이란 외국환은행이 인수한 무역어음을 할인취급한 금융기관이 일반투자가에게 동 어음을 할인매출하는 것을 말하며, 이에 따라 할인기관 입장에서는 예수금 등과 같은 수신의 성격으로서 할인취급 시 부담한 자금을 다시 조성(조달)함은 물론 높은 매출차익을 통한 수익성 확보를 기할 수 있다.

4-2. 매출신청인

신청인은 기관, 개인, 법인 등 그 자격에 제한이 없으며 반드시 실명거래로 하여야 한다.

4-3. 매출대상어음

당행이 할인하여 보관 중에 있는 무역어음을 대상으로 한다.

4-4. 매출방식

① 통상 무역어음 액면금액 전액을 기준으로 하는 할인매출방식에 의한다.

② 보통 할인기관(매출기관)이 인수한 어음은 담보부 배서하며, 할인기관이 인수하지 않은 어음은 아래와 같이 무담보 배서하여 매출한다.

앞면에 적은 금액을 ×××또는 그 지시인에게 지급하여 주십시오. "이 어음상의 일체의 지급책임을 부담하지 아니함"

년 월 일

배서인 성명 주식회사 oo은행 지점 지점장대리 (직인)
주 소

③ 매출한 어음 실물은 당행이 보관하고 매입인에게는 어음보관통장을 교부함을 원칙으로 한다. 그러나, 매입인의 요청이 있는 경우에는 어음 실물을 교부할 수 있다.
④ 매출기간 : 매출 익일부터 기산하여 어음지급일까지로 한다. 그러나 어음지급기일이 공휴일인 때에는 다음 영업일까지 포함하여 계산한다.

4-5. 매출절차

1) 매출가격의 결정

가. 매출 시에는 먼저 매출이자 및 동 이자에 대한 소정의 원천징수세액을 산출하고 매출가격을 산정한다.

① 매출이자 = 어음금액 × 매출이율 × 매출기간 ÷ 365(한편넣기)

② 매출가격 = 어음금액 − 매출이자 + 제세액(선취)

나. 매출이율 : 매출이율은 한국은행의 「금융기관 여수신이율 등에 관한 세칙」에서 정한 최고이율 범위 내에서 매출기관이 정한다.

2) 매출어음의 교부

다음의 방법 중 매출신청인(=매입인)의 요청에 따라 교부한다.

가. 어음직접 교부방식

매출어음 실물을 직접 교부하는 방법으로, 통상 매출기관이 기명식으로 배서 후 교부한다.

나. 통장교부방식

매출어음실물은 매출기관이 보관하고 매입인에게는 보관어음통장을 교부하는 방법이다.

다. 중도환매

매출된 무역어음에 대해서는 어음만기일 이전에는 환매청구에 응할 수 없다.

5. 무역어음의 결제

5-1. 무역어음 결제의 의의

일반적으로 인수한 무역어음은 할인 및 매출절차를 거쳐 금융시장에 유통되다가 최종적으로 동 어음의 지급기일에 인수기관 앞으로 지급제시된다.

따라서 인수기관은 무역어음 발행인으로부터 지급기일까지 동 어음의 결제자금을 확보하여야 하며, 만일 확보가 안되는 경우 인수기관이 대지급 처리하여 결제하여야 한다. 이러한 결제자금의 조성자원은 원칙적으로 무역어음발행의 근거가 되는 신용장 등의 수출환어음매입(Nego)자금 또는 수출대금 등이다.

5-2. 무역어음 결제자금의 충당

가. 당해 수출신용장 등의 수출환어음을 매입하거나, 수출대금을 영수한 경우에는 인수비율 해당금액 이상을 수입보증금계정에 적립한 후 지급기일에 이를 당해 인수어음의 결제자금에 충당하여야 한다.

나. 은행이 인수하고, 할인한 무역어음의 만기 전에 대상수출신용장 등의 수출환어음을 매입하거나 수출대금을 영수한 경우에는 다음과 같이 처리한다.

① 할인하고 무역어음을 보유 중인 경우 동 매입대전을 무역어음할인 상환에 충당하고 상환금액에 대해서 상환일로부터 지급기일 전일까지의 할인료에 해당하는 이자를 차주앞 환출한다.

② 할인하고 무역어음을 매출한 경우 동 매입대전을 수입보증금계정에 적립하고 적립액에 대해서 적립일로부터 지급기일 전일까지의 할인료에 해당하는 이자를 손익계정 기타지급잡이자 항목으로 차주앞 환출한다.

5-3. 무역어음 결제 시 처리절차

인수기관은 인수한 어음의 만기일이 도래하여 지급제시되면 어음의 위조, 변조, 배서의 연속 및 사고신고 여부를 검토한 후 상기 수입보증금 등으로 지급에 응하고 지급을 마친 어음은 'PAID' 인을 찍은 후 보관한다.

지급기일이 도래하였으나 무역어음의 지급제시가 없는 경우에는 지급기일에 수입보증금을 미지급금계정에 대체입금시킨 후 교환회부 또는 창구제시되면 미지급계정에서 인출하여 교환결제 또는 지급에 응한다.

5-4. 무역어음 결제대금 부족 시의 처리

가. 무역어음 발행인이 무역어음의 지급기일까지 무역어음의 결제대전을 적립하지 않는 경우에는 지급기일에 대지급 처리한다.

나. 무역어음의 지급기일에 교환회부 또는 창구제시되는 경우

① 지급보증 대지급금계정으로 처리하여 교환결제 또는 지급에 응한다.

② 수입보증금계정에 일부가 예치되어 있는 경우에는 수입보증금의 차액 해당분을 지급보증 대지급금계정으로 처리하여 교환결제 또는 지급에 응한다.

다. 무역어음의 지급기일이 경과하여 교환회부 또는 창구제시되는 경우

① 무역어음의 지급기일에 수입보증금계정을 미지급계정에 대체하거나 지급보증 대지급금계정으로 처리하여 미지급금계정에 예치한다.

② 수입보증금계정에 일부가 예치되어 있는 경우에는 수입보증금의 차액 해당분을 지급보증 대지급금계정으로 처리하여 수입보증금과 함께 미지급금계정에 예치한다.

③ 무역어음의 교환회부 또는 창구제시된 때 미지급금계정에서 인출하여 교환결제 또는 지급에 응한다.

부록

한국은행 금융중개지원대출관련 무역금융지원 프로그램 운용세칙

한국은행 금융중개지원대출관련 무역금융지원 프로그램 운용절차

별 지 서 식

한국은행 금융중개지원대출관련 무역금융지원 프로그램 운용세칙

제정	1994.	2.	17.	총재결재 자산 5011- 42
개정	1994.	12.	27.	총재결재 자산 5011-526
	1995.	4.	27.	총재결재 자산 5011-175
	1995.	6.	21.	총재결재 자산 5011-260
	1995.	12.	15.	총재결재 자자 5011-625
	1996.	1.	12.	총재결재 자자 5011- 26
	1996.	7.	23.	총재결재 자자 5011-389
	1996.	8.	1.	총재결재 자자 5011-411
	1996.	8.	30.	총재결재 자자 5011-459
	1996.	12.	30.	총재결재 자자 5011-631
	1997.	2.	5.	총재결재 자자 5011- 44
	1998.	4.	20.	총재결재 자자 5011-184
	1998.	8.	19.	총재결재 정금 5011-242
	1998.	9.	30.	총재결재 정금 5011-514
	1998.	10.	21.	총재결재 정금 5011-576
	1998.	12.	11.	총재결재 정금 5011-715
	1999.	4.	26.	총재결재 정금 5011-316
	1999.	8.	19.	총재결재 정금 5011-684
	2000.	12.	26.	총재결재 정금 5011-858
	2001.	5.	30.	총재결재 정금 5011-221
	2001.	11.	6.	총재결재 정금 5011-466
	2002.	6.	29.	총재결재 정금 5011-168
	2003.	7.	23.	총재결재 정금 5011-156
	2003.	12.	31.	총재결재 정금 5011-318
	2006.	8.	17.	총재결재 금융기획팀-423
	2006.	10.	26.	총재결재 금융기획팀-570
	2012.	2.	23.	총재결재 금융기획팀-153
	2013.	11.	06.	총재결재 금융기획팀-911
	2014.	1.	28.	총재결재 금융기획팀-105
	2014.	8.	20.	총재결재 금융기획팀-644
	2015.	4.	24.	총재결재 금융기획팀-347
	2023.	1.	12.	총재결재 금융기획팀-54
	2025.	2.	17.	총재결재 금융기획팀-176

제1장 총 칙

제1조(목적) 이 세칙은 「한국은행의 금융기관대출규정」 제11조 및 「한국은행의 금융기관대출세칙」 제4조에 따라 한국은행 금융중개지원대출관련 무역금융지원 프로그램의 운용에 필요한 사항과 금융기관의 무역관련대출 및 이와 관련된 지급보증의 취급에 필요한 사항을 정함을 목적으로 한다.

제2조(무역금융의 범위 및 지원방법) ① 무역금융지원 프로그램 한도 배정에 반영하는 금융기관의 무역관련대출(이하 "무역금융"이라 한다)은 이 세칙에서 정하는 바에 따라 금융기관이 취급한 원화대출을 말한다.

② 무역금융은 「중소기업기본법」 제2조 및 같은 법 시행령 제3조에 따른 중소기업에 대한 대출로 한다. 다만, 다음 각 호의 어느 하나에 해당하는 무역금융 취급실적은 무역금융지원 프로그램별 한도 배정에 반영하지 아니한다.

1. 「은행업감독규정」 제79조 제1항에서 정하는 주채무계열 소속 기업체에 대한 무역관련대출
2. 「신용정보 관리규약」에 따라 최종부도거래처로 분류된 기업체에 대한 무역관련대출
3. 폐업업체에 대한 무역관련대출

③ 무역금융지원 프로그램 한도는 금융기관의 무역금융 취급실적 등을 고려하여 배정한다.

④ 금융기관의 무역금융 취급실적을 산정할 때 제1호에 해당하는 신용대출의 취급실적은 2.5배로, 제2호 또는 제3호에 해당하는 신용대출의 취급실적은 2배로 인정한다. 이 경우 신용대출 인정여부는 대출 건별로 정한다.

1. 전액을 담보나 보증 없이 취급한 순수신용대출
2. 동업자 보증대출
3. 인적 보증대출

제3조(융자취급은행) 이 세칙에 따른 무역금융 및 무역금융관련 지급보증은 각 외국환은행이 취급한다.

제4조(적정융자) 외국환은행은 무역금융 융자신청업체의 수출실적과 수출능력, 수출 또는 국내공급에 필요한 실제 소요금액과 기간 및 그 밖의 수출관련금융 융자현황 등을 종합적으로 심사하여 적정수준의 무역금융이 융자되도록 하여야 한다.

제2장 무역금융

제5조(융자대상) ① 무역금융은 다음 각호의 어느 하나에 해당하는 자에 대하여 취급한다.

1. 수출신용장 또는 지급인도(D/P)와 인수인도(D/A) 조건 및 그 밖의 수출관련계약서(이하 "수출계약서"라 한다)에 따라 물품(「대외무역법」에서 정하는 전자적 형태의 무체물을 포함한다. 이하 같다). 건설 및 용역을 수출하거나 국내 공급하고자 하는 자
2. 제3장에서 정하는 바에 따라 개설된 내국신용장 또는 「대외무역법」에 따른 외화획득용원료 · 물품등구매확인서(이하 "구매확인서"라 한다)에 따라 수출용 완제품 또는 원자재를 공급(수탁가공 포함, 이하 같다)하고자 하는 자
3. 제1호 또는 제2호에서 정한 방식에 의한 수출 또는 공급실적(이하 "수출실적"이라 한다)이 있는 자로서 동 수출실적을 기준으로 융자를 받고자 하는 자
4. 그 밖에 외화획득, 수출증대 등을 위하여 한국은행 통화정책국장이 정한 자

② 제1항에도 불구하고 중계무역방식에 따른 수출은 융자대상에서 제외한다.

제6조(융자금의 구분) ① 무역금융은 자금용도에 따라 구분하여 취급(이하 "용도별금융"이라 한다)하거나 자금용도의 구분 없이 일괄하여 취급(이하 "포괄금융"이라 한다)할 수 있다.

② 용도별금융은 다음 각 호와 같이 구분하여 취급하여야 한다.

1. 국내에서 수출용 완제품 또는 원자재를 제조 · 가공 · 개발하거나 용역을 수출(외국인에게 대한 국내에서의 용역 수출 포함)하기 위해 소요되는 자금(이하 "생산자금"이라 한다)
2. 수출용 원자재를 해외로부터 수입하거나 내국신용장에 따라 구매하는데

소요되는 자금(이하 "원자재자금"이라 한다)

3. 국내에서 생산된 수출용 완제품을 내국신용장에 따라 구매하는데 소요되는 자금(이하 "완제품구매자금"이라 한다)

③ 포괄금융은 전년도(1월1일부터 12월31일까지를 기준으로 한다) 또는 과거 1년간 수출실적이 미화 2억「달러」미만인 업체에 대하여 취급할 수 있다.

제7조(융자방법) 무역금융은 제6조 제2항의 자금별(포괄금융의 경우에는 업체별로 한다)로 해당 업체가 보유한 수출신용장, 수출계약서 및 내국신용장 및 구매확인서 등(이하 "수출신용장 등"이라 한다)을 기준으로 취급(이하 "신용장기준금융"이라 한다)하거나 당해 업체의 과거 수출실적을 기준으로 취급(이하 "실적기준금융"이라 한다)할 수 있다.

제8조(융자한도) ① 외국환은행은 실적기준금융을 이용하는 업체에 대하여 융자한도를 산정하여야 한다.

② 제1항의 융자한도는 해당 업체의 과거 수출실적 등을 고려하여 산정하되, 용도별금융은 제6조 제2항 각 호의 자금별로 산정하고 포괄금융은 업체별로 산정하여야 한다.

제9조(융자금액) ① 신용장기준금융을 이용하는 업체(이하 "신용장기준금융 이용업체"라 한다)에 대하여는 해당 업체가 보유한 수출신용장 등의 외화금액에「외국환거래규정」에서 정하는 매매기준율(이하 "매매기준율"이라 한다)의 융자취급일 전월 평균환율(이하 "평균매매기준율"이라 한다)을 곱한 금액 범위에서 융자한다.

② 실적기준금융을 이용하는 업체(이하 "실적기준금융 이용업체"라 한다)에 대하여는 다음 각 호의 금액 범위에서 융자한다.

1. 생산자금 및 포괄금융은 제8조의 융자한도에 평균매매기준율을 곱한 금액
2. 원자재자금 및 완제품구매자금은 내국신용장에 따라 발행된 판매대금추심의뢰서, 수입어음 및 수입대금(수입화물운임을 포함한다)의 외화금액에

평균매매기준율을 곱한 금액. 다만, 판매대금추심의뢰서의 금액이 원화로 만 표시되어 있는 경우에는 동 금액으로 한다.

제10조(융자시기) ① 융자는 다음 각 호와 같이 자금소요시기에 맞추어 취급하여야 한다.

1. 생산자금 및 포괄금융은 필요할 때 수시로 융자할 수 있다.
2. 원자재자금은 선적서류나 물품의 인수와 동시에 수입어음을 결제하거나 수입대금을 지급할 때 또는 판매대금추심의뢰서를 결제할 때 융자한다. 다만, 수입화물운임을 따로 지급하는 경우 동 운임은 지급할 때 융자할 수 있다.
3. 완제품구매자금은 판매대금추심의뢰서를 결제할 때 융자한다.

② 제1항 제2호 및 제3호에도 불구하고 내국신용장 및 수출용 원자재에 대한 일람불 수입신용장과 관련된 지급보증대지급금을 상환하기 위하여 원자재자금 및 완제품구매자금을 융자할 수 있다.

제11조(융자기간) 융자기간은 자금소요기간 등을 고려하여 외국환은행이 정한다.

제3장 내국신용장

제12조(개설대상) ① 외국환은행은 수출용 수입원자재와 국내에서 생산된 수출용 원자재 또는 완제품을 구매(임가공위탁을 포함한다. 이하 같다)하고자 하는 업체의 신청을 받아 내국신용장을 개설할 수 있다.

② 내국신용장의 개설신청과 내국신용장 개설은 「전자무역촉진에 관한 법률」에서 정하는 바에 따라 전자무역기반시설을 이용한 전자무역문서(이하 "전자문서교환방식"이라 한다)로 하여야 한다.

③ 내국신용장 수혜자는 해당 내국신용장을 근거로 수출용 원자재 및 완제품을 구매하기 위하여 또다른 내국신용장의 개설을 의뢰할 수 있다.

제13조(개설한도) 다음 각 호의 어느 하나에 해당하는 내국신용장은 수출신용장 등의 금액 또는 제8조에 따라 외국환은행이 정하는 원자재자금 및 완제품구매자금의 융자범위에서 개설할 수 있다.

1. 원자재내국신용장 : 원자재 구매를 위한 내국신용장
2. 완제품내국신용장 : 완제품 구매를 위한 내국신용장

제14조(내국신용장의 조건) ① 외국환은행은 내국신용장 개설의뢰인의 신청 내용이 다음 각 호의 조건에 일치하는 경우에 한정하여 내국신용장을 개설할 수 있다.

1. 양도가 불가능한 취소불능신용장일 것
2. 표시통화는 다음 각 목의 어느 하나로 하는 것일 것
   가. 원화
   나. 외화
   다. 원화로 하되 개설일 현재 매매기준율로 환산한 외화금액을 부기
3. 내국신용장의 금액은 물품대금 전액으로 하고, 제2호 다목에 따른 내국신용장의 경우에는 금액은 부기외화금액을 판매대금추심의뢰서의 매입일(추심시는 추심의뢰일로 한다) 현재의 매매기준율로 환산한 금액으로 하는 것일 것
4. 물품의 인도기일은 대응수출 또는 물품공급이 원활히 이행되는데 지장이 없도록 책정된 것일 것
5. 유효기일은 물품의 인도기일에 최장 10일을 더한 기일 이내일 것. 다만, 원수출신용장 등을 근거로 하여 개설되는 내국신용장의 유효기일은 대응되는 원수 출신용장 등의 선적 또는 인도기일 이전이어야 한다.
6. 서류제시기간은 물품수령증명서 발급일부터 최장 5영업일 범위에서 책정된 것일 것
7. 판매대금추심의뢰서의 형식은 개설의뢰인을 지급인으로 하고, 개설은행을 지급장소로 하며 일람출급식일 것

8. 판매대금추심의뢰서의 대금결제방식은 다음 각 목의 어느 하나일 것
   가. 일람불 내국신용장 : 개설의뢰인이 자체자금으로 결제하는 방식
   나. 기한부 내국신용장 : 개설은행이 융자하여 결제하는 방식
9. 판매대금추심의뢰서의 발행조건은 원수출신용장 매입조건부 결제 등 수혜자에게 불리한 조건이 아닐 것. 다만, 선박 또는 「대외무역법」에서 정하는 산업설비의 수출을 위하여 개설되는 완제품내국신용장의 경우에는 원수출신용장 등의 대금결제조건에 따른 제조공정별 분할지급조건으로 할 수 있다.
10. 제1호부터 제9호까지의 사항 외의 조건은 국제상공회의소(ICC) 제정 「화환신용장에 관한 통일규칙 및 관례」를 준용한다는 문언이 기재된 것일 것

② 제1항에 따라 개설된 내국신용장의 조건은 제1항 각호의 규정을 위반하지 않는 범위에서 그 내국신용장의 관계당사자(개설의뢰인, 수혜자 및 개설은행을 말한다. 이하 같다) 전원의 합의에 의해서만 변경할 수 있다.

제15조(통지) 내국신용장을 개설한 외국환은행은 내국신용장을 전자문서로 개설하였다는 사실을 내국신용장 수혜자에게 통지하고, 개설된 내국신용장을 수혜자에게 전자문서교환방식으로 전달하여야 한다.

제16조(내국신용장의 결제) ① 전자문서교환방식 내국신용장을 개설한 은행은 다음 각 호의 어느 하나에 해당하는 지급거절사유가 있는 경우를 제외하고는 지급제시를 받은 날부터 3영업일 이내에 판매대금추심의뢰서에 따라 결제하여야 한다.

1. 판매대금추심의뢰서의 추심의뢰일이 전자문서교환방식 내국신용장의 유효기일을 경과한 경우
2. 전자문서교환방식 물품수령증명서상의 물품명세가 전자문서교환방식 내국신용장상의 대표물품명세와 불일치한 경우
3. 판매대금추심의뢰서와 전자문서교환방식 물품수령증명서가 전자문서교환방식 내국신용장상의 기타 조건 등과 불일치한 경우

② 개설은행은 제1항 각 호의 어느 하나에 해당하는 지급거절사유가 있는 경우라도 그 내국신용장의 관계당사자 전원이 동의하는 경우에는 그 판매대금 추심의뢰서에 따라 결제할 수 있다.

제4장 사후관리 및 제재

제17조(융자금의 관리) 융자취급은행은 무역금융이 지정된 용도 외의 다른 목적에 사용되지 아니하도록 관리하여야 한다.

제18조(융자금의 회수) ① 무역금융은 융자기간이 만료되기 이전이라 하더라도 당해 융자대상 수출관련 대금이 입금된 때 동 대금으로 회수하여야 한다. 다만, 실적기준금융의 경우에는 융자기간 만료 시 회수할 수 있다.

② 제1항에도 불구하고 실적기준 생산자금, 실적기준 포괄금융의 경우에는 융자기간 만료 시 새로이 산정된 융자한도 범위에서 회전 대출할 수 있다.

제19조(제재) ① 다음 각 호의 어느 하나에 해당하는 업체는 무역금융 및 무역금융관련 지급보증에 관한 제재대상이 된다.

1. 융자대상증빙, 관련계약서, 물품수령증명서, 그 밖의 융자관계서류를 위조 · 변조하거나 허위로 작성하였을 경우
2. 내국신용장 개설의뢰인이 정당한 사유 없이 물품인수를 지연 또는 거부하거나 물품을 인수하고 물품수령증명서를 공급자발행 세금계산서상의 발행일부터 10일 이내에 발급하지 않고 있어 내국신용장 수혜자 또는 중소기업협동조합중앙회가 신고한 경우
3. 내국신용장 개설의뢰인이 물품을 인수하고 물품수령증명서를 공급자의 세금계산서 발행일부터 10일을 경과하여 발급한 경우. 다만, 중소기업이 대기업으로부터 물품을 인수한 경우에는 적용하지 아니한다.
4. 동일한 수출 건에 대하여 관련서류를 중복 발급하거나 사용하는 등으로

제8조에서 정한 융자한도를 초과하여 무역금융을 지원받는 경우

② 외국환은행은 제1항에 해당되는 업체에 대하여 다음 각 호의 기준에 따라 제재조치를 하고 지체 없이 한국은행 및 다른 외국환은행에 제재사실을 통지하여야 한다. 다만, 외국환은행장이 부득이 하다고 인정하여 특별히 승인하는 경우에는 제재를 감면할 수 있으며, 동 제재 감면 사유 및 내용을 한국은행에 보고하여야 한다.

1. 제1항 제1호 또는 제4호에 해당하는 업체 : 1개월 이상 1년 이내 무역금융 및 무역금융관련 지급보증 수혜자격 정지
2. 제1항 제2호에 해당하는 업체 : 경고
   다만, 동 경고를 받은 날부터 5일 이내에 물품수령증명서를 발급하지 않은 업체 : 1개월간 내국신용장의 개설자격 정지
3. 제1항 제3호에 해당(제2호의 경고를 받은 날부터 5일 이내에 발급한 경우를 포함한다)하는 업체는 다음 각 목의 구분에 따른 제재
   가. 연중(1월 1일부터 12월 31일까지로 한다. 이하 같다) 1차 발견 시 : 경고
   나. 연중 2차 발견 시 : 관련금융 융자한도의 5% 해당 금액을 1개월 이상 3개월 이내 동 융자한도에서 차감
   다. 연중 3차 발견 시 : 관련금융 융자한도의 15% 해당 금액을 1개월 이상 3개월 이내 동 융자한도에서 차감
   라. 연중 4차 이상 발견 시 : 관련금융 융자한도의 25% 해당 금액을 1개월 이상 3개월 이내 동 융자한도에서 차감
   마. 나목에서 라목까지의 규정에도 불구하고 관련 판매대금추심의뢰서의 금액이 차감대상금액을 초과하는 경우에는 그 판매대금추심의뢰서의 금액을 해당 융자한도에서 차감

③ 제2항에 따라 제재사실을 통지받은 외국환은행은 해당 업체에 대하여 통지받은 제재내용과 동일한 제재조치를 하여야 한다.

④ 한국은행 금융업무국장 또는 지역본부장은 이 세칙 및 이의 시행을 위한 절차 또는 지시를 위반하는 외국환은행에 대하여 대출한도 감축 또는 기존대출금 회수 등의 제재조치를 할 수 있다.

제5장 보 칙

제20조(자료제출) ① 금융기관은 한국은행 통화정책국장이 별도로 정하는 서식에 따라 이 세칙에 따른 무역금융 취급상황을 한국은행에 제출하여야 한다.

② 한국은행 금융업무국장 또는 지역본부장은 금융기관에 대하여 무역금융과 관련된 세부자료의 제출을 요구할 수 있다.

제21조(위임) 이 세칙의 시행에 필요한 세부사항은 한국은행 통화정책국장이 정한다. 다만, 제19조제4항 및 제20조제2항에 관한 사항은 한국은행 금융업무국장이 정한다

부　칙 〈1994. 2. 17〉

① **(시행일)** 이 세칙은 1994. 3. 15.부터 시행한다.

② **(폐지규정)** 이 세칙의 시행과 동시에 「무역금융규정 시행세칙」은 폐지한다.

③ **(경과조치)** 이 세칙의 시행일 전에 종전 「무역금융규정」 및 「무역금융규정 시행세칙」에 의해 취급된 금융기관의 무역금융은 이 세칙에 의하여 취급된 것으로 본다.

부　칙 〈1994. 12. 27〉

이 세칙은 1995. 1. 3.부터 시행한다.

부　칙 〈1995. 4. 27〉

① **(시행일)** 이 세칙은 1995. 4. 29.부터 시행한다.

② **(경과조치)** 1995. 4. 28. 이전에 이미 취급된 융자금에 대하여는 동 융자금의 완제시까지 종전 세칙을 계속 적용한다.

부　칙 〈1995. 6. 21〉

이 세칙은 1995. 6. 26.부터 시행한다.

부　　칙 〈1995. 12. 15〉

이 세칙은 1996. 1. 1.부터 시행한다.

부　　칙 〈1996. 1. 12〉

이 세칙은 1996. 1. 25.부터 시행한다.

부　　칙 〈1996. 7. 23〉

이 세칙은 1996. 8. 1.부터 시행한다.

부　　칙 〈1996. 8. 1〉

① **(시행일)** 이 세칙은 1996. 8. 5.부터 시행한다.

② **(경과조치)** 이 세칙의 시행일 전에 이미 취급된 융자금에 대하여는 동 융자금의 완제시까지 종전 세칙을 계속 적용한다.

부　　칙 〈1996. 8. 30〉

① **(시행일)** 이 세칙은 1996. 9. 16.부터 시행한다.

② **(경과조치)** 이 세칙의 시행일 전에 이미 취급한 무역금융 및 무역금융과 관련된 지급보증에 대하여는 종전 세칙을 계속 적용한다.

부　　칙 〈1996. 12. 30〉

이 세칙은 1997. 1. 1.부터 시행한다.

부　　칙 〈1997. 2. 5〉

① **(시행일)** 이 세칙은 1997. 2. 15.부터 시행한다.

② **(경과조치)** 이 세칙의 시행일 전에 이미 취급된 융자금에 대하여는 동 융자금의 완제시까지 종전 세칙을 계속 적용한다.

부　　칙 〈1998. 4. 20〉

① **(시행일)** 이 세칙은 1998. 5. 1.부터 시행한다.

② **(경과조치)** 이 세칙의 시행일 전에 이미 취급된 융자금에 대하여는 동 융자금의 완제시까지 종전 세칙을 계속 적용한다.

부　　칙 〈1998. 8. 19〉

이 세칙은 1998. 8. 20.부터 시행한다.

부　　칙 〈1998. 9. 30〉

① **(시행일)** 이 세칙은 1998. 10. 1.부터 시행한다.

② **(경과조치)** 이 세칙의 시행일 전에 이미 취급된 융자금에 대하여는 동 융자금의 완제시까지 종전 세칙을 계속 적용한다.

부　　칙 〈1998. 10. 21〉

이 세칙은 1998. 10. 26.부터 시행한다.

부　　칙 〈1998. 12. 11〉

이 세칙은 1998. 12. 14.부터 시행한다.

부　　칙 〈1999. 4. 26〉

① **(시행일)** 이 세칙은 1999. 5. 1.부터 시행한다.

② **(경과조치)** 이 세칙 시행일 전에 이미 취급한 무역금융 및 무역금융관련 지급보증에 대하여는 종전 세칙을 계속 적용한다.

부　　칙 〈1999. 8. 19〉

이 세칙은 1999년 9월 1일부터 시행한다.

부　　칙 〈2000. 12. 26〉

제1조(시행일) 이 세칙은 2001년 1월 2일부터 시행한다.

제2조(경과조치) 이 세칙 시행일 전에 이미 취급한 무역금융 및 무역금융관련 지급보증에 대하여는 종전 세칙을 적용한다.

부　　칙 〈2001. 5. 30〉

이 세칙은 2001년 6월 1일부터 시행한다.

부　　칙 〈2001. 11. 6〉

이 세칙은 2001년 11월 10일부터 시행한다.

부　　칙 〈2002. 6. 29〉

제1조(시행일) 이 세칙은 2002년 7월 2일부터 시행한다.

제2조(경과조치) 이 세칙 시행일 전에 이미 취급한 무역금융 및 무역금융관련 지급보증에 대하여는 종전 세칙을 적용한다.

부　　칙 〈2003. 7. 23〉

이 세칙은 2003년 9월 1일부터 시행한다.

부　　칙 〈2003. 12. 31〉

이 세칙은 2004년 1월 2일부터 시행한다.

부　　칙 〈2006. 8. 17〉

이 세칙은 2006년 8월 18일부터 시행한다.

부　　칙 〈2006. 10. 26〉

이 세칙은 2007년 1월 1일부터 시행한다.

부　　칙 〈2012. 2. 23〉

이 세칙은 2014년 2월 14일부터 시행한다. 다만, 제12조 및 제15조의 개정

규정은 2013년 2월 1일부터 시행하고, 제5조, 제20조 및 제21조의 개정규정은 2012년 2월 27일부터 시행한다.(2014.1.28일 부칙 개정)

부　칙 〈2013. 11. 6〉

이 세칙은 2013년 11월 6일부터 시행한다.

부　칙 〈2014. 1. 28〉

제1조(시행일) 이 세칙은 2014년 2월 1일부터 시행한다.

제2조(경과조치) 이 세칙의 시행일 전에 이미 취급된 대출에 대해서는 종전 세칙을 적용한다.

부　칙 〈2014. 8. 20〉

이 세칙은 2014년 9월 1일부터 시행한다.

부　칙 〈2015. 4. 24〉

제1조(시행일) 이 세칙은 2015년 5월 1일부터 시행한다.

제2조(경과조치) 이 세칙의 시행일 전에 이미 취급된 대출에 대해서는 종전 세칙을 적용한다.

부　칙 〈2023. 1.12〉

제1조(시행일) 이 세칙은 2023년 4월 1일부터 시행한다.

제2조(경과조치) 금융기관의 무역금융 취급실적 산정과 관련하여 이 세칙 시행일 전에 취급된 대출에 대해서는 제2조 제4항의 개정 규정에도 불구하고 종전 세칙을 적용한다.

부　칙 〈2025. 2. 17.〉

이 세칙은 2025년 3월 1일부터 시행한다.

한국은행 금융중개지원대출관련 무역금융지원 프로그램 운용절차

제정	1994.	2.	17.	부장결재 자산 5011 - 49
개정	1994.	12.	27.	부장결재 자산 5011 -526
	1995.	6.	21.	부장결재 자산 5011 -260
	1996.	1.	15.	부장결재 자자 5011 - 42
	1996.	6.	27.	부장결재 자자 5011 -368
	1996.	8.	31.	부장결재 자자 5011 -460
	1996.	12.	30.	부장결재 자자 5011 -631
	1997.	2.	5.	부장결재 자자 5011 - 45
	1998.	4.	20.	부장결재 자자 5011 -189
	1998.	8.	20.	부장결재 정금 5011 -245
	1998.	10.	1.	부장결재 정금 5011 -517
	1998.	10.	22.	부장결재 정금 5011 -581
	1998.	12.	12.	부장결재 정금 5011 -759
	1999.	4.	26.	부장결재 정금 5011 -321
	1999.	8.	20.	국장결재 정금 5011 -718
	2001.	5.	30.	국장결재 정금 5011 -222
	2003.	7.	23.	국장결재 정금 5011 -157
	2003.	12.	31.	국장결재 정금 5011 -318
	2005.	2.	28.	국장결재 정금 5011 - 47
	2006.	8.	17.	국장결재 금융기획팀-424
	2011.	6.	10.	국장결재 금융기획팀-457
	2012.	9.	20.	국장결재 금융기획팀-653
	2013.	1.	30.	국장결재 금융기획팀- 91
	2013.	11.	7.	국장결재 금융기획팀-915
	2014.	1.	28.	국장결재 금융기획팀-111
	2014.	8.	28	국장결재 금융기획팀-670
	2015.	4.	24	국장결재 금융기획팀-350
	2021.	1.	19.	국장결재 금융기획팀- 62
	2021.	11.	17.	국장결재 금융기획팀-718
	2023.	1.	12.	국장결재 금융기획팀- 56

제1장 총 칙

제1조(목적) 이 절차는 「한국은행 금융중개지원대출관련 무역금융지원 프로그램 운용세칙」(이하 "세칙"이라 한다)의 시행에 필요한 세부사항을 정함을 목적으로 한다.

제2조(적정융자) ① 외국환은행은 무역금융 융자신청업체가 무역어음을 할인받거나 한국수출입은행의 수출자금대출(인도전금융) 등을 융자받는 경우에는

적정수준의 무역금융을 융자함으로써 중복금융을 방지하여야 한다.

② 외국환은행은 무역금융 이용업체가 융자방법을 변경하는 경우에는 무역금융이 과다하게 융자되지 않도록 유의하여야 한다.

③ 「중소기업협동조합법」에서 정하는 중소기업협동조합 또는 사업협동조합은 중소기업협동조합 공동사업자금을 융자받는 경우 무역금융의 융자대상이 되지 아니한다.

제3조(동일 수출신용장 등에 대한 중복금융 취급의 방지) ① 외국환은행은 다음 각 호의 사항을 수출신용장, 수출계약서(지급인도(D/P)와 인수인도(D/A) 조건 및 그 밖의 수출관련계약서를 말한다. 이하 같다), 내국신용장 및 구매확인서 등 무역금융의 융자대상 증빙서류(이하 "수출신용장 등"이라 한다)의 뒷면에 기재하여야 한다.

1. 수출신용장 등에 대한 융자내용(취급일자, 금액, 기일, 취급점명)
2. 무역어음의 인수 취급내용(취급일자, 금액, 기일, 취급점명)
3. 관련 수입신용장 및 내국신용장 등의 개설 및 결제 내용
4. 수출 또는 공급대금 입금상황(매입 또는 입금일자, 금액, 취급점명 등)

② 외국환은행은 구매확인서에 따라 수출실적을 산정하는 경우 수출실적 산입내역을 해당 구매확인서의 뒷면에 기재하거나 전자적 형태로 작성 · 보관하여야 한다.

제4조(중소기업의 범위) 세칙 제19조제1항제3호의 중소기업은 「금융기관 여신운용세칙」 제7조제1항에 따른 중소기업을 말한다. 다만, 세칙 제2조제2항제1호에 따른 계열기업군 소속기업체는 중소기업으로 보지 아니한다.

제2장 무역금융

제5조(포괄금융 이용업체 선정 등) ① 포괄금융을 이용하고자 하는 업체는 해당 업체의 수출실적 관리 등을 담당할 외국환은행(1개 영업점을 기준으로 한다.

이하 "주거래외국환은행"이라 한다)을 지정하여야 한다.

② 주거래외국환은행은 세칙 제6조제3항에 따른 요건에 해당하는 업체의 신청에 따라 동 업체를 포괄금융 이용업체로 선정할 수 있다. 다만, 수출실적 보유기간이 1년 미만인 신규업체는 동 기간 동안의 수출실적이 미화 2억「달러」미만인 경우에만 포괄금융 이용업체로 선정할 수 있다.

③ 주거래외국환은행은 제2항에 따라 선정한 포괄금융 이용업체의 자격을 매년 1월중에 전년도 수출실적을 기준으로 재심사하여 선정하여야 한다.

④ 포괄금융 이용업체의 주거래외국환은행으로 신규 또는 변경 지정되어 포괄금융 이용업체를 선정한 주거래외국환은행은 〈별지 제1-1호 서식〉 에 따라 동 사실을 지체 없이 해당 업체가 무역금융 및 무역금융관련 지급보증을 이용하고 있는 다른 외국환은행(이하 "부거래외국환은행"이라 한다)에 통보하여야 한다.

⑤ 부거래외국환은행은 제4항에 따라 주거래외국환은행으로부터 포괄금융 이용대상 선정통보를 받은 후 해당 업체에 대한 무역금융 및 무역금융관련 지급보증을 취급하여야 한다.

⑥ 제1항의 주거래외국환은행이 포괄금융 이용업체의 선정을 취소한 경우에는 〈별지 제1-2호 서식〉에 따라 동 사실을 지체 없이 해당 업체의 부거래외국환은행에 통보하여야 한다.

제6조(융자대상) 세칙 제5조제1항제4호에 따라 무역금융 융자대상에 포함되는 자는 다음과 같다.

1. 다음 각 목의 어느 하나에 해당하는 외화 또는 원화표시 물품공급계약서(이하 "외화표시 물품공급계약서"라 한다)에 따라 물품, 건설 및 용역을 수출하거나 국내에 공급하고자 하는 자
   가. 외국정부, 외국공공기관 또는 국제기구와 체결된 물품, 건설 및 용역 공급계약서
   나. 선박건조공급(개조공급을 포함한다. 이하 같다) 및 「대외무역법」에서 정한 산업설비의 수출을 위한 계약서

다. 정부, 지방자치단체 또는 정부투자기관이 외국으로부터 받은 차관자금에 의한 국제경쟁입찰에 따라 국내에서 유상으로 물품, 건설 및 용역을 공급하기 위하여 체결된 계약서

라. 「한국국제협력단법」에 따른 한국국제협력단이 같은 법 제7조에 따른 사업을 위하여 물자, 용역 및 공사 등을 외국에 무상으로 원조하는 경우 동 물자, 용역 및 공사에 관한 계약서

2. 「관세법」에 따라 설치된 보세판매장에서 자가생산품을 외국인에게 외화로 판매한 실적이 있거나 외항항공, 외항해상운송 또는 선박수리업체로서 과거 외화입금실적이 있는 경우 동 외화판매실적 및 외화입금실적을 기준으로 융자를 받고자 하는 자

3. 다음 각 목의 어느 하나에 해당하는 국제기구 발급 구매주문서(Purchase Order)를 보유한 자

가. 수출거래 당사자, 물품거래 조건 등의 기재 등을 통하여 은행이 발급 사실을 확인한 국제기구 발급 구매주문서

나. 한국무역보험공사가 보증서를 제공한 국제기구 발급 구매주문서

제6조의2(융자금의 구분) 구매확인서에 따른 구매자금은 세칙 제6조제2항제2호 및 제3호의 원자재자금 및 완제품구매자금의 지원대상에 포함되지 아니한다.

제7조(융자대상 수출실적) ① 세칙 제5조제1항 및 세칙 제8조에서 정하는 수출실적은 본선인도(FOB)가격을 기준으로 한다. 다만, 전자적 형태의 무체물 수출실적은 「대외무역관리규정」에서 정하는 수출실적 인정금액을 기준으로 한다.

② 무역어음이 인수취급된 수출신용장 등에 따른 수출실적은 해당 인수취급분을 제외한 부분만을 융자대상 수출실적에 포함한다.

③ 「대외무역관리규정」에서 정하는 위탁가공무역(이하 "위탁가공무역"이라 한다)의 경우 융자대상 수출실적은 위탁가공무역에 소요되는 국산원자재를 무상으로 수출한 실적으로 한다. 다만, 가공물품을 현지 또는 제3국으로 수

출하는 경우만 해당하며, 국산원자재를 구매하여 가공하지 않고 수출한 실적은 생산자금 및 포괄금융 융자한도의 산정대상이 되는 수출실적에서 제외한다.

④ 구매확인서에 따른 수출실적은 융자한도관리 외국환은행이 해당 업체로부터 징구하는 구매확인서 및 세금계산서상의 금액을 기준으로 한다.

⑤ 제6조제3호에 따른 국제기구 발급 구매주문서의 수출실적에 대해서는 제1항을 준용한다.

제8조(수출신용장 등의 융자대상금액) ① 수출신용장 등의 융자대상금액은 해당 수출신용장 등의 금액 중에서 본선인도(FOB)가격을 기준으로 한다. 다만, 전자적 형태의 무체물 수출의 경우에는 수출신용장 등의 금액을 기준으로 한다.

② 선수금영수조건 수출신용장 등의 융자대상금액은 해당 수출신용장 등의 금액에서 이미 영수한 선수금을 차감한 금액을 기준으로 한다.

③ 무역어음이 인수취급된 수출신용장 등의 경우 융자대상금액은 해당 인수취급액을 차감한 금액을 기준으로 한다.

④ 회전신용장의 경우 융자대상금액은 해당 신용장의 액면금액을 초과할 수 없다.

⑤ 위탁가공무역방식 수출신용장 등의 경우 융자대상금액은 위탁가공무역에 소요되는 국산원자재를 무상으로 수출하는 금액 범위로 한다. 다만, 가공물품을 현지 또는 제3국으로 수출하는 경우만 해당하며, 국산원자재를 구매하여 가공하지 않고 수출하는 경우에는 생산자금 및 포괄금융 융자대상에서 제외한다.

⑥ 수출대금을 수입대금과 상계처리하는 경우 동 수출대금은 융자대상 수출실적에서 차감한다.

⑦ 제6조제3호에 따른 국제기구 발급 구매주문서의 융자대상금액에 대해서는 제1항을 준용한다.

제9조(미「달러」화 이외 통화의 미화 환산기준) ① 원화로 표시된 수출신용장 등의 경우 융자대상금액은 해당 원화금액을 융자취급 당일의 매매기준율로 환산한 미「달러」금액을 기준으로 한다. 다만, 동 수출신용장 등에 미「달러」화가 명시되어 있을 경우에는 이를 기준으로 한다.

② 미「달러」화가 아닌 외국통화로 표시된 수출신용장 등의 경우 융자대상금액은 융자취급 당일의 해당 통화의 「외국환거래규정」에 따라 재정된 매매기준율 및 미「달러」화의 매매기준율로 환산한 금액을 기준으로 한다.

제10조(수출실적의 인정시점) ① 제7조제1항에 따른 수출실적의 수출방식별 인정시점은 다음 각 호의 구분에 따른다.

1. 수출신용장 및 내국신용장 : 해당 수출환어음 또는 내국신용장 판매대금추심의뢰서가 매입 또는 추심의뢰된 때
2. 수출계약서 및 외화표시물품공급계약서 : 해당 수출 또는 공급대금이 입금된 때. 다만, 선수금영수방식 수출의 경우에는 동 수출이 이행된 때로 한다.
3. 구매확인서 : 해당 물품관련 세금계산서가 발급된 때

② 제1항제1호에 따른 수출환어음 또는 내국신용장 판매대금추심의뢰서의 매입금액 또는 추심의뢰금액 중 소정기일까지 미회수되어 부도처리한 부분은 부도발생월의 매입실적에서 차감하고, 부도처리 후 입금된 부분은 해당 입금월의 매입실적에 재산입하여야 한다.

제11조(수출실적 관리) ① 외국환은행은 거래업체별로 수출실적을 관리하여야 한다.

② 포괄금융 이용업체의 부거래외국환은행은 〈별지 제2호 서식〉에 따른 「수출실적관리카드」를 매년 1월 10일까지 주거래외국환은행으로 송부하여야 한다.

③ 주거래외국환은행은 매년 1월중에 부거래외국환은행으로부터 송부받은 「수출실적관리카드」를 종합하여 해당 업체에 대한 「수출실적관리카드」를 작성하여야 하며, 해당 업체가 주거래외국환은행을 변경하는 경우에는 동 「관

리카드」사본을 지체없이 새로이 지정된 주거래외국환은행에 송부하여야 한다.

제12조(수출실적의 승계 및 이관) ① 외국환은행(포괄금융의 경우 주거래외국환은행을 말한다)은 업체간 영업의 양수도, 기업의 합병 등의 사유가 있는 경우 〈별지 제3-1호 서식〉에 따라 업체간 수출실적의 승계를 인정할 수 있다. 다만, 수출실적의 승계를 인정한 외국환은행은 무역금융이 중복취급되지 않도록 승계된 수출실적에 대응하는 융자한도를 해당 업체의 융자한도에서 차감하는 등의 조치를 하여야 한다.

② 외국환은행은 업체의 요청에 따라 〈별지 제3-2호 서식〉에 따라 수출실적을 다른 외국환은행으로부터 이관 받아 해당 업체의 융자한도 산정 시 동 수출실적을 반영할 수 있다. 다만, 수출실적을 이관한 외국환은행은 무역금융이 중복취급되지 않도록 이관된 수출실적에 대응하는 융자한도를 해당 업체의 융자한도에서 차감하는 등의 조치를 하여야 한다.

③ 제2항에 따라 수출실적을 이관받는 외국환은행은 수출실적을 이관하는 외국환은행으로부터 〈별지 제3-2호 서식〉의 내용을「신용정보의 이용 및 보호에 관한 법률」에 따른 종합신용정보집중기관이 운영하는 시스템을 이용한 전문으로 수신하여 처리할 수 있다.

제13조(융자한도 관리) ① 수입대행업체가 실수요자를 위하여 수출용 원자재의 수입신용장을 개설 의뢰하는 경우에는 해당 수입신용장의 개설액과 동 수입대금의 결제를 위한 원자재자금의 융자취급액은 실수요자의 원자재자금 한도관리대상에 포함하여야 한다.

② 세칙 제8조의 융자한도에는 해당 원자재의 일람불 수입신용장개설분(지급인도조건 및 대금교환인도조건(CAD 및 COD)에 의한 수입의 경우에는 수입승인분, 수입계약서 또는 물품매도확약서상의 수입금액을 말한다)과 내국신용장 개설분을 포함한다.

제14조(융자취급기준) ① 원자재자금 및 완제품구매자금의 경우 해당 수입신용장 또는 내국신용장이 융자한도 범위에서 개설된 경우에는 해당 어음 등의 결제시점에서 융자한도가 부족하더라도 융자할 수 있다.

② 외국환은행은 업체가 융자방법을 변경하는 경우 융자방법의 변경시점에서 기취급된 대출금 및 지급보증잔액이 융자방법 변경 대상자금의 융자한도를 이미 초과한 경우에는 소정 융자한도로 축소될 때까지 신규 금융을 취급할 수 없다.

③ 중고품, 농수산물 및 자가생산한 원자재 등과 같이 상거래 관례상 내국신용장으로 조달하기 곤란한 수출용 원자재 및 완제품을 구매하는데 소요되는 자금은 생산자금으로 융자할 수 있다.

④ 제3항의 생산자금에는 수출용 중고품의 수리 및 수출용 농수산물의 비축에 필요한 자금을 포함할 수 있다.

⑤ 선수출 후수입을 위하여 개설된 수입신용장은 원자재자금의 융자대상이 되지 아니한다. 다만, 수출(외화표시 물품공급을 포함한다)대금이 입금되지 아니한 경우에는 해당 수출대금의 입금 시까지 이미 개설된 수입신용장에 대하여 원자재자금을 취급할 수 있다.

⑥ 수입화물운임에 대하여 원자재자금을 별도로 취급하는 경우의 융자대상금액은 해당 선박회사 또는 대리점이 발급한 운임증명서의 운임금액을 기준으로 한다.

제15조(수출 및 공급대금 취급 은행의 제한) ① 하나의 수출신용장 등과 관련된 무역금융의 취급 및 수출대금의 영수는 동일 외국환은행을 통하여 이루어져야 한다.

② 실적기준금융 이용업체 및 포괄금융 이용업체가 발행한 수출환어음 또는 내국신용장 판매대금추심의뢰서의 매입과 추심은 동 업체에 대한 융자취급은행을 통하여 이루어져야 한다.

③ 제1항 및 제2항을 위반하여 수출 또는 공급대금을 영수한 실적은 해당 업체의 수출실적에 포함하지 아니한다.

제16조(무역금융 이용방법 제한) 「금융기관 여신운용세칙」제10조에 따라 과거 수출실적을 기준으로 무역어음을 이용하는 업체가 무역금융을 이용하고자 하는 경우에는 실적기준금융으로만 이용하여야 한다.

제3장 내국신용장

제17조(개설대상) ① 내국신용장 개설이전에 이미 물품공급이 완료된 부분에 대하여는 해당 물품대금결제를 위한 내국신용장을 개설할 수 없다.

② 국내업자간의 매매계약에 따라 국외에서 어획물을 수집하여 직접 수출하는 경우라도 동 거래의 특수성에 비추어 내국신용장을 개설할 수 있다.

③ 수출입업자가 원자재 및 완제품을 임가공계약에 따라 위탁생산하고자 하는 경우 해당 수탁가공업자에 대한 가공임을 지급하기 위하여 내국신용장(이하 "원자재임가공 내국신용장" 및 "완제품임가공 내국신용장"이라 한다)을 개설할 수 있다.

④ 제8조제2항의 선수금영수조건 수출신용장 등의 경우 동 수출신용장 등을 근거로 해당 원자재 및 완제품 조달을 위하여 내국신용장을 개설할 수 있다. 다만, 원자재자금 및 완제품구매자금의 융자금액은 동 선수금을 제외한 금액범위로 한다.

제18조(내국신용장 개설 시의 징구서류) 외국환은행이 내국신용장의 개설 시 개설의뢰인으로부터 징구하여야 할 서류는 다음 각 호와 같다.

1. 공급자발행 물품매도(수탁가공을 포함한다. 이하 같다) 확약서. 다만, 실적기준금융 이용업체의 신청으로 내국신용장을 개설하는 경우에는 예외로 한다.
2. 해당 내국신용장의 개설근거가 되는 원수출신용장 등. 다만, 개설의뢰인이 실적기준금융 이용업체(실적기준 포괄금융 이용업체를 포함한다. 이하 같다)인 경우에는 예외로 한다.

제19조(내국신용장 개설금액) 수출용 원자재를 구매하기 위한 내국신용장의 개설금액에는 해당 공급물품의 제조ㆍ가공에 투입된 수입원자재 및 수입원자재와 관련된 관세 등 제공과금 부담액을 포함할 수 있다.

제20조(내국신용장의 개설근거 및 용도의 표시) 내국신용장을 개설한 외국환은행은 해당 내국신용장의 앞면에 〈별표〉에 따라 동 내국신용장 개설근거가 된 원수출신용장 등의 내용과 내국신용장의 용도를 나타내는 문언을 표시하여야 한다.

제21조 삭제 (2014.1.28)

제22조(판매대금추심의뢰서 결제 시의 전송 전자문서) ① 외국환은행이 전자문서교환방식 내국신용장에 따라 전자적 형태로 작성ㆍ전송된 판매대금추심의뢰서의 추심 또는 결제 시 전송받아야 할 전자문서는 다음 각 호와 같다.

1. 판매대금추심의뢰서〈별지 제4-1호 서식〉
2. 물품수령증명서〈별지 제4-2호 서식〉. 다만, 물품수령증명서는 공급자발행 세금계산서 건별로 발급되어야 한다.
3. 「부가가치세법」상 전송가능한 공급자발행 세금계산서. 다만, 세금계산서의 교부대상과 내국신용장의 개설의뢰인은 일치하여야 하며, 완제품내국신용장의 수혜자가 수출대행위탁자인 경우 등 「부가가치세법」에서 정한 세금계산서 발급 대상이 아닌 경우에는 물품명세가 기재된 송장으로 갈음할 수 있다.

② 제1항제2호 단서에도 불구하고 내국신용장에 명시된 조건에 따라 수출용 원자재 또는 완제품을 분할 공급받는 경우에는 매 반월 또는 월을 단위로 하는 경우에 한정하여 동 기간 중 분할 공급 시마다 교부된 세금계산서상의 공급가액을 일괄하여 하나의 물품수령증명서를 발급할 수 있다.

③ 제1항에도 불구하고 세칙 제14조제1항제9호 단서에 따라 개설된 완제품 내국신용장인 경우에는 다음 각 호의 전자문서 또는 서류를 전송받거나 징구

하여야 한다. 다만, 계약체결 시 수령하는 금액에 대하여는 제3호 및 제4호에 따른 서류 징구를 아니할 수 있으며, 물품인도 시 수령하는 금액에 대하여는 제1항의 전자문서 또는 서류를 전송받거나 징구하여야 한다.

1. 판매대금추심의뢰서〈별지 제4-1호 서식〉
2. 개설은행이 발급한 원수출신용장 등의 대금입금증명서
3. 개설의뢰인이 발급한 공정 또는 제조확인서
4. 공급자발행 세금계산서

제23조(서식) 내국신용장 개설신청서의 양식은 각 외국환은행의 소정 양식으로 하며, 내국신용장의 양식은 〈별지 제4-3호 서식〉으로 한다.

제4장 보 칙

제24조(자료제출) ① 외국환은행은 세칙에 따라 무역금융 및 무역금융관련 지급보증에 관한 제재조치를 취하거나 제재를 감면한 때에는 동 내용을 〈별지 제5호 서식〉에 따라 지체 없이 한국은행 취급점 및 각 외국환은행(본점기준)에 통보하여야 한다.

② 금융기관은 매월 무역금융의 취급상황을 〈별지 제6호 서식〉에 따라 다음 달 20일까지 한국은행 통화정책국에 제출하여야 한다.

부 칙 〈1994. 2. 17〉

① **(시행일)** 이 절차는 1994. 3. 15.부터 시행한다.

② **(폐지규정)** 이 절차의 시행과 동시에 「무역금융규정 시행절차」는 폐지한다.

③ **(경과조치)** 이 절차의 시행일 전에 종전「무역금융규정 시행절차」에 의해 시행된 융자 및 지급보증관련 절차들은 이 절차에 의하여 시행된 것으로 본다.

부 칙 〈1994. 12. 27〉

이 절차는 1995. 1. 3.부터 시행한다.

부 칙 〈1995. 6. 21〉

이 절차는 1995. 6. 26.부터 시행한다.

부 칙 〈1996. 1. 15〉

이 절차는 1996. 1. 25.부터 시행한다.

부 칙 〈1996. 6. 27〉

이 절차는 1996. 7. 1.부터 시행한다.

부 칙 〈1996. 8. 31〉

제1조(시행일) 이 절차는 1996. 9. 16.부터 시행한다.

제2조(폐지규정) 이 절차의 시행과 동시에 「한국은행 총액한도대출관련 무역금융의 평균가득률 및 특별승인업무 취급절차」(1994.2.23, 업무5011-204 제정)는 폐지한다.

제3조(경과조치) ① 이 절차의 시행일 전에 이미 취급한 무역금융 및 무역금융과 관련된 지급보증에 대하여는 종전 절차를 계속 적용한다.

② 이 절차 시행일 전에 「한국은행 총액한도대출관련 무역금융의 평균가득률 및 특별승인업무 취급절차」에 의거 산정하여 적용하고 있는 평균원자재의존율 및 평균가득률, 특별승인 등은 이 절차에 의하여 시행된 것으로 본다.

부 칙 〈1996. 12. 30〉

이 절차는 1997. 1. 1.부터 시행한다.

부 칙 〈1997. 2. 5〉

① **(시행일)** 이 절차는 1997. 2. 15.부터 시행한다. 다만, 별지 제1-1호 및

별지 제8-5호의 변경서식은 1997. 3. 1.부터 적용한다.

② **(경과조치)** 이 절차의 시행일 전에 이미 취급된 융자금에 대하여는 동 융자금의 완제시까지 종전 절차를 계속 적용한다.

부　칙 〈1998. 4. 20〉

① **(시행일)** 이 절차는 1998. 5. 1.부터 시행한다.

② **(경과조치)** 이 절차의 시행일 전에 이미 취급된 융자금에 대하여는 동 융자금의 완제시까지 종전 절차를 계속 적용한다.

부　칙 〈1998. 8. 20〉

이 절차는 1998. 8. 20.부터 시행한다.

부　칙 〈1998. 10. 1〉

① **(시행일)** 이 절차는 1998. 10. 1.부터 시행한다.

② **(경과조치)** 이 절차의 시행일 전에 이미 취급된 융자금에 대하여는 동 융자금의 완제시까지 종전 절차를 계속 적용한다.

부　칙 〈1998. 10. 22〉

이 절차는 1998. 10. 26.부터 시행한다.

부　칙 〈1998. 12. 12〉

이 절차는 1998. 12. 14.부터 시행한다.

부　칙 〈1999. 4. 26〉

① **(시행일)** 이 절차는 1999. 5. 1.부터 시행한다.

② **(경과조치)** 이 절차의 시행일 전에 이미 취급한 무역금융 및 무역금융관련 지급보증에 대하여는 종전 절차를 계속 적용한다.

부　　칙 〈1999. 8. 20〉

이 절차는 1999년 9월 1일부터 시행한다.

부　　칙 〈2001. 5. 30〉

이 절차는 2001년 6월 1일부터 시행한다.

부　　칙 〈2003. 7. 23〉

이 절차는 2003년 9월 1일부터 시행한다.

부　　칙 〈2003. 12. 31〉

이 절차는 2004년 1월 2일부터 시행한다.

부　　칙 〈2005. 2. 28〉

이 절차는 2005년 2월 28일부터 시행한다.

부　　칙 〈2006. 8. 17〉

이 절차는 2006년 8월 18일부터 시행한다.

부　　칙 〈2011. 6. 10〉

이 절차는 2011년 7월 1일부터 시행한다.

부　　칙 〈2012. 9. 20〉

이 절차는 2012년 10월 2일부터 시행한다.

부　　칙 〈2013. 1. 30〉

이 절차는 2013년 2월 1일부터 시행한다.

부　칙 〈2013. 11. 7〉

이 절차는 2013년 11월 7일부터 시행한다.

부　칙 〈2014. 1. 28〉

제1조(시행일) 이 절차는 2014년 2월 1일부터 시행한다. 다만, 제10조, 제15조, 제21조 및 제22조의 개정규정은 2014년 2월 14일부터 시행한다.

제2조(경과조치) ① 이 절차의 시행일 전에 이미 취급된 대출에 대해서는 종전 절차를 적용한다.

② 외국환은행은 제10조, 제15조, 제21조 및 제22조에도 불구하고 물품수령증명서가 2014년 2월 13일까지 서류로 발급된 경우에는 내국신용장 환어음을 이용해 서류교환방식으로 2014년 2월 24일까지 내국신용장을 결제할 수 있다.

부　칙 〈2014. 8. 28〉

이 절차는 2014년 9월 1일부터 시행한다.

부　칙 〈2015. 4. 24〉

이 절차는 2015년 5월 1일부터 시행한다.

부　칙 〈2021. 1. 19〉

이 절차는 2021년 1월 20일부터 시행한다.

부　칙 〈2021. 11. 17〉

이 절차는 2021년 11월 22일부터 시행한다

부　칙 〈2023. 1.12〉

제1조(시행일) 이 절차는 2023년 4월 1일부터 시행한다.

제2조(적용례) 개정 〈별지 제 6호 서식〉은 금융기관이 이 절차 시행일 이후 취

급하여 제24조 제2항에 따라 다음달 20일까지 제출하는 분부터 적용한다.

〈별표〉 내국신용장의 개설근거별 용도표시방법

개설근거	용도	표시방법		비고
		표시문언	표시장소	
Ⅰ. 원자재내국신용장주)				
1. 신용장기준원자재자금이용업체 및 신용장기준포괄금융이용업체의 개설의뢰분	1. 원자재구매	원자재	"용도"란	"원수출신용장내용"란에 원수출신용장 등의 내용 기재
	2. 원자재임가공위탁	원자재임가공 완제품임가공	〃 〃	〃 〃
2. 실적기준원자재자금이용업체 및 실적기준포괄금융 이용업체의 개설의뢰분	1. 원자재구매	원자재(실적)	〃	
	2. 원자재 임가공 위탁	원자재임가공(실적)	〃	
	3. 완제품 임가공 위탁	완제품임가공(실적)	〃	
Ⅱ. 완제품내국신용장				
1. 신용장기준완제품구매자금이용업체의 개설의뢰분	1. 완제품구매	완제품	〃	"원수출신용장내용" 란에 원수출신용장 등의 내용 기재
	2. 수출대행	완제품(수출대행)	〃	〃
2. 실적기준완제품구매자금이용업체의 개설의뢰분	1. 완제품구매	완제품(실적)	〃	
	2. 수출대행	완제품(수출대행)(실적)	〃	

주) 위탁가공무역에 소요되는 국산원자재를 내국신용장에 의해 구입하는 경우는 현행 표시문언인 "원자재"앞에 "(위탁가공)"이라 표시

별 지 서 식 목 록

제1-1호	포괄금융 주거래외국환은행(신규 · 변경)지정 및 이용업체 선정 신청서
제1-2호	포괄금융 이용업체의 선정취소 통보서
제 2 호	수출실적관리「카드」
제3-1호	수출실적승계 승인 신청서
제3-2호	수출실적이관 승인 신청서
제4-1호	판매대금추심의뢰서
제4-2호	내국신용장 물품수령증명서
제4-3호	취소불능 내국신용장
제 5 호	무역금융관련 제재조치내용 통보
제 6 호	무역금융 취급상황

〈별지 제1-1호〉

포괄금융 주거래외국환은행(신규 · 변경)지정 및 이용업체 선정 신청서

은행 부(지점)장 귀하

귀행을 당사의 주거래외국환은행으로 (신규, 변경) 지정하고 (신용장기준, 실적기준) 포괄금융 이용업체로 선정하여 줄 것을 신청합니다.

(신규, 변경) 지정은행	은행 부(지점)
변경전 주거래외국환은행	은행 부(지점)장 (인)

년 월 일

(신청인) 업 체 명 :

대표자성명 : (인)

본사소재지 : (전화번호 :)

업 종 : (사업자등록번호 :)

무역업신고번호 :

수출실적
- 전년도(년도) : US $
- 과거 1년간(부터 까지) : US $

위의 신청사항을 승인함.

년 월 일

은행 부(지점)장 (인)

사본수신처 : 은행 부(지점)장

〈별지 제1-2호〉

포괄금융 이용업체의 선정취소 통보서

은행 부(지점)장 귀하

아래 업체에 대하여 (신용장기준, 실적기준) 포괄금융 이용업체의 선정을 취소 하였음을 통보합니다.

업 체 명	
대 표 자 명	
업 종	(사업자등록번호 :)
소 재 지	(전 화 번 호 :)
취 소 사 유	

년 월 일

은행 부(지점)장 (인)

〈별지 제2호 서식〉

수출실적[1]관리 「카드」

(년도)

업 체 명	
포괄금융 이용업체의 주거래외국환은행	
작 성 은 행	

(단위 : US $)

구 분			1월	2월	3월	4월	5월	6월	7월	8월	9월	10월	11월	12월	연간 누계
수출신용장	매 입 액[2]	(1)													
수출계약서 및 외화표시물품 공급계약서	입 금 액	(2)													
내국신용장	매 입 액[2]	(3)													
구매확인서	공 급 액[3]	(4)													
수출대금 미회수액	수출신용장 및 ₩내국신용장 매입액 중 부도처리분(−)	(5)													
	부도후 입금분(+)	(6)													
「절차」제6조 제2호에 의한 수출실적		(7)													
융자대상 수출실적 (1+2+3+4−5+6+7)		(8)													

주) 1) 수출입은행의 인도전금융을 이용한 수출, 중계무역수출 등 융자대상이 되지 않는 수출실적은 제외함
2) 추심의뢰분(판매대금추심의뢰서 포함)은 매입액에 포함하여 기입함
3) 구매확인서 및 세금계산서상의 금액을 기준으로 기입함
4) 기 타 :
무역어음 인수취급된 수출신용장 등에 의한 수출실적은 당해 인수취급분을 제외하고 기입함
위탁가공무역에 소요되는 국산원자재를 구매하여 가공하지 않고 수출한 실적 포함
(다만, 생산자금 및 포괄금융의 융자한도 산정대상 수출실적에서 제외)

〈별지 제3-1호 서식〉

수출실적승계 승인신청서

은행　　　부(지점)장　귀하

다음과 같이 수출실적의 승계를 신청합니다.

	피 승 계 인	승 계 인
업 체 명		
대 표 자		
주 소		
무 역 업 신 고 번 호		
승 계 사 유		
승계대상 수출실적	20 . - 20 . 중 수출실적 : US $	

첨부서류 : 1. 설립, 합병 등 승계사유를 증명할 수 있는 서류

2. 수출실적 승계인정 대상기간중 월별 수출실적 명세표

년　　월　　일

(신청인)　　　　(인)

위의 신청을 승인함.

년　　월　　일

은행　　　부(지점)장　(인)

〈별지 제3-2호 서식〉

수출실적이관 승인신청서

은행 부(지점)장 귀하

다음과 같이 수출실적의 이관을 신청합니다.

이관전 외국환은행		
이관후 외국환은행		
이 관 사 유		
이관대상 수출실적	20 . - 20 . 중 수출실적 : US $	

첨부서류 : 수출실적 이관인정 대상기간중 월별 수출실적 명세표

년 월 일

(신청인) 업 체 명 :
대 표 자 :
주 소 :

위의 신청을 승인함

년 월 일

은행 부(지점)장 (인)

〈별지 제4-1호 서식〉

판매대금추심의뢰서

(내국신용장용)

전자문서번호 : 신청일자 :

아래와 같이 귀 행에 판매대금의 추심을 의뢰합니다.

〈신 청 내 용〉

추심은행 : ____은행 ____지점

추심금액 :

원화환산금액 :

적용환율 :

추심관련 서류	전자문서번호	발급은행	발급번호	발급일
– 내국신용장				
– 물품수령증명서		—		
– 세금계산서		—		

〈추심대금 지급관련〉

지급받을 은행명 : ____은행 ____지점

계좌번호 :

금액 :

예금주 :

* 해당사항이 있는 경우만 기재

〈신 청 인〉

신청인 :

주소 :

전자서명 :

〈별지 제4-2호 서식〉

내국신용장 물품수령증명서(전자문서교환방식)

전자문서 번호 : 통지일자 :
발급번호 : 인수일자 :
발급일자 : 인수금액 :
공 급 자 :

〈 인수물품 내역 〉

대표공급물품의 HS부호 :

물품/규격	수량	단가	금액
TOTAL			

〈관련 내국신용장 내역〉

개설은행 : 인도기일 :
개설은행 전자서명 : 유효기일 :
신용장 번호 : 참조사항 :
신용장 금액 :

〈 물 품 수 령 인〉

기 관 명 :
대표자명 :
전자서명 :

〈세금계산서 내역〉

승인번호 : 작성일 :
공급가액 : 세액 :

〈세칙 제16조제2항 동의사항 〉

* 동내용은 나머지 관계당사자(수혜자 및 개설은행) 전원동의 시에만 유효함

* 유의사항
1. 이 물품수령증명서는 관련세금계산서 건별로 발급하여야 함
   다만, 내국신용장 조건에 따라 수출용원자재 또는 완제품을 분할 공급받는 경우에는 매 반월 또는 월을 단위로 하는 경우에 한정하여 동 기간 중 분할공급 시마다 교부된 세금계산서상의 공급가액을 일괄하여 물품수령증명서를 발급할 수 있음
2. 이 물품수령증명서는 공급자의 세금계산서 발행일로부터 10일 이내에 발급하여야 함
   다만 중소기업이 대기업으로부터 물품을 인수하는 경우에는 예외로 함
3. 이 물품수령증명서의 물품명세는 관련내국신용장상의 대표물품명세와 일치하여야 함
   다만, 일치 여부 확인은 HS부호를 기준으로 함
4. 이 물품수령증명서의 물품 인수일자는 관련 세금계산서상의 공급일자를 모두 기재하여야 함

이 전자문서는 「전자무역촉진에 관한 법률」에 따라 발행된 전자문서교환방식 물품수령증명서로서 이 문서를 전송받은 수혜자는 같은 법률 시행규정 제12조제3항의 별표4에 따라 물품수령증명서 여백에 정당 발급문서임을 표시하는 적색 고무인을 날인하여야 합니다.

별지 제4-3호 서식

취소불능 내국신용장

전자문서 번호 : 통지일자 :

-----------------------〈 개 설 내 역 〉--------------------

개설은행 :
개설일자 :
신용장번호 :
개설의뢰인(상호, 주소, 대표자, 전화번호, 사업자등록번호) :
수혜자(상호, 주소, 대표자, 전화번호, 사업자등록번호) :
내국신용장 종류 :
개설외화금액 :
개설원화금액 :
매매기준율 :
물품매도확약서 번호 :
물품인도기일 :
유효기일 :
제출서류 : 물품수령증명서 통
공급자발행 세금계산서 사본 통
공급자발행 물품매도확약서 사본 통
본 내국신용장 사본 통

기타 구비서류

당행은 귀하(사)가 위 금액의 범위에서 상기의 서류를 첨부하여 물품대금 전액의 일람출급식 판매대금추심의뢰서를 발행할 수 있는 취소불능내국신용장을 개설합니다. 당행은 이 신용장에 의하여 발행된 판매대금추심의뢰서가 당행에 제시된 때에는 이를 이의없이 지급할 것을 판매대금추심의뢰서의 발행인에게 확약합니다.

대표공급물품명 : (HS부호 :)
분할인도 허용여부 :
서류제시기간 : 물품수령증명서 발급일로부터 영업일 이내
개설근거별 용도 :
기타 :

----------------------〈원수출신용장 등 내역〉----------------------

개설근거서류 종류 :
신용장(계약서) 번호 :

----------------------〈 발신기관 전자서명 〉----------------------

발신기관 전자서명 :

1. 이 전자문서는 「전자무역 촉진에 관한 법률」에 따라 발행된 내국신용장으로서 이 문서를 전송받은 개설의뢰인 또는 수혜자는 같은 법률 시행규정 제12조제3항의 별표4에 따라 신용장 여백에 정당발급문서임을 표시하는 적색 고무인을 날인하여야 합니다.
2. 이 신용장에 관한 사항은 다른 특별한 규정이 없는 한 국제상공회의소 제정 화환신용장 통일규칙 및 관례에 따릅니다.

〈별지 제5호 서식〉

무역금융관련 제재조치내용 통보

(　　년　　월　　일)

한국은행　　　　국(본부)장　　　　　　　　은행　　　　부(지점)장　(인)

각 외국환은행장　　　　귀하

「금융중개지원대출관련 무역금융지원 프로그램 운용세칙」제19조 제2항에 의거 무역금융관련 제재조치내용을 다음과 같이 통보합니다.

1. 제재대상업체

업 체 명 :

대 표 자 :

사업자등록번호 :

2. 제재대상(위규)내용 : 「세칙」제19조 제1항 제(　)호 해당

3. 관련신용장 등 내용 및 제재사유 또는 감면조치내용

<table>
<tr><td>신용장 등
번　호</td><td></td><td colspan="2">금　액</td><td></td></tr>
<tr><td>개설 은행</td><td></td><td colspan="2">개 설 일 자</td><td></td></tr>
<tr><td>개설 의뢰인</td><td>(대표자 :　　　)</td><td rowspan="2">거래
내용</td><td>물품공급일</td><td></td></tr>
<tr><td>수 혜 자</td><td>(대표자 :　　　)</td><td>물품수령증</td><td></td></tr>
<tr><td>구체적인
제재 또는
감면조치사유</td><td colspan="4"></td></tr>
<tr><td>제재 내용</td><td colspan="4"></td></tr>
<tr><td>조치 의견</td><td colspan="4"></td></tr>
</table>

〈별지 제6호 서식〉

무 역 금 융 취 급 상 황

(년 월말 현재)

한국은행 통화정책국 금융기획팀 귀중 은행 부장 (인)

1. 대출금 취급상황

가. 자금종류별 취급현황

(단위 : 백만원)

구 분		전월말 잔액(A)	금월중 대출액(B)	금월중 회수액(C)	금월말잔액[2] (A+B−C)
생산자금	실적기준	( )	( )	( )	( )
	신용장기준	( )	( )	( )	( )
	소 계	( )	( )	( )	( )
원자재자금[3]	실적기준	( )	( )	( )	( )
	신용장기준	( )	( )	( )	( )
	소 계	( )	( )	( )	( )
완제품구매자금[3]	실적기준	( )	( )	( )	( )
	신용장기준	( )	( )	( )	( )
	소 계	( )	( )	( )	( )
포괄금융	실적기준	( )	( )	( )	( )
	신용장기준	( )	( )	( )	( )
	소 계	( )	( )	( )	( )
합 계		( )	( )	( )	( )

주) 1) ( ) 내는 신용대출 취급액
2) 금월말잔액의 합계란은 대차대조표상 무역금융(무역어음대출) 잔액과 일치하여야 함
3) 구매확인서에 따른 구매자금 대출금은 제외

나. 기업규모별 취급현황(잔액기준)[1)]

(단위 : 백만원, 개)

구 분	주채무계열 소속 기업체	기 타 대기업	중소기업[2)]	계
생산자금	( )	( )	( )	( )
원자재자금[3)]	( )	( )	( )	( )
완제품구매자금[3)]	( )	( )	( )	( )
포괄금융	( ) 〈 〉	( ) 〈 〉	( ) 〈 〉	( ) 〈 〉
합 계	( ) 〈 〉	( ) 〈 〉	( ) 〈 〉	( ) 〈 〉

주) 1) ( ) 내는 신용대출 취급액, 〈 〉 내는 업체수
2) 금융중개지원대출 지원대상업체(「은행업감독규정」 제79조제1항에서 정하는 주채무계열 소속 기업체 제외)에 대한 대출실적만 기재
3) 구매확인서에 따른 구매자금 대출금은 제외

다. 기업규모별 신용대출 취급현황(잔액기준)

(단위 : 백만원)

구 분	주채무계열 소속기업체	기 타 대기업	중소기업[1]	계
순수 신용대출[2]				
동업자 보증대출				
인적 보증대출				
합 계				

주) 1) 금융중개지원대출 지원대상업체(『은행업감독규정』 제79조 제1항)에서 정하는 주채무계열 소속 기업체 제외)에 대한 실적만 기재

2) 전액을 담보나 보증 없이 취급한 순수 신용대출

2. 내국신용장 등 취급상황(잔액기준)

(단위 : 백만원)

구 분[1]		주채무계열 소속 기업체	기 타 대기업	중소기업[2]	계
원자재 수입신용장	일람불				
	기한부				
원자재 내국신용장	일람불				
	기한부				
완제품 내국신용장	일람불				
	기한부				
합 계	일람불				
	기한부				

주) 1) 원화 및 외화표시 신용장 모두 포함
2) 금융중개지원대출 지원대상업체(「은행업감독규정」 제79조제1항에서 정하는 주채무계열 소속 기업체 제외)에 대한 실적만 기재

3. 무역금융 취급금리

(단위: 연%)

	잔액 기준		신규취급액 기준	
	대출잔액	금리[1]	대출잔액	금리[1]
주채무계열 소속 기업체				
기 타 대기업				
중소기업[2]				
합 계				

주) 1) 금액에 의한 가중평균금리
2) 금융중개지원대출 지원대상업체(「은행업감독규정」 제79조제1항에서 정하는 주채무계열 소속 기업체 제외)에 대한 실적만 기재

※ 다음 물음에 답하시오.

1. 무역금융의 특징과 관련한 설명이다. 바르게 설명된 것은?

① 무역금융은 선적 후 지원금융이다.

② 무역금융은 자금의 수출이행 과정별로 연계하여 지원한다.

③ 무역금융의 융자취급은행의 제한이 없다.

④ 무역금융은 일반금융으로서 개별 금융기관의 자금사정에 따라 지원규모가 제한된다.

2. 수출신용장 등의 융자대상금액 산정기준과 관련한 내용이다. 바르게 설명된 것은?

① 1개월마다 자동 갱신되는 회전신용장의 신용장금액이 US$10,000인 경우, 3개월 동안의 수출 예정금액인 US$30,000을 융자대상금액으로 할 수 있다.

② US$100,000인 수출신용장의 무역어음 인수취급분이 US$30,000인 경우, 융자대상금액은 US$100,000이다.

③ 수출신용장 금액이 US$100,000이고, 해상으로 수출화물을 운송하는 CIF가격조건의 경우, 융자대상금액은 US$100,000이다.

④ 10% more or less조건이 있는 US$100,000인 수출신용장의 경우, 융자대상금액은 US$90,000이다.

3. 수출실적의 인정과 관련된 내용이다. 바르게 설명된 것은?

① 수출신용장의 수출실적 인정시점은 입금시점, 인정금액은 본선인도금액기준이다.

② 실적기준금융 수혜업체로서 동일 수출신용장에 대한 무역금융의 취급과 수출대금의 영수가 동일 외국환은행을 통하여 이루어지지 않은 경우 융자대상 수출실적에서 제외한다.

③ 수출환어음의 부도 시에는 부도발생월의 수출실적에서 차감하고 부도 후 입금분은 입금월의 수출실적에 가산한다.

④ 단순송금방식에 의한 수출은 수출대금 전액이 입금된 때 수출실적으로 인정한다.

4. 포괄금융과 관련한 내용이다. 바르게 설명된 것은?

① 포괄금융은 벤처기업 등 생산시설 미보유업체도 생산자금 용도로 융자 취급할 수 있다.

② 신용장기준 포괄금융을 수혜한 업체에 대해서 지급보증 취급이 가능하다.

③ 수출실적 보유기간이 1년 미만인 신규업체는 포괄금융을 이용할 수 없다.

④ 포괄금융 취급연도 중 과거 1년간 수출실적이 2억불을 초과하는 경우, 포괄금융을 이용할 수 없다.

5. 구매확인서와 관련한 내용이다. 바르게 설명된 것은?

① 구매확인서에 의한 구매행위에는 임가공위탁은 포함이 안 된다.

② 구매확인서 발급은 물품공급시기가 속하는 과세기간 종료 후 15일까지만 가능하다.

③ 구매확인서에 의한 공급부분을 수출실적으로 인정하는 기관은 대금결제은행이다.

④ 구매확인서의 수혜자가 유통업자인 경우에는 추가로 1차에 한하여 발급할 수 있다.

6. 다음의 내용 중 바르게 설명된 것은?

① 내국신용장은 물품공급이 완료된 분에 대해서도 당해 물품대금결제를 위한 내국신용장을 개설할 수 있다.

② 개설의뢰인이 신용장금융 수혜업체인 경우 사후발급 구매확인서를 근거로 내국신용장을 개설할 수 있다.

③ 국내업자 간의 매매계약에 의해 국외에서 어획물을 수집하여 직접 수출하는 경우에는 내국신용장을 개설할 수 없다.

④ 내국신용장의 개설금액에는 당해 물품의 제조에 투입된 수입원자재와 관련한 관세 등 제세공과금 부담액을 포함할 수 있다.

7. 다음은 내국신용장의 매입과 관련한 내용이다. 맞는 것은?

① 물품수령증명서는 반드시 공급자개설 세금계산서 건별로 발급되어야 한다.

② 수혜자가 수출대행 위탁자인 경우, 세금계산서 사본을 징구하여야 한다.

③ 수출용 완제품을 분할공급받는 경우에는 기간을 한정하여 일괄 세금계산서 발급도 가능하다.

④ 수혜자가 실적기준금융 수혜자인 경우 기 취급된 무역금융 및 지급보증을 회수하여야 한다.

8. 다음 융자취급은행의 의무 중 거래외국환은행의 공통의무가 아닌 것은?

① 적정융자 취급의무

② 주거래 외국환은행 지정 통보의무

③ 융자취급상황 기재의무

④ 무역금융 취급상황 보고의무

9. 다음 중 한국은행 금융중개지원대출관련 무역금융 수혜대상은 무엇인가?

① 수출실적기준으로 융자를 수혜 받고자 하는 주채무계열 소속 중소기업

② 외국공공기관과 체결된 의화표시 물품공급계약서에 의하여 국내 공급하고자 하는 비계열대기업

③ 보세판매장을 통하여 자가생산품을 외국인에게 판매한 실적을 기준으로 융자를 받고자 하는 중소기업

④ 구매확인서에 의하여 수출용 완제품을 공급하고자 하는 대기업

10. 다음 중 무역금융 취급 시 수익성 분석과 관련한 내용이다. 한계이익은 얼마인가?

- 무역금융 1억원 취급, 적용금리 4%, 자체조달금리 3%
- 한국은행 차입비율 20%, 차입금리 0.5%
- 신용보증기금 등 출연금 – 대출금 평잔의 0.25%
- 교육세 – 대출이자의 0.5%

① 1,230,000원　　② 1,250,000원

③ 2,500,000원　　④ 2,770,000원

정답 및 해설

1. ② : 무역금융은 수출신용장 내도 전과 내도 후 일정시점으로부터 수출대금의 회수 시까지 수출이행의 전 과정을 대상으로 생산자금, 원자재자금 및 완제품구매자금의 수출이행 과정별로 연계하여 지원한다.

2. ④

① 회전신용장의 경우, 융자대상금액은 당해 신용장의 액면금액을 초과할 수 없다.

② 무역어음 인수취급된 수출신용장의 경우 당해 인수금액을 차감한 금액이 융자대상금액이 된다.

③ 수출신용장의 융자대상금액은 FOB가격 기준이다.

④ more or less조건이 있는 수출신용장의 경우, more or less조건을 차감한 금액을 융자대상금액으로 한다.

3. ③ : 수출환어음 또는 내국신용장은 매입 시 수출실적으로 인정된다. 그러나, 수출환어음의 부도 시에는 부도발생월의 수출실적에서 차감하고 부도 후 입금분은 입금월의 수출실적에 가산한다.

① 수출신용장의 수출실적 인정시점은 매입시점, 인정금액은 본선인도금액기준이다.

② 신용장기준금융의 경우 동일 수출신용장에 대한 무역금융의 취급과 수출대금의 영수가 동일 외국환은행을 통하여 이루어져야 한다.

④ 단순송금방식에 의한 수출은 수출대금입금 후 대응수출이 이행된 때 수출실적으로 인정된다.

4. ① : 중소 및 중견 제조수출업체 등을 대상으로 자금용도 구분없이 취급하는 포괄금융은 벤처기업 등 생산시설 미보유업체도 생산자금 용도로 융자 취급할 수 있다.

② 신용장기준 포괄금융을 수혜한 업체에 대해서 지급보증 취급이 불가능하다.

③ 수출실적 보유기간이 1년 미만인 신규업체는 포괄금융을 이용할 수 있다.

④ 포괄금융 취급연도 중 과거 1년간 수출실적이 2억불을 초과하는 경우, 포괄금융을 이용할 수 있다.

5. ③ : 구매확인서에 의한 공급부분을 수출실적으로 인정하는 기관은 대금결제은행이며, 당사자 간 대금 결제를 하는 경우 인정기관은 구매확인서 발급은행 또는 전자무역기반사업자이다.

① 구매확인서도 내국신용장에 준하여 발급되므로 임가공위탁도 포함된다.

② 2017.10.11부터는 사후발급 가능기한이 폐지되었다.

④ 외화획득용 원료 또는 물품의 제조 · 가공 · 유통과정이 여러 단계인 경우, 각 단계별로 순차적으로 차수 제한없이 발급 가능하다.

6. ④

① 내국신용장은 물품공급이 완료된 분에 대해서도 당해 물품대금결제를 위한 내국신용장을 개설할 수 없다.

② 무역금융은 선적 전 지원금융으로 개설의뢰인이 신용장금융 수혜업체인 경우 사후발급 구매

확인서를 근거로 내국신용장을 개설할 수 없다.

③ 국내업자 간의 매매계약에 의해 국외에서 어획물을 수집하여 직접 수출하는 경우에는 내국 신용장을 개설할 수 있다.

7. ③

① 수출용 원자재를 분할해서 공급받는 경우, 세금계산서 일괄 발급도 가능하다.

② 세금계산서 발급대상이 아닌 경우 물품명세가 기재된 송장으로 갈음할 수 있다.

④ 수혜자가 신용장기준금융 수혜자인 경우 기 취급된 무역금융 및 지급보증을 회수하여야 한다.

8. ② : 주거래 외국환은행 지정 통보의무는 포괄금융 수혜업체의 주거래 외국환은행 의무

9. ③ : 한국은행 금융중개지원대출관련 무역금융을 융자받을 수 있는 대상은 중소기업이어야 한다. 제외대상은 최종 부도거래처이다.

10. ①

직접비용 2,770,000=[(20,000,000×0.5%)+(80,000,000×3%)]+250,000+20,000

한계이익 1,230,000=(100,000,000×4%)−2,770,000

한계이익=대출금이자(대출금×적용금리) − 직접비용(자금조달비용+신용보증기금 출연금+교육세)

직접비용=자금조달비용+신보출연금+교육세

자금조달비용=(한국은행 차입금×차입금리)+(자체자금×조달금리)

제2편

외환관련여신 [외화대출]

한국금융연수원

제 1 장

외화대출

제1절 개 요

'외화대출'이라 함은 외국환은행이 거주자 또는 비거주자 등에게 제공하는 외화표시 대출금을 말하며, 외화대출에는 사모방식에 의한 외화사채인수도 포함하고 있다.

외화대출은 기업이 정상적으로 영업 및 투자활동을 수행하는 데 없어서는 안 되는 중요한 재무적 수단이지만 정확한 이해 및 위험관리 없이 무분별하게 사용하게 될 경우 자칫 걷잡을 수 없는 양날의 칼이 될 수도 있다.

2008년 금융위기로 환율이 급등함에 따라 환위험 관리에 취약한 많은 중소 · 중견기업은 통화옵션인 KIKO사태와 더불어 보유한 외화대출의 원화환산 원리금의 상환부담가중으로 파산, 부도 등 재무적 곤경에 처하였고 차주의 신용위험 증가를 우려한 채권은행들도 적극적인 대출 회수와 채권보전 조치를 강화하여 부실채권 진입방지를 위해 노력하였다.

이에 따라 지금까지도 금융당국은 외화대출 잠재리스크 요인에 대해 상시 모니터링을 강화하고 있으며 국내 경기회복 지연 등에 따라 국내은행의 외화대출 건전성 관리를 감독하고 외환시장 변동성 확대 가능성에 대비해서 은행으로 하여금 차주들에게 환율변동 위험 및 헤지 안내 등을 통한 금융소비자 보호를 강화하도록 지도하고 있다.

제2절 외화대출 구분 운용

1. 여신운용 일반원칙

현행 「은행업감독규정」 제78조에서 『은행은 모든 여신을 운용함에 있어서 여신의 건전성을 확보할 수 있도록 노력해야 한다』고 명시하고 있으며 금융감독원은 금융기관 임점검사 시 이의 준수여부를 점검 및 평가하고 있다.

이에 따라 여신담당 실무자는 차주에게 여신을 지원하기 전에 각 행 내부규정을 기준으로 여신신청인의 자격, 리스크 특성, 채무상환능력, 사업성 분석 및 담보 · 보증 등 채권보전수단에 대해 철저하게 검토하여야 한다.

외화대출 심사 시에는 우선적으로 차주의 구체적인 자금용도 파악이 선행되어야 하며 이를 토대로 대출 소요자금의 적정한도 및 대출기간의 적정성 등을 결정할 수 있다.

또한 거주자 또는 비거주자 등 차주의 거주성 구분에 따라 외화대출 취급 시 외국환거래법령상 신고절차, 자금용도 등 여신심사범위 등이 달리 적용되고 있으니 이점에 유의하여야 한다.

1-1. 관련법규

여신실무담당자는 고객과 외화대출을 취급하기 전에 항상 내부규정뿐만 아니라 한국은행의 「외국환거래업무취급세칙」 및 동 「절차」, 외화대출 취급지침, 외화대출 사례집, 외국환거래법령 등 외화대출 관련 규정을 사전에 숙지하여 규정 위반에 저촉되는 일이 없도록 하여야 한다.

외화대출에 대해 별도로 정한 기준이 없는 경우에 각 행 내부규정에 따라 처리 가능하나, 명확치 않은 경우 한국은행 담당부서(국제국 외환건전성조사팀)와 협의하고 취급하여야 한다.

2. 거주자 대상 외화대출

1) 용도제한

외국환거래업무취급세칙 등 개정에 따라 외국환은행(기타 외국환업무취급기관 포함)이 거주자에게 제공하는 외화대출의 자금용도는 원칙적으로 해외에서 직접 사용하는 실수요 용도에 한하여 허용된다.

여기서 말하는 '직접 사용하는 실수요' 란 차주가 재화 및 용역의 대가 등을 자신의 명의로 해외 거래상대방에게 지급함을 의미한다. 따라서 국내 수입자가 수입중개업체를 통하여 물품을 수입하는 경우 수입대금결제 용도로 외화대출을 받을 수가 없다.

다만, 예외적으로 국내 수출기업이 환헤지 목적으로 가입한 KIKO 등 통화옵션 결제자금 및 중소제조업체 시설자금에 대해서는 외화대출 취급이 허용된다.

[참고] 국내 거주자에 외화대출 해외실수요 예외 취급

1) KIKO 등 통화옵션 결제자금에 대한 외화대출 취급은 2008. 10. 26일 이전에 체결된 통화옵션에 한하여 취급 허용
2) 중소제조업체 시설자금에 대한 외화대출 취급은 2010. 6. 30일 현재 중소 제조업체에 대한 국내 시설자금대출 잔액 범위 내에서 취급 허용

해외사용 실수요 자금으로는 차주가 직접 해외에 지급하는 물품수입 또는 용역대금 결제자금, 해외 직접투자자금, 해외차입금 상환자금 등이 대표적인 예가 될 수 있다.

당초 국내 거주자에 대한 외화대출은 중소기업의 외화자금 조달상의 애로 해소와 외국인투자기업의 경영환경 개선 등을 위하여 2001년 10월 외화대출 융자제한이 폐지되었다.

그러나 2006년 이후 원화사용목적의 운전자금 대출을 중심으로 외화대출이 크게 늘어나면서 외채가 누적되고 환율이 상승하자 외환부문의 건전성 규제 차원에서 한국은행은 2007년 8월 10일 다시 외화대출 용도를 제한하고 「외국환거래업무취급세칙」 및 동 「절차」를 개정하여 현재는 외국환은행의 거주자에 대한 외화대출 용도를 해외사용 실수요 목적과 중소 제조기업의 국내 시설자금으로 제한하였다.

외화대출의 해외실수요 용도제한은 외국환은행의 외화대출금 계정과 대내외화사모사채에 대해서만 적용한다. 대내외화사모사채는 국내에서 발행한 외화사모사채로서 외국환은행이 취득 또는 인수한 것으로 본질적으로 외화대출과 성격이 동일하기 때문이다.

다만, 수출입과 관련된 신용공여 계정인 매입외환 및 내국수입유산스 등도 외화대출 범주에 포함되나 외화대출 용도제한 적용을 받지 않는다.

〈외화대출 용도제한 시기별 구분〉

2001.10월 이전 (외화여수신 규정)	2001.10월~2006.8월 (외화여수신 규정폐지)	2006.8월~2007.8월 (한국은행 창구지도)	2007.8.10일 이후 (외화대출 용도제한)
〈융자대상〉 • 대외외화결제자금 • 해외직접투자자금 • 수출입은행과의 협조융자 • 외화차입금 원리금 상환자금 • 국산기계구입자금	• 용도제한 없음	• 해외사용 실수요에 한해 외화대출을 취급토록 지도 창구지도 ⇒ 규정화	• 해외사용 실수요 • 중소제조업체 시설자금

※ 자료 : 한국은행

[참고] 국내 거주자의 해외사용 실수요 인정 여부

- A기업은 국내에서 조달한 달러화 전환사채(CB) 500만불의 일부상환을 위해 금융기관으로부터 외화대출 미화 300만불을 차입하고자 한다.
- B기업은 국내에서 발행한 엔화표시 내국신용장 1,000만엔을 결제하기 위해 무역금융 대신 엔화대출을 받고자 한다.
- C기업은 국내 금융사의 풋옵션 행사에 따라 해외에서 발행된 주식을 인수하고자 인수자금으로 외화대출 미화 500만불을 차입하고자 한다.
- D기업은 해외 실수요 용도 입증 없이 본인의 외화 정기예금을 담보로 외화대출 미화 50만불을 받고자 한다.

위의 경우 외화 실수요 자금에 해당되나 해외로 송금하지 않고 모두 국내 결제자금으로 사용되어 외화대출 용도제한 대상에 해당한다. 거주자에 대한 외화대출은 국내가 아닌 해외에서 직접 사용하는 실수요 자금만 해당한다는 것에 유의하여야 한다.

콜론 등 은행간 외화대출은 용도제한 대상이 아니지만 증권사, 종금사, 여신전문금융회사 등 제2금융권은 「외국환거래규정」 제1-2조의 외국환은행이 아니므로 "은행간 외화대출"의 대상기관에 해당되지 않는다.

따라서 외국환은행이 제2금융권에 대해서 외화대출을 지원하는 경우에는 대출자금이 해외사용 실수요 또는 중소제조업체에 대한 국내 시설자금대출 용도로 사용되는 경우에 한하여 취급할 수 있다.

2) 외화대출 대상거래

가. 무역 관련 대상거래

국내 거주자는 물품수입대금 및 용역대금 등 대외 결제를 위해 자기자금 외에 거래은행으로부터 외화대출을 차입하여 해외송금하거나 원화대출을 받아 외화로 환전한다.

국내의 중소 수출업체가 수출 완제품을 국내에서 생산하기 위해 수출용 원재료를 국내에서 내국신용장(Local L/C)에 의해 구매할 수 있고 해외에서 조달이 유리하다면 일람불 수입신용장(Export Sight L/C)를 개설하여 수입할 수도 있을 것이다.

이때 차주는 자기자금을 통해 이들 신용장을 결제하기도 하지만 일반적으로 저리의 한국은행 금융중개지원 무역금융(원화대출)을 사용하여 신용장대금을 결제한다.

원화대출인 무역금융은 원자재 수입용 Usance L/C를 제외한 원자재 수입용 Sight L/C, D/P 및 T/T 거래 등 일람불 결제만을 허용하고 있어 대외결제 이용에 제약적이지만 외화대출을 사용한다면 상기 물품 수입을 위한 Sight 거래뿐만 아니라 OA를 포함한 모든 기한부(Usance) 거래에 대해 결제할 수 있다.

또한, 중계무역 및 위탁가공무역에서 각각 자금 소요되는 중계무역용 완제품 수입자금과 해외 위탁가공 임가공비(CMT Charge) 등도 무역금융에서는 지원 대상이 아니지만 외화대출은 해외 실수요 용도에 해당되면 무역거래 형태에 관계없이 융자 지원할 수 있다.

[참고] 무역금융(원화대출)과 외화대출 지원 대상 비교

▶ **무역금융(원화대출) 지원불가 대상**

- 원자재구입자금 ⇒ Usance L/C, D/A 및 OA방식 원자재수입결제대금 지원불가
- 생산자금 ⇒ 중계무역에 소요되는 완제품수입대금
  위탁가공무역에 소요되는 원재료수입대금 및
  해외현지 임가공비 지원불가
- 완제품구입자금 ⇒ 해외 완제품 수입대금 지원불가

▶ **외화대출 지원 대상**

- 원자재구입자금 ⇒ Usance L/C, D/A 및 OA방식 원자재수입결제대금 지원가능
- 생산자금 ⇒ 중계무역에 소요되는 완제품수입대금
  위탁가공무역에 소요되는 원재료수입대금 및
  해외현지 임가공비 지원가능
- 완제품구입자금 ⇒ 해외 완제품 수입대금 지원가능

나. 무역외 관련 대상거래

거주자는 무역결제 과정에서 소요되는 자금 이외에 해외직접투자, 해외부동산 구입, 국제소송 관련 비용 및 기계장비 리스비용 등 자본 및 용역거래에 필요한 외화자금을 외국환은행 등으로부터 제공받을 수 있다.

예를 들면, 국내 항공사는 해외로부터 항공기를 도입할 때 상황에 따라 리스 또는 구매방식을 선택할 수 있는데 만일 리스(Lease)방식을 이용하고자 한다면 정기적으로 해외 리스사에게 외화리스료 지급을 위해 단기운전자금이 필요할 것이며, 항공기를 직접 구매하여 운용한다면 항공기 구입에 필요한 장기시설자금이 필요할 것이다.

따라서 이와 같은 경우 차주인 항공사는 해외 실수요 대상에 해당되어 외화대출을 지원받을 수 있을 것이다.

다. 거주자의 금전대차거래 신고대상

외국환은행이 거주자 대상으로 외화대출 취급 시에는 외국환거래법령상(외국환거래규정 제2-6조) 별도의 신고절차는 필요 없으나 거주자가 외국환은행이 아닌 비거주자로부터 외화자금을 차입하는 경우에는 지정거래외국환은행의 장에게 신고하여야 한다.

〈거주자가 비거주자로부터 외화자금 차입하는 경우 신고의무사항 (규정 제7-14)〉

1) 지방자치단체, 공공기관 및 영리법인 등이 비거주자로부터 외화자금을 차입(외화증권 발행 포함)하고자 하는 경우에는 지정거래외국환은행장에게 신고하여야 한다.
   - 다만, 미화 3천만불(차입신고시점으로부터 과거 1년간의 누적차입금액을 포함)을 초과하여 차입하는 경우 지정거래외국환은행을 경유하여 기획재정부장관에게 신고한다.
2) 개인 및 비영리법인이 비거주자로부터 외화자금을 차입하고자 하는 경우에는 지정거래외국환은행을 경유하여 한국은행총재에게 신고하여야 한다.

[참고]

2015년 말 현재 국내은행의 거주자에 대한 외화대출은 신규대출 수요 감소 및 외화대출 용도제한 조치 등으로 감소추세를 보이고 있다.

* 외화대출(억달러):361.2('10말) → 355.4('11말) → 299.2('12말) → 251.7('13말) → 225.4('14말) → 197.6('15말)

차주별 및 용도별 (거주자) 외화대출 취급현황

(단위:억달러)

구 분		'13년말	'14년말(A)	'15년말(B)	증 감(B-A)
차주별	대 기 업	153.5	135.8	125.9	△9.9
	중소기업	98.2	89.6	71.7	△17.9
용도별	시설자금	94.7	73.6	61.3	△12.3
	운전자금	62.6	62.8	51.4	△11.4
	기 타	94.4	89.0	84.9	△4.1

※자료 : (http://www.fss.or.kr)

3. 비거주자 대상 외화대출

1) 용도제한

외국환은행이 비거주자를 대상으로 외화대출을 지원할 때에는 「외국환거래업무 취급세칙」 등의 자금용도 제한 적용을 받지 않고 각 행 내부규정에 따라 취급한다.

비거주자 대상 외화대출은 국내법인의 해외 현지법인 또는 순수 비거주자인 외국기업 등에게 지원할 수 있으며 은행은 국내 모회사의 해외현지법인 등을 대상으로 외화자금을 지원할 경우 국내은행이 직접 대출하거나 해외지점을 통해서 운전자금 또는 시설자금 등을 지원할 수 있다.

2) 외화대출 대상거래

비거주자에 대한 외화대출 시 일반적으로 당사자 간 영문계약서를 작성하고 외국법률 및 조세관련 검토 등을 위해 법무법인 등의 법률자문을 거쳐 대출약정을 체결한다.

비거주자인 해외 현지법인은 자체 신용도 부족으로 국내 모기업의 연대보증을 활용하거나, 보증기관(Export Credit Agency)의 보증 등을 통해 외화자금을 조달하기도 하는데 순수 외국인인 해외선주 등이 한국 조선사에 선박 및 해양플랜트를 발주하기 위해 국내 금융기관으로부터 선박 건조대금 결제 목적의 장기외화대출을 지원받는 사례도 종종 발생한다.

외화대출 재원마련을 위해 외국환은행은 주로 해외투자자를 대상으로 글로벌채권을 발행하거나, 외국금융기관으로부터 장기차입금으로 조달한다. 때로는 국제금융기구 등으로부터 차관을 도입하여 차주에게 전대금융을 제공하기도 한다.

국내의 삼성전자 및 현대차 그룹 등 글로벌 기업은 해외 주요거점에 수많은 현지법인과 해외지사를 구성하고 있는데 이들 현지기업은 국내은행의 해외지점보다는 외국은행과 여 · 수신 및 외환 등 다양한 거래를 하고 있다.

특히, 이들 외국은행은 해외점포 네트워크망을 적극 활용하여 글로벌 CMS와 같은 실시간 자금이체 및 예상 환율정보 등 맞춤형 고객 외환서비스 제공을 통해 국내 대기업으로부터 저원가성 요구불 외화예금을 대거 유치하고 있다.

외국은행은 이렇게 조성된 외화예금을 재원으로 다시 국내은행에 높은 이자마진을 가산하여 대출해 주면서 국내은행과의 외화자금 및 서비스 경쟁력의 격차를 확대하고 있다.

〈해외 현지법인의 사업자금을 위한 외화대출〉

- 국내 D사가 해외현지법인에게 외화자금을 대여하기 위해 주거래은행으로부터 외화자금을 차입하고자 하는데 외화대출용도 제한에 해당하는지 여부
- 국내 E사가 해외현지법인이 발행한 회사채를 매입하기 위한 자금용도 목적의 외화대출을 받을 수 있는지 여부

외국환은행이 해외 현지법인 앞으로 직접 외화대출을 하는 경우에 해외 현지법인의 자금용도(운전자금 또는 시설자금 등)를 파악하여 용도에 부합한 여신심사를 통해 외화대출을 지원할 수 있다.

해외 현지법인이 아닌 국내 모기업이 대신 차입하여 현지법인 앞으로 투자할 때에는 동 자금이 「외국환거래법 시행령」 제8조상의 해외직접투자자금에 해당하는 경우에만 허용된다.

따라서 여신실무담당자는 국내 모기업의 외화대출자금이 외국환거래법상 해외직접투자 요건에 충족하는지 여부를 정확히 판단하여 외화대출을 취급하여야 할 것이다.

상기의 국내 E사가 해외 현지법인이 발행한 회사채를 구입하는 것은 외국환거래법령상 해외직접투자에 해당되지 않으므로 국내 E사의 외화대출은 지원 불가하다.

3) 비거주자의 금전대차거래 신고대상

외국환거래법령상 별도의 신고절차는 필요 없으나 외국환은행이 거주자의 보증 또는 담보를 제공받아 비거주자에 외화대출을 하는 경우 대출을 받고자 하는 비거주자가 한국은행총재에 보증계약을 신고하여야 한다.

외국환은행이 아닌 거주자가 비거주자에게 대출을 하고자 하는 경우에는 외국환거래규정(제7-16조)에 따라 한국은행총재에게 신고하는데 다른 거주자의 보증 또는 담보제공을 받는다면 대출을 받고자하는 비거주자가 신고하여야 한다.

제3절 외화대출 위험관리

1. 외화대출 리스크 요인

2000년 중반 외화대출 자유화와 초저리의 엔화금리로 인해 은행뿐 아니라 보험회사 등 제2금융권에서는 일본으로부터 엔화자금을 대규모로 조달하여 개인사업자 및 중소기업을 대상으로 한 엔화대출을 경쟁적으로 판매한 적이 있다.

초저금리의 유혹에 많은 개인사업자와 중소기업 등이 보이지 않는 엔화대출의 위험을 간과한 채 국내 사용목적으로 엔화대출을 무분별하게 차입했다. 몇 년 지나지 않아 엔화가치 상승으로 100엔당 800원대에 머물던 원/엔 환율이 1,000원을 넘어서면서 환율변동성이 심화되었다.

엔화기준 대출원금은 변동이 없었으나 원화로 환산한 원금과 이자의 대폭 증가 및 대출에 제공된 담보물의 담보가치 하락에 따라 차주들의 원리금 상환부담이 증가하였고 이는 부실채권 확대로 이어져 사회적으로 큰 문제가 되었다.

지금은 외화대출 규제가 강화되어 외화대출이 제한적으로 운용되고 있으나 여신실무담당자는 상기와 같은 사례의 재발방지를 위해 외화대출 차주의 환리스크 관리능력 및 상환능력 등을 철저하게 검토하는 데 노력하여야 할 것이다.

외화대출은 환위험 및 금리위험 등 외화대출 고유의 리스크 특성을 지니고 있으며 이러한 특성이 차주의 재무구조, 수익구조 및 미래 현금흐름 등에 영향을 미칠 수 있다.

가. 환율이 상승하면 환율이 상승한 비율만큼 원화로 환산한 외화대출의 원금 및 이자가 증가한다.

> ▶ 07.1.1일 : 외화대출 1백만달러 실행(대출금리 4%, 환율 : 1달러 = 1,000원)
> 08.1.1일 : 환율이 '1달러=1,500원'으로 50% 상승

ㅁ 원화로 환산된 원금이 50% 증가한다. (10억원 ⇒ 15억원)

	원금(외화)	환율	원금(원화)
07.1.1일(a)	1백만달러	1,000원	10억원
08.1.1일(b)	1백만달러	1,500원	15억원
변동(b–a)		500원 ↑	5억원 ↑

➲ 원금상승이 재무제표에 미치는 영향
- 재무상태표상 부채비율 및 차입금의존도 상승으로 재무구조 약화
- 손익계산서상 외환차손 및 외화평가손실 발생으로 수익구조 약화

ㅁ 원화로 환산된 이자가 50% 증가한다. (4천만원 ⇒ 6천만원)

	원금(외화)	대출금리	이자(외화)	이자(원화)
07.1.1일(a)	1백만달러	연 4%	4만달러	4천만원
08.1.1일(b)	1백만달러	연 4%	4만달러	6천만원
변동(b–a)	–	–	–	2천만원 ↑

➲ 이자상승이 재무제표에 미치는 영향
- 손익계산서상 외환차손 및 외화평가손실 발생으로 수익구조 약화
- 현금흐름표상 영업활동 현금흐름 감소로 미래 현금흐름창출력 저하

나. 변동금리 외화대출의 기준금리(LIBOR, 엔LIBOR 등)가 상승할 경우 대출기간 중 금리 변동 주기마다 외화대출의 대출금리가 상승하며, 이 경우 환율이 변동하지 않더라도 외화대출의 이자가 증가한다.

> ▶ 07.1.1일 : 외화대출 1백만달러 실행(금리변동주기 12개월)
> 대출금리(4.0%) = 기준금리(0.5%) + 가산금리(3.5%)
> 08.1.1일 : 기준금리가 2.5%로 2.0%p 상승(환율변동 없음)
> 대출금리(6.0%) = 기준금리(2.5%) + 가산금리(3.5%)

ㅁ 기준금리가 상승하면 이자(외화)가 상승폭에 비례하여 증가한다. (4만달러 ⇒ 6만달러)

	원금(외화)	대출금리	이자(외화)	이자(원화)
07.1.1일(a)	1백만달러	연 4%	4만달러	4천만원
08.1.1일(b)	1백만달러	연 6%	6만달러	6천만원
변동(b-a)	-	-	2만달러 ↑	2천만원 ↑

➲ 이자상승이 재무제표에 미치는 영향

- 손익계산서상 외환차손 및 외화평가손실 발생으로 수익구조 약화
- 현금흐름표상 영업활동 현금흐름 감소로 미래 현금흐름창출력 저하

다. 환율이 상승하여 원화로 환산한 외화대출의 원금이 증가하면 담보로 제공된 부동산, 유가증권, 예금 등 담보물의 담보여력 부족으로 차주는 추가 담보물을 보충하거나 담보 부족액만큼 대출금을 상환하여야 한다.

라. 환율이 상승하여 원화로 환산한 외화대출의 원금이 증가하면 외화대출을 받는 기업의 부채비율이 상승하거나 외화 관련 평가손실이 증가하여 기업의 신용등급이 하락할 수 있다. 따라서 기업의 신용등급이 하락할 경우 만기 연장 시 가산금리가 상승하여 외화대출의 대출금리가 상승하고 이자부담이 증가할 수 있다.

마. 외화대출을 실행한 은행의 글로벌 금융위기와 같은 국제금융환경 변화로 인해 외화조달 비용이 상승할 경우 만기 연장 시 가산금리가 상승하여 외화대출의 대출금리가 상승하고 이에 따라 이자 상환부담이 증가할 수 있다.

[외화대출의 환리스크 및 금리리스크 영향]

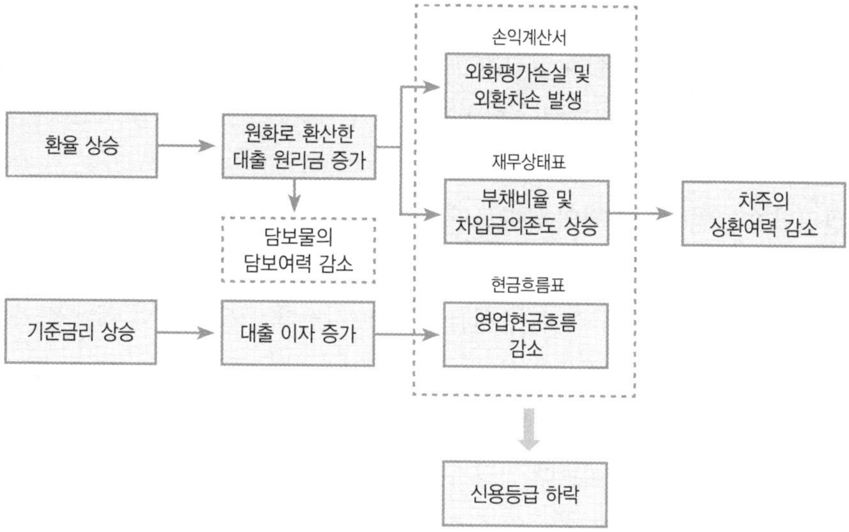

ㅁ 외화대출 리스크 실패 사례

▶ 20XX년 중 A기업은 향후 환차익 실현과 수년간 원화대출보다 낮은 금리 지속 예측으로 원화대출보다 유리할 것으로 판단해 엔화 2.2억엔(원화 환산 시 20억원)을 주거래은행으로부터 대출받음. (원/엔 환율 100엔당 800원)
그러나, A기업 입장과 달리 원/엔 환율이 1,000원으로 상승하여 원화로 환산한 원금 증가로 상환부담이 확대되었고 또한, 부채비율 상승으로 기업 신용등급이 하락하여 가산금리가 상승하였음.

2. 외화대출 리스크 관리

위에서 학습한 바와 같이 외화차입금을 보유한 차주 입장에서는 변동성 요소인 환율과 금리변동으로 인하여 차주의 재무구조, 수익구조 및 현금흐름 등이 영향을 받을 수 있다는 점에 대해서 알아보았다.

외화차입금과 관련된 위험은 크게 『환위험』, 『금리위험』, 『신용위험』으로 구분할 수 있는데 먼저 환위험과 금리위험은 외화대출 차주가 부담하는 위험인 반면에 신용위험은 환위험 및 금리위험 발생으로 인해 대출취급은행이 직면하는 위험이다.

환위험이란 일반적인 정의에 따르면 「기업 등의 경제주체가 자국 통화가 아닌 다른 통화로 표시된 자산, 부채 또는 손익 흐름을 가지고 있을 때 미래의 불확실한 환율변동으로 인하여 수익성, 현금흐름 및 시장가치 등 기업의 경제적 가치가 변동할 수 있는 가능성」을 말한다.

가령, 어느 수출기업이 미국에 상품을 수출하고 수출대금채권을 취득하는 경우, 수출대금채권 취득 시보다 일정기간 보유 이후 환전 시 환율이 떨어지는 경우가 발생할 수 있다. 이 경우 위 수출기업은 환율 하락분만큼 매출수익이 줄어드는 손실을 입게 된다.

또한, 환전을 하지 않고 외화자산을 가만히 보유만 하고 있더라도, 환율 하락분에 대해서는 회계상 평가손실로 반영되어 순이익이 감소되는 효과가 발생한다.

금리위험이란 조달금리 변동위험을 의미하는데 환율 변화가 없더라도 시장금리의 변화로 인하여 외화대출 차주는 미래 현금흐름이 변동할 수 있다. 만약 시장금리가 상승하면 차입금에 적용되는 만기 전 변동금리가 상승함으로써 차주의 순이익 하락 내지 손실이 발생할 것이다.

신용위험은 전통적으로 금융기관이 부담하는 위험 가운데 가장 오래된 것으로 이는 차입자가 원리금을 약속된 기간 내에 상환하지 못하여 발생한다. 신용위험은 여신업무에서 핵심적인 위험으로 대출의사결정에서 가장 중요한 요소이다.

이로써 외화자산이나 외화부채를 다량으로 보유하게 되는 수출기업 및 외화대출 차주는 환위험 및 금리위험 관리가 절대적으로 필요하게 되며 특히 은행 입장에서는 신용위험 관리가 매우 중요한 사안이 될 수 있다.

상기 각각의 위험은 다음과 같은 방법을 활용하여 관리할 수 있다.

2-1. 환위험 관리

외화대출의 환리스크를 축소할 수 있는 방법은 우선 환헤지 상품에 가입하는 것이다. 환헤지 상품은 다양한 종류가 있으나, 대표적으로 선물환, 통화옵션, 통화선물 및 무역보험공사의 환변동보험 등에 가입할 수 있다.

환헤지 상품을 이용하여 외화대출 차주는 선물환 매수, 통화옵션 매수 등을 통해 외화대출의 환위험을 부분적으로 또는 전부 축소할 수 있다.

다음으로는 '통화전환옵션'을 활용하는 방법이다. '통화전환옵션'이란 대출기간 중 외화대출 차주가 외화대출의 전부 또는 일부를 원화대출로 전환할 수 있는 옵션을 의미한다.

'통화전환옵션' 가입 시에는 환율이 일정 폭 이상 상승할 경우 외화대출을 원화대출로 전환함으로써 환율이 추가 상승하여 원리금 상환부담이 확대되는 것을 막을 수 있다.

2-2. 금리위험 관리

외화대출의 금리위험은 고정금리 조건의 대출을 이용할 경우 기준금리 변동에 따른 변동금리위험을 축소할 수 있다. 그러나 외화대출은 대부분 변동금리로 운용되고 있어이자율스왑 거래(Interest Rate Swap)를 통해 금리위험 관리를 하여야 할 것이다.

변동금리 외화대출을 받은 차주는 변동금리 이자를 고정금리 이자와 교환하는 이자율스왑 거래를 하면서 금리 변동에 따른 외화대출의 금리위험을 축소할 수 있는데 이자교환 과정에서 손실도 발생할 수 있다.

2-3. 신용위험 관리

차주의 대출상환재원은 기본적으로 미래 영업활동에서 창출되는 현금이다. 그러나 차주의 신용도가 미흡하거나, 향후 차주가 정상적인 방법으로 대출을 상환할 수 없을 때 부동산 담보, 동산 담보, 제3자 보증, 예 · 적금 등을 채권보전으로 활용해 볼 수 있다.

다만, 외화예금 등을 담보로 외화대출을 지원하는 경우 불입액 범위 내에서 취급할 수 있어 채권보전에는 매우 안정적이나, 거주자 대상 외화대출인 경우에는 반드시 해외 실수요 자금에 해당되어야 함을 유의해야 한다.

수출입기업 및 해외투자기업 등을 대상으로 외화대출을 제공하는 경우 은행은 신용위험을 경감 및 관리할 수 있도록 아래와 같은 방법을 활용할 수 있다.

가. 모기업 등의 연대보증 또는 담보제공

해외 현지법인이 사업자금이 필요한 경우 자체 신용으로 외화자금을 차입하거나 모기업의 증자 등으로 조달할 수도 있으나 통상 해외 현지법인의 신용만으로는 정상적인 자금조달이 어려워 국내 모기업 또는 계열사의 연대보증이나 담보제공 등 신용보강을 통해 해외 현지법인이 국내외 금융기관으로부터 외화대출을 차입하고 있다.

해외 현지법인 자체 신용만으로 외화자금을 현지에서 조달하는 경우 국내 투자자는 특별한 신고절차가 필요 없으나, 만일 국내 모기업의 신용보강을 통하여 해외현지법인이 금융기관으로부터 차입하는 경우에는 외국환거래법령에 따라 사전 신고절차를 이행하여야 한다.

해외 현지법인이 국내금융기관으로부터 차입하는 경우 비거주자인 해외 현지법인이 직접 또는 대리인을 통해 한국은행에 금전대차거래를 신고하여야 하고 해외금융기관으로부터 조달하는 경우에는 현지금융에 해당되어 국내 모기업이 주채권은행에 보증계약신고를 이행하면 된다.

나. 보증신용장(Standby L/C) 담보취득

ISP98, UCP600 및 URDG758 등이 적용되는 보증신용장(Standby L/C)은 금융기관이 법인이나 개인을 수익자로 개설할 수 있으며 수출입 및 용역거래 등 경상거래뿐만 아니라 차입금 보증 및 파생상품 등 자본거래에서도 다양하게 활용되고 있다.

보증신용장(Standby L/C)을 담보로 국내외금융기관은 차주에게 외화대출을 지원할 수 있다. 이때 보증신용장의 종류는 금융보증신용장(Financial Standby L/C)으로서 각 행 내부규정에 따라 담보취득의 적정성(보증은행 자산순위, 환거래은행 여부), 차주의 신용상태 등을 감안하여 취급한다.

금융보증신용장을 담보로 한 일반적인 외화대출 진행 절차는 아래와 같다.

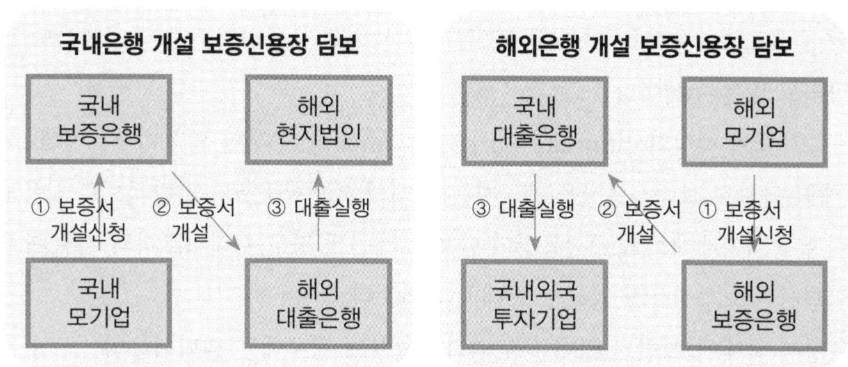

※ 출처 : k-sure

〈국내은행 개설 보증신용장 담보대출 흐름〉

① 국내 모기업 등 거주자가 담보제공을 통해 국내은행에 금융보증신용장 개설 신청
② 국내은행이 해외지점 또는 외국은행을 수익자로 금융보증신용장 개설
③ 국내은행 해외지점 또는 외국은행은 금융보증신용장 조건에 따라 차주(해외현지법인 등 비거주자) 앞으로 외화대출 실행

〈해외은행 개설 보증신용장 담보대출 흐름〉

① 해외 모기업 등 비거주자가 담보제공을 통해 외국은행에 금융보증신용장 개설 신청 ② 외국은행 국내지점 또는 국내은행을 수익자로 금융보증신용장 개설 ③ 외국은행 국내지점 또는 국내은행은 금융보증신용장 조건에 따라 차주(국내 외국투자기업 등 거주자) 앞으로 외화대출 실행

금융보증신용장을 담보로 한 직접대출뿐만 아니라 해외 소재 은행으로부터 개설된 금융보증신용장을 기초자산으로 보증신용장 유동화거래가 국내에서도 활성화되고 있는 추세이다.

차주가 특수목적회사(Special Purpose Company)로부터 외화대출을 받고 이에 대한 담보로 보증신용장을 제공하는 형태의 유동화구조가 일반적으로 사용되는데 유동화거래에서 보증신용장이 담보로 제공될 경우 수익자로서의 지위를 유동화회사가 보증신용장 양도를 통해 이전받는다.

은행이 국내에 설립된 SPC에게 외화대출하는 경우에는 외화대출의 용도규제 대상여부의 확인은 SPC의 자금용도를 기준으로 한다.

최근 들어 사기거래와 관련된 위 · 변조 금융보증신용장 개설이 시도되어 있어 보증신용장의 진위성, 보증신용장 개설금액 규모, 개설의뢰인과 수익자의 계약거래 및 개설원인 등을 면밀히 살펴 사기거래에 연루되는 일이 없도록 유의하여야 한다.

□ 사기거래의 일반적 유형

• 자금난에 시달리고 있는 중소기업 등을 상대로 해외 브로커가 외화대출을 받을 수 있도록 금융보증신용장 개설을 중개해 주겠다고 접근하면서 커미션 송금을 사전에 유도하는 사례 • 자신을 유명 해외투자자라고 소개하면서 해당기업의 개발사업 등에 합작 투자하고 싶다며 금융보증신용장을 개설하여 사기행각을 벌이는 사례 • 국내기업이 외화차입을 위해 해외은행 보증신용장을 위 · 변조하는 사례 등

다. 무역보험공사(K-sure)의 보험증권 담보취득

무역보험공사는 국내기업의 수출입거래 및 해외투자사업 등에 소요되는 외화대출 지원을 위해 국내외금융기관을 보험계약자로 하여 보험증권 등을 발급해 주고 있다.

차주의 수출입 외화대출과 관련된 무역보험공사의 보험증권으로는 수입보험(금융기관용)과 중장기수출보험(구매자신용)이 있다. 두 보험증권의 주요 차이점은 아래와 같다.

〈수입보험과 중장기수출보험의 주요 차이점〉

구 분	수입보험(금융기관용)	중장기수출보험(구매자신용)
차주	국내 수입자	해외 수입자
대출기간	단기(1년 이내)	중장기

수입보험(금융기관용)은 국내 수입업체가 주요 자원 등을 수입하고자 할 때 국내금융기관을 보험계약자로 하여 수입에 필요한 지급보증 및 수입대금 결제자금(대출기간 1년 이내)을 지원받을 수 있으며 대출금이 상환되지 못하는 경우 보험계약자의 손실을 보상한다.

다만, 수입보험(금융기관용)은 수입대상 품목을 철, 동, 아연, 주석, 니켈, 석탄, 원유 등 주요자원, 시설재 및 첨단제품 등으로 한정하고 있으며 중계무역거래는 수입대상 품목에 해당되더라도 보상하지 않는다는 점에 유의해야 한다.

중장기수출보험(구매자신용)은 결제기간이 2년을 초과하는 선박 및 항공기부품 등 자본재 수출지원과 관련하여 해외발주처에게 필요한 수입대금을 국내외금융기관으로부터 장기 외화자금을 저리에 차입할 수 있도록 보증 지원하며 해외수입자의 비상위험 및 신용위험을 담보한다.

예를 들어, 국내 조선업체에 발주하는 해외 수입자인 외국선주는 선박건조계약에 따른 선급금 및 인도대금 등 선박금융을 국내외금융기관을 통해 외화자금을 조달하고자 하는 경우 중장기수출보험(구매자신용)을 통해 차주는 보다 간편하고 신속하게 자금을 조달할 수 있다.

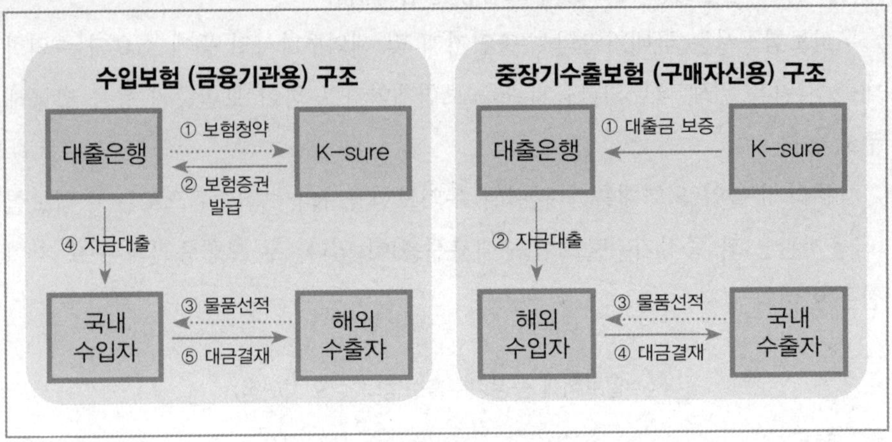

※ 출처 : k-sure

최근 수년간 국내기업은 저렴한 인건비와 관세혜택 등을 이유로 경공업에서부터 중공업에 이르는 다양한 업종을 영위하는 기업들이 폭넓은 해외직접투자를 확대하고 있는 추세이다. 이에 따라 해외직접투자와 관련된 금융도 활성화되고 있지만 중소기업은 자금부족으로 해외직접투자에 어려움을 겪고 있는 형편이다.

해외직접투자와 관련된 보험증권은 크게 해외사업금융보험과 해외투자보험(투자금융)으로 구분되는데 해외사업금융보험은 금융지원대상을 해외현지법인을 대상으로 하고 있으며 해외투자보험(투자금융)은 국내의 해외투자기업을 대상으로 하고 있다.

〈해외사업금융보험과 해외투자보험(투자금융)의 주요 차이점〉

구 분	해외사업금융보험	해외투자보험(투자금융)
차주	해외현지법인	국내 해외투자기업
자금용도	시설자금	해외현지법인의 시설자금
대출기간	중장기	중장기

해외사업금융보험은 국내기업이 설립한 해외현지법인이 공장설립 등 시설자금을 조달하는 경우에 사용되며 금융기관이 보험계약자로서 비거주자인 해외현지법인에게 직접 장기외화대출을 지원한다.

해외투자보험(투자금융)은 해외직접투자를 하고자 하는 국내 기업이 해외투자에 필요한 외화자금을 보험계약자인 금융기관으로부터 지원받을 수 있으며 해외직접투자자금이 해외 현지법인의 운전자금이 아닌 시설자금으로만 활용되어야 하는 제약조건이 있어 취급에 유의하여야 한다.

국내 본사가 해외 현지법인 앞 운영자금 사용목적으로 외화대출을 받고자 하는 경우에는 외국환거래법상 해외직접투자자금에만 해외사용 실수요 자금으로 인정하여 외화대출을 차입할 수 있어 원칙적으로 해외 현지법인에 대한 10% 이상 지분투자 또는 대출기간이 1년 이상인 대부투자의 경우에만 외화대출 지원이 가능하다.

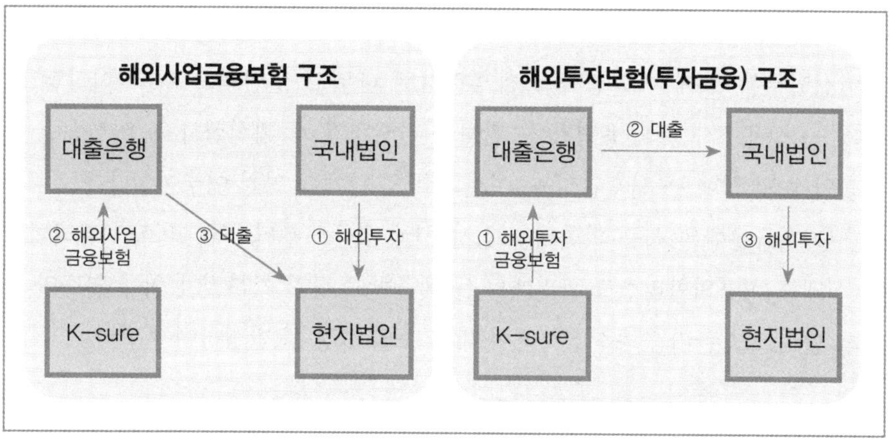

※ 출처 : k-sure

라. 신디케이티드론을 활용한 위험분산

신디케이티드론(Syndicated Loan)은 한 개의 대출은행이 부담하기에 대출 규모가 크거나 외화자금 조달에 제약이 있는 경우 주간은행이 참여은행을 모집하여 구성된 대주단이 하나의 대출약정서를 통해 공통의 조건으로 차주에게 대출하는 방식을 말한다.

일반적으로 대출모집은행인 주간은행이 차주와 대출약정(Loan Agreement)을 체결하여 총액을 대출한 후 참여은행에 일부금액을 양도(Sell-down)하는 방식으로 주간은행은 참여은행과 대출 양수도계약(Sub-Participation)을 맺어 차주의 신용위험과 외화유동성위험 등을 분산할 수 있다.

신디케이티드론 외화대출의 만기연장 시 전체금액의 증감에 관계없이 개별은행의 최초 대출금액 범위 내에서 기한을 연장할 경우에는 '만기연장'으로 인정하고, 최초 대출 취급금액을 초과하여 대출한 경우에는 초과금액은 '신규대출'로 취급해야 한다.

3. 외환리스크 관리능력 심사

여신업무는 크게 여신심사와 사후관리로 나뉘고 일반적으로 "여신상담 및 신청 → 신용조사 및 신용평가 → 담보물 감정평가 → 여신심사 → 여신승인 → 대출약정 및 실행 → 사후관리 → 여신회수"의 단계를 거쳐 이루어진다.

대출 취급은행은 신규 외화대출 심사 시에 차주로부터 「외환리스크 관리현황 및 실태표」 및 「외환리스크 관리계획」을 제출받고 상기 기본절차 외에 별도의 차주의 환리스크 관리능력을 심사하여 대출 승인 결정 시 반영하여야 한다.

- 심사 대상 : 외화대출을 받고자 하는 대기업, 중소기업(개인사업자 포함)
- 심사 시기 : 외화대출 신규 심사 시(기한연장 · 조건변경 · 대환 등 제외)
- 평가 방법 : '외환리스크 관리 현황 및 외화대출 관리 계획'의 평가결과를 대출 승인 여부 및 대출금리 결정 시 반영

1) 평점이 일정 수준(예 : 120점) 이상인 차주에 대해서는 대출 승인 2) 평점이 일정 수준(예 : 120점)에 미달하는 차주에 대해서는 아래 심사절차 강화 방안 중 하나 이상을 적용 ① 차주에게 외화대출 관리 계획을 보완하여 제출토록 요구 ② 환헤지 조건으로 외화대출 승인 ③ 여신 승인 전결권 상향 적용 ④ 여신 승인 거절 등

〈외환리스크 관리 현황 및 외화대출 관리 계획(예시)〉

	배 점 표		
	대기업	중소기업	개 인 사업자
1. 외환리스크 관리 현황	100	50	0
① 외환리스크 관리체계			
② 외환리스크 관리 한도 설정			
③ 환포지션 관리 현황 등			
2. 외화대출 관리 계획	100	150	200
① 외화대출 자금 용도(예 : 국내 시설자금, 해외 실수요)			
② 외화대출 상환 재원(예 : 원화 매출, 외화 매출 등)			
③ 외화대출 환헤지 여부 및 환헤지 비율 등			
종합 점수	200	200	200

4. 외화대출 리스크 안내

은행은 차주가 외화대출과 관련하여 환위험을 포함한 모든 위험을 충분히 이해한 상태에서 해외 실수요 목적에 부합되게 대출을 실행하여야 하고 환위험 관리능력이 부족한 중소기업 및 개인사업자 위주로 환위험 관리 수단의 안내 등을 통해 환위험 관리를 지원하여야 한다.

2010년 8월부터 시행된 '외화대출 관련 금융소비자 보호 강화 및 여신심사체계 개선을 위한 모범규준'은 외화대출의 위험 및 환헤지 수단에 대한 안내, 환위험 관리능력을 고려한 대출실행 등을 규정하여 은행의 외화대출 업무절차를 개선하였다.

4-1. 외화대출 위험고지

대출 취급은행은 고객에게 외화대출 관련 리스크를 사전에 고지하고 대출 실행 이후에도 고객이 관련 리스크를 관리할 수 있도록 다음과 같은 절차를 통해 필요한 정보를 제공하여야 한다.

가. 은행은 대출실행 이전에 외화대출의 구조 및 리스크를 충분히 설명하고 리스크 요인에 대한 질문 형식의 위험고지 확인서를 고객의 자필서명을 포함하여 제출받아야 하며, 외화대출의 리스크 요인을 구체적으로 설명한 안내책자(handbook)를 차주에게 교부하여야 한다.

나. 은행은 외화대출의 위험고지가 적정하였는지 여부에 대해 불완전판매 모니터링 등 사후점검을 실시하여야 한다. 점검결과 위험고지가 미흡하다고 판단되는 경우 지체 없이 차주에게 보완 설명해야 한다.

〈외화대출 불완전판매 모니터링 내용〉

① 확인서 제출, 외화대출 핸드북 교부 등 위험 고지절차의 적정성 여부
② 차주가 확인서상의 외화대출 관련 리스크에 대해 충분히 인지하고 있는지 여부
③ 외화대출에 대한 환헤지 필요성 및 환헤지 상품을 안내 받았는지 여부
④ 기타 차주의 외화대출 관련 불만사항

다. 은행은 변동금리방식의 외화대출을 하는 경우에는 고객의 합리적 의사결정을 위해 이자율의 범위 및 산정방법, 이자의 지급 및 부과시기 등 대출상

품의 거래조건에 관하여 설명하여야 한다.

라. 은행은 외화대출 차주가 원하는 경우 대출기간 중 환율 및 금리 변동현황 등 차주의 환리스크 관리에 필요한 정보를 주기적으로 제공하여야 한다.

> ■ **'외화대출 리스크 평가서' 발송**
> 은행이 환율 · 금리 변동 현황 등에 대한 '평가서'를 정기적으로 작성하여 우편 및 이메일 등을 통해 차주에게 발송

4-2. 환헤지 안내

은행은 외화대출 차주가 환헤지 상품을 이용할 경우 환리스크가 축소될 수 있다는 사실을 고객에게 충분히 설명하고 「자본시장과 금융투자업에 관한 법률」 등에서 정하는 바에 따라 환헤지 상품의 종류, 특성, 비용 및 환헤지 효과를 차주에게 안내하여야 하며, 고객이 원하는 경우 환리스크 축소를 위하여 노력하여야 한다.

> ■ (대출 상담) 외화대출 차주에게 통화전환옵션 특약의 내용 및 효과 등을 설명하는 등 통화전환옵션 가입 안내
>
> ■ (사후 관리) 통화전환옵션에 가입한 외화대출 차주에게 대출 실행일 이후 환율이 일정수준 (예 : 10%) 이상 상승할 때마다 옵션 행사가 가능함을 안내
>
> • '통화전환옵션'이란 대출기간 중 차주의 판단에 따라 외화대출의 전부 또는 일부를 원화대출로 전환할 수 있는 옵션을 의미

4-3. 고정금리상품 안내

은행은 외화대출을 취급함에 있어 차주의 금리선택권 보호를 위해 고정금리

대출상품을 제공하거나 차주가 원하는 경우 「자본시장과 금융투자업에 관한 법률」 등에서 정한 바에 따라 별도의 금리 스왑 거래를 실행하여 대출기간 중 차주가 대출금리를 고정할 수 있도록 노력하여야 한다.

5. 기타 외화대출 관련 위험분석

1) 단기차입금 중 Banker's Usance L/C 분석

수입거래에서 발생하는 수입자의 물품대금결제 채무는 상거래에서 발생한 채무이므로 매입채무로 회계처리해야 한다. 그러나 기업회계기준에서 Banker's Usance L/C 거래는 은행에 대한 이자비용 지급 등을 고려하여 단기차입금으로 처리하도록 하고 있다.

매입채무로 계정 처리되는 일람불신용장(Sight L/C)과 달리 Banker's Usance L/C는 그 성격이 『Sight L/C + 수입결제자금 외화대출』의 혼합거래와 동일하기 때문이다.

여기서 수입결제자금 외화대출의 지원주체에 따라 명칭이 달라지는데 국내(인수)은행이 부담하면 Domestic Banker's Usance L/C로, 해외(인수)은행 및 국내은행 해외지점이 지원하면 Overseas Banker's Usance L/C로 처리된다.

그러나 Banker's Usance L/C는 단기차입금임에도 불구하고 지속적으로 차환사용이 가능한 점과 실질적인 상환부담이 낮다는 점 때문에 여신심사 과정에서 단기차입금 중 Banker's Usance L/C 관련 채무액 부분만큼은 금융부채 부담이 아닌 상거래상 채무부담으로 수정해서 판단하기도 한다.

2) 매입채무로 인식되는 Shipper's Usance L/C 분석

수입자가 수출자보다 거래교섭력이 우위에 있는 기업의 경우 이자 지출이 수반되는 Banker's Usance L/C보다는 회계상 매입채무로 분류되는 Shipper's Usance L/C를 주로 사용한다.

두 신용장 모두 결과적으로 부채비율 증가를 가져오지만 Shipper's Usance L/C는 수출상의 신용공여 기간 동안 이자가 물품대금에 포함되는 반면 Banker's Usance L/C는 단기차입금으로 간주되며 은행에 이자를 지급하기 때문에 차입금의존도 상승 및 이자보상배율 하락 등 외견상 재무구조를 저하시켜 Banker's Usance L/C보다 Shipper's Usance L/C를 더 선호하는 편이다.

따라서 어느 Usance L/C를 사용하는지에 대한 점검을 통해 수입자의 구매교섭력을 간접적으로 가늠해 볼 수도 있으나, 실질적인 상환부담은 동일한 수준이다.

3) 자금융통 목적의 해외 자회사와의 불법 D/A 및 OA방식거래 분석

추심방식 D/A거래와 송금방식 OA거래는 모기업과 해외 자회사와의 거래에서 주로 발생한다.

이는 해외 자회사의 경우 자금부담 없이 원재료 등을 외상으로 모회사로부터 수입한 후 이를 제조 및 판매하여 판매대금을 회수할 수 있을 때까지 영업활동을 할 수 있으며 수출자인 국내 모회사의 입장에서는 해외매출채권 Nego(할인)을 통하여 자금회전을 빨리 할 수 있기 때문이다.

일부 기업의 경우 D/A 또는 OA거래 과정에서 편법 및 불법거래가 발생하고 있는데, 국내 모회사가 해외 자회사에 대해 자금을 지원하는 수단으로 활용하거나 국내 모회사가 자금융통을 위해 실제 물품 선적 없이 위조된 선적서류를 가지고 불법 Nego를 이용하고 있기 때문이다.

더욱이 해외 자회사와 중계무역 또는 위탁가공무역 거래를 통한 국내 모회사의 불법 Nego신청이 빈번히 시도되고 있어 은행은 국내에서 수출통관되지 않는 이들 거래의 선적이행 여부가 사실상 불가하여 사기거래 위험에 직면하고 있다.

따라서, 선적확인이 어려운 수출거래에 대한 Nego신청 시 은행은 모회사로부터 징구한 은행별 Nego잔액 자료와 은행연합회 (월말)신용공여 잔액에 나타난 Nego잔액을 상호 비교하여 전기(전월)대비 Nego잔액보다 과다할 경우, 모회사의 향후 자금부담 가능성을 기업의 신용도에 반영하여 추가 할인을 통제하여야 할 것이다.

4) 해외매출채권 할인잔액을 포함한 실질차입금 분석

현행 국제회계기준(IFRS)에서는 D/A 및 OA 할인거래는 매출채권 매각거래가 아닌 매출채권 담보 차입거래로 간주하여 재무상태표상에 단기차입금으로 계상하고 있으나,

일반기업회계기준은 매출채권 매각거래로 보고 매출채권을 차감하고 할인잔액은 주석사항으로 표시하고 있다.

D/A 및 OA 할인잔액의 경우 우발채무로 은행 보증이 없어 해외 수입상의 지급거절 시 어음상의 소구권 또는 환매청구권에 대한 지급의무가 발생할 수 있다.

따라서 일반기업회계기준 적용대상 기업의 주석사항에 표시된 D/A 및 OA매출채권 할인잔액은 차입금 총액에 동 할인잔액을 가산한 수정차입금을 해당기업의 실질적인 차입금으로 간주하여야 한다.

다만, 무역보험공사의 단기보험증권(수출채권유동화)에 가입 시 수출채권을 무소구(Without Recourse)방식으로 매입한 은행의 미회수위험을 담보함에 따라 회계상 매각거래로 인정받아 단기차입금에서 제외할 수 있다.

5) 보유 중인 외국환 여신한도의 재무융통성 분석

여신심사 시 회사의 보유한 금융기관 여신한도와 한도미사용액은 재무적 융통성으로 간주된다. 그러나, 외국환 여신한도에 대한 재무융통성 분석 시 수입자 입장에서의 수입신용장(L/C) 개설한도와 수출자 입장에서의 수출채권 할인한도를 구분하여야 한다.

수출채권 할인한도의 경우 수출자가 할인 후 수취한 자금을 용도제한 없이 사용할 수 있지만 L/C개설 한도의 경우 수입자는 물품수입 등 용도에 제한을 받기 때문이다.

따라서 외국환 여신한도 중 L/C개설한도는 사용제한에 따라 수출채권한도에 비해 유동성 확보수준이 열위하기 때문에, 재무적 융통성 수단에서 제외하는 것이 바람직하다.

다만, 외화지급보증(Bond) 한도는 회사가 선수금환급보증(Advanced Payment Bond)을 사용하고 있다면 해외발주처로부터 선수금을 수취할 수 있어 재무적 융통성으로 일부 인정할 수 있다.

제4절 외화대출 금리결정

1. 대출금리 결정 구성요소 및 체계

외화대출금리는 크게 고정금리와 변동금리로 구분된다. 대출금리의 구성요소는 기준금리, 가산금리, 가감조정 전결금리로 구성되며 각 은행이 자율적으로 합리적인 기준에 따라 체계적으로 산정한다.

외화대출금리의 대부분이 변동금리로 되어 있으며, 변동금리 체계는 기준금리에 가산금리를 더해서 정하고 대출 약정기간 중 기준금리가 변하면 일정 기간별로 기준금리에 연동하여 대출금리도 변동하는 구조이다.

1960년대 중반 이후 대표적인 국제기준금리로 활용해 왔던 리보(LIBOR)금리를 국내은행들도 외화대출의 기준금리로 사용해 왔으나, '12년 6월 영국 금융감독청이 리보금리 호가은행의 담합 적발 등 리보금리의 문제점을 발견하고 '22년부터 단계적으로 리보금리 산출을 중단하겠다고 발표하면서 더 이상 리보금리를 기준금리로 활용할 수 없게 되었다.

('23년 7월부터 모든 리보금리 산출중단)

> **※ 참고 : 리보금리 개요**
>
> 리보[LIBOR(London InterBank Offered Rate)]는 런던 금융시장에 참가하는 주요 은행간 자금거래 시 활용되는 호가 기반 산출금리로 총 5개 통화[美달러화(USD), 英파운드화(GBP), 日엔화(JPY), 유럽 유로화(EUR), 스위스 프랑화(CHF)]로 산출되며, 국제자금시장의 단기 지표금리로서 국내에서도 외화대출 및 외환 파생상품의 기초자산으로 다양하게 활용되고 있다.

리보금리 산출중단에 따라 리보가 산출되는 통화의 해당국(미국, 영국, 일본, 유럽 등)들은 자국 통화 리보금리(호가 기반)를 대체할 실거래 기반의 무위험지표금리(RFR : Risk-Free Reference Rate)를 새롭게 개발 또는 채택하면서 대부분의 국내은행도 '22년부터 이들 리보금리의 대체금리(무위험지표금리)를 외화대출의 기준금리로 적극 활용하고 있다.

〈대체금리(무위험지표금리)〉

구분	미국	영국	EU	스위스	일본
종전 리보금리	USD LIBOR	GBP LIBOR	EUR LIBOR	CHF LIBOR	JPY LIBOR
리보 대체금리	SOFR	SONIA	ESTR	SARON	TONAR

(출처 : 은행연합회 리보금리 대응 TF)

〈[참고] LIBOR 해당 5개국의 무위험지표금리 현황〉

국가	자국통화 리보금리	리보 대체금리(무위험지표금리)	지표 산출기관	공시시기
미국	USD LIBOR	SOFR (Secured Overnight Financing Rate) (익일물 국채담보 차입금리)	뉴욕 연준 (NY Fed)	'18.4월
영국	GBP LIBOR	SONIA (Sterling Overnight Index Average) (무담보 익일물 차입금리)	영란은행 (BOE)	'18.4월
EU	EUR LIBOR	ESTR (Euro Short-Term Rate) (무담보 익일물 차입금리)	유럽중앙은행 (ECB)	'19.10월
스위스	CHF LIBOR	SARON (Swiss Average Rate Overnight) (익일물 국채담보 차입금리)	스위스 증권거래소 (SIX)	'09.9월
일본	JPY LIBOR	TONAR (Tokyo Overnight Average) (무담보 익일물 차입금리)	일본은행 (BOJ)	'92.12월

(출처 : 은행연합회 리보금리 대응 TF)

대출 취급은행은 차주에게 외화대출 금리를 제안 시 아래 산식에도 불구하고 통상 실무적으로 "기간별 대체금리(리보 산출중단에 따른 리보 대체금리)+○○%(조달스프레드 + 가산금리)" 형태로 제시하고 있다.

> 1) 대출금리 결정요소 = 「기준금리 + 가산금리」
> 2) 외화대출 금리체계 = 기준금리(기간별 대체금리 + 조달스프레드) + 가산금리

가. 기준금리 개념

○ '기준금리'란 시장금리, 은행조달금리 등을 반영하여 대출은행이 자체적으로 산정한 금리를 말하며 외화대출의 기준금리는 통상적으로 국내은행이 국제금융시장에서 외화를 조달하는데 소요되는 비용[기간별 대체금리 + 조달스프레드]을 말한다.

○ 외화대출 재원인 외화자금을 국내외에서 조달하는 차입은행의 신용도에 따라 조달비용이 달라지는데 신용도가 우량할수록 더 낮은 금리로 조달 가능하며, 차입은행의 신용도에 따라 대체지표금리에 덧붙는 비용을 '조달스프레드'라고 한다.

나. 가산금리 구성요소

○ 가산금리란 대출실행 시 각종 법규에 따라 납부하거나 적립하여야 하는 비용과 개별 차주의 신용도에 따라 달라지는 대출의 위험도, 대출로 인해 은행이 수취하는 이익, 은행이 영업을 유지하는데 필요한 비용 등을 말한다.

○ 가산금리는 원가 및 마진 등을 감안하여 기준금리에 가산하는 금리로 리스크프리미엄, 유동성프리미엄, 신용프리미엄, 자본원가, 업무원가, 법적비용(기금 출연금), 목표이익률 등으로 구성되며 은행이 자율적으로 정한다.

다. 기금 등 출연금 부담 면제 대상 외화대출금

○ 대출은행은 외화대출금에 대해서도 신용보증기금, 기술신용보증기금 및 지역신용보증재단 등 앞으로 일정 요율의 출연금을 정기적으로 납부하고 있으나, 아래의 외화대출금은 신용보증기금법 시행규칙 등에서 정한 출연금 납부 면제 대상으로 차주에게 보다 더 경쟁력 있는 금리를 제시할 수 있다.

〈출연금 면제 대상 외화대출금〉

① 시설자금대출금
② 금융회사 등이 외국에 설치한 지점 · 대리점, 그 밖의 영업소 또는 사무소가 현지에서 대출한 대출금
③ 수입대금 결제를 위하여 수입기업과 거래하는 금융회사 등이 그 기업의 상대방에게 직접 송금하는 방식으로 이루어지는 수입기업에 대한 대출금으로 상환기간이 1년 이하인 것

○ 상기 ③번의 경우에는 무역활성화를 위해 환어음을 사용하지 않는 수입대금 결제를 위한 일시적 경과계정 성격의 외화대출금으로 출연대상에서 제외하였다.

○ 그러나, 최초 대출실행 이후 기한을 연장하는 경우에는 비록 전체 대출기간이 최초 실행일로부터 1년 이내라 하더라도 수입대금 결제를 위한 일시적 경과계정이 아닌 일반 외화대출로 그 성격이 전환되어 연장기간에 해당하는 대출금액은 출연대상 외화대출금에 포함된다는 사실에 유의하여야 한다.

※ 금융위원회 금융규제 민원포털 법령해석 회신(2016.3.31.)

2. 약정수수료 등

대출은행은 차주와의 한도거래약정 체결에 따라 자금인출 요구 등에 대응하기 위해 언제든지 자금집행이 가능하도록 준비하여야 한다. 이에 따라 은행은 대기자금에 대한 기회비용 등을 감안하여 한도약정액을 기준으로 일정률의 수수료(한도약정수수료)로 통상 0.3%를 징구하고 있다.

또한, 한도약정액 중 미사용 한도에 대해서도 일정부분 수수료(미사용한도수수료)를 부과할 수 있다. 각 행 내부규정에 따라 한 가지 수수료 징구 또는 면제 취급이 가능하다.

제5절 외화대출 약정 및 실행

1. 특약체결 등 거래약정

1-1. 여신거래 약정체결

여신이 은행 내부의사결정에 따라 승인되면 고객과 여신약정을 체결한다. 외화대출 약정체결 시 여신거래약정서, 외국환거래약정서, 보증 및 담보 관련 약정서(근보증서 또는 근저당권설정계약서), 기타 필요서류 등으로 징구할 수 있으며 부실여신을 방지하기 위해 필요에 따라 고객과 별도의 여신거래 특별약정(Covenants)을 체결할 수 있다.

1-2. 특별약정(Covenants) 체결

여신거래 특별약정은 대출 금융기관이 채무자에게 여신지원 시 사용하는 안전장치로 활용되며 여기에는 대출자금의 사용제한, 재무비율 등의 유지, 담보권 설정 등의 제한, 자산의 처분제한 등이 있다.

가. 여신거래약정서상 특별약정

구 분	주요 내용
대출자금의 사용제한	• 자회사 등 대여금으로 사용금지 (자금사용 내역 증빙서류 제출 등)
재무비율 등의 유지	• 부채비율 및 차입금의존도 등 일정수준 재무비율 등 유지 • 순차입금/EBITDA ○배 이내로 유지 (재무비율은 회사의 실제 상황과 업종 등을 고려하여 설정)
담보권 설정 등의 제한	• 신규 담보권 설정 및 지급보증 부담 금지 또는 제한 (담보제공 및 지급보증 합계가 자기자본 대비 ○○ 이내인 경우에 허용)
자산의 처분제한	• 자산의 매매, 양도, 임대 및 기타 처분 금지 (한 회계연도 내 총자산 대비 ○○% 이내 허용)

나. 근저당설정계약서 특별약정

외화표시근저당권을 담보로 한 원화대출 및 원화표시근저당권을 담보로 한 외화대출은 취급에 주의하여야 한다.

국내 부동산 담보로 외화대출을 취급하는 때에는 근저당권설정계약서의 금액란을 해당 외화금액으로 기재하고 채권 변제 시 특정 환율(대고객 전신환매도율 등)로 원화 환산하여 회수하는 적용환율 특약을 체결한다.

2. 약관 · 약정서 및 상품설명서 등의 교부

차주와 여신거래약정서 작성 시 채무관계자 본인의 의사를 확인한 후 여신거래기본약관, 약정서 및 상품설명서의 중요내용에 대해 충분히 설명하여야 하고 이들 약관, 약정서 사본 및 상품설명서를 차주에게 교부하여야 한다.

3. 대출실행

외화대출의 경우 해외 실수요 증빙상의 통화와 대출취급통화가 달라도 무방하며, 기존 외화대출의 기한연장이나 대환 시에도 통화변경이 가능하다.

해외사용 실수요 자금에 대한 외화대출의 경우 대출취급은행과 해외송금은행은 원칙적으로 동일해야 한다. 그러나 지정거래외국환은행제도 및 추심결제은행이 지정되어 있는 D/P, D/A(추심에 의한 수입거래) 등의 경우에는 특정은행을 통한 해외송금이 불가피한 경우로 예외 인정 가능하다.

해외 결제용 대출자금은 용도외로 사용되지 않도록 대출취급은행이 외화대출 실행 시 직접 해외로 송금하는 것이 원칙이나 차주가 자기자금으로 이미 송금한 경우에는 대출취급은행에서 차주의 계좌로 대출금을 입금한다.

다만, 차주가 해외 송금한 이후 1개월 이내로 대출이 실행되어야 하며, 차주가 송금한 금액 이내에서 대출이 이루어져야 한다는 점에 유의하여야 한다.

시설자금의 대출취급 시에는 관계증빙서류 및 현물 또는 시설을 확인하는 등의 방법을 통하여 계획된 용도 및 시기에 맞추어 대출을 취급함으로써 시설자금 지원에 적정을 기하여야 한다.

차주가 자기자금 등으로 미리 집행한 시설자금에 대한 외화대출은 실제 시설자금 용도가 확인되는 경우 자금집행 후 6개월 이내인 경우에 한해 취급을 허용한다.

여신의 사후관리는 여신실행 후 차주사의 현황 및 재무상태, 생산 및 판매능력, 담보물건의 권리관계 변동 여부, 여신의 용도외 유용 여부 등을 정기적으로 점검함으로써 신용위험의 확대를 방지하고 여신자산의 건전성을 유지하는 데 목적이 있다.

또한, 대출금 만기가 돌아오면 여신심사를 통하여 여신을 상환받거나 기간을 연장하고, 차주 신용상태가 악화된 경우 필요 시 추가 채권보전 조치를 취하거나 가압류 및 경매 등 법적 절차를 실행한다.

차주에 대한 상시 모니터링, 신용등급의 조정, 조기경보제도 등의 운영을 부적절하게 하거나 영업점에서 대출금 사용용도 사후점검, 대출승인조건의 이행 여부 및 담보물의 멸실 · 훼손 여부 관리, 신용상태 변동에 따른 적절한 채권보전 조치 강구 또는 대출금 회수 등의 조치를 소홀히 한 경우에는 금융당국으로부터 제재를 받을 수 있다.

제6절 사후관리

1. 자금용도 사후점검

가. 외국환은행은 외화대출을 받은 자가 다음에 해당하는 경우에는 해당 대출금을 지체 없이 회수하는 등 관련 규정에 따른 사후관리조치를 이행하여야 한다.

① 외화대출이 용도와 다르게 사용된 사실을 알게 된 경우
② 대출관련 서류를 허위로 작성하였거나 위조, 변조한 사실이 발견되었을 경우

나. 외국환은행은 대출 취급 이후 차주로부터 대출금 사용내용 및 관련 증빙서류 등을 받아 용도대로 사용하였는지를 파악하여야 한다.

다. 중소제조업체가 유형자산(토지, 공장, 기계기구 등)을 부동산 매매계약에 따라 양수하면서 동 자산의 취득목적으로 기 취급된 외화대출을 채무인수하는 것은 가능하다.
다만, 신규 대출과 같이 관련 증빙서류를 징구하고 현물을 확인하는 등 사후관리를 철저히 하여야 한다.

□ 시설자금 대환 시 유의사항

▶ 중소제조기업 A사가 기존 외화대출을 타행에서 대환하고자 하는데 종전은행에서 시설자금이 아닌 운전자금으로 취급 시 새로운 대출은행에서 당초 대출자금의 실질이 시설자금인 점을 관계증빙서류로 증명한 후 시설자금으로 대환처리가 가능한지 여부

➲ 실질이 시설자금이라도 계정상 운전자금으로 되어 있는 경우 용도변경이 되지 않는 이상 시설자금으로 볼 수 없다. 따라서 당초 취급은행에서 시설자금용도로 변경 처리 이후에 타행 대환이 가능하다.

2. 중점관리대상 정기점검

가. 시설자금대출의 경우 원칙적으로 당해 대출로 완공된 자산을 후취담보로 취득해야 하므로 채권보전 관리에 철저를 기해야 한다.

나. 대출은행이 양도담보로 취득한 기계 · 기구 등 유체동산이 동의 없이 타인에게 무단 양도나 중복 담보제공 되었는지 또는 담보물의 훼손 · 멸실 여부를 확인하기 위해 정기적으로 점검해야 한다.

다. 조기경보대상 여신에 대해서는 차주사의 상시 모니터링을 실시하고 은행연합회에 집중된 신용공여정보를 활용해 금융기관별, 신용공여종류별 변동현황과 은행별 여신증감 현황, 여신 점유비 및 여신 만기구조 등을 점검한다.

1) 부실여신 발생 징후

기업 부실화의 발생원인은 기업 규모별로 차이가 있으나, 부실여신 발생을 초래한 주 원인으로 크게 경영자리스크, 무리한 사업확장, 연쇄부도, 판매 부진 등 다양한 형태의 유형으로 분류할 수 있다.

분석대상 기업들의 부실화 진행과정은 한 가지 원인이 크게 부각되거나, 또는 순차적으로 발생하거나, 여러 가지 원인이 동시 다발적으로 작용하여 급격하게 부실화되는 등 다양한 형태가 혼재되어 있다.

기업의 부실화는 일반적으로 아래와 같은 과정으로 진행된다.

시장환경 악화 → 영업실적 저하 → 자금부담 가중 → 유동성 리스크 확대

2) 기업 부실화 점검 항목

기업 부실징후를 보여주는 다양한 지표와 현상을 재무적 항목과 비재무적 항목으로 구분할 수 있으며 조기경보대상기업에 대해 아래 사항을 정기적으로 점검한다.

재무적 항목	• 매출액 증가율의 지속적인 하향 추세 및 영업적자 지속
	• 시설투자가 없음에도 불구 차입금 규모가 계속 증가
	• 매출액 증가 없이 매출채권 및 재고자산이 급격히 증가함에 따라 운전자본부담액 확대
	• 차입금구조가 단기화되거나 제2금융권 여신비중 증가
	• 타법인 출자 및 손실처리
비재무적 항목	• 경영권 변동이 잦고, 이로 인한 횡령 등 내부통제 미흡
	• 목적사업이 수시로 변경되는 경우
	• 공급계약 공시가 빈번하고 추후 정정공시 경향
	• 증권신고서를 통한 공모보다는 간단한 소액공모로 자금조달

※ 다음 물음에 답하시오.

1. 다음 중 거주자 대상 외화대출 취급이 불가한 항목으로 맞는 것은?

① 위탁가공무역 임가공비 지급

② 수입신용장(Usance L/C) 결제대금

③ 외화표시 내국신용장(Local L/C) 결제대금

④ 중계무역 물품수입대금

2. 다음 외화대출 차주와 관련된 고유 리스크 특성과 관련 없는 것은?

① 환율 상승으로 원화환산 원금 및 이자 모두 증가한다.

② 금리 상승으로 원화환산 원금이 증가할 수 있다.

③ 환율 상승으로 차주의 신용등급이 하락할 수 있다.

④ 환율 상승으로 기존 담보물의 가치가 하락할 수 있다.

3. 다음 중 외화대출의 환리스크 관리를 위한 방법으로 옳지 않은 것은?

① 선물환 가입

② 통화옵션 가입

③ 이자율스왑 가입

④ 환변동보험 가입

4. 다음 중 해외현지법인 외화대출의 신용위험 관리를 위한 방법으로 옳지 않은 것은?

① 국내 모기업의 연대보증

② 다수 은행으로 대출 분산

③ 무역보험공사의 해외사업금융보험 가입

④ 통화전환옵션 가입

5. 다음 중 외화대출 실행과 관련하여 맞는 것은?

① 외화대출 통화는 해외 실수요 증빙상의 통화와 일치하여야 한다.

② 자기자금으로 시설자금 집행 시 자금집행 후 6개월 이내인 경우에 취급 가능하다.

③ 외화대출 취급은행과 해외송금은행은 예외 없이 동일하여야 한다.

④ 기존 외화대출 연장 또는 대환 시에는 통화변경이 불가하다.

정답 및 해설

1. ③ : 거주자 대상 외화대출은 해외 실수요자금에 한하여 취급 가능하며 외화표시 내국신용장(Local L/C) 결제대금은 비록 외화로 결제하여야 하나 국내 실수요 자금이기 때문에 외화대출 지원대상이 아니다.

2. ② : 환율 상승으로 원화환산 원금 및 이자 모두 증가하나 금리 상승은 원화환산 원금 증가와 무관하다.

3. ③ : '이자율스왑' 가입은 환위험이 아닌 금리위험 관리를 위한 방법이다.

4. ④ : '통화전환옵션' 가입은 신용위험이 아닌 환위험 관리를 위한 방법이다.

5. ②

① 외화대출 통화는 해외 실수요 증빙상의 통화와 달라도 무방하다.
③ 외화대출 취급은행과 해외송금은행은 원칙적으로 동일하여야 하나 지정거래외국환은행제도 등으로 일부 예외 인정 가능하다.
④ 기존 외화대출 연장 또는 대환 시에도 통화변경은 가능하다.

제3편

외환관련여신 [외화지급보증]

한국금융연수원

제 1 장

외화지급보증

제1절 개 요

1. 지급보증과 은행지급보증

1-1. 지급보증의 개념

'보증'이란 무엇일까?

돈을 빌려줄 사람이 빌리는 사람의 상환능력을 믿지 못하는 경우 돈을 빌리는 사람(채무자)은 제3자(보증인)에게 "내가 빌린 돈을 일정한 기일 이내에 갚지 못하면 돈을 빌려준 사람(채권자)에게 대신 상환해 줄 수 있겠니?"라는 부탁을 하고 보증인이 채권자에게 이러한 상환약속을 하게 되면 채권자는 보증인을 믿고 돈을 빌려주게 된다. 이것이 일반적인 보증이다.

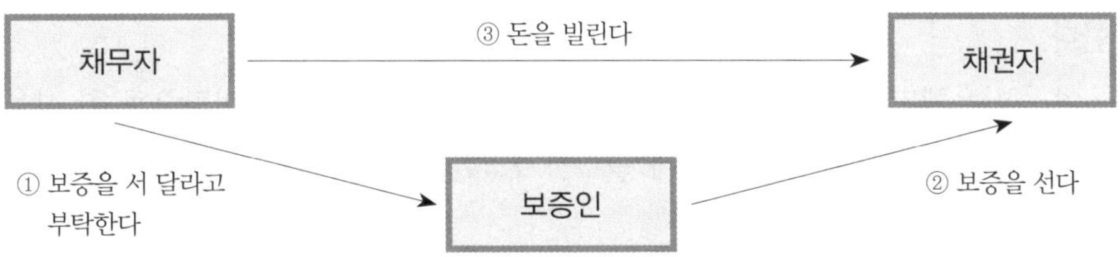

그럼 '지급보증'이란 무엇일까?

지급보증은 채권자와 채무자 이외의 제3자(보증인)가 채권자와 채무자의 거래에 관하여 채무자의 요청에 따라 채권자에게 현재 부담하고 있거나 장래에 부담하게 될 채무자에 대하여 그 지급에 대한 보증을 하는 것을 말한다. 만약 채무자가 계약을 이행하지 못하면 채권자의 지급청구에 대하여 보증인이 대신 채무를 이행하게 되는 것이다. 이러한 지급보증의 보증인은 주로 공신력이 있는 은행이 담당하게 된다.

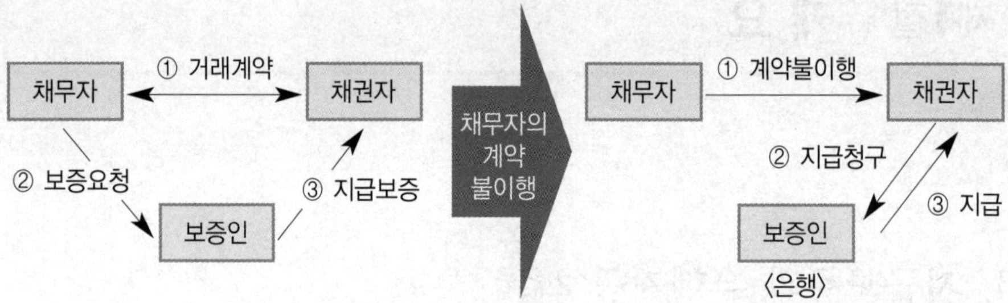

최근 국내기업이 대외무역거래, 국제입찰, 외국기업과의 합작투자, 해외플랜트수출 등 국제거래 시 은행이 발행한 보증서를 요구하는 사례들이 증가함에 따라 지급보증업무에 대한 중요성이 강조되고 있다.

1-2. 은행지급보증

은행지급보증은 은행거래자(채무자)가 거래 상대방(채권자)에게 부담하고 있는 채무의 지급을 은행이 보증하고 채무자의 채무불이행에 대해 그를 이행할 2차적 책임을 지는 것을 내용으로 하는 채권자와 보증인(은행) 간 보증계약을 뜻한다.

이러한 은행지급보증은 거래 당사자들에게 은행의 공신력을 바탕으로 한 신용공여를 제공함으로써 국제거래에 필수불가결한 신용공여의 수단으로 발전하였다.

지급보증서의 발행은 직접적인 자금부담 없는 신용공여 여신행위이나, 채무자가 보증기일 내에 주채무를 상환하지 못하는 경우 은행이 즉시 보증채무를 이행(대지급)해야 하므로 은행의 재무상태에 영향을 줄 수 있어 일반대출과 동일하게 개별 은행의 여신규정 등을 신중히 검토한 후 '기타외화지급보증'이란 은행여신과목으로 약정 후 취급하고 있다.

2. 은행지급보증의 구분

지급보증은 표시통화, 거주성 등 분류기준에 따라 다음과 같이 구분할 수 있다.

구 분	표시통화	거주성	비 고
지급 보증	원화표시 지급보증	대내 원화표시 지급보증	
		대외 원화표시 지급보증	
	외화표시 지급보증	대내 외화표시 지급보증	'외국환거래규정' 적용
		대외 외화표시 지급보증	

대내 외화표시 지급보증은 국내 외국환은행이 다른 외국환은행의 대외 외화표시 지급보증 또는 외국통화로 표시된 채무의 담보로서 거주자에 대하여 보증하는 외국통화로 표시된 지급보증을 말하며, 대외 외화표시 지급보증은 국내 외국환은행이 외국 또는 비거주자에 대하여 보증하는 외국통화로 표시된 지급보증을 말한다.

대외 외화표시 지급보증은 외국환거래법 · 시행령 · 규정 적용대상으로, 외국환은행은 외화지급보증서 발행 전에 관련법령에 따른 신고여부를 반드시 검토한 후 취급하여야 한다('7. 외화지급보증과 외국환거래규정' 참조).

이 교재에서는 대외 외화표시 지급보증에 대하여 주로 다루기로 하며, 은행의 외화지급보증서 발행절차는 제2절에서 상세히 설명하고자 한다.

3. 지급보증의 형식

은행에서 발행되는 외화지급보증은 'Standby L/C(보증신용장)' 또는 'Bank Guarantee(은행보증)' 등의 형식으로 개설(발행)된다. 양자는 여러 차이점이 있기는 하나 본질적으로 은행의 보증채무라는 점에서는 동일하며, 실무적으로는 개설(발행)형식이나 보증내용이 혼재되어 구분 없이 사용되고 있다.

[참고]

보증서를 '발행하다'라는 표현을 Standby L/C는 '개설하다'로, Bank Guarantee는 '발행하다'라고 하는 것이 일반적이다.

3-1. Standby L/C(보증신용장)

1) Standby L/C의 개념

Standby L/C는 '보증신용장'이라 하며, 일반적으로 수출입 물품대금을 결제할 목적으로 개설되는 상업신용장(Commercial Credit)이 아닌 금융의 담보 또는 채무보증의 목적 등 주로 무역외 거래에 사용된다. 통상적으로 6차 개정 신용장통일규칙(UCP600) 또는 보증신용장통일규칙(ISP98) 등을 적용하여 개설되고 있다.

2) Standby L/C의 이용현황

Standby L/C는 기업이 해외로 진출하여 현지국가에서 자금을 차입하기 위한 담보용도로 많이 사용되고 있으며, 제2차 세계대전 이후 미국에서 은행보증서(Bank Guarantee)의 발행이 불법행위로 금지되자 이 보증서를 대체하는 수단으로 도입되기 시작하여 현재 다양한 국제거래에서 사용이 증가하고 있다.

즉, Standby L/C는 단순한 은행보증의 기능을 넘어 건설용역공사 계약에 따른 이행보증신용장, 대출계약에 따른 금융보증신용장 등의 형태로 응용되면서 계약의 이행 또는 채무를 보증하는 기능을 수행하고 있다. 미국의 경우에는 임대차계약 등의 국내거래에서도 보증신용장이 사용되면서 증가 건수 및 규모 등에서 이미 상업신용장을 크게 압도하는 등 일반화되어 가고 있는 추세이다.

또한 매수인이 대금지급을 불이행하는 경우 개설은행이 매도인에게 대금을 지급하는 형태로도 개설되고 있어 무역거래에서 일반적으로 개설되는 상업신용장을 대체하는 방식으로 무역거래 활용도가 점차 증가되고 있다.

3) Standby L/C의 연혁

보증신용장은 미국에서 'Standby L/C'라는 명칭으로 무역거래 이외의 금융거래에서 일종의 담보수단으로 사용되어 왔으며 그 후 기업의 해외진출이 증가함에 따라 현지법인의 금융활동을 지원하기 위한 현지금융의 담보수단으로 발전되어 왔다. 특히 미국에서는 과거 연방법에서 은행의 과다한 보증으로 인한 도산을 방지하기 위하여 은행의 보증행위를 금지하고 있기 때문에 자금조달의 수단으로서 상업신용장이 가지고 있는 보증기능을 이용하여 원채무자인 개설의뢰인이 채무를 이행하지 않을 경우에 채무불이행진술서(Statement of default)와 일람불(at sight) 환어음을 개설은행에 제시함으로써 신용장의 금액 범위 내에서 수익자에게 지급하도록 하는 상업신용장의 형식을 도입한 것이다.

[참고]

미국에서 「글라스 스티걸법(Glass-Steagall Act)」에 따라 은행의 Guarantee 발행이 금지되었다가 1999년 폐지되었다. 그러나 2007년 미국의 금융위기로 2010년 3월에 규제가 강화된 「볼커 룰(Volcker Rule)」에 따라 다시 상업은행은 Guarantee의 발행이 금지되어 Standby L/C 형식으로만 개설되고 있다.

4) Standby L/C와 Commercial Credit 비교

Standby L/C는 고전적인 화환신용장(Documentary Credit)과는 발전경로와 사용목적, 기능 등이 다르다.

UCP400(4차 개정 신용장통일규칙) 이후, Standby L/C도 화환신용장(Documentary Credit)의 범주에 포함됨에 따라 용어 사용상의 혼란을 피하기 위하여, 고전적인 화환신용장을 상업신용장(Commercial Credit)으로 표현하는 것이 최근의 경향이다.

UCP 400 이전 (고전적 화환신용장)	Documentary L/C(화환신용장) = Commercial L/C(상업신용장)
UCP 400 이후	Documentary L/C(화환신용장) = Commercial L/C(상업신용장) + Standby L/C(보증신용장)

이 교재에서는 고전적인 화환신용장을 상업신용장으로 부르기로 한다.

- 신용장 명칭은 'Letter of Credit(L/C)' 또는 'Credit'으로 동일하게 사용됨.

가. 유사점

보증신용장도 상업신용장의 본질적인 특징인 독립 · 추상성, 서류거래성 등이 있다. 후술하는 청구보증(Demand Guarantee)에서도 마찬가지이다.

나. 차이점

첫째, 요구 서류가 다르다.

상업신용장(Commercial Credit)은 일반적으로 선하증권 등 선적서류를 요구하지만, 보증신용장은 수익자(Beneficiary)가 개설의뢰인(Applicant)이 기초계약상 채무를 불이행 또는 상환하지 아니하였다는 사실을 증명하는 서류(청구사유진술서 : Statement of drawing right)를 요구한다.

둘째, 개설(보증) 목적이 다르다.

상업신용장은 계약의 이행에 대하여 지급할 목적으로 개설되지만, 보증신용장은 주로 계약의 불이행에 대하여 지급할 목적으로 개설된다.

다만 직불보증신용장(Direct Pay Standby L/C)의 경우에는 개설의뢰인의 금융계약 이행을 담보할 목적으로 개설된다는 점에서는 보증신용장에 해당되지만, 1차적 지급목적으로 개설된다는 점에서는 상업신용장에 해당된다고 볼 수 있다.

셋째, 개설(보증) 용도가 다르다.

상업신용장은 주로 물품의 거래에 한정하여 개설되지만, 보증신용장은 계약이행보증, 선수금환급보증 등 이행성 보증뿐만 아니라 금융보증 등 다양한 용도로 개설된다.

넷째, 개설(보증) 범위가 다르다.

상업신용장은 수익자가 상당일치의 원칙에 따라 신용장조건과 일치하는 서류를 제시하는 경우에 신용장대금을 지급하는 조건부 지급확약인 반면에, 보증신용장은 수익자가 기초계약상 채무불이행에 따른 불이행진술서 등을 제시하면 무조건적으로 지급하는 것이 일반적이다.

TIP. 신용장의 종류와 개념

Tip 1. 화환신용장과 클린신용장

1. 화환신용장(Documentary Credit)

환어음뿐만 아니라 그 이외의 서류(운송서류, 상업송장, 채무불이행선언서 등)도 요구하는 신용장을 말한다.

만약 보증신용장에서 수익자가 발행한 채무불이행선언서의 제시를 요구하면 화환신용장에 포함된다(ICC Publication No.411 p.10 and ICC Publication No.371, p.11, DOCDEX Decision No.201).

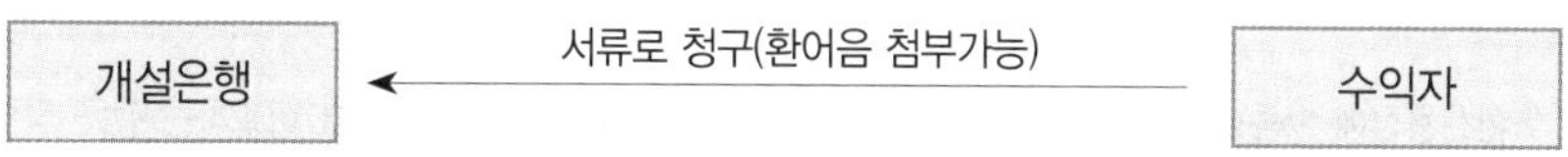

2. 클린신용장(Clean Credit)

환어음 이외의 서류를 요구하지 않는 신용장을 의미한다.

만약 보증신용장에서 수익자가 발행한 채무불이행선언서의 제시를 요구하지 않고 단지 환어음만 요구하면 화환신용장이 아니라 'Clean Credit'이다.

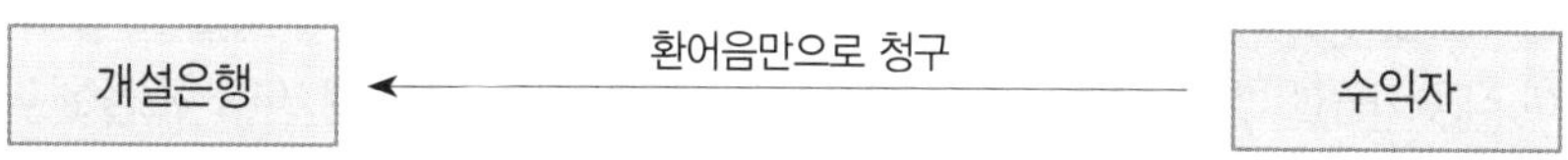

[유의] '개설은행(Issuing bank)'이라는 명칭은 신용장통일규칙(UCP600)에서 사용되며, 보증신용장통일규칙(ISP98)에서는 '개설은행(Issuing bank)'이 아닌 '개설인(the Issuer)'으로 사용되고 있다. 이 교재에서는 편의상 보증신용장의 경우에도 개설은행으로 표현하였다.

Tip 2. 상업신용장과 보증신용장

1. 상업신용장(Commercial Credit)

일반적으로 물품의 이동을 수반하는 무역거래의 결제수단으로 사용되며, 통상 환어음과 함께 운송서류 등 상업서류들을 제시하여 물품대금을 받는다.

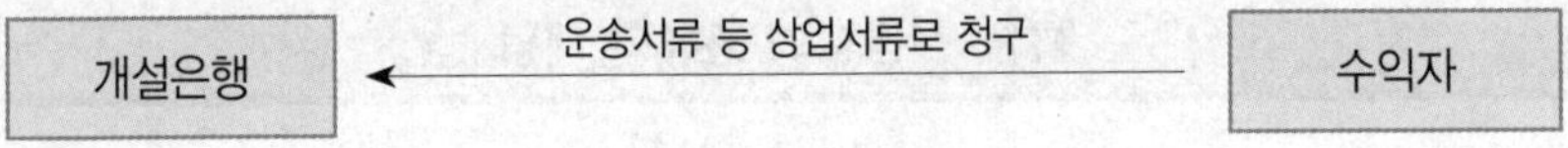

2. 보증신용장(Standby Letter of Credit)

주로 입찰보증, 계약이행보증, 선수금환급보증 등 무역외거래에 사용되나, 무역거래의 상업보증(Commercial Standby L/C) 또는 직접 결제수단(Direct Pay Standby L/C) 등으로 사용되기도 한다. 일반적으로 환어음 또는 청구서와 함께 그 지급청구가 되는 '채무불이행진술서' 등을 요구한다.

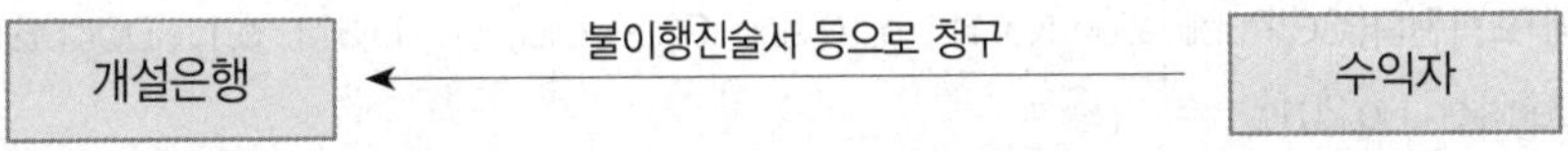

[유의] 화환신용장에 보증신용장이 포함될 수 있으므로 화환신용장과 보증신용장을 비교하는 것은 적절하지 않다.

[참고] 신용장통일규칙(UCP600) 제1조

제6차 개정 신용장통일규칙(2007년 개정, 국제상업회의소 간행물 제 600호, "UCP")은 신용장의 문면에 위 규칙이 적용된다는 것을 명시적으로 표시한 경우 모든 화환신용장(위 규칙이 적용 가능한 범위 내에서는 보증신용장(Standby L/C)을 포함한다. 이하 "신용장"이라 한다)에 적용된다. 이 규칙은 신용장에서 명시적으로 수정되거나 그 적용이 배제되지 않는 한 모든 당사자를 구속한다.

Tip 3. 화환신용장과 무화환신용장

1. 화환신용장(Documentary Credit)

화환신용장은 앞에서 설명한 국제상업회의소의 의견(ICC Opinions)과는 다르게, 실무적으로는 환어음과 함께 운송서류의 제시를 요구하는 고전적인 화환신용장, 즉 상업신용장의 의미로 사용되고 있다.

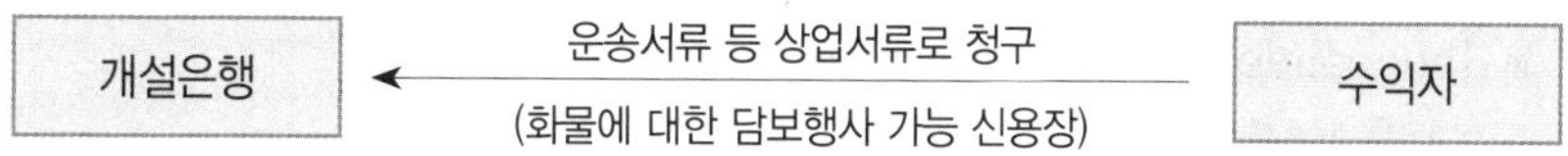

2. 무화환신용장(Non-documentary Credit)

운송서류의 제시를 요구하지 않는 모든 신용장을 의미한다. 이러한 무화환신용장에는 보증신용장 및 클린신용장은 물론이고, 운송서류를 요구하지 않거나 그 사본만을 요구하는 상업신용장도 모두 포함하는 것으로 볼 수 있다.

화환신용장의 경우 개설은행은 그 운송서류의 원본을 점유하여 수입화물에 대한 지배력을 확보함으로써 양도담보권에 의한 담보보강이 가능하나, 무화환신용장은 그와 달리 양도담보권을 통한 담보보강의 효과를 전혀 기대할 수 없다. 이 때문에 '화환신용장과 무화환신용장'을 '담보신용장과 무담보신용장'이라고 부르기도 한다. 즉 화환신용장과 무화환신용장은 신용장을 양도담보권의 가능 여부에 의한 개념으로 이해하면 될 것이다.

이 무화환신용장은 주로 무역거래의 결제가 아닌 운임, 보험료, 수수료 등의 무역외거래의 결제에 이용된다.

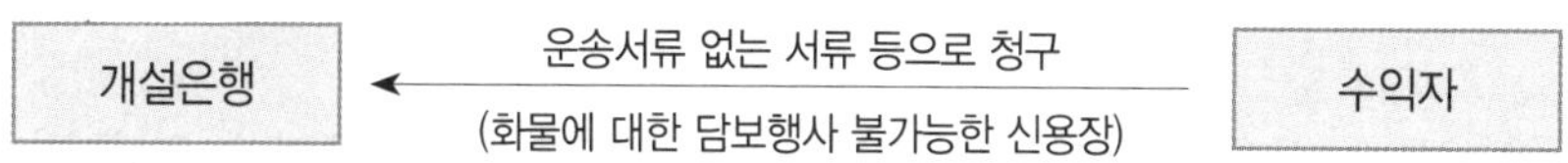

3-2. Bank Guarantee(은행보증)

1) Bank Guarantee의 개념

Bank Guarantee는 다음과 같은 다양한 용어로 불리고 있다.

- ▶ Letter of Guarantee(보증서)
- ▶ Independent Bank Guarantee(독립적 은행보증)
  - 판례에서 사용됨.
- ▶ Demand Guarantee(청구보증 또는 요구불보증)
  - 청구보증통일규칙(URDG758)에서 사용됨.
- ▶ First Demand Guarantee(단순청구보증)
- ▶ Simple Demand Guarantee(단순청구보증)
- ▶ Independent Undertaking(독립적 확약)
- ▶ Guarantee(보증)
- ▶ Bond(채권) 등

그러나 이러한 용어와 상관없이 법률적 측면에서는 동일한 성격을 가지므로 명칭이 중요한 것이 아니라 보증서의 내용에 따라 용어가 결정된다.

위 용어들은 신용장의 형태가 아닌 일반적인 지급보증문언에 의해 발행되는 은행지급보증의 일종으로, 국제상업회의소(ICC) 표준양식(부록 3 참조)으로 발행할 것을 권장하고 있다. 통상적으로 준거(적용)규칙은 청구보증통일규칙(URDG758) 등을 적용하며 주로 해외건설 · 용역 · 플랜트사업 또는 수출입관련 보증에 이용되고 있다.

2) Bank Guarantee의 성격

일반 보증채무는 부종성을 갖기 때문에 유효한 채무의 존재를 전제로 하며, 보증인은 채무자의 항변으로 채권자에게 대항할 수 있으나 은행보증은 독립적

(independent) 은행보증으로, 계약위반 또는 채무 불이행사실에 대한 조사 또는 증명을 필요로 하지 않고 채권자의 단순한 진술서(simple statement)만으로 채권자에게 일정금액을 지급하여야 하는 무조건적(unconditional)이며 절대적(absolute)인 보증이다.

[참고]

보증채무란 주채무자가 그의 채무를 이행하지 않는 경우에 이를 이행하여야 할 채무를 말한다. 보증채무는 주채무의 이행을 담보하는 수단이기 때문에 양자 사이에는 주종의 관계가 있다. 보증채무의 이러한 성질을 부종성이라고 한다.
보증채무는 그 부종성에 따라 다음과 같은 특징을 가진다. 즉 주채무가 무효이거나 취소된 때에는 보증채무도 무효이고, 주채무의 내용에 변경이 생기면 보증채무의 내용도 변경이 되고, 주채무가 소멸하면 그 이유의 여하를 묻지 않고서 보증채무도 소멸하게 된다.

다시 말하면 독립적 은행보증은 채무에 대한 관계에 있어서 부종성을 지니는 통상의 보증이 아니라, 채무자(보증신청인, Applicant)와 채권자(수익자 Beneficiary) 사이의 기초계약과 독립되어, 그 기초계약에 따른 사유로는 수익자에게 대항하지 못하고 수익자의 청구(Demand 또는 Call)가 있기만 하면 보증인(보증은행)의 무조건적인 지급의무가 발생하게 되는 지급보증이라는 점에 특징이 있다.

은행지급보증은 "수익자가 기초계약과 독립적으로 무조건 지급하겠다"는 의미로 독립적 은행보증, "수익자가 청구하면 무조건 지급하겠다"는 의미로 '청구보증(요구불보증)' 등 다양한 용어로 불리고 있으며, 이후부터는 용어를 통일하여 청구보증으로 사용하겠다.

[참고]

청구보증통일규칙(URDG758)에서는 보증서가 청구보증으로 발행되는 경우 '보증은행'이라는 명칭이 아닌 '보증인(Guarantor)'으로 사용된다. 이 교재에서는 편의상 보증인과 보증은행을 함께 사용하기로 한다.

3) 청구보증과 기타보증 비교

보증의 법적 성질 및 보증인의 권리		보 증	연대보증	청구보증
부종성 (附從性)	주채무 부존재 및 소멸의 항변권	○	○	×
	주채무자의 취소권 · 해지권에 근거한 항변권	○	○	×
	주채무자의 상계권에 근거한 항변권	○	○	×
보충성 (補充性)	최고 · 검색의 항변권	○	×	×

청구보증은 일반적으로 다른 보증과는 달리, 민법에서 보증인이 가지는 위의 권리(민법 제433조~제438조)를 행사할 수 없는 무조건적인 지급조건으로 발행된다. 즉, 청구보증은 부종성이 있는 보증(Suretyship Guarantee ; Surety ; 부종보증)이 아니다.

[참고]

부종보증에서의 보증인은 오로지 채무자인 보증신청인의 불이행이 있을 때에만, 오직 채무자가 기초계약상 부담하는 한도 내에서 책임을 부담하며, 채무자가 기초계약상 주장할 수 있는 모든 항변권을 가지고 수익자(기초계약상 채권자)에게 대항할 수 있다.
예를 들어 연대보증인이 주채무자의 채무불이행에 대해 연대보증을 하였는데, 채권자가 주채무자의 채무불이행이 없음에도 불구하고 보증금을 청구한다면 연대보증인은 이러한 사실을 주장해 보증금의 지급을 거절할 수 있다. 이러한 보증에 반해 은행의 청구보증은 채권자(수익자)의 지급청구만 있으면 은행은 보증서에 기재된 금액을 지급해야 하며 주채무자(보증신청인)가 채무불이행을 하지 않았다는 등 기초관계에서의 이유를 들어서 보증금의 지급을 거절할 수 없다.

청구보증은 매매계약에 있어서 매수인의 대금지급을 담보하기 위하여 이용되는 경우보다 거의 대부분은 해외건설공사 · 플랜트수출계약, 선박건조 등에 있어서 여러 가지 계약불이행 위험을 담보하기 위한 이행성보증에 많이 활용된다.

3-3. Standby L/C와 Demand Guarantee

1) Standby L/C와 Demand Guarantee의 차이점

미국에서 탄생한 보증신용장은 법적 성격면에서 청구보증과 동일하고 기능면에서도 유사하다. 법적 관점에서 보증신용장은 청구보증의 다른 명칭일 뿐, 실무적으로도 구분 없이 사용되고 있다.

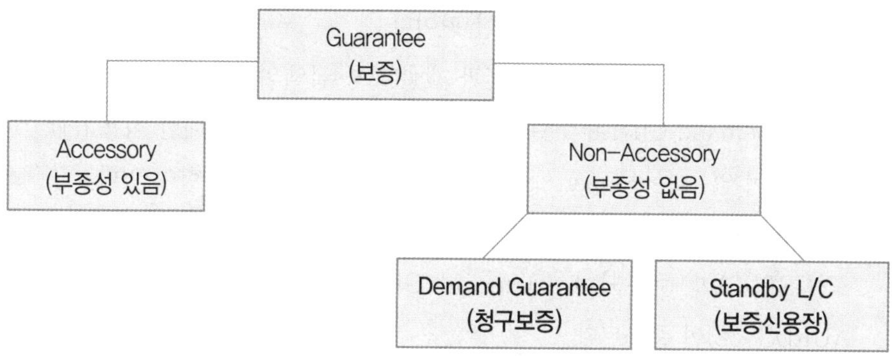

보증신용장과 청구보증의 법률상 기본원칙은 '지급약정의 추상성', '기초거래로부터의 보증의 독립성', '보증신청인과 보증은행 간의 관계로부터 보증의 독립성', '보증의 서류거래성', '보증조건과 일치하는 청구 및 서류 제시', '서류의 외견상 정규성 검토(보증은행은 제시서류의 적합성, 정확성, 진정성에 대하여 책임을 지지 않음)', '보증은행의 의무는 신의성실로 상당한 주의를 가지고 행동하는 것으로 제한' 등으로 상업신용장이 가지는 특성을 동일하게 지니고 있다고 볼 수 있다.

앞서 설명한 바와 같이 미국에서는 상업은행이 'Guarantee'의 발행을 법적으로 허용하지 않기 때문에 'Standby L/C'라는 용어로 개설된다고 이해하면 될 것이다.

Standby L/C와 Demand Guarantee는 주채무자의 의무불이행이 있을 때 그 이행을 보증한다는 점에서 차이가 없으므로 양자를 구분하여 비교한다는 것은 큰 의미가 없으나 실무상 다음과 같은 면에서 차이점이 있다.

① Standby L/C는 최초 미국에서 탄생하여 사용되고 있으며, Demand Guarantee는 주로 유럽에서 사용되고 있다.

② Standby L/C는 Financial Standby L/C 등 금융 보증뿐만 아니라 이행성 보증에도 사용되고 있어 Demand Guarantee보다 폭넓게 이용되고 있다.

③ Demand Guarantee는 당사자 간 계약내용이 충실히 반영되기 때문에 보증서 내용이 비교적 장문(長文)인 경향이 있는 반면, Standby L/C는 신용장통일규칙의 영향을 받아 간결한 편이다.

④ Standby L/C는 유효(보증)기일과 개설(보증)금액의 한도를 구체적으로 정하나, Demand Guarantee는 보증기일에 대하여 다소 관대한 적용 [예컨대 만기일이 없는 문구(Open-ended clause)]을 요구받는 경향이 있다.

⑤ Standby L/C에는 신용장통일규칙(UCP600) 또는 보증신용장통일규칙(ISP98)이 준용되며, Demand Guarantee에는 청구보증통일규칙(URDG758)이 준용된다.

2) Standby L/C와 Demand Guarantee의 사용용도

구 분	Standby L/C(보증신용장)	Demand Guarantee(청구보증)
이행성 보증	• Bid Standby L/C (입찰보증신용장) • Performance Standby L/C (계약이행보증신용장) • Advance Payment Standby L/C (선수금환급보증신용장) • Retention Standby L/C (유보금환급보증신용장) • Maintenance Standby L/C (하자보증신용장)	• Bid Guarantee (입찰보증) • Performance Guarantee (계약이행보증) • Advance Payment Guarantee (선수금환급보증) • Retention Guarantee (유보금환급보증) • Maintenance Guarantee (하자보증)
금융 보증	• Financial Standby L/C (금융보증신용장) • Commercial Standby L/C (상업보증신용장) • Insurance Standby L/C (보험보증신용장) • Direct Pay Standby L/C (직불보증신용장)	• Payment Guarantee (대금지급보증)

※ 위의 내용은 '5-2, 용도에 따른 분류'에서 상세하게 설명한다.

3) Standby L/C와 Demand Guarantee에 포함해야 할 주요 내용(요소)

보증신용장과 청구보증의 형태와 용도가 다양하게 활용되지만 보증신용장과 청구보증에는 당사자, 원인(기초)계약에 대한 내용, 보증서 증액 또는 감액에 대한 특정 약정, 지급통화, 대금청구를 할 때 제시서류, 유효(보증)기일과 연장 조건 등이 포함되어 있어야 한다. 특정 서류의 제시가 있어야만 효력이 발생하는 경우(선수금환급보증의 경우 선수금 영수조건 등)에는 이러한 사실이 보증서상에 명시되어야 한다. 보증신용장과 청구보증은 다른 외부적 사실과 관계없이 오직 보증서 조건과 보증서에서 요구하는 서류에 의해서 결정되는 서류 거래이기 때문이다.

[참고] 'URDG758에 따른 청구보증 표준양식(부록 3-1)' 기재사항

1. 보증의 용도(Type of guarantee)
2. 보증신청인(The applicant)
3. 수익자(The beneficiary)
4. 보증인(The guarantor)
5. 원인 관계(계약서)의 참조번호 또는 정보(A reference number or other information identifying the underlying relationship)
6. 보증서 번호(A reference number or other information identifying the issued guarantee or, in the case of a counter-guarantee, the issued counter-guarantee)
7. 보증금액 및 지급통화(The amocunt or maximum amount payable and the currency in which it is payable)
8. 보증만료일(The expiry of the guarantee)
9. 지급청구의 조건(Any terms for demanding payment)
10. 서면제시 또는 전자적 제시의 여하(Whether a demand or other document shall be presented in paper and/or electronic form)
11. 서류상 언어(Language of required document)
12. 수수료 부담의 당사자(The party liable for the payment of any charges) 등

4. 외화지급보증의 당사자

청구보증통일규칙(URDG758)을 중심으로 보증의 당사자를 설명하면 다음과 같다. 이 절의 자세한 내용 및 구조는 '5. 외화지급보증의 종류'에서 설명하겠다.

4-1. 보증신청인(Applicant)

수출자 또는 해외건설(용역사업) 공사를 하고자 하는 시공자(Constructor) 등 기초계약에 있어서의 채무자를 의미하여, 실무상으로는 아래의 지시당사자(Instructing Party)와 동일한 경우가 대부분으로, 여신약정체결 당사자가 보증신청인과 동일하지 않은 경우에 약정체결의 당사자인 지시당사자와 구분된다. 통상 UCP600 및 ISP98에서는 'Applicant'를 '개설의뢰인'으로 사용된다.

4-2. 지시당사자(Instructing Party)

보증신청인(Applicant)이 당해 보증서의 기초계약상 채무자로 보증서상 표시된 자를 의미한다면, 지시당사자는 보증서의 발행을 지시하며 여신약정을 체결하고 보증인(구상보증인 포함)에 대하여 상환책임을 부담하는 자를 의미하며, 청구보증통일규칙(URDG758)에서만 사용되는 당사자이다. 예를 들어, 해외에 있는 자회사(현지법인)가 기초계약을 하고 국내의 본사가 자회사를 위하여 청구보증의 발행을 보증인에게 요청한다고 가정하면, 자회사가 보증신청인(Applicant)이 되고, 본사가 지시당사자(Instructing Party)가 되는 것이다.

4-3. 수익자(Beneficiary)

수입자 또는 해외건설(용역사업) 공사를 실시하는 발주자(owner) 등 계약에 있어서의 채권자를 의미한다.

4-4. 보증인(Guarantor)

대부분 보증채무를 담당하는 금융기관(보증은행)으로 보증서 발행 외국환은행을 의미한다. UCP600에서는 개설은행(Issuing Bank), ISP98에서는 개설인(Issuer)이 사용된다.

4-5. 구상보증인(Counter-guarantor)

보증인(통상 해외 은행)을 수익자로 하여 구상보증을 발행하는 자(은행)를 의미하며, 간접보증에서 2차 보증서 발행기관으로, 대부분의 경우 지시당사자(또는 보증신청인)의 거래 외국환은행을 의미한다. 여기서 간접보증이란, 국내의 은행이 신용이 약하거나 해외의 현지 은행이 발행한 보증서를 요구하는 경우에 국내의 은행(구상보증인)이 발행한 보증서(구상보증 ; 2차 보증서)를 근거로 해외의 현지 은행(보증인)에게 보증서(청구보증 ; 1차 보증서) 발행을 요청하는 경우를 말한다.

5. 외화지급보증의 종류

5-1. 직접보증과 간접보증

보증서의 발행형태는 당사자가 3당사자인지 또는 4당사자인지에 따라 직접보증과 간접보증으로 구분된다. 그러나 때로는 당사자가 추가될 수 있으므로 '보증인(보증은행)의 수'에 따라 직접보증과 간접보증을 구분하는 것이 옳을 것이다.

직접보증은 보증인의 수가 하나['보증인(Guarantor)']이고, 간접보증은 보증인의 수가 둘['보증인(Guarantor)'과 '구상보증인(Counter-guarantor)']이다.

여기서는 청구보증통일규칙(URDG758)이 적용되는 청구보증(Demand

Guarantee) 중심으로 설명하고자 한다. 물론 보증신용장(Standby L/C)인 경우에도 사용되는 용어가 상이한 경우도 있으나 청구보증(Demand Guarantee)과 동일한 구조로 개설된다.

1) 직접보증(Direct Guarantee)

가. 직접보증(Direct Guarantee)의 개념

직접보증은 지시당사자의 의뢰에 따라 보증인에 의하여 수익자에게 발행되는 보증서를 말하며, 지시당사자와 보증인 및 수익자의 3당사자가 개입되므로 '3자보증(Three-party Guarantee)'이라 한다.

당사자 간의 법률관계를 간단히 살펴보면,

① 보증의 양 당사자는 보증인과 수익자이며,

② 기초계약의 양 당사자는 지시당사자와 수익자이다.
다만 지시당사자가 보증신청인과 동일인이 아닌 경우 기초계약 당사자는 보증신청인과 수익자가 된다(후술 참조). 여기서는 보증신청인과 지시당사자가 동일인이라고 간주하여 지시당사자로 표현하겠다.

③ 지시당사자와 보증인 사이에는 보증의뢰계약이 체결되면, 위임계약의 성격을 갖는다.

나. 직접보증의 구조

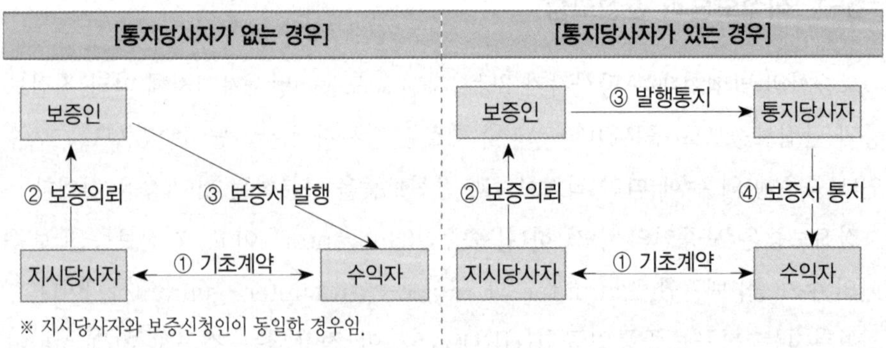

[참고]

1. 보증인(Guarantor)은 청구보증통일규칙(URDG758)에서 사용되는 용어이며, 신용장통일규칙(UCP600)에서는 개설은행(Issuing Bank), 보증신용장통일규칙(ISP98)에서는 개설인(the Issuer)으로 사용된다. 본 교재에서는 편의상 보증은행을 같이 사용하기로 한다.
2. 통지당사자(Advising Party)는 청구보증통일규칙(URDG758)에서 사용되는 용어이며, 신용장통일규칙(UCP600)에서는 통지은행(Advising Bank)으로, 보증신용장통일규칙(ISP98)에서는 통지인(Advisor)으로 사용된다.

보증서의 발행통지는 보증인이 직접 수익자에게 하는 경우도 있고, 통지당사자를 통하여 통지하는 경우도 있다. 통지당사자는 보증서 통지만 담당할 뿐, 보증서상 지급보증을 하지 않는다.

청구보증통일규칙(URDG758)에서는 '지시당사자(Instructing Party)'란 개념이 새롭게 도입되었다. 지시당사자란 보증신청인과 상이한 개념으로, 보증신청인(Applicant)은 당해 보증서의 기초계약상 채무자(즉, 피보증채무의 채무자)로 보증서상 표시된 자를 의미하고, 지시당사자는 보증서(구상보증서 포함)의 발행을 지시하고 보증인(구상보증서의 경우, 구상보증인 포함)에 대하여 상환책임을 지는 자를 의미한다(URDG758 제2조).

- 신용장통일규칙(UCP600) 및 보증신용장통일규칙(ISP98)에는 지시당사자(Instructing Party)란 개념이 없으며, 'Applicant(개설의뢰인)'라는 용어만 사용된다.

대부분의 경우에 지시당사자와 보증신청인은 동일인이다(그림 1 참조).

양자의 개념을 구분하여 사용하게 된 것은 실무상 양자가 동일인이 아닌 경우, 예를 들어 모회사가 자회사를 위하여 보증인에게 보증서의 발행지시를 하는 경우에는 보증서상에 자회사가 기초계약의 채무자(원채무자)로 표시되므로 양자가 분리되기 때문이다(그림 2 참조). 이와 같이 보증신청인과 지시당사자가 상이한 경우에, 보증인은 특히 직접보증에서 수익자로부터 지급청구가 있을 때 보증신청인이 아니라 지시당사자에게 상환청구를 하게 된다.

그 이유는 보증인인 은행은 지시당사자와 여신약정(보증의뢰계약)을 한 후, 보증서를 발행하기 때문에 수익자의 지급청구에 대하여는 지시당사자에게 상환청구를 하는 것이 당연하다.

[그림 1] (직접보증)지시당사자와 보증신청인이 동일인인 경우

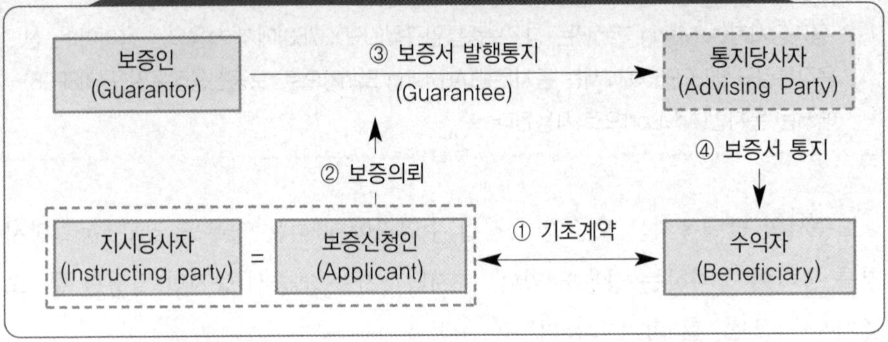

[그림 2] (직접보증)지시당사자와 보증신청인이 동일인이 아닌 경우

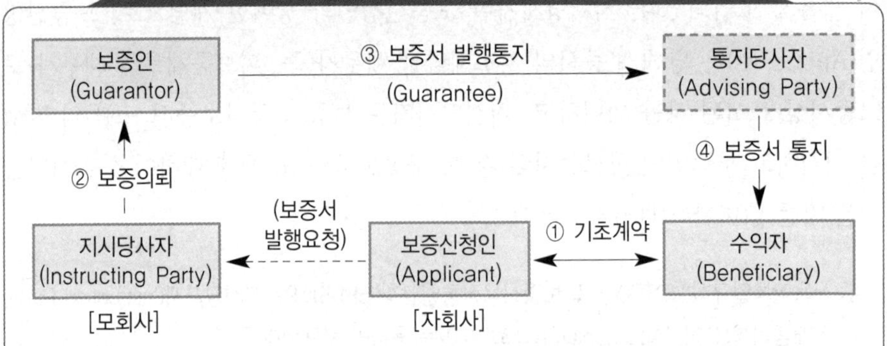

▶ 기초계약은 자회사(보증신청인)가 하였으나 자회사가 자력으로 보증서를 발행할 수 없는 경우에 자회사(보증신청인)의 요청으로, 모회사(지시당사자)가 국내의 거래은행에 자회사(보증신청인)를 위하여 보증서 발행을 의뢰하게 된다.

[참고]

청구보증통일규칙(URDG758)에서 '보증신청인(Applicant)'은 종래 청구보증통일규칙(URDG458)상의 보증의뢰인(Principal, 원채무자)이라는 용어를 변경한 것으로, 신용장통일규칙(UCP600) 및 보증신용장통일규칙(ISP98)상의 용어와 일치시켰다. 다만, 신용장 및 보증신용장에서는 통상 '개설의뢰인'이라고 표현한다.

2) 간접보증(Indirect Guarantee)

가. 간접보증(Indirect Guarantee)의 개념

수익자가 해외에 있는 보증인(보증은행)의 신용도를 믿지 못하는 경우 또는 수익자의 현지법률상 해외에서 발행한 보증서가 효력이 없는 경우(주로 중동지역 국가와의 건설용역 · 플랜트계약 시에 활용)에 지시당사자는 자국의 은행(구상보증인)을 통하여 해외에 있는 은행(보증인)으로 하여금 수익자를 위하여 보증서를 발행하도록 한다. 이러한 보증형태를 간접보증이라 한다. 이와 같이 간접보증은 4당사가 개입되는 구조를 취하게 되므로 '4자보증'이라고도 한다.

나. 간접보증의 구조

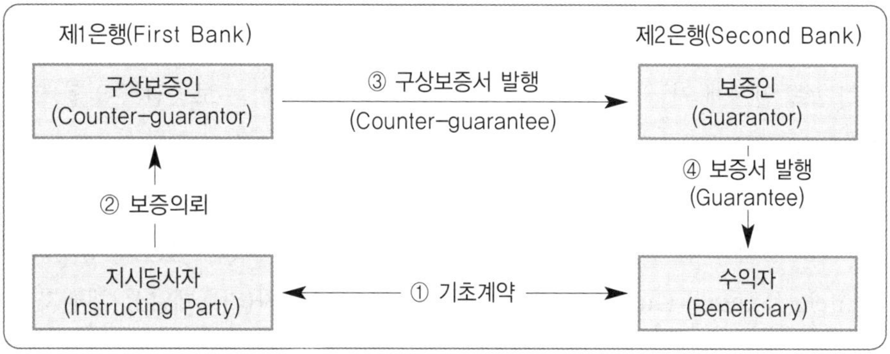

※ 지시당사자와 보증신청인이 동일인인 경우임.

지시당사자는 수익자 국가에 있는 현지은행으로 하여금 보증서를 발행할 것을 자신의 거래은행에 지시하고 지시당사자의 거래은행은 구상보증인으로서 수익자 소재지 국가 은행에게 보증서를 발행하도록 지시하면서 그 은행을 위하여 구상보증서(Counter–guarantee)를 발행한다.

➲ 구상보증서(Counter–guarantee)는 2차 보증서, 보증서(Guarantee)는 1차 보증서가 된다.

간접보증의 구조하에서, 보증인은 보증서(Guarantee)상의 수익자의 지급청구에 대하여 응하고 보증인은 구상보증서(Counter–Guarantee)상의 구상보증인에 대해서는 구상권이 발생하게 되므로, 'Counter-Guarantee'를 구상보증이라고 해석하며 '역보증, 복보증, 재보증'이라고도 한다.

◯ 판례에서는 구상보증과 역보증이 함께 사용되고 있다.

이러한 구상보증서는 구상보증인이 보증인을 그 수익자로 하여 발행하는 보증서이며, 보증인이 구상보증인에 대하여 상환청구권을 담보할 목적으로 발행된다. 구상보증서도 청구보증의 형태로 발행되고 그 법적 성격은 보증서와 마찬가지로 독립적 보증이다.

다. 보증서(Guarantee)와 구상보증서(Counter-guarantee)

구상보증서는 두 가지 점에서 보증서와는 역할이 다르다.

첫째, 보증서는 기초계약상 지시당사자(채무자)의 '불이행'이 있는 경우 수익자가 보증인에게 지급청구를 하는 데 반하여, 구상보증서는 보증인(수임인)으로서 자신의 의무를 '이행'한 경우 구상보증인에게 지급청구를 한다.

따라서 양자는 지급청구 시에 제시되는 보강진술서(Supporting statement)의 내용이 다르다. 보증서상 지급청구의 경우, 특히 보증서가 단순청구보증(Simple Demand Guarantee) 형태인 경우에도 수익자(기초계약상 채권자)는 지급청구서(Demand for Payment)와 불이행진술서(Statement of Default)를 함께 제시하여야 한다.

그러나 구상보증서상 지급청구를 할 때에는 수익자인 보증은행은 지급청구서와 이행진술서(Statement of Performance)를 제시하여야 한다. 동 이행진술서에는 보증서상 일치하는 지급청구가 있었고 그에 대하여 보증은행이 지급을 하였다는 취지의 진술이 포함되어야 한다.

둘째, 보증서는 보증인(보증은행)이 기초계약 채무자(지시당사자)의 계약이행에 관련되어 발행되는 데 반하여, 구상보증서는 구상보증인(위임인)이 보증인(구상보증서의 수익자 ; 보증은행)에 대하여 부담하는 상환의무에 관련되어 발행된다.

위의 내용을 그림으로 간단하게 설명하면 다음과 같다.

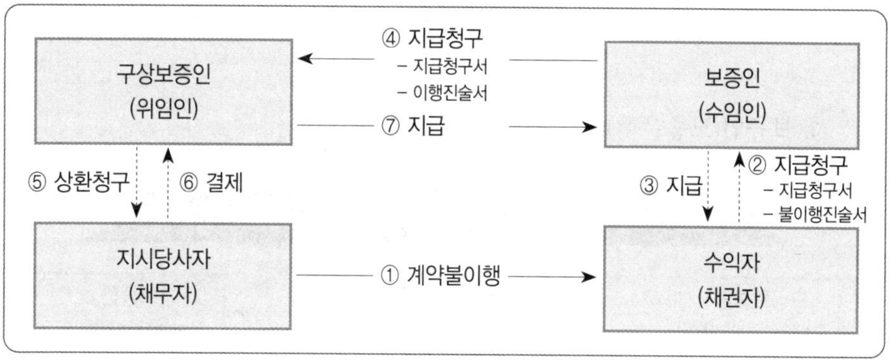

※ 지시당사자와 보증신청인이 동일인인 경우임.

라. 간접보증 발행 절차(그림 3 참조)

① 지시당사자 → 거래은행(구상보증인)에게 보증서 발행 지시

- 수익자를 위하여 보증서를 발행하도록 의뢰하라는 지시(보증의뢰 지시)
- 보증인의 상환청구를 보장할 목적으로 보증인을 위하여 구상보증서를 발행하라는 지시(구상보증 발행 지시)

[유의사항]

1. 지시당사자는 국내의 거래은행(구상보증인)에게 구상보증서 발행에 따른 보증료를 납부해야 하며, 해외의 보증인(보증은행)에게도 보증서 발행에 따른 보증료를 납부해야 한다(보증서상 보증료 부담이 지시당사자인 경우).
2. 구상보증인은 구상보증서를 발행하기 전에 보증인(보증은행) 앞으로 보증서의 발행이 가능한지 여부를 사전에 확인해야 한다.

② 구상보증인 → 보증인(보증은행)에게 보증서 발행 의뢰

- 수익자를 위하여 보증서를 발행하도록 의뢰
- 실무상 구상보증인은 하나의 문서로 구상보증서의 발행과 보증서의 발행을 동시에 의뢰하게 되며, 이 문서에는 보증인(보증은행)이 발행해야 하는 보증의 문언(실무상 보증인은 그 문서상 QUOTE와 UNQUOTE 사이에 기재된 문언을 그대로 기재하여 보증서를 발행한다)을 제공하고 동시에 그 문서로써 구상보증서를 발행한다(부록 3-2

'FORM OF COUNTER-GUAPANTEE UNDER URDG758' 참조).

③ 보증인(보증은행) → 수익자에게 보증서 발행

[그림 3] 간접보증 발행 절차 예시(지시당사자와 보증신청인이 다른 경우)

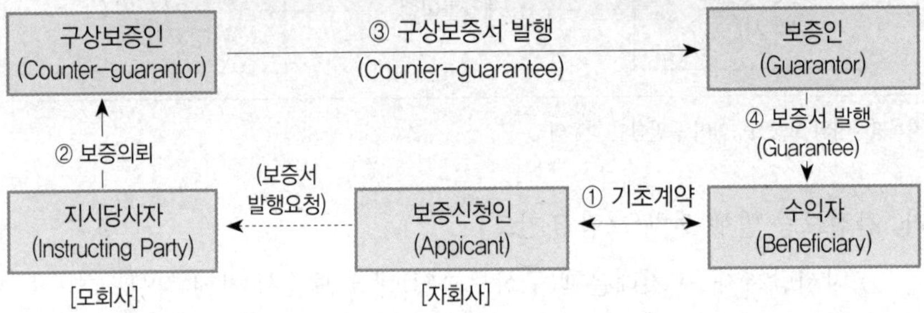

▶ 기초계약은 자회사(보증신청인)가 하였으나 자회사가 자력으로 보증서를 발행할 수 없는 경우에 자회사(보증신청인)의 요청으로, 모회사(지시당사자)가 국내의 거래은행에 자회사(보증신청인)를 위하여 보증서 발행을 의뢰하게 된다.

[참고]

ISP98에 구상보증신용장(Counter-standby L/C)이란 용어는 없지만 제4.21조에 'Request to issue seperate undertaking(별도확약의 개설요청)'이란 다른 표현으로 기술되어 있어 구상보증신용장이 개설되는 것을 전제로 하고 있다.

5-2. 용도에 따른 분류

보증서의 사용용도에 따라 크게 이행성 보증과 금융 보증으로 분류할 수 있다. (242쪽 'Standby L/C와 Demand Guarantee의 사용용도' 참조)

1) 이행성 보증

이행성 보증은 발주자(수익자)의 요구에 따라 이행(performance) 단계별로 분류할 수 있으며, 모든 단계를 포괄하는 보증서가 발행될 수도 있으나 실무적으로는 각 이행단계별로 개별 보증서를 발행하는 것이 일반적이다([그림 4] 참조).

지시당사자의 입장에서, 어떤 단계의 의무불이행에 대하여도 지급청구를 할 수 있는 거액의 보증서 발행보다는 각 단계별로 보증서가 발행되는 것이 보증서 발행에 따른 부담을 최소화할 수 있다. 이행성 보증은 청구보증(Demand Guarantee)뿐만 아니라 보증신용장(Standby L/C)형식으로 개설되기도 하며, 보증의 이행단계에 따른 유형은 다음과 같다.

가. 입찰보증(Bid Guarantee)

입찰참가자가 입찰을 포기하거나 낙찰받은 후 계약을 체결하지 않는 경우 수익자(통상 발주자)에게 보증서금액을 지급하기로 하는 보증이다.

입찰보증 수익자는 다음의 경우에 보증인(보증은행)에게 보증금액의 지급을 요구할 수 있다.

① 보증신청인이 입찰보증서 만료일 이전에 입찰 참가를 취소하거나

② 낙찰되었는데 계약을 체결하지 않거나

③ 요구된 계약이행보증서를 제출하지 않을 때이다.

입찰보증금액은 입찰예상금액의 2~5% 정도로 입찰보증서상에 "계약이 체결되면 계약이행보증으로 대체된다"라고 명시하는 경우가 많으며 'Tender Guarantee'라고도 한다. 참고로 입찰보증은 보증서 발행 시에 계약체결이 되지 않은 상태이므로 기초계약이 존재하지 않는다.

나. 계약이행보증(Performance Guarantee)

기초계약상의 채무자가 계약을 이행하지 않는 경우 수익자에게 보증서금액을 지급하기로 하는 보증이며, 일반적으로 보증금액은 계약금액의 10~20% 정도이다. 계약체결 이전에 계약이행보증서가 발행되는 경우 "해당 계약이 체결될 때까지 동 보증서는 유효하지 않다"라는 선행조건이 붙는 경우도 있다.

계약이행보증의 만료일까지 계약이 이행되지 않으면 보증신청인은 보증의 연장을 보증인(보증은행)에 신청할 수 있다. 수익자도 보증은행에 보증의 만료일을 연장하거나 연장불능 시 대금지급을 요청하게 된다.

This guarantee is not operative unless and until the plant contract has been concluded.

그러나 위의 문언은 서류를 요구하지 않았기 때문에 비서류적 조건(URDG758 제7조)으로 간주되므로 아래와 같은 문언으로 기재해야 한다.

This guarantee is operative only upon presentation of a copy of signed contract at our counters, confirming that the contract has been effected.
(이 보증서는 해당 계약이 체결되었다는 '서명된 계약서 사본'을 자행에 제출해야만 효력이 발생한다.)

다. 선수금환급보증(Advance Payment Guarantee)

기초계약상 주채무자가 계약을 불이행하는 경우 수익자에게 이미 지급한 선수금을 환급하기로 하는 보증으로 선수금을 반환받을 수 있는 안전장치의 역할을 한다. 계약이행보증이 함께 요구되는 경우가 일반적이며, 대부분 선수금을 지급받기 전에 선수금환급보증이 수익자(발주자 등) 앞으로 발행되므로, "선수금을 지시당사자(보증신청인)가 지급받을 때까지 보증서가 유효하지 않다"는 조건부 문언을 반드시 삽입해야 한다.

Drawing not available until advance payment of USD1,000,000 is made to the applicant's account no. 123456 with us.

실무상 선수금환급보증은 우리나라에서 가장 많이 이용되는 보증 중의 하나이며, 'Repayment Guarantee'라고도 한다.

일반적으로 선수금환급보증을 해외건설, 플랜트 등 수출에서는 'AP Bond', 선박수출에서는 'RG'란 용어로 사용되고 있다.

RG(Refund Guarantee)란 선박건조 선수금환급보증으로, 조선사(Ship Builder)가 선주(Buyer)로부터 선수금을 미리 영수하고 관련 선박의 건조 및 인도(Delivery) 미이행 시 선주에게 선박건조 선수금을 환급할 것을 보증하는 것을 말한다.

(제3절 외화지급보증의 실무적용사례 [사례연구 3] 참조)

라. 유보금환급보증(Retention Guarantee)

기성고방식의 건설용역 · 플랜트수출 등에서 발주자는 각 기성 단계별로 수주자의 완공불능위험에 대비하기 위하여 기성대금의 일부를 지급하지 않고 유보하는 경우 이를 유보금이라고 하며, 만약 수주자가 유보금환급보증을 발주자 앞으로 발행하면 유보금을 공제하지 않고 기성대금을 전액을 받을 수 있다. 유보금은 통상 기성대금의 5~10% 정도이며, 유보금환급보증은 계약이행보증이 발행되는 경우 이와 중복되는 측면이 있어 계약에 따라서는 유보금환급보증을 별도로 요구하지 않는 경우가 대부분이다. 'Retention Money Guarantee'라고도 한다. 유보금환급보증은 일반적으로 '보증신청인의 유보금 수령과 동시에 보증서 효력이 발생한다'라는 조건이 붙는다.

> It is a condition for any claim payment to be made under this guarantee that guarantee that the retention money payment referred above must have been received by the Applicant on his account number 123456 at KBI Bank, Seoul, Korea.

위와 같은 선행조건이 없는 보증서를 발행하는 경우에는 당사자 간 불필요한 분쟁을 야기할 수 있으므로 보증서상에 명시하는 것이 바람직하다.

마. 하자보증(Maintenance Guarantee)

해외건설공사에서는 발주자가 공사완료 후 잔금을 지급할 때 하자보수기간(통상 1년~2년)에 발생할 수 있는 하자보수비용을 공제한 후 수주자에게 지급한다. 만약 계약에 따라 하자보증서를 발행하면 동 비용(통상 5~10%)을 공제하지 않고 수주자에게 지급되며, 'Warranty Guarantee'라고도 부른다.

[그림 4] 해외건설 · 플랜트계약에 따른 단계별 은행보증서 발행흐름도 예시

보증서명		발행 시점	보증 대상
B Bond (Bid Bond)	입찰보증	공사입찰 시	낙찰자의 계약기피
※ 입찰보증서 : 입찰보증금의 납입을 대신하기 위함.			
P Bond (Performance Bond)	계약이행보증	계약체결 시	계약불이행
※ 계약이행보증서 : 본 계약 동시에 제출을 요구함.			
AP Bond (Advance Payment Bond)	선수금환급보증	선수금지급 시	선수금반환 불응
※ 선수금환급보증서 : 선수금을 지불하기 앞서 요구함.			
R Bond (Retention (Money) Bond)	유보금(환급)보증	기성고에 따른 공사 대금지급 시	공사대금지급 후 하자 또는 계약불이행
※ 유보금환급보증서 : 기성고에 따른 공사대금 지급시 유보금 적립을 대신함.			
M Bond (Maintenance Bond)	하자보증	공사완공 시	공사완료 후 하자
※ 하자보증 : 공사완공 후 일정기간 하자발생에 대비하기 위하여 요구함.			

▶ 해외건설 · 플랜트계약 등의 경우 위와 같이 단계별로 발행될 수 있으나, 계약내용 등에 따라 달라질 수 있으므로 기초계약을 면밀하게 검토해야 한다.
일반적으로 계약이행보증과 선수금환급보증을 동시에 요구하는 경우가 많다.

※ 실무적으로 'Bond'는 Guarantee와 동일한 명칭으로 사용되고 있음.

2) 금융보증

금융보증은 보증신용장(Standby L/C) 형태로 개설되며, 실무상 청구보증(Demand Guarantee) 형태로 발행되는 경우는 대금지급보증(Payment Guarantee)을 제외하고는 거의 없다. 금융보증의 용도로 이용되는 보증신용장(Standby L/C)은 다음과 같다.

가. 금융보증신용장(Financial Standby L/C)

금융거래에서 사용되며 대출계약 또는 소비대차계약에서 채무자에 의한 채무불이행(대출금 미상환 등)이 있을 경우 개설은행이 채권자(대출은행)에게 대출금을 상환할 것을 약정한 보증신용장이다.

[그림 5] 금융보증신용장의 개설 예시

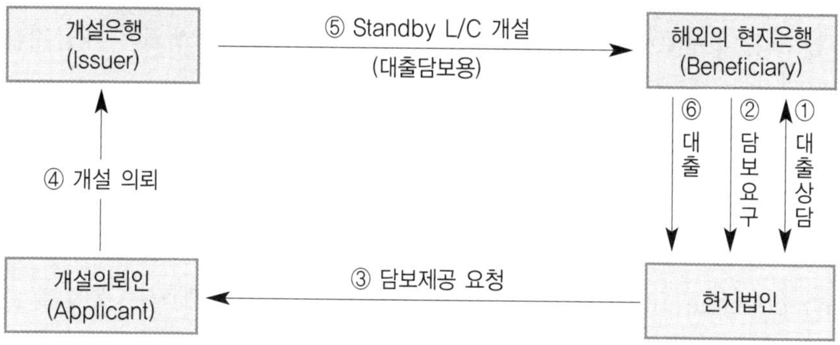

▶ 개설의뢰인의 현지법인이 해외 현지은행(수익자)으로부터 대출을 받은 후, 대출만기일에 대출금을 상환하지 못하는 경우 수익자인 해외 현지은행은 개설은행으로 상환청구를 하게 된다.

[유의사항]

금융보증신용장상 'Beneficiary'는 반드시 여신을 실행할 '해외의 현지은행'이 되어야 한다.

개설은행의 공신력을 이용하여 보다 낮은 비용으로 채무자의 신용을 크게 향상시키는 효과를 가진다는 이점을 바탕으로, 주로 국내 법인의 해외 현지법인에 대한 여신담보 제공 등의 용도에 이용되고 있다.

(제3절 외화지급보증의 실무적용사례 [사례연구 1], [사례연구 2] 참조)

나. 상업보증신용장(Commercial Standby L/C)

물품 수출입과 관련하여 개설의뢰인(수입상)이 무역계약에서 정한 결제방식에 따라 대금지급을 이행하지 않을 경우 수익자(수출상)에게 매매대금을 지급할 것을 약정한 보증신용장으로 수입상의 대금지급의무를 확약한다는 점에서 상업신용장을 대체하는 결제방식으로서의 기능을 하고 있다. 예를 들어, OA(Open Account)와 같은 사후송금결제방식으로 무역계약을 하는 경우, 수입상이 물품만 받고 대금을 송금하지 않을 경우에 수입상의 대금지급 의무이행을 보장할 목적으로 활용된다.

상업보증신용장은 매수인의 대금지급의무를 보증한다는 점에서 상업신용장(Commercial Credit)과 가장 유사한 기능을 수행하는 보증신용장이라 할 수 있으며, 청구보증서(Demand Guarantee) 형식으로 발행되는 대금지급보증(Payment Guarantee)과 용도가 동일하다(Commercial Standby L/C = Payment Guarantee).

즉, 수입상의 대금지급의무를 보증한다는 점에서 상업신용장(Commercial Credit), 상업보증신용장(Commercial Standby Credit), 대금지급보증(Payment Guarantee) 모두 유사한 기능 및 역할을 수행하게 되는 것이다.

상업보증신용장은 OA(Open Account)방식 등 수출거래에서 안전장치로 사용될 경우 상업신용장을 결제방식으로 사용한 것과 비교하여 이점이 있을 수 있다.

첫째, 상업보증신용장은 수출상에게 상업신용장보다 더 강한 지급확약기능이 있어 수입상으로부터의 대금회수불능위험을 제거할 수 있다. 상업신용장은 기본적으로 제시된 서류와 일치를 전제로 하는 조건부 지급확약이나, 보증신용장은 비교적 서류심사가 완화된 무조건적인 지급조건으로 개설된다. 즉 물품을 받은 수입상이 대금을 지급하지 않더라도 수출상은 보증신용장에 따라 개설된 은행에 대금지급을 청구하면 지급을 받을 수 있으므로 대금회수불능의 위험의 부담을 없앨 수 있다.

[그림 6] 상업보증신용장의 개설 예시

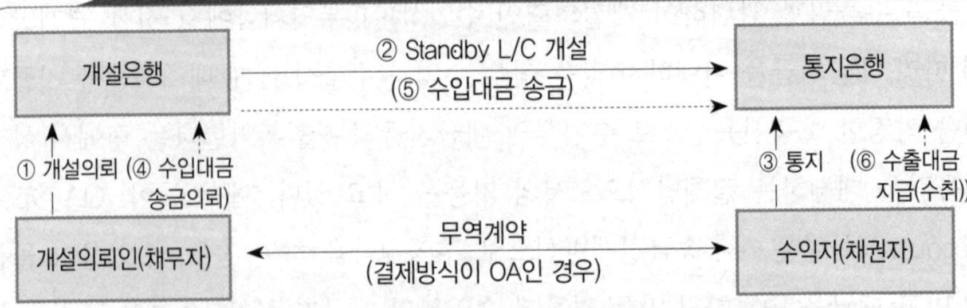

▶ 만약, 개설의뢰인(수입자)이 무역계약상 OA만기일에 수입대금을 결제하지 못하는 경우에 수익자는 개설은행에 지급청구를 하게 된다.

둘째, 상업보증신용장은 상업신용장에 비하여 거래절차에 있어서 편리성이 있다. 보증신용장에서는 수입상이 단순한 서류만을 요구하므로 수출상의 입장에서는 비교적 복잡하고 많은 서류를 요구하는 상업신용장과는 달리 시간과 비용을 절약할 수 있다.

다. 보험보증신용장(Insurance Standby L/C)

개설의뢰인의 보험 또는 재보험 의무를 보장하기 위하여 사용된다.

[그림 7] 보험보증신용장의 개설 예시

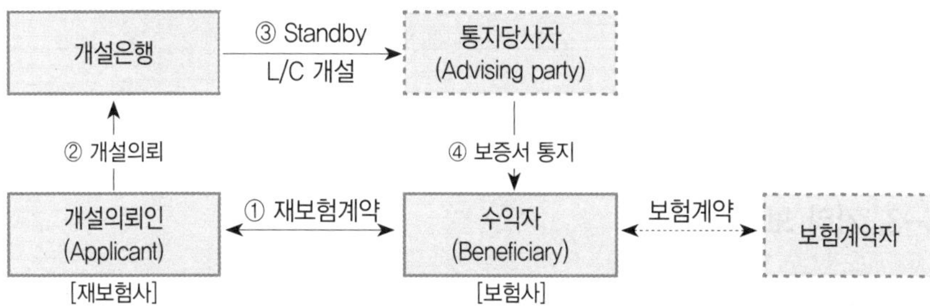

▶ 보험사가 보험계약자와 보험계약을 한 후에 위험분산을 위해 재보험사에 재보험에 가입하였으나, 보험사고 발생 시 재보험사의 지급불능에 대비하여 보험사가 재보험사에 Standby L/C를 요구하게 된다.

라. 직불보증신용장(Direct Pay Standby L/C)

최근에 등장한 새로운 유형의 보증신용장으로, 불이행 발생 여부와 관계없이 근거계약에 따른 지급기일이 도래하는 경우 지급할 것을 약정한 1차 지급수단을 의미하며, 외국의 경우 지방공공단체에 의하여 지방채 등의 발행 시에 이용되는 경우도 있다. 간혹 개설의뢰인의 의무불이행과 연계되어 개설되는 경우도 있으나 1차적 지급수단임에는 변함이 없다. '직접지급보증신용장'이라고도 부른다.

[그림 8] 직불보증신용장의 개설 예시

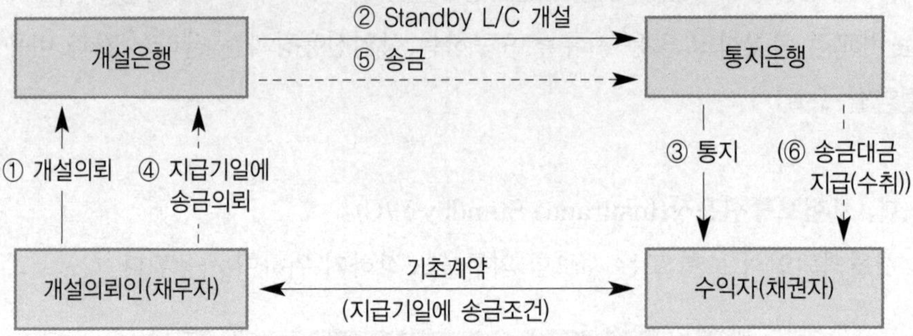

▶ 개설의뢰인(채무자)이 기초계약상 지급기일에 송금(지급)하지 못하는 경우에 수익자(채권자)는 개설은행에 지급청구를 하게 된다.

5-3. 기타 보증형태

1) Syndicated Guarantees

보증금액이 큰 경우 한 개의 은행으로는 위험부담이 크기 때문에 위험부담을 분산시키기 위하여 보증서 발행에 여러 은행이 참가하는 것을 말한다. 수익자가 일반적으로 선호하는 방법은 간사은행 역할을 맡은 한 은행이 보증금액 전액에 대하여 보증서를 발행하고, 참가은행은 간사은행을 수익자로 하는 구상보증서를 발행하는 것이다. 대금이 지급될 경우 간사은행이 구상보증서에 근거하여 참가은행으로부터 합의된 비율대로 대금을 회수하는 것이다.

[그림 9] Syndicated Guarantee의 예시

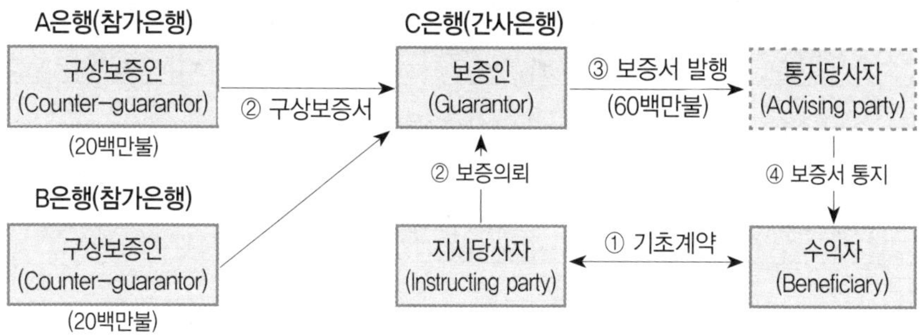

▶ 지시당사자가 C은행에 보증금액 60백만불의 보증서의 발행을 의뢰하였으나 발행금액이 큰 경우에 A은행, B은행을 참가시켜 간사은행인 C은행은 자신의 부담금액 20백만불을 포함한 60백만불에 해당하는 보증서를 수익자에게 발행함.

※ 지시당사자와 보증신청인이 동일인인 경우임.

2) Back-to-Back Guarantee

A사로부터 Guarantee를 발행받은 B사가 이 보증서를 근거로 하여 거래은행에 C사를 수익자로 하는 Guarantee를 발행하는 경우를 말한다.

경우에 따라 제조업자로부터 최종매입자까지 다수의 중간 매입자와 매도자가 게재될 수 있으며, 각 단계에서의 계약 미이행 또는 미지급 위험은 대금지급보증(Payment Guarantees) 또는 계약이행보증(Performance Guarantees)에 의해 해소될 수 있다.

Back-to-Back Guarantee는 각각 독립적이기 때문에 어떤 한 보증서가 지급청구 된다고 하더라도 다른 보증서 또한 청구되는 것은 아니다.

[그림 10] Back-to-Back Guarantee의 예시

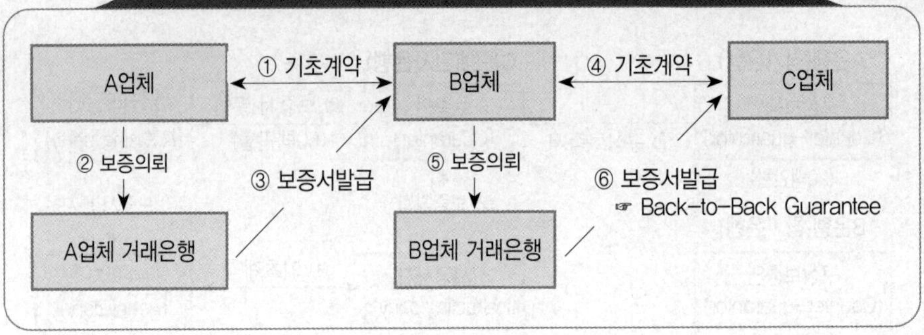

6. 외화지급보증과 국제규칙의 적용

6-1. Standby L/C 및 Demand Guarantee의 적용규칙

Standby L/C 및 Demand Guarantee에 적용되는 준거규칙은 신용장통일규칙(UCP600), 보증신용장통일규칙(ISP98), 청구보증통일규칙(URDG758), 독립적 보증 및 보증신용장에 관한 국제협약, 현지법률 등이 있다.

Standby L/C의 경우 주로 신용장통일규칙(UCP600) 또는 보증신용장통일규칙(ISP98)이 적용되고, Demand Guarantee의 경우에는 청구보증통일규칙(URDG758) 또는 현지법률 등을 적용하여 발행되고 있다.

[용어해설] 준거규칙(Governing Rule)

무역 거래는 관습을 달리하는 당사자 간 매매이므로 계약 내용 해석에 의견 차이나 분쟁이 발생할 수 있으므로 '어떤 국제규칙에 의거 해석할 것인가(준거규칙)'를 정하고 계약서 또는 신용장 등에 이 규칙을 명시하게 된다.

1) 신용장통일규칙(UCP600)

4차 개정 신용장통일규칙(UCP400)부터 UCP 적용범위가 보증신용장까지 확

대되었다. 다만 신용장통일규칙(UCP600)은 상업신용장에 적용하기 위한 것이므로 모든 조항이 보증신용장에 적용되는 것이 아니라 적용 가능한 범위 내에서만 적용된다.

예를 들어, 할부청구에 대한 조항, 선적서류 관련 조항 등과 같이 보증신용장에 적용하면 문제가 되는 조항도 있다. 따라서 보증신용장에서 신용장통일규칙(UCP600)을 준거규칙으로 적용하고자 하는 개설은행, 개설의뢰인 등은 적용 불가능한 조항이나 보증신용장통일규칙(ISP98)과 상충되는 조항의 적용을 배제하거나 변경할 것을 적극 검토해야 한다.

이러한 측면으로 인하여, 보증신용장(Standby L/C)에서 신용장통일규칙(UCP600)을 적용하기가 곤란한 문제점을 가지고 있다.

[참고] 보증신용장개설 시 UCP600에서 적용 배제 고려 조항

1. 제13조(은행간 상환약정)

개설은행은 보증신용장에서 전신(Telegraphic Transfer) 청구를 허용할 것인지 그리고 신용장대금상환통일규칙(URR725)을 함께 적용할 것인지를 고려해야 한다. 만약 이를 허용하게 되면 전신청구를 접수한 개설은행은 청구받은 다음날부터 3영업일 이내에 지급해야 하기 때문에 UCP600에서 최장 5영업일의 서류심사기간을 가질 수 없기 때문이다.

– 개설은행, 개설의뢰인이 적용배제를 고려해야 할 조항

2. 제14조(서류심사의 기준) c항

보증신용장에서는 통상 운송서류 원본이 요구되지 않기 때문에 이 조항이 적용 배제될 수 있다. 하지만 보증신용장에서 운송서류 원본을 요구하는 경우 개설은행은 이 조항의 적용여부를 신중히 고려해야 한다. 이유는 상업신용장과 달리 수익자로서는 개설의뢰인이 실제 의무불이행을 하였는지 판단하고 지급청구서류를 준비하는 데 선적일 후 21일보다 더 많은 시일을 필요로 하는 경우가 있기 때문이다. UCP600 제14조 c항이 적용배제되는 경우, 보증신용장에서 운송서류가 요구될 때 선적일 후 21일 이내에 서류를 제시해야 한다는 조항이 적용되지 않는다.

3. 제19조~25조(운송서류)

보증신용장에서 운송서류 원본을 요구하지 않을 경우 운송서류에 관한 조항인 UCP600 제19조~25조는 배제될 수 있다.

4. 제29조(유효기일 또는 최종제시일의 연장)

ISP98은 제시장소에서 제시기간의 최종 영업일이 지정은행의 휴업일(休業日)이라면 신용장에 다른 명시가 없다면 자동적으로 30일 연장된다(제3.14조). 하지만UCP600은 불가항력 이외의 사유로 제시장소에서 제시기간의 최종 영업일이 지정은행의 휴업일이면 영업재개 후 첫 영업일까지 자동연장된다. 이 조항의 변경은 수익자가 자신을 보호하기 위하여 요청하게 된다.

– 수익자가 적용배제를 고려해야 할 조항

5. 제32조(할부청구 및 할부선적)

보증신용장은 통상 개설의뢰인의 의무불이행에 따른 지급을 받기 위한 것이므로 개설의뢰인이 의무불이행 사실이 없다면 지급청구가 발생하지 않는다. 만약 이 조항을 배제 또는 변경하지 않는다면 개설의뢰인의 의무불이행이 발생하지 않아 지급청구를 하지 않은 경우, 수익자는 차후에 할부지급청구를 할 수 없게 된다.

– 수익자가 적용배제를 고려해야 할 조항

6. 제36조(불가항력)

ISP98(제3.14조)과는 달리 UCP600에서는 불가항력을 이유로 은행영업이 중단된 경우 유효기간이 연장되지 않는다.

– 수익자가 적용배제를 고려해야 할 조항

7. 제38조(양도가능 신용장)

보증신용장이 양도를 허용하지 않는다면 이 조항은 배제되어야 한다. 제2수익자가 제3수익자 앞으로 양도를 허용하려면, 보증신용장에 이 조항을 변경하여 명백하게 허용문구를 삽입하여야 한다.

2) 보증신용장통일규칙(ISP98)

보증신용장통일규칙(International Standby Practices, ICC Publication No. 590 ; 약칭 ISP98)은 보증신용장을 사용하는 미국의 주도로, 청구보증(독립적 은행보증)과는 다른 별도 국제규칙의 필요성에 의해 제정되어 1999년 1월 1일부터 발효되었다.

앞서 설명한 바와 같이, 신용장통일규칙(UCP600)이 보증신용장에 적용하기에는 적절하지 않은 조항이 많다는 점에서 보증신용장통일규칙(ISP98)의 제정이 필요하게 되었다. 즉 보증신용장(Standby L/C)도 상업신용장(Commercial

L/C)과 마찬가지로 신용장통일규칙(UCP600)을 적용을 받을 수는 있지만, 신용장통일규칙은 복잡하고 다양한 형태의 보증신용장(Standby L/C)에는 적용하기가 적절하지 않을 뿐만 아니라 앞서 설명한 바와 같이 완전하게 적용하기가 곤란한 문제점이 있다. 따라서 보증신용장(Standby L/C)에는 별도의 국제규칙인 보증신용장통일규칙(ISP98)을 제정하여 사용하고 있는 것이다.

ISP98의 일부 조항은 UCP600의 조항을 명확히 하거나 해석하는 데 도움이 될 수 있기 때문에, 필요에 따라서는 ISP98과 다른 규칙(예 : UCP600)과 함께 적용되도록 명시한 보증신용장이 개설될 수 있을 것이다. 이 경우에 두 규칙이 충돌하는 범위 내에서는 ISP98이 우선한다(ISP98 제1.02조 b항).

UCP600과 ISP98이 함께 적용되는 경우 예시
This standby L/C is subject to UCP600 and ISP98.

3) 청구보증통일규칙(URDG758)

URDG758은 1991년에 제정된 청구통일규칙보증(Uniform Rules for Demand Guarantees, ICC Pub. No.458 ; 약칭 URDG458)을 개정하여 2009년 12월 공표 후, 2010년 7월 1일부터 발효되도록 개정되었다. URDG758은 국제적으로 많이 사용되지 않았으나 최근 적용사례가 크게 증가하고 있는 추세이며, 보증서에 URDG가 적용된다는 문구가 없다 하더라도 URDG가 적용된다고 본 판례들이 있다. SWIFT MT760으로 청구보증(구상보증 포함)을 통지하는 경우에는 다음과 같이 보증서상에 URDG758이 적용됨을 명시하여야 한다.

THIS GUARANTEE IS SUBJECT TO THE UNIFORM RULES FOR DEMAND GUARANTEES (URDG) 2010 REVISION, ICC PUBLICATION NO. 758.

[참고]

URDG7580이 발효된 이후에는 청구보증(구상보증 포함)에서 URDG를 준거규칙으로 명시하면서 URDG458 또는 URDG758인지를 지칭하지 않으면 URDG7580이 적용된다(URDG758 제1조 d항).

국제상업회의소(ICC)는 URDG758에 따라 발행되는 보증서의 작성에 대해 편리성 및 통일성 등을 도모하기 위하여 표준모델 양식(ICC Model Form under URDG758)을 제정하였다. 이는 URDG758하에서의 '청구보증'과 '구상보증'에 관한 ICC에서 권장하는 표준화된 양식이다(부록 3-1, 3-2 참조).

4) 독립적 보증 및 보증신용장에 관한 국제협약

1995년 UN국제상거래법위원회(The United Nations Commission on International Trade Law)는 독립적 보증 및 보증신용장에 관한 UN협약(The UNCITRAL Convention on Independent Guarantees and Standby Letters of Credit)을 제정하였다. 2000년 1월 1일부터 발효된 이 협약은, 비준국가에서는 법률의 일부로 간주되어 구속력을 가지므로 보증서(구상보증서 포함) 또는 보증신용장에 적용된다는 명시를 할 필요가 없다. 이 협약을 비준한 국가에서 보증서(구상보증서 포함)에 URDG가 적용된다고 명시하면 두 개의 규정이 상호 보완적으로 같이 적용된다.

5) 기타 국제규칙

가. 계약보증통일규칙(URCG325)

1978년에 ICC에서 제정한 계약보증통일규칙(Uniform Rules for Contract Guarantees, Publication No.325 ; 약칭 URCG325)은 수익자가 지급청구를 위해서는 판결문(judgment) 또는 중재결정문(arbitral award) 또는 거래상대방의 청구인정과 금액에 대한 서면승인서를 제출하게 함으로써 청구보증에서 부당한 대금청구(unfair calling) 문제를 해결하려고 하였다. 그러나 불공정 청구를 방지하기 위한 이러한 서류 요구조건은 이 규칙의 적용을 제한하는 결과를 초래하여 URDG로 대체되는 결과를 낳았다.

나. 일반보증통일규칙(URCB524)

1994년 1월 1일 시행된 일반보증통일규칙(Uniform Rules for Contract Bonds, Publication No.524 ; 약칭 URCB524)은 보증신청인의 의무불이행

에 대한 어떠한 입증도 없이 대금지급 청구를 할 수 있는 것에 대한 우려에서 제정되었으나 현재는 실무상 거의 사용되지 않고 있다. 이 규칙은 부종보증(Suretyship Guarantees)에 대해 규정하고 있고, 수익자가 거래상대방의 1차적인 계약의 불이행을 입증하여야만 대금을 지급받을 수 있다. '부종보증통일규칙'이라고도 한다.

6-2. ISP98, UCP600 및 URDG758의 비교

1) 발행자의 자격

① UCP600 : 신용장을 개설하는 자를 '개설은행(issuing bank)'이라고 하여 그 주체를 은행으로 한정하고 있으나, 2002년 ICC Official Opinion(R.505)에서 수익자가 인정하면 기업도 신용장을 개설할 수 있다고 함으로써 다른 규칙과 실제 차이점이 없다고 볼 수 있다.

② ISP98 : 개설은행이라는 명칭을 사용하지 않고 개설인(the issuer)이라는 명칭을 사용(제1.11조)하며, 은행이 아닌 비금융기관 또는 기업도 보증신용장을 개설할 수 있다.

③ URDG758 : 보증인(guarantor)이라고 명시(제2조)하고 있으며, 은행이 아닌 자도 보증서를 발행할 수 있다. 청구보증서는 대부분 은행에 의해서 발행되지만, 일반회사의 경우 모회사가 자회사를 위하여 보증서를 발행할 수 있다.

2) 은행의 다른 지점의 지위

① UCP600(제3조), URDG758(제3조) : 다른 국가에 있는 동일 은행 지점만 다른 은행으로 간주한다.

② ISP98 : 동일 국가에 있는 다른 지점도 다른 은행으로 간주한다(제2.02조).

3) 연장 또는 지급(Extend or Pay)의 선택부 지급청구 규정

① UCP600 : 연장 또는 지급이라는 개념이 없고 신용장에 따른 제시가 곧

지급청구이다.

② ISP98 : '연장 또는 지급'을 규정(제3.09조)하고 있고 제시일의 다음 영업일부터 7영업일을 초과할 수 없다.

③ URDG758 : 제23조에서 '연장 또는 지급'을 규정하고 있고, 선택부 지급청구에 대하여 최장 30일까지 지급을 정지할 수 있다. 보증신청인이 유효기간 연장에 동의하였더라도 보증은행은 연장을 거절할 수 있고 그런 경우에는 지급하여야 한다고 규정하고 있다.

4) 할부지급청구

① UCP600 : 할부사용(Installment drawing)에서 해당 할부부분을 할부기간 내에 청구하지 않으면 그 할부부분뿐만 아니라 차후의 할부부분까지도 무효가 되는 것으로 규정한다. 이는 상업신용장에서 의미를 갖는다(제32조).

② ISP98 : 각 서류의 제시는 독립적인 것으로 규정한다. 이는 개설의뢰인과 수익자의 기초거래(underlying transaction)가 통상 순차적으로 이루어지는 것으로서 어느 특정시점 이후에서의 할부지급청구를 무효화하는 것은 거래를 방해하는 것이 되기 때문이다(제3.07조). 즉, 해당 할부지급청구분을 사용하지 않으면 해당 할부분만 무효가 되고 차후의 할부분은 무효가 되지 않는다.

③ URDG758 : 할부지급청구에 대한 규정이 없다.

5) 불가항력 사유로 영업이 중단되었을 경우 유효기일 연장 여부

① UCP600 : 불가항력 사태가 발생하여 은행영업이 중단되어 수익자가 유효기일 이내에 일치하는 제시를 하지 못하더라도 유효기일이 연장되지 않는다(제36조).

② ISP98 : 이유에 관계없이 영업재개 후 30일까지 유효기일이 자동연장된다. 그리고 영업중단이 사전에 예상되면 서류제시장소를 변경할 수도 있다(제3.14조).

③ URDG758 : 불가항력 사태가 발생하여 은행영업이 중단되는 경우 30일의 기간 동안 유효기일이 자동연장된다(제26조).

6) 서류의 언어

① UCP600 : 서류의 언어에 대한 규정이 없으나, 국제표준은행관습(ISBP 745) A21에서 다음과 같이 규정하고 있다.

> A21) a. 신용장에서 제시서류의 언어를 명시한 경우에, 신용장이나 UCP600에 의하여 요구되는 정보는 그 언어로 기재되어야 한다.
> b. 신용장에서 제시서류의 언어에 대하여 침묵하는 경우에, 서류는 어느 언어로 작성되어도 무방하다.
> (c, d, e는 생략)

② ISP98 : 수익자가 발행한 서류는 보증신용장에서 사용한 언어를 사용할 것을 규정하고 있다(제4.04조).

③ URDG758 : 서류 언어에 대하여 아무런 규정이 없다.

7) 비서류적 조건

① UCP600 : 해당 조건의 충족 여부를 확인하기 위한 서류를 요구하지 않으면 비서류적 조건으로 본다(제14조 h항).

② ISP98(제4.11조)와 URDG758(제7조) : 두 가지 요건, 즉 (i) 어떤 서류도 요구하지 않았고, (ii) 조건의 준수 여부를 개설은행 자신의 기록 또는 활동으로부터 개설은행이 직접 결정할 수 없어야 한다는 조건이 모두 충족될 때 비서류적 조건으로 본다.

③ 관련사례

보증신용장조건 중의 하나로 "This Standby will only be honoured if the applicant is in default."라고 명시하고 있다면, 이 조건은 UCP600, ISP98 및 URDG758 모두에서 비서류적 조건으로 간주된다.

그러나 보증신용장 조건 중의 하나로 "This Standby will only be honoured if the beneficiary issues a performance bond of

US$1,000,000 in favor of the applicant and such performance bond is advised through us."라고 명시하고 있다면, 이 조건은 ISP98에서는 비서류적 조건으로 볼 수 없다. 왜냐하면 당해 조건의 충족 여부를 개설은행 자신의 기록으로부터 또는 개설은행의 통상적 업무 내에서 결정할 수 있기 때문이다. 그러나 UCP600에서는 이 조건을 비서류적 조건으로 본다. 비서류적 조건으로 간주되어 무시되는 위험을 줄이기 위해서는 보증신용장상에 '요구서류(Documents Required)'로서 명시토록 하는 것이 바람직하다.

8) 서류심사기간과 그 기산일

가. 서류심사기간

구 분	서류심사기간	서류심사기간 기산일
UCP600	서류접수 다음 영업일부터 최장 5영업일	휴일도 서류접수일로 인정 (ICC Opinion R.265)
ISP98	제시일의 다음 영업일부터 • 3영업일 이내 : 비합리적이지 아니한 (not unreasonable) • 7영업일 경과 : 비합리적 (unreasonable)	영업일만 서류접수일로 인정
URDG758	서류제시일의 다음날부터 5영업일	관련 규정 없음

나. 서류심사기간 기산일 예시

토요일에 서류가 은행에 접수된 경우

① UCP600 : 토요일 접수된 것으로 보고 월요일을 서류심사기간 기산의 첫날로 계산한다(ICC Opinion R.265).

② ISP98 : 다음 첫 영업일날 접수된 것으로 간주하여 월요일이 서류접수일이고 화요일을 첫 영업일로 하여 서류심사기간을 계산한다(제9.03조).

③ URDG758 : 서류심사기간 기산일에 대한 규정이 없다.

※ 서류심사기간 기산일과 관련해서 분쟁의 소지가 있으므로, 실무상 은행에서는 영업일의 영업시간 경과 후 및 휴일에는 서류를 접수하지 않고 있다.

9) 지급거절 통지수단

① UCP600과 ISP98 : 개설은행이 서류 제시인에게 지급거절을 통지할 때에는 Telecommunication(원격통신)으로 할 것을 규정하고 있다. Telecommunication은 SWIFT, 케이블, 텔렉스, 팩스뿐만 아니라 전화도 포함하고 있다.

② URDG758 : 지급거절 통지수단을 규정하지 않고 있다.

10) 서류의 처분

① UCP600 : 결제거절 통지 시 서류의 처분상황을 명시할 것을 요구하고 있다(제16조 c항).

② ISP98 : 서류 처분상황의 명시를 요구하고 있지 않으나, 제시인의 합리적 지시에 따라 반환, 보관, 처분되어야 한다고 규정하고 있다(제5.07조).

③ URDG758 : 서류 처분상황의 명시를 요구하고 있지 않지만, 서류 처분에 대하여 보증은행은 지급거절 통지 후 언제든지 종이형태의 서류를 제시인에게 반환할 수 있고, 전자형태의 서류는 이를 폐기할 수 있다고 규정하고 있다(제24조).

11) 양도

가. 양도횟수와 분할양도

① UCP600 : 제1수익자가 제2수익자 앞으로 양도하는 것만 허용되고 제2수익자가 다시 제3수익자 앞으로 양도하는 것은 허용되지 않으며, 신용장에서 분할청구/선적을 금지하지 않았다면 분할(일부)양도가 허용된다(제38조).

② ISP98(제6.02조), URDG(제33조) : 양도횟수에는 제한이 없고(단 URDG 758에서 구상보증서는 양도될 수 없음), 분할(일부)양도는 금지된다.

나. 법에 의한 양도

① UCP600, URDG758 : 아무런 규정이 없다.

② ISP98 : 법에 의한 양도에 대해 규정하고 있고 상속인, 유산관리인, 청산인, 신탁관리인, 재산관리인, 승계회사, 기타 법률에 의하여 수익자의 권리 승계인이라고 주장하는 자가 수익자의 적법한 양수수익자처럼 자신의 명의로 서류를 제시하는 경우에, 법의 적용에 의한 양도에 관한 규칙이 적용된다(제6.11조).

7. 외화지급보증과 외국환거래규정

외국환은행은 외국환거래법 · 시행령 · 규정 등에 따른 신고 여부를 사전에 검토한 후 보증을 취급하여야 한다.

외국환은행의 보증은 외국환거래규정 제2-8조(보증), 채무의 보증계약은 제7-17조(신고의 예외거래), 현지금융 관련 보증은 제8-2조(신고 등), 교포 등에 대한 여신관련보증은 제7-18조 ③항 등에 명시되어 있다.

[관련규정 1] 외국환은행의 보증 - 외국환거래규정 제2-8조(보증)

① **외국환은행이 다음 각 호의 1에 해당하는 보증을 하고자 하는 경우에는 신고를 요하지 아니한다.**

1. 거주자 간의 거래에 관하여 보증을 하는 경우
2. 거주자(채권자)와 비거주자(채무자)의 인정된 거래에 관하여 채권자인 거주자에 대하여 보증을 하는 경우로서 비거주자가 외국환은행에 보증 또는 담보를 제공하는 경우
3. 거주자(채무자)와 비거주자(채권자)의 인정된 거래에 관하여 채권자인 비거주자에 대하여 보증을 하는 경우
4. 교포 등에 대한 여신과 관련하여 당해 여신을 받는 동일인당 미화 50만불 이내에서 보증(담보관리승낙을 포함한다)하는 경우

[참고] 외국환은행의 보증행위 자체는 신고예외 사항이나, 보증신청인은 규정 제7-18조에 의거 외국환은행에 신고하여야 한다.

5. 비거주자 간의 거래에 관하여 보증을 하는 경우로서 다음 각 목의 1에 해당하는 경우
   가. 제8-2조의 규정에 해당하는 보증
   나. 해외건설 및 용역사업에 있어 거주자가 비거주자와 합작하여 수주 · 시공 등을 하는 공사계약과 관련한 입찰보증 등을 위한 보증금의 지급에 갈음하는 보증
   다. 국내기업의 현지법인 또는 해외지점이 체결하는 해외건설 및 용역사업, 수출, 기타 외화 획득을 위한 계약과 관련한 입찰보증 등을 위한 보증금의 지급에 갈음하는 보증
   라. 가목 내지 다목의 경우를 제외하고 거주자가 외국환은행에 보증 또는 담보를 제공하지 않은 경우. 다만, 비거주자로부터 국내재산을 담보로 제공받아 보증(담보관리승낙을 포함한다)하는 경우 제외

② 제1항에 해당하는 경우를 제외하고 외국환은행이 보증(담보관리승낙을 포함한다)을 하고자 하는 경우에는 보증을 의뢰하는 당사자가 한국은행총재에게 신고하여야 하며, 한국은행총재는 필요시 동 신고내용을 국세청장에게 열람하도록 하여야 한다.

[관련규정 2] 채무의 보증계약 – 외국환거래규정 제7-17조(신고의 예외거래)

다음 각호의 1에 해당하는 채무의 보증계약에 따른 채권의 발생 등에 관한 거래를 하고자 하는 경우에는 신고를 요하지 아니한다.

1. 거주자(채권자)와 거주자(채무자)의 거래에 대하여 다른 거주자가 외국통화표시 보증을 하는 경우
2. 거주자의 수출거래와 관련하여 외국의 수입업자가 외국환은행으로부터 역외금융대출을 받음에 있어 당해 거주자가 그 역외금융대출에 대하여 당해 외국환은행에 외국통화표시 보증을 하는 경우(당해 외국환은행은 수출관련 역외금융대출보증에 관한 보고서를 매 분기별로 익월 20일까지 한국은행총재에게 제출하여야 한다)
3. 국내에 본점을 둔 시설대여회사가 당해 시설대여회사 현지법인에 대한 외국환은행의 역외금융대출에 대하여 본사의 출자금액 범위 내에서 외국통화표시 보증을 하는 경우
4. 거주자가 이 규정에 의해 인정된 거래를 함에 따라 비거주자로부터 보증을 받는 경우
5. 거주자가 다음 각 목의 1에 해당하는 보증을 하는 경우
   가. 제7-14조 및 제7-15조의 규정에 의한 '자금차입계약'에 관하여거주자가 비거주자에게 보증을 하는 경우. 다만, 제7-14조 제1항의 규정에 의한 '주 채무계열 소속 상위 30대 계열기업체의 외화자금차입계약'에 관하여 동 계열 소속 다른 기업체가 보증하고자 하는 경우에는 그러하지 아니하다.

나. 거주자가 제4장에서 규정한 지급(제4-5조 내지 제4-7조의 규정에 의한 경우는 제외한다)을 외국통화표시 보증을 하는 경우

다. 거주자가 이 장 제8절 제2관의 규정에 의하여 인정된 임차계약을 함에 따라 국내의 다른 거주자가 외국통화표시 보증을 하거나 시설대여회사가 외국의 시설대여회사 국내의 실수요자 간의 인정된 시설대여계약에 대하여 외국통화표시 보증을 하는 경우

라. 거주자의 제7-21조 제1항 제5호의 규정에 의한 '약속어음 매각'과 관련하여 당해 거주자의 계열기업이 외국통화표시 대외보증을 하는 경우

마. 제2-6조 제1항 단서에 따라 비거주자가 한국은행총재에게 신고하고(제2-6조 제2항에 의해 신고가 면제되는 경우를 포함한다) 외국환은행으로부터 대출을 받음에 있어, 거주자가 보증 또는 담보를 제공하는 경우

6. 거주자가 비거주자와 물품의 수출 · 수입 또는 용역거래를 함에 있어서 보증을 하는 경우

7. 거주자 및 거주자의 현지법인이나 해외지점의 수출, 해외건설 및 용역사업 등 외화획득을 위한 국제입찰 또는 계약과 관련한 입찰보증 등을 위하여 비거주자가 보증금을 지급하거나 이에 갈음하는 보증을 함에 있어서 보증 등을 하는 비거주자가 부담하는 채무의 이행을 당해 거주자 또는 계열관계에 있는 거주자가 보증 또는 부담하는 계약을 체결하는 경우

8. 거주자 제7-11조 제1항 제3호에 해당하는 '해외장내파생상품거래에 필요한 자금의 지급'에 갈음하여 비거주자가 지급 또는 보증을 함에 있어서 지급 또는 보증을 하는 비거주자가 부담하는 채무의 이행을 당해 거주자 또는 당해 거주자 또는 당해 거주자의 계열기업이 보증 또는 부담하는 계약을 체결하는 경우

9. 국민인 거주자와 국민인 비거주자 간에 다른 거주자를 위하여 내국통화로 표시되고 지급되는 채무의 보증계약을 하는 경우

10. 제7-45조 제1항 제16호 및 제7-48조 제1항 제6호의 규정과 관련하여 「자본시장과 금융투자업에 관한법률」에 의한 증권금융회사가 비거주자에게 보증하는 경우

11. 거주자 및 거주자의 현지법인이나 해외지점이 비거주자와 해외건설 및 용역사업, 물품수출거래를 함에 있어 당해 비거주자(입찰대행기관 및 수입대행기관을 포함한다)와 보증등을 하는 경우

12. 제7-40조 제2항의 규정에 의한 파생상품거래에 관하여 거주자가 비거주자에게 보증을 하는 경우

[관련규정 3] 현지금융 관련 보증 – 외국환거래규정 제8-1조(적용범위 등) 및 제8-2조(신고 등)

제8-1조(적용범위 등)

① 금융기관(법 제3조제1항제17호에 규정된 금융회사 등을 말하며 그 해외지점을 포함한다), 그 금융기관의 현지법인 및 비금융기관이 설립한 현지법인금융기관을 제외하고 다음 각호의 1에 해당하는 자가 현지금융을 받고자 하는 경우에는 이 장에서 정하는 바에 의한다.

1. 거주자(개인의 경우에는 제외하며, 이하 이 항에서 같다)
2. 거주자의 해외지점(제9-19조의 규정에서 정한 비독립채산제 해외지점을 제외한다)
3. 거주자의 현지법인(거주자의 현지법인이 100분의 50 이상 출자한 자회사를 포함한다)

② 제1항제2호 및 제3호의 자(이하 "현지법인등"이라 한다)가 제2-10조의 규정에 의하여 역외금융대출을 받는 경우에도 이 장의 규정을 적용한다.

③ 현지금융으로 조달한 자금은 현지법인 등과 국내 거주자 간의 인정된 경상거래에 따른 결제자금의 국내 유입의 경우를 제외하고는 국내에 예치하거나 국내로 유입할 수 없다.

제8-2조(신고 등)

① 거주자 또는 현지법인 등이 현지금융을 받고자 하는 경우에는 다음 각 호의 구분에 따라 신고하여야 한다. 이 경우 주채무계열 소속 기업체의 경우에는 부득이한 경우를 제외하고 주채권은행을 현지금융관련 거래외국환은행으로 지정하여야 한다.

1. 거주자가 현지금융을 받고자 하는 경우
   가. 다른 거주자의 보증 및 담보(이하 이 장에서 "보증등"이라 한다)제공이 없거나 당해 거주자가 본인의 담보를 제공하는 경우 또는 외국환은행(종합금융회사를 포함하며, 이하 이 장에서 같다)이 보증을 하는 경우에는 당해 거주자가 지정거래외국환은행의 장에게 신고
   나. 다른 거주자가 보증등을 하는 경우에는 다른 거주자가 현지금융을 받는 거주자의 지정거래외국환은행에 신고
   다. 외화증권발행방식에 의하여 미화 3천만불을 초과하는 현지금융을 받고자 하는 경우에는 지정거래외국환은행을 경유하여 기획재정부장관에게 신고

2. 현지법인 등이 현지금융을 받고자 하는 경우

가. 외국환은행의 보증이 있는 경우에는 그 현지법인 등을 설치한 거주자(국내 다른 기업과 공동출자하여 현지법인 등을 설치한 경우에는 출자지분이 가장 많은 기업, 출자지분이 같은 경우에는 자기자본이 가장 큰 기업으로 하며, 이하 이 장에서 같다)가 지정거래외국환은행의 장에게 신고

나. 당해 현지법인등을 설치한 거주자 또는 다른 거주자가 보증등을 하는 경우에는 보증등의 제공자가 당해 현지법인 등을 설치한 거주자의 지정거래외국환은행의 장에게 신고. 이 경우 동일 신용공여한도 제공은행으로부터 총액보증한도를 정하여 사전에 포괄신고를 할 수 있다(다만, 보증한도 제공은행으로부터 신용공여를 받는 현지법인의 현지금융 가능금액은 보증 한도총액을 신용공여수혜 현지법인의 수로 나눈 금액의 2배 이내로 한다).

② 현지법인 등이 거주자의 보증등을 받지 아니하고 현지금융을 받고자 하는 경우에는이 장의 규정에 의한 신고를 요하지 아니한다. 다만, 해외지점 및 다음 각호의 1에 해당하는 현지법인의 경우에는 현지법인 등을 설치한 거주자가 당해 현지법인 등의 현지금융 차입 및 상환 반기보를 다음 반기 첫째 달 말일까지 지정거래외국환은행의 장에게 보고하여야 한다.

1. 거주자의 투자비율이 100분의 50 이상인 현지법인
2. 제1호의 현지법인이 100분의 50 이상 출자한 자회사

③ 이 장의 규정에 의하여 신고한 후 차입한 자금은 그 신고한 바에 따라 사용되어야 하며, 그 사용 및 차입원리금의 정당한 상환 여부에 대하여 지정거래외국환은행의 장의 사후관리를 받아야 한다.

④ 거주자 또는 현지법인 등이 제1항에 의하여 신고한 내용을 변경하고자 하는 경우 당해 신고기관의 장에게 변경신고를 하여야 한다.

※ 제3절 외화지급보증의 실무적용사례 [사례연구1] 현지금융 담보제공목적 Standby L/C 개설 참조

[관련규정 4] 교포 등에 대한 관련여신보증 – 외국환거래규정 제7-18조(외국환은행의 장에게 신고 등)

③ 교포등에 대한 여신과 관련하여 거주자 또는 당해 여신을 받는 비거주자가 국내에 있는 금융기관에 미화 50만불 이내에서 원리금의 상환을 보증하고자 하는 경우에는 지정거래외국환은행의 장에게 신고하여야 한다. 이 경우 거래외국환은행의 지정은 여신을 받는 자의 명의로 하고, 해외에서도 하나의 외국환은행해외지점 또는 현지법인금융기관등을 거래금융기관으로 지정하여야 한다

※ 제3절 외화지급보증의 실무적용사례 [사례연구2] 교포 등에 대한 여신관련 Standby L/C 개설 참조

[관련규정 5] 제7-19조(한국은행총재에게 신고)

제7-17조 및 제7-18조에서 규정된 경우를 제외하고 거주자와 비거주자의 거래 또는 비거주자간 거래에 관하여 거주자가 채권자인 거주자 또는 비거주자와 채무의 보증계약(외국환은행에 보증 또는 담보를 제공하는 행위를 포함한다. 다만 제2-6조 제3항 제3호 및 제4호의 경우는 제외한다.) 에 따른 채권의 발생등에 관한 거래를 하고자 하는 경우에는 한국은행총재에게 신고하여야 하며, 한국은행총재는 필요시 동 신고내용을 국세청장에게 열람하도록 하여야 한다.

제2절 외화지급보증서 발행절차

1. 발행절차

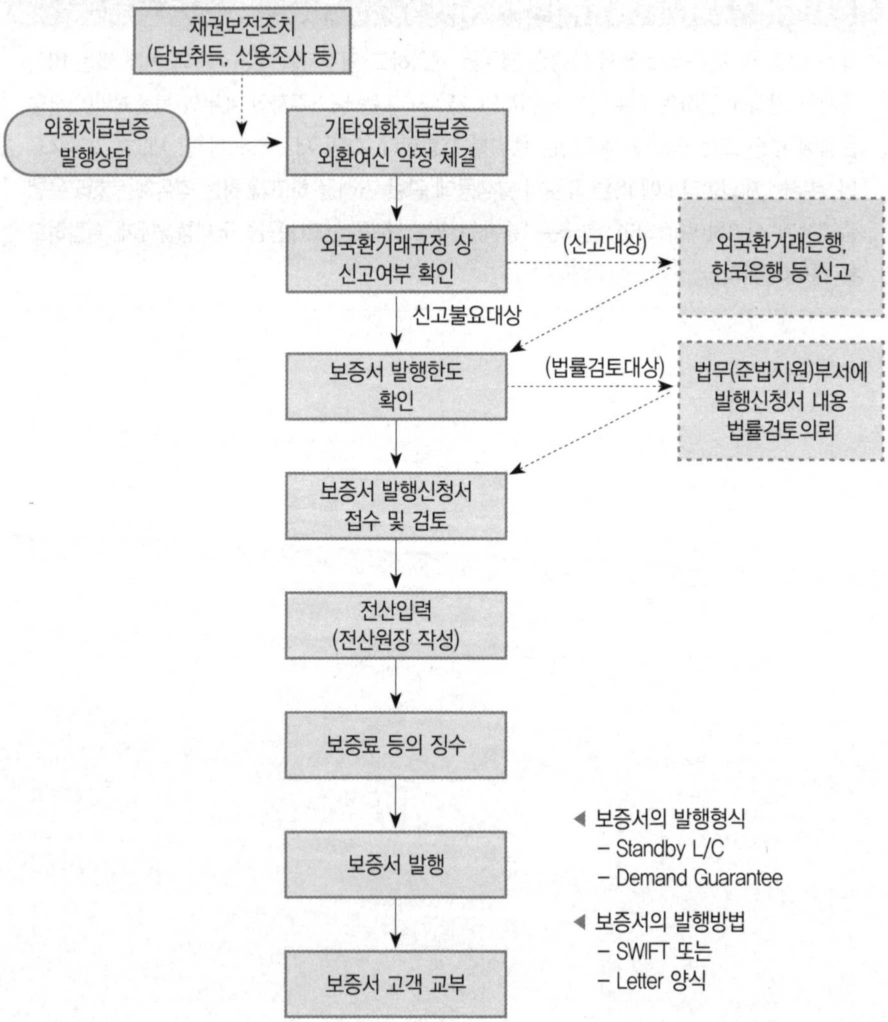

1-1. 외국환거래규정상 신고 여부 사전확인

외화표시보증서의 내용이 외국환거래규정 제2-8조(보증) 및 관련조항에 따른 인정된 거래인지를 사전에 확인하여야 하며 필요 시 그 증빙서류를 징구하여야 한다('제1절 7. 외화지급보증과 외국환거래규정' 참조).

1-2. 보증서발행 여신한도 확인

'Standby L/C 또는 Demand Guarantee'(이하 "보증서"라고 함)의 개설(발행)은 여신 행위이므로 외국환거래 약정 및 해당 외환여신에 대한 전결권자의 승인을 득한 후, 여신약정 한도 내에서 개설(발행)해야 한다. 한도거래로 약정한 경우 한도여유금액을 조회 후 취급한다.

1) 외국환거래 약정(최초 거래 1회 징구)

① 징구서류 : 외국환거래약정서, 인감서명신고서 등

② 고객정보 등록 : 고객 기본정보 및 외환 기본정보 등의 전산 등록

2) 외환여신 약정

① 징구서류 : 지급보증거래약정서 및 근저당설정계약서 등 담보취득 관련 채권서류 일체

② 한도등록 : 전결권자의 외환여신 한도승인 금액 전산 등록

③ 「인지세법」에 따라 수입인지 첩부하지 않음.

1-3. 신청서 등의 접수

1) 취소불능 외화지급보증 발행신청서(부록 1 참조)

단, 간접보증(구상보증)의 경우에는 발행신청서상에 구상보증 문언(Counter-Guarantee Clause)과 현지은행에 보증을 요청하는 문언(Requesting

Guarantee Clause)을 "Quote ~ Unquote" 사이에 삽입한다(부록 3-2 참조).

> **[유의사항]**
>
> 보증신청인에게 국제상업회의소(ICC)에서 제정한 표준모델 양식(ICC Model Form under URDG758)(부록 3-1, 3-2)으로 보증서를 작성하게 권장하여야 하며, 현재 실무적으로 사용되고 있는 비표준양식(부록 4, 부록 5)의 사용은 가급적 배제하도록 권유한다.

2) 당해 보증을 요하는 거래에 대한 계약 등 필요서류

① 입찰보증의 경우 : Bid Invitation, Tender Schedule 등

② 기타 보증의 경우 : 계약서 등

3) 외국환거래 신고서(보증신고대상인 경우)

(예시) 현지금융 담보보증 관련 Stand by L/C 의 경우
보증계약신고서 등

4) Letter Of Intent(LOI, 대출의향서) : 대출을 실행하는 현지은행이 발급

1-4. 전결권자의 결재

1) 외환담당(책임)자는 외환여신 승인조건을 검토하여 발행신청서의 보증내용과 일치여부 등을 확인 후 전결권자의 결재를 득해야 한다.

2) 유의사항

가. 독립적인 채무(Independent Obligation)

보증신청인과 수익자 간의 모든 거래로부터 원칙적으로 독립적이어야 하며, 당해 보증서에 명시된 서류의 제시가 있는 경우에만 지급하여야 한다.

나. 익스포저의 한계(Limitation of Exposure)

당해 보증서 보증기간 중 어느 시점에서든지 은행이 자신의 익스포저를 계량할 수 있는 방법으로 보증금액의 한계가 있어야 한다. 즉, 보증내용이 지급보증 상대처에서 발생하는 이자 및 비용 등을 별도로 청구할 수 있는 경우는 동 금액을 포함한 금액으로 보증 한도를 정하여야 한다. 단, 그 금액을 미리 확정할 수 없는 경우에는 자행의 내규에 따라 여신 승인 신청 시 동 내용에 대한 별도의 승인을 득하여야 한다.

3) 준거규칙

Standby L/C는 통상 UCP600 또는 International Standby Practices(ISP 98)를, Demand Guarantee는 URDG758 등을 준용한다.

가. ISP98이 적용되는 경우

This Standby L/C is subject to the International Standby Practices 1998, International Chamber of Commerce Publication No.590.

나. UCP600이 적용되는 경우

This Standby L/C is subject to the Uniform Customs and Practices for Documentary Credits International Chamber of Commerce Publication No.600.

다. URDG758이 적용되는 경우

This Letter of Guarantee is subject to the Uniform Rules for Demand Guarantees, International Chamber of Commerce Publication No.758.

라. 준거규칙 없이 발행하는 경우

은행보증의 성격, 문구의 해석, 업무처리 절차 등에 관하여 불확실성이 증가한다는 문제점이 있으므로 자행의 업무처리절차에 따른다.

4) 준거법

불확실성을 줄이기 위하여 보증은행(보증인) 소재국 법으로 지정하는 것이 안전하다.

5) 보증기간/만기일 요건

가. 보증기간

1년 이내로 하되, 보증대상이 되는 주채무의 상환기간이 확정된 경우에는 주채무의 상환기간까지 할 수 있다. 다만 각행의 여신지침에 따라 일정기간(3년 또는 5년 등)을 초과하는 경우에는 당해 외환여신의 전결권자의 승인 후 취급하여야 한다.

나. 만기일 요건

① 자동갱신 L/C(Evergreen L/C)

은행이 사전 통지(통상적으로 30일, 60일 또는 90일 이전)를 하여 해지 의사를 밝히지 않는 경우, 자동적으로 연장 또는 갱신되는 Standby L/C를 말하며, 이 문언이 있는 경우에 자행의 내규를 확인하여 채권보전에 문제가 없는 경우에 한해 제한적으로 운용이 되어야 할 것이다.

② 만기일이 없는 L/C(Open-ended L/C)

만기일이 명시되어 있지 않고 해지 권한이 없는 Standby L/C를 의미하며, 보증기한을 예측할 수 없다는 점에서 개설은행의 위험이 가장 큰 형태로, 이러한 만기일이 없는 Standby L/C는 원칙적으로 개설할 수 없다. 다만, 자행의 만기일이 없는 지급보증에 대한 처리지침이 별도로 있는 경우에는 그에 따른다.

6) 보증서 유효기일의 종료지점

여신관리 목적상 보증서의 유효기일 종료지점은 가급적 자행(보증은행)으로 하도록 한다.

왜냐하면, 은행의 여신권리서류(채권서류)의 여신 만기일과 보증서의 유효기일을 일치시키기 위함이다.

7) 발행통화

발행통화는 반드시 기초계약 통화와 일치시킬 필요는 없으나, 자행의 보증서 발행 가능통화를 확인 후 취급한다. 보증서 발행 가능 통화는 통상 자행의 예치환거래은행(Depositary Correspondent Bank ; Depo Bank)에 개설된 계좌 보유 통화로 하며, 환율(기준환율, 매매기준율, 전신환매도율)이 고시되어 있어야 한다. 발행요청통화가 발행 불가능한 통화인 경우 통상 발행 요청통화로 발행하되, 미달러화(USD)로 부기하는 형태로 보증서를 발행한다.

> Any payment by us under this guarantee may be made in usd equivalent to myr oooooo at the prevailing exchange rate on the date of payment. however, our liabilities under the guarantee shall not exceed usd oooo in any event.

여기서 유의할 점은, 미달러화로 부기하는 경우 미달러화 환산금액에 대한 최고 보증한도를 설정하여 여신 승인금액을 초과하지 않도록 하여야 한다.

보증서가 통지되는 국가나 업체와 상관없이 보증서 발행통화가 원화(KRW)인 경우에는 원화지급보증에 해당하므로, 원화지급보증 업무처리절차에 따라 보증서를 발행하여야 한다.

8) 보증서 발행언어

① SWIFT로 발행되는 경우 영어로만 발행 가능하다.

② Letter(종이서류 ; 서면) 발행의 경우 영어 및 한국어로 발행 가능하며, 기타 언어의 경우 번역 공증을 통하여 영문과 병기하여 발행 가능하다.

1-5. 외화지급보증서 발행

1) 정형화 및 비정형화 문언을 사용한 대외지급보증서 발행

비정형화 문언을 사용하여 보증서를 전신문(SWIFT)형태로 발행하거나 고객앞으로 직접 보증서를 발행, 즉 자행의 영문 Letter양식으로 발행하는 경우에는 보증서 발행 이전에 자행의 법무(준법지원)부서에 법률 검토를 받아 발행하는 것이 일반적이다. 다만, 자행의 정형화된 문언을 사용하여 보증서를 발행하는 경우에는 법률 검토절차 없이 해당 전결권자의 승인만으로 처리가 가능하다(각 행의 규정을 따름).

2) 간접보증(구상보증) 관련 업무 처리

가. 간접보증은 통상 구상보증, 복보증, 역보증, 재보증이라고 표현하기도 하며 이는 자행에서 발행한 구상보증서(Counter-guarantee)를 담보로 제3의 은행에서 보증서(Guarantee)를 발행하는 것을 말한다. 수익자(beneficiary)가 현지의 법률을 적용하는 보증서 또는 현지 은행에서 발행하는 보증서를 요구하는 경우 주로 이용되며, 중동국가의 경우에는 간접보증을 요구하는 경우가 대부분이다.

나. 유의사항

① 자행이 구상보증서(Counter-Guarantee) 형태로 발행하는 경우, 구상보증서 유효기일(만료일)은 보증서의 유효기일에 통상적으로 15일 또는 30일의 완충기간(Buffer Period)을 가산하여 발행한다. 예를 들어, 보증서의 유효기일이 202X년 2월 15일인 경우 자행의 구상보증서의 유효기일은 202X년 3월 15일 등으로 할 수 있다. 여기서 완충기간은 보증서를 발행하는 현지 은행의 요청(규정)에 따라 다르게 정해지며, 실무상 중동지역 은행 앞으로의 구상보증서 발행은 30일, 그 외의 지역 은행 앞으로의 보증서 발행은 15일의 완충기간을 두는 것이 일반적이다.

② 중동지역 국가은행 앞으로 발행하는 구상보증서상 준거법은 통상 현지 법률을 따르도록 하는 것이 일반적이다.

③ 구상보증서는 구상보증문언과 보증요청문언 형태로 이루어져 있으며, 보증 요청문언은 “Quote ~ Unquote” 사이에 삽입하여 발행한다.

1-6. 전산 입력

당해 지급보증서에 대해 전산 입력한다.

1-7. 보증료 등의 수수료 징수

자행의 내규에 따라 보증료, 전신료 등을 받는다. 외화지급보증 업무 시 발생하는 수수료 및 이자는 다음과 같다.

1) 보증료 징수

① 외화지급보증료 : 자행 내규 적용기준에서 정하는 바에 따라 징수하며 산출식은 다음과 같다(단, 최저보증료는 각행의 수수료 지침에 따라 받는다).

보증료=외화지급보증금액×매매기준율×보증요율×기간÷360 (또는 365)

통상 보증료율은 기준요율(1%)에 자행의 Scoring System에서 산출된 Spread를 더하여 적용한다.

② 보증료 : 통상 보증금액에 대해 보증을 한 날로부터 보증기일 전일까지 선취한다. 다만, 보증기간이 3개월을 초과할 때에는 3개월씩 나누어 받을 수 있다.

③ 입찰보증, 선수금환급보증 등을 위한 보증은, 자행이 추후에 관련 계약에 대한 낙찰을 통보받거나 선수금의 대외입금 등이 확인된 후에 보증서의 효력이 발생하도록 조건이 부여되어 있는 경우에는 해당 조건이 충족되어 보증서의 효력이 발생된 때부터 보증료를 징수할 수 있다.

[예시]
This guarantee shall become operative only upon receipt of the Advance Payment on Seller's account No. XXXXXXXX held with KBI Bank, XXX Branch.

2) 보증료 환급

① 보증서(보증신용장 포함)가 전문 직접 우편 발송되기 전 취소요청이 있을 경우 최저요금을 징수하고 기 징수한 보증료를 환급할 수 있다.

② 보증기일 전 보증이 해지되거나 감액 처리된 경우, 해지일 혹은 감액 처리일로부터 보증료 징수기간까지의 기간에 대하여 해지 금액 혹은 감액된 금액을 대상으로 당초 징수요율에 의한 보증료를 환급할 수 있으며, 보증기일 전에 지급보증대지급금이 발생하였을 때에는 대지급일로부터 보증료 징수일까지의 일수에 대한 보증료를 환급할 수 있다.

3) 재발행 수수료

구상보증서(Counter-guarantee)를 담보로 자행명의로 보증서를 재발행(Re-issue)하는 경우에는 자행의 수수료지침에 따라 재발행 취급수수료 및(또는) 보증료를 징수한다.

4) 지연배상금(연체보증료)

보증료를 기일에 납입하지 아니한 때에는 수납하여야 할 당해 보증료 금액에 대하여 기일 다음날부터 납입일까지 외화여신연체이율에 의한 지연배상금을 받는다.

5) 대지급이자

대지급 발생일부터 회수 전일까지 외화여신연체이율을 적용한 이자를 받는다.

6) 전신료

보증서를 전신문(SWIFT)으로 발송하는 경우 소정의 전신료를 징수한다.

7) 기타 수수료

은행에 따라서는 보증서 발행수수료 등을 받는 경우도 있다.

1-8. 보증서의 전문 등 발송

앞서 설명한 바와 같이, 보증서는 자행의 외환업무부서에 「외화지급보증발행 신청서」가 송부된 후, 동 부서에서 보증신청인의 요청에 따라 SWIFT 또는 자행의 Letter양식으로 발행된다. SWIFT방식의 경우 Free Format인 MT760으로 작성되어 통지은행으로 발송되며, Letter양식의 경우에는 자행의 Letter양식(종이문서)에 보증내용을 기재한 후에 영업점에서 서명날인하여 보증처 앞으로 우편발송 또는 직접 고객에게 교부할 수 있다.

Letter양식으로 발행 시 통상 미화 1만불 또는 그 상당액(금액은 은행에 따라 다를 수 있음) 이상의 외화지급보증서 발행 등을 하는 경우에 A급 서명권자(지점장급)를 포함한 2인 이상의 서명권자가 연서하도록 하고 있다.

[참고] 외화지급보증에 사용되는 SWIFT MT(Message Type)

MT760 : Guarantee / Standby L/C(Guarantee 발행 또는 Standby L/C 개설)
MT767 : Guarantee Amendment(Guarantee의 조건변경)
MT768 : Acknowledgement of a Guarantee(보증서 접수 통보)
MT769 : Advice of Reduction or Release(보증금액의 감액/보증 해제 통지)
MT790 : Advice of Charges, Interest and Other Adjustments(수수료, 이자 등의 통지)
MT791 : Request for Payment of Charges, Interest and Other Expenses (수수료, 이자 등의 청구)
MT792 : Request for Cancellation(신용장 등 취소 동의 요청)
MT795 : Queries(신용장 관련 각종 조회)
MT796 : Answers(MT792, MT795에 대한 회신)
MT799 : Free Format Message(화환신용장 및 지급보증 관련 기타메시지)

1-9. 보증서 발행 시 계정처리

'은행외국환계정해설'에 따라 '난외계정'으로 다음과 같이 계정처리한다.

1) 기타미확정외화보증계정

가. Standby L/C 및 기타보증서 등을 발행하였을 경우에 부담하여야 하는 미확정우발채무를 「난외계정 〉 미확정외화지급보증 〉 기타미확정외화보증」에 표시한다.

나. 수출선수금 환급보증은 수출선수금 수령일에, Standby L/C 및 기타 보증서는 보증채무확정일 또는 보증종료일에 기타미확정외화보증이 삭제된다.

2) 기타외화지급보증계정

가. 수출관련 선수금 환급보증서를 발행한 경우 수출선수금 수령일, Standby L/C 및 기타보증서를 발행한 경우에는 보증채무확정일에 미확정지급보증인 기타미확정외화보증을 삭제하고 「난외계정 〉 확정외화지급보증 〉 기타외화보증 〉 기타외화지급보증」으로 기재한다.

나. 해외에서의 현지차입과 입찰보증, 계약이행보증 등 및 기타 주채무 확정 여부 파악이 곤란한 지급보증은 보증서 발행 시 확정채무로 간주하여 기타외화지급보증계정으로 처리된다.

2. 내부통제절차의 강화

2-1. 지급보증업무 취급대상 제한 및 피보증채무의 적정성 여부 심사 강화

지급보증의 상대처 및 거래대상은 원칙적으로 제한을 두지 아니하나, 피보증채무의 적정 여부를 검토하여 지급보증서가 다음 각 호의 사유 등 불건전 영업행위에 연루되지 않도록 하여야 하며, 필요 시에는 증빙서류를 받아 확인하여야 한다.

① 불법투자자 모집
② 불법 다단계 판매거래
③ 도박
④ 투기거래
⑤ 기타 불건전 영업행위

2-2. 보증서 발행관리대장 작성 관리(은행별로 다를 수 있음)

① 보증서 발행일, 보증신청인, 보증처, 보증금액, 보증기일 등 관련 발행 이력을 수기 또는 전산으로 관리대장에 작성하여 관리하여야 한다.
② 관리대장은 보증서 발행담당자, 업무통할책임자가 확인한다.

2-3. 보증기일 전 해지(중도해지) 시 보증서 원본회수, 보증채무 이행여부 확인 등 절차

1) 보증서 발행관리대장에 별도로 보증기일 전 중도해지 시 보증서 원본 회수 및 보증채무의 이행여부를 확인하여 관리한다. 보증서가 해지된 후 수익자가 보증서 반환을 반환하도록 명시하는 경우에는 실무상 보증서 발행대장에 보증서 원본회수 여부를 기록 · 유지한다.
그러나 보증서는 유통증권이 아니므로 보증서의 유효 여부와는 상관없이 은행 내부적인 절차를 위한 것으로 보아야 하며 보증서 원본을 회수하지 않더라도 보증기일이 경과하면 그 보증서는 효력을 상실한다.
개설은행의 대금지급 청구권리가 종료된 후 유효기일이 경과한 보증신용장 원본을 소지하고 있다고 하여 어떠한 권리도 부여받지 않는다(ISP98 제9.05조).
실무적으로 준거법이 적용되는 보증서의 경우 보증서의 원본 회수가 현실적으로 어렵고 당사 간 분쟁소지가 있으므로 아래의 문구를 삽입하기도 한다.

Upon Expiry date, this guarantee shall become null and void, whether returned to us for cancellation or not and any claim or statement received after Expiry date shall be ineffective.

2) 관리대장에 보증채무 이행 여부, 보증서 원본 미징구 사유 등을 명시하여 관리하도록 한다.

3. 보증서의 조건변경(Amendment)

보증서의 보증금액 증액, 보증기일의 연장, 기타 보증내용의 조건변경은 자행의 규정 등을 확인 후 취급하여야 한다. 금액을 증액한다면 한도거래여신의 경우 외환여신 한도여유금액를 확인하고, 개별거래여신의 경우에는 여신전결권자의 승인 후 취급하여야 한다. 기일연장에 있어서는 은행에 따라 한도거래 약정건은 기존 만기일에서 6개월을 초과하여 연장하고자 하는 경우 심사부서의 승인을 받아 연장하는 은행들도 있다.

3-1. 조건변경 시 받는 서류(필수서류)

① 취소불능 외화지급보증 조건변경 신청서(부록 2 참조)

② 수익자의 동의전문

특히, 보증서 금액의 감액 및 기간단축인 경우에는 반드시 통지은행(있는 경우)을 통하여 SWIFT로 수익자의 동의를 받은 후 조건변경 신청을 하여야 한다.

3-2. 기타 업무처리방법은 보증서의 발행절차에 준하여 처리하여야 한다.

참고로 해외로 보증서의 조건변경(amendment)을 전신문(SWIFT)으로 통지하는 경우에는 MT767으로 발송된다.

4. 보증서의 지급청구서 내도 시 처리방법

보증서의 발행 후 수익자로부터 보증신청인의 채무불이행을 사유로 보증은행에 지급청구서가 접수된 경우 보증서의 지급조건의 확인 등 서류심사 후 불일치 내용이 없으면 지급기일 이내에 수익자에게 지급이 이루어질 수 있도록 해야 한다.

지급청구가 접수된 경우 업무처리 흐름은 다음과 같다.

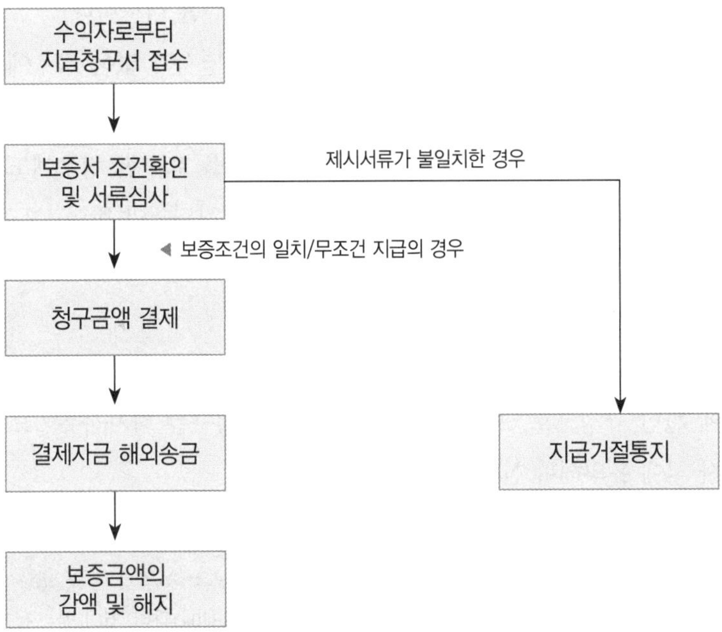

4-1. 외화지급보증의 지급청구 접수

1) 지급청구(written demand/claim) 수신

지급청구는 보증서상 요구에 따라 SWIFT 전문 또는 서면 서류에 의해 이루어지며, URDG758하에서는 written demand에 서면 청구뿐만 아니라 SWIFT전문으로 이루어진 청구도 포함된다.

2) 지급청구 접수등록

수익자로부터 지급청구서가 접수되면 전산으로 접수등록을 한다.

4-2. 지급청구서의 보증서 조건 확인 및 서류심사

1) 보증서상 지급청구가 유효기일 이내인지 확인한다.

2) 요구서류 심사

가. 지급청구서, 채무불이행진술서 등 요구하는 서류를 심사한다.

실무상 유의할 점은 지급청구서는 보증서상에 명시가 없는 경우에도 보증신청인이 기초관계상 의무위반의 내용을 표시하는 수익자의 진술에 의하여 보강('보강진술')되어야 한다. 즉, 지급청구서만을 요구한 경우에도 반드시 보강진술서(Supporting Statement)가 함께 제시되어야 한다. 보강진술은 지급청구서 내에 기재되어 지급청구서만을 제출할 수도 있다(URDG758 제15조).

개정 URDG758에서 지급청구 시에 가장 중요한 요건 중의 하나가 보강진술에 관한 규정으로, 보강진술서가 없는 지급청구는 하자사유이므로 서류심사 시에 유의해야 한다.

[참고] 서류 상호간 불일치의 심사와 관련하여

- UCP600에서는 신용장에서 요구하는 서류들이 동일한 거래에 관한 것이라는 점과 서류간에 불일치가 없다는 점을 심사한다(UCP600 제14조 d항).
- ISP98에서는 원칙적으로 보증신용장에서 요구하는 서류들이 보증신용장조건과 일치하는지에 한하여 심사하면 되며, 서류 상호간 불일치의 심사는 요구되지 않는다(ISP98 제4.03조).
- URDG758에서는 UCP600과 마찬가지로 서류 상호간 불일치는 하자로 간주된다.

나. 보증인은 제시된 서류가 오직 문면상(on the face of documents)으로만 일치하는지 여부를 심사하고 그 서류에 기술된 내용의 진위까지 조사할 필

요는 없다. 서류상의 기재된 정보가 보증서내용과 반드시 동일할 필요는 없지만 상충되어서는 아니된다.

다. 보증은행은 수익자의 지급청구에 대하여 지급거절하기로 한 경우 지체 없이 신속한 수단으로 수익자에게 통지한다. 실무상 지급거절통보는 SWIFT로 한다.

라. 서류심사기간(준거규칙에 따라 다름)

① UCP600 : 서류접수 다음 영업일부터 5영업일 이내

② ISP98 : 제시일의 다음 영업일부터 3영업일 이내의 지급거절통보는 비합리적이지 않은 것이나, 7영업일 경과 후 지급거절통보는 비합리적이다.

③ URDG758 : 서류제시일의 다음날부터 5영업일 이내

서류심사기간 이내에 지급거절통보를 하여야 하며 서류심사기간 및 지정된 지급 기일을 경과하여 결제하는 경우, 추가적으로 지연이자가 청구될 수 있으므로, 정확한 지급기일 이내에 결제가 이루어져야 한다.

[참고] 보증서 문언상에 지급기일 확정으로 발행된 경우의 예시

① Upon receipt of documents issued in compliance with the terms of this Standby Letter of Credit, we hereby irrevocably undertake to cover you as per your instructions with value one (1) bank working day.

② Subject to the terms of this Letter of Credit, the Issuing Bank unconditionally and irrevocably undertakes to the Beneficiary that, within seven (7) Business Days of receipt by it of a Demand, it must pay to the Beneficiary the amount demanded in this Demand.

※ 위의 예시와 같이 보증서상에 지급기일이 명시되어 있는 경우, 지급청구서의 내도 시, 지급청구 서류상에 수익자 또는 통지은행이 명시한 확정된 지급 기일이 정해져 있으면, 명시되어 있는 지급기일을 최종적인 지급기일로 정한다.

마. 보증신청인은 문면상 명백하지 않은 사기(fraud), 위조(forgery) 또는 기타 하자의 주장만으로 보증인(보증은행)으로 하여금 지급거절하게 할 수 없다.

은행(보증은행)은 제시된 서류가 보증서의 조건과 문면상 일치하지 않은 경우, 법원의 가처분금지가처분명령(injunction)이 있는 경우 지급거절 가능하며, 은행이 알고 있는 명백한 사기행위가 존재하지 않은 이상 지급거절 통지를 할 수 없다.

[참고] 무조건 지급 확약 문구 예시

① We will unconditionally make payment (or a number of payments in case of more than one demand being presented) to you promptly upon receipt of your first written demand or demands in writing made by you to us at any time.

② We undertake to deposit with you the said amount, without warning or reservation or any other condition, and notwithstanding any objection of the applicant or any other parties.

③ We irrespective of the validity and legal effects of the Contract and waiving all rights of objection and defence arising there-from, hereby irrevocably guarantee to pay to you without any delay and without the necessity of any judicial or administrative action to be lodged.

※ 위의 예시와 같이 무조건 지급확약인 보증서의 경우에 지급거절을 원칙적으로 할 수 없는 경우가 대부분이다.

[참고] 서류 제시 조건에 관한 문구 예시

① Funds are available under this Letter of Credit upon presentation of your sight draft drawn on us, accompanied by a certificate issued by the Beneficiary in the form set forth in Appendix 1 hereto, and Presentation of such draft (s) and document (s) may be made at our office.

② This Letter Of Credit is available at sight for payment not earlier than 30 days of Bill of Landing date (Bill of Landing date inclusive) and against presentation of the following documents:

1. copy of Commercial Invoice (s).
2. a statement to certify that invoice (s) have been presented to "APPLICANT" and that invoices remain unpaid and past due at the time of this presentation.
3. a non negotiable copy of Bill of Landing issued and endorsed to the order or copy of Letter of Indemnity as per the following format.

※ 제시된 서류의 조건 일치 여부를 확인하여, 지급 또는 지급거절통보 여부를 결정한다.

4-3. 지급청구금액의 결제 및 해외송금

수익자로부터 제시된 서류가 일치하는 경우 서류심사기간 이내에 Applicant (개설의뢰인 또는 보증신청인)로 하여금 지급청구금액을 결제토록 하여야 한다.

만약 서류심사기간 이내에 개설의뢰인이 결제하지 못하는 경우에는 그 익일에 대지급 처리하여 수익자에게 해외송금(SWIFT MT202)을 보내야 한다.

4-4. 지급청구 건 보증서 감액 및 해지

보증금액 중 일부만 분할로 지급청구되어 결제한 경우 해당 결제금액만큼 보증서 금액에서 감액 전산처리한다. 또한 보증금액이 전액 청구되어 결제한 경우에는 보증서를 전액 해지처리한다. 한편, 은행에서 대지급 실행 건을 회수할 경우에는 보증서 금액을 별도 해지처리 없이, 보증신청인이 대지급 자금을 결제하는 대로 대지급계정을 정리한다.

4-5. 보증금의 지급거절 통지

보증인(보증은행)은 독립적 보증의 특성상 기초계약의 무효 또는 계약의 이행 유무 등에 불구하고 보증서 조건에 문면상 일치하는 서류가 있으면 지급하여야 한다. 다만, 다음의 경우에는 지급을 거절할 수 있다.

1) 보증서 조건의 의무위반

보증은행은 보증서의 문언에 따라 서류심사를 하기 때문에 보증서와 일치하지 않는 지급청구의 경우에는 지급을 거절할 수 있다. 예를 들어, 지급개시일 이전의 지급청구, 유효기일 이후의 지급청구, 지급청구서만을 요구한 경우에 보강진술서(Supporting Statement)를 제시하지 않은 경우 등에 대해서는 지급거절이 가능하다.

2) 명백한 사기에 의한 청구

수익자의 명백한 사기가 있고, 보증인이 이를 알았을 경우에는 지급을 거절할 수 있다. 그러나 독립적 보증은 기초계약과 무관하기 때문에 지급거절은 명백한 경우에만 허용된다. 일반적으로 사기에 의한 지급거절은 법원의 지급금지가처분명령(injunction)에 의한 경우이다. 실무상, 보증신청인(개설의뢰인)이 수익자의 사기행위에 대하여 지급가처분신청을 하여 법원의 지급금지가처분명령을 받은 경우에는 그 확정 정본을 제출하게 하여 수익자에게 Injunction에 의한 지급거절을 통보한다.

3) 권리남용에 의한 지급청구

수익자의 권리남용에 의한 지급청구 및 신의성실의 원칙에 반하는 악의적인 청구에 대하여 보증신청인은 지급의무가 있는 보증은행을 상대로 하여 수익자에 대한 지급가처분을 신청할 수 있는데, 이에 대하여 각국의 법원은 보증신청인이 그러한 사실을 입증하는 경우에 한하여 Injunction(지급금지가처분명령)을 허용함으로써 보증서로서의 독립 · 추상성을 합리적으로 제한하고 있는 것이 일반적인 판례의 경향이다.

참고로, 법규들 중에서 UN협약과 미국 통일상법전(UCC Article 5)만이 보증신용장 거래에서의 지급가처분에 관한 명시규정을 두고 있다. ISP98의 경우 보증신용장을 위하여 제정된 규칙이지만 보증신용장의 주요 문제점인 수익자의 부당한 지급청구와 개설은행의 지급금지가처분명령에 대한 규정이 없으며, 이러한 문제는 준거법에 따라 해결하도록 하고 있다. 청구보증의 준거규칙인 URDG758에서도 마찬가지이다.

5. 보증서의 회수 및 소멸(해지)

보증채무를 이행하였거나 보증기일까지 청구가 없는 경우 또는 지급보증사유 소멸을 통보받은 경우에는 대외지급보증계정을 정리한다.

5-1. 보증서 발행 후 보증이 소멸되는 경우

① 보증채무는 주채무의 상환이 확인된 때 소멸 처리된다.

보증서를 회수하여 소멸 처리하고 전신문(SWIFT)으로 발행한 보증서의 경우 수익자로부터 보증서의 소멸에 대해 통지은행으로부터 진정성이 확인된 전신문(Authenticated Message)을 받고 소멸 처리할 수 있다.

회수된 보증서 또는 전신문은 '지급필' 도장을 찍어 보관하여야 한다. 다만, 보증서를 회수하지 못하거나 전신문으로 보증 소멸 통지를 받지 못하는 경우에는 주채무의 소멸을 증명할 수 있는 서류를 징구하여 미회수에 대한 사유와 함께 관리대장에 명시하여 회수에 갈음할 수 있다('2. 내부통제절차의 강화' 참조).

② 대지급한 때 자동 소멸 처리된다.

③ 외화지급보증서의 경우 보증기일 익일에 소멸 처리하되, 이행청구기간이 별도로 있는 경우에는 동 기간을 가산한 기일 익일에 소멸 처리한다.

다만, 원화표시지급보증의 경우에는 이행청구기간이 통상 2개월이며 보증기일로부터 2개월을 가산한 기일 익일에 보증서의 회수에 갈음할 수 있다.

[유의사항]

1) 보증서 해지 시 만기일이 불명확한 경우에는 반드시 수익자의 해지동의 전문 또는 아포스티유(Apostille)제도를 통한 동의 공문을 수신한 후 처리한다(감액 및 기한단축 시에도 동일함).
2) 만기일이 경과된 보증서의 경우 신속히 정리해야 한다(실무적으로 통상 만기일 이후 2개월분의 추가 보증료가 발생할 수 있음).

6. 보증서 발행 시 유의해야 할 문언

보증신용장 및 보증서의 개설(발행) 시 유의해야 할 문언은 다음과 같다.

6-1. 보증은행에 불리한 외화지급보증서 문언의 예시

다음과 같은 보증은행에 불리한 문언을 삽입하는 경우 보증은행의 리스크가 가중되므로 채권보전 조치 등을 강구하는 등 자행의 업무처리절차에 따라 취급하여야 한다.

1) 보증금액 관련 유의해야 할 문언의 예시

① 아래 보증서의 경우, 원금 이외에 발생할 수 있는 추가 비용을 포함하여 청구가능하다는 의미로, 실제 보증서상에 명시된 금액보다 더 많은 금액이 청구될 수 있다.

> Any payment by us under this Guarantee shall be made in the United States Dollars. All payments by us under this Guarantee shall be made without any counterclaim and without deduction or withholding for or on account of any taxes, duties, or charges whatsoever unless we are compelled by law to deduct or withhold the same. In thelatter event we shall make the minimum deduction or withholding permitted and will pay such additional amounts as may be necessary in order that the net amount received by you after such deductions or withholdings shall equal the amount which would have been received had no such deduction or withholding been required to be made.

② 향후 분쟁이 발생할 경우 법적인 비용에 대해 보증은행에서 모두 부담한다는 문언으로서 법적 비용은 일반적인 수수료비용과 달리 비용이 원금을 초과하는 많은 금액이 청구될 수 있다.

> We will be obliged to reimburse you for any necessary expenses you incur in connection with the execution of our guarantee instruction, including expenses in respect of any judicial or extra judicial legal prosecution or defense in Saudi Arabia or abroad. This reimbursement obligation will also include expenses incurred after a guarantee has been charged off, especially if a payment commitment still exists under the guarantee or an enforceable.

③ 은행의 채무가 보증금액 외에 이자부분까지 포함하는 조건인 경우, 보증기간 및 적용 이자율을 감안한 총 채무금액을 산정하여, 이자부분까지 포함하는 금액으로 보증서를 발행해야 한다. 단, 정확한 이자율이 표시되어 있지 않은 경우, 자행의 채무금액을 확정지을 수 없으며, 향후 보증금액 이외에 추가적인 이자비용이 청구될 수 있다.

> We hereby irrevocably, absolutely and unconditionally guarantee to pay you an amount up to USD1,000,000.00 Plus Interest (Say United States Dollars Six Hundred Twenty Two Thousand Nine Hundred Fifty only Plus Interest on the Advance Payment due), interest rate is 6.5% per annum.

2) 외화지급보증 보증기간/만기일 관련 불리한 문언의 예시

① 보증서 만기일자가 3개월씩 자동으로 연장되는 조건

> Expiry date of Counter-Guarantee: Valid until 1/02/202× plus 15(fifteen) days mailing time and will be automatically extendable for 3(three) month periods until you release us.

② 보증서 만기일자가 202X. 2. 1로 예정되어 있는(확정되지 않은) delivery date로 명시되어 있으며, 수익자의 연장 요청 시 그에 따라 연장 가능한 조건

> The Guarantee is valid from the effective date of the Agreement i.e. January 25th, 201× until the date of delivery, which is expected to be January 2th, 202×. In case for any reason the Guarantee Period should be extended beyond this expected expiry date, Guarantor agrees on simple request of beneficiary to extend the validity of this Bank Guarantee.

③ 보증서 만기일 이전에 완료된 거래에 대한 지급기일(결제일)이 보증서 만기일 이후에 도래하는 경우, 보증서 만기가 경과되었다 하더라도 보증서의 적용 범위로 보는 조건

> Any transaction done before the expiration of the term of this Irrevocable Bank Guarantee but shall become due after the expiration of this Irrevocable Bank Guarantee shall continue to be covered by this Irrevocable Bank Guarantee.

④ 보증서 만기일이 보증문언에 확정되어 있지 않고 「근거 계약서상에 조건(warranty period)지어진 일자 + 7일」로 기재되어 있으며, 은행의 보증서 만기일 연장여부에 관계없이 수익자와 보증신청인의 합의에 의해서 동 기간만큼 연장 가능한 조건

> This letter of guarantee is valid until the expiration of the warranty period of the contract plus 7(seven) banking days and is extendable for the same period mutually agreed by Employer and Contractor before closing time on the said date.

⑤ 만기일이 명시되어 있으나, 수익자의 요청에 따라 요청하는 기간만큼 연장 가능하며, 연장되지 않는 경우 별도의 청구 없이 보증금액을 무조건 지급해야 하는 조건(extend or pay문구)

> This letter of guarantee shall be valid until the close of the official working hour of May 15, 202× in Korea and shall be extendable at the request of BUYER for the periods requested. In case that the bank is unable or unwilling to extend the validity of this guarantee and/or SELLER does not provide the bank with means for such an extension before the expiry of the validity mentioned above and does not acquire the agreement of the bank to do so, the bank undertakes to pay the guarantee amount into the account or to the order of SELLER without necessitating any further claim.

⑥ 기초계약이 보증서 만기를 초과하는 경우, 초과되는 계약기간에 충분하도록 보증서를 연장하거나 재발행하여야 하며, 그렇지 못하는 경우 그 자체를 지급청구의 사유로 보아 지급청구 가능한 조건(extend or pay문언)

> This standby L/C will be valid until August 7, 202× in Korea. When this standby L/C could not cover the whole period of the related transactions, the applicant shall extend or reissue this standby L/C at the request of the beneficiary and if they could not meet that conditions, the beneficiary can understand that will be the reason for fail.

⑦ 별도의 만기일 없이, 수익자로부터 보증신청인이 의무를 다하였다는 통지를 받을 때까지 보증서가 유효한 조건

> This guarantee is to be deemed null and void upon receipt by KBI BANK, SEOUL, KOREA, of authenticated swift from the beneficiary stating that the borrower has fulfilled its obligations under the agreement concluded with the bank.

⑧ 별도의 조건변경 없이 보증서가 1년씩 자동연장되는 문구

> It is a condition of this Letter of Credit that it shall be deemed automatically extended without amendment, for one year from the present or any future expiration date hereof, unless we notify you no later than 60 days by one lot Express mail prior to any expiration date that we elect not to consider this letter of credit renewed for any such additional periods.

⑨ 만기일 1개월 전까지 수익자가 요청하는 경우, 보증서가 12개월씩 만기연장되는 조건

> This standby L/C is valid until October 30th, 202× in Korea. Expiration date will be extended by 12 months with a written request to us not later than one month before its expiration without any delay or protest or demur.

⑩ 보증문언상 명확한 만기일자가 확정되어 있지 않고, 만기 이벤트만 언급

The surety hereby agrees that its obligation under the Bid Bond shall remain in full force and effect until such time as the Owner notifies the Principal in writing that all of its obligations in relation to the Tender, as specified in the Solicitation Documents, have been fulfilled. Without prejudice to the foregoing, or limiting the generality of the foregoing, the Bid Bond shall remain in full force and effect for at least 90 days following the expiration of the Bid Bond Validity Period specified in the Solicitation Documents (or any extensions thereof) or, otherwise, until such time that the Owner has notified the Principal that the Bid Bond is no longer required and the Owner has confirmed this fact in writing to the Surety upon request therefore. The Principal and the Surety acknowledge and agree that the Owner may extend the Bid Bond Validity Period prior to its expiration, notice of which extensions(s) to the Surety being hereby waived.

⑪ 보증문언상 정확한 만기일자가 기재되지 않음.

It is fully understood that this guarantee takes effect from the date of the bid opening and shall remain valid for a period of 120 calendar days thereafter, and during the period of any extension thereof that may be agreed upon between you and the Bidder with notice to us, unless sooner terminated and released by you.

[참고]

만료일의 명시가 없는 경우 또는 영구적 보증신용장(Standby L/C) 또는 청구보증(Demand Guarantee)의 만기일

- ISP98에서는 보증신용장이 유효기일을 확정하지 않은 경우 아무런 규정을 두고 있지 않고 있어 현지 법률에 따라 유효기일이 결정된다.
- UN 협약이 준거법으로 적용되는 보증신용장 또는 청구보증의 경우에는 제12조 b항에서 개설(발행) 후 6년으로 규정하고 있다.
- 개정 미국통일상법전(UCC) 제5-106조에서는 보증신용장상에 유효기일이 없으면 1년, 영구적(perpetual)이라고 명시되어 있으면 5년으로 규정하고 있다.
- URDG758 제25조 c항에서는 만료일(expiry date)이나 만료사안(expiry event)을 명시하지 않은 경우에는 보증은 발행일로부터 3년이 경과한 후에 종료되고, 구상보증은 보증의 종료일로부터 달력상 30일 후에 종료된다. 실무상 중동지역의 일부 국가에서는 국내법에 따라 유효기간 만료 후에도 지급청구를 인정하고 있어 보증인 및 보증신청인은 유의할 필요가 있다.

⑫ Extend or Pay 문구(1)

Should we not agree to the extension of our undertaking as requested by you, we undertake to pay you forthwith the sum then available under our guarantee. The proceeds of such payment shall be held by you to secure your liability or to meet any demand for payment that may be served on you.

⑬ Extend or Pay 문구(2)

This letter of guarantee is valid until the official closing time on May 15th, 201× and is extendable up to sail away of the FSU plus 30 days. Should the Bank be not able or willing to extend the validity hereof or the Applicant should not provide the necessities of extension and not obtain the concurrence of the bank to the extension, then the Bank undertakes to pay without any need for a second demand, the aforesaid sum in favor or to the order of the Beneficiary.

⑭ 만기일 미확정

This guarantee expires 30 days after the last contractual delivery date.

⑮ 조건변경 없이 만기일 연장가능 조건 & Extend or Pay 문구

This standby L/C shall be extendable without amendment for such period as may be stipulated by the security agent upon the security agent's written request to us via authenticated swift at any time prior to the date of expiry of such initial validity period("the expiry date") or any previously extended validity period. In case, we, the issuer, are unable or do not wish to extend the validity period of the standby L/C, if an extension as indicated above is requested by the security agent's, or in case any of the borrowers or the applicant fail to provide us with any requirement possibly needed for such extension, then we, the issuer, shall inform the security agent of such circumstances via authenticated swift and shall pay the secured amount to the security agent without any need for a demand no later than the earlier of (i)the expiry date (or the last day of any previously extended validity period) and (ii)the date which is three (3) business days after the security agent's request for the relevant extension.

3) 결제 관련 불리한 문언 예시

① irrespective of the validity and the legal effects of the Contract, waiving all rights of objection and defence arising therefrom, unconditionally and irrevocably, without delay and without the necessity of any judicial or administration action to be lodged

② regardless of any contestation undertake to pay to you

③ irrevocably, absolutely and unconditionally undertake to pay to you

7. 외화지급보증에 따른 위험관리

외화지급보증은 은행 여신에 해당하므로 보증인(보증은행)은 보증서 발행에 따른 위험요소들을 분석하고 그러한 위험을 회피할 수 있는 방법을 강구해야 한다.

7-1. 외화지급보증에 따른 위험요소

1) 보증신청인(지시당사자)에 대한 위험

가. 신용위험(Credit Risk)

보증서 발행 후 보증신청인이 수익자의 지급청구에 대한 상환을 하지 못할 신용위험을 부담하게 됨에 따라 은행은 일반 대출과 동일하게 취급하게 된다. 따라서 보증신청인의 현재 및 미래의 신용상태와 기초계약의 주채무 이행 가능성을 면밀히 검토하여야 한다.

나. 계약위험(Contract Risk)

보증서 발행 취급 전에 보증신청인(채무자)의 기술력, 시공능력, 경제적 관리능력이 계약을 이행하는 데 충분한지 여부를 검토하여야 하므로, 보증은행은 보증신청인(수주자 등)이 이행하려고 하는 계약, 즉 Project의 기술적 타당성과 수익성에 관한 상세한 자료를 심사 기초자료로 활용하여야 할 것이다.

다. 공동시공의 위험(Risk for Co-contract)

대규모 공사는 보통 1개 회사가 단독으로 수행하지 않고 다수의 회사가 컨소시엄(consortium)을 구성하여 공동으로 이행하는 경우가 많으며, 이때에 각 회사는 발주자에 대하여 연대 및 단독책임을 부담하게 된다. 이와 같이 연대책임을 지는 부분도 있으므로 컨소시엄을 구성하고 있는 타사의 신용위험도 검토해야 할 요소 중의 하나이다.

2) 수익자에 대한 위험

가. 재무위험(Financial Risk)

수익자(발주자 등)의 재무상태의 변화에 따른 재무위험을 보증은행이 부담하는데, 가장 큰 재무위험은 지급불능의 위험이다. 따라서 수익자(발주자 등)에 대한 지급능력 등 재무상태와 신용도를 면밀히 검토해야 한다.

나. 정치적 위험(Political Risk)

해외 Project인 경우에는 수익자가 외국에 소재하기 때문에 소재국의 정치적 변화에 따른 위험을 고려해야 한다.

7-2. 외화지급보증 위험회피 방법

1) 수출보증보험 등 담보취득

보증신청인(지시당사자)의 신용상태가 양호하면 신용취급을 할 수 있지만 그렇지 못한 경우에는 담보 등을 취득하여야 한다. 수출보증보험은 입찰보증, 선수금환급보증 등 이행성 보증서의 발행 시에 매우 유용한 담보의 기능을 하고 있다.

수출보증보험이란 수출 또는 해외공사계약과 관련하여 수출자(수주자)가 수입자(발주자)에게 제출하도록 계약서에 명시된 은행외화보증서를 발행하는 경우 보증서를 발행한 보증은행이 수익자(수입자 또는 발주자)로부터 보증채무 이행청구(demand 또는 bond caling)를 받아 대지급하는 경우에 입게 되는 손실을 보상하는 보험증권을 말한다.

이 보험증권은 수출계약 또는 건설용역 · 플랜트계약 등의 수출자 또는 수주자가 은행에서 보증서 발행을 용이하게 받을 수 있도록 한국무역보험공사(K-sure)에서 수출지원 제도의 일환으로 발급해 주고 있다.

현재 대부분의 국내은행들은 이 보험증권을 정식담보로 인정하고 있다.

수출보증보험이 부보 가능한 은행보증서는 수출계약, 해외공사계약 등과 관련한 입찰보증(Bid Bond), 계약이행보증(Performance Bond), 선수금환급보증(Advance Payment Bond, Refund Guarantee), 유보금환급보증(Retention

Bond), 하자(보수)보증(Maintenance Bond, Warranty Bond), 이들 보증에 대한 구상보증(Counter-guarantee) 등이다.

실무상 유의할 점은 수출보증서 내용 불일치 시 통지의무(금융기관용의 경우), 선수금 분할입금의 통지의무 등 수출보증보험(금융기관용 또는 수출자용) 약관 및 특약조건의 내용을 반드시 충분하게 숙지한 후 취급하여야 한다.

> 수출 신용보증서 및 수출보증보험증권 담보취득 시 보증약관의 내용을 면밀히 검토하여 약관위반으로 인한 면책주장에 유의하여야 하며, 특히, '특별약정'이 포함된 경우에는 특약조건의 이행가능성 및 법률상 문제를 사전점검하고 필요 시 법무(준법지원)부서에 법률검토 후 취급하여야 한다.

[참고] 수출보증보험의 구조

1) 금융기관용 : 보험계약자가 보증서 발행 금융기관인 경우

2) 수출자용 : 보험계약자가 수출기업인 경우

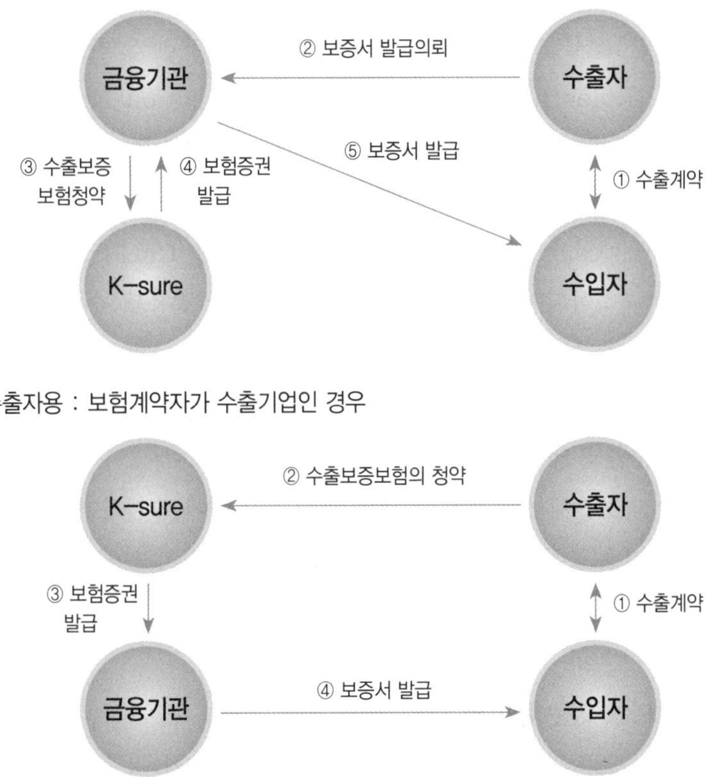

※ 수출자용은 금융기관을 피보험자로 하는 타인을 위한 보험계약의 성격을 가짐.

2) 보증은행의 위험부담 분산

거액의 보증서 발행 시 한 은행이 단독으로 부담하는 위험을 다른 은행의 참여를 통하여 위험을 다수의 은행으로 분산시키는 방법을 고려한다.

① Syndicated Guarantee를 활용한 방법('제1장 5-3. 기타 보증형태' 참조)
② 다수의 은행이 공동으로 보증서를 발행하는 방법

3) 조건부 지급보증(Conditional Guarantee)

① 청구보증(Demand Guarantee)은 일치하는 지급청구가 있으면 무조건 지급할 것을 약정하는 서명된 확약을 의미한다. 지급보증에 따른 위험이 클 때에는 수익자가 동의하는 범위 내에서 조건을 삽입함으로써 자의적 지급요구를 억제하는 경우도 있다.
② 국제규칙을 청구보증통일규칙(URDG758)이 아닌 일반보증통일규칙(Uniform Rules for Contract Bonds, Publication No.524 ; 약칭 URCB524) 등을 적용하여, 수익자로 하여금 지급청구 시 보증신청인의 의무불이행에 대한 입증자료 등을 제출하게 함으로써 청구보증에서 부당한 대금청구(unfair calling) 문제를 해결할 수 있다. 다만 URCB524는 수익자에게 불리한 규칙이지만, 수익자와의 합의만 있다면 적용될 수 있으며, 실무에서 URCB524 등이 간혹 사용되는 경우가 있다.

4) 지급보증 문언의 명확화

후일 모호한 피보증채무의 범위에 대한 분쟁을 미연에 방지하기 위하여 은행보증서를 발행 시 보증채무를 부담하는 경우를 명확히 명시하여 그 범위를 제한할 필요가 있다.

5) 보증서상 Risk 있는 문언의 억제

다음의 경우는 보증은행, 보증신청인 모두에게 리스크가 가중되므로 문언 삽입을 가급적 억제해야 한다('6. 보증서 발행 시 유의해야 할 문언' 참조).

① 유효기간의 자동연장(Evergreen Clause)
② 당사자 간의 합의에 따라 수익자의 요청에 의한 무조건적인 연장
③ 확정일자 언급 없이 계약서상 만기일이나 물품 인도일 등에 보증서가 종료되는 조건
④ 보증서가 반환되어야만 보증채무가 종료된다는 조건
특히 준거법으로 이슬람법을 적용하는 일부 중동지역의 보증서의 경우 보증서의 만기가 종료되었더라도 보증서 원본을 반환하지 않으면 수익자가 보증신청인의 의무불이행을 사유로 지급청구를 할 수 있으므로 유의해야 한다.
⑤ 미확정 비용, 수수료, 세금, 관세, 손실액, 이자, 법적 비용(소송비용) 등을 추가 부담하는 조건
⑥ 보증은행의 동의 없이 기초(원인)계약의 수정 · 변경이 가능하다는 조건
'원인(기초)계약 당사자는 보증은행의 동의없이 원인계약을 변경 · 수정할 수 있으므로 이로 인하여 보증은행의 책임이 면제되지 않는다'는 조항을 삽입하는 경우 보증금액과 유효기간까지 보증은행 동의 없이 수정 · 변경할 수 있기 때문에 보증은행에게 매우 리스크가 가중될 수 있다. 따라서 보증금액과 유효기간을 연장하는 경우에는 보증은행의 서면동의가 있어야 한다는 것으로 명시하는 것이 바람직하다.
⑦ 취소를 위해서는 수익자의 절대적 동의가 있어야 된다는 조건
⑧ 적용법규와 재판관할권 누락 등

6) 자구수단

수익자가 자의적인 지급청구를 하지 못하도록 예방하는 것이 최선이나 이미 지급청구를 한 경우에는 청구의 정당성을 조사하고, 법적절차 또는 중재절차 등을 검토해야 한다.

① 사전적 수단 : 보증신청인은 수익자의 부당한 지급청구가 행해지기 이전에 이를 방지할 수 있도록 최선의 노력을 기울여야 한다. 수익자 이외의 제3자가 발행하는 서류를 요구하여 서류요건을 강화하거나 또는 지급청구 이전에 보증신청인에게 지급청구 사실을 통지하도록 '지급청구고지조항'을 삽입하

는 방법 등을 활용해 볼 수도 있다.

② 사후적 수단 : 지급금지가처분명령을 허용한 대부분의 사례에서 법원은 수익자의 지급청구의 부당성을 판단하는 데 있어서 지급청구의 실질적 근거여부를 기초로 하고 있다. 또한 지급금지가처분명령의 적용 여부의 판단에 있어서는 보증은행의 지급으로 인한 보증신청인의 피해에 대하여 지급금지가처분명령 이외에 다른 구제수단이 존재하지 않을 경우에 이를 허용하는 경향을 보이고 있다. 따라서 보증신청인은 지급금지가처분명령의 신청에 있어서 이러한 사실의 입증 가능성에 중점을 두고 소송에 임하여야 할 것이다.

7) 국제규칙의 정확한 이해

보증신용장통일규칙(ISP98), 청구보증통일규칙(URDG758) 등 관련규칙을 정확히 숙지함으로써 위험을 최소화하려는 노력이 필요하다.

제3절 외화지급보증의 실무적용 사례

[사례연구 1] 현지금융 담보제공 목적 Standby L/C의 개설

국내법인(A社)이 설립(투자)한 중국 현지법인(B社)이 현지은행으로부터 대출을 받기 위하여 상담을 하였다. 현지은행 담당자는 국내은행에서 개설한 Standby L/C가 담보로 제공되는 경우 대출(현지금융)을 취급해 줄 수 있다고 한다. 이 경우에 Standby L/C 개설을 위한 업무절차 및 검토사항은 무엇인가?

■ 해외직접투자와 현지금융의 관계

국내 법인(A社)이 해외에 현지법인을 설립하는 과정과 투자자(A社) 등 개설의뢰인의 요청으로 국내은행이 개설한 Standby L/C를 담보로 해외 현지은행이 대출하는 과정은 다음의 업무 흐름도로 그 관계를 이해할 수 있다.

[그림 11] 해외직접투자와 현지금융 업무 흐름도

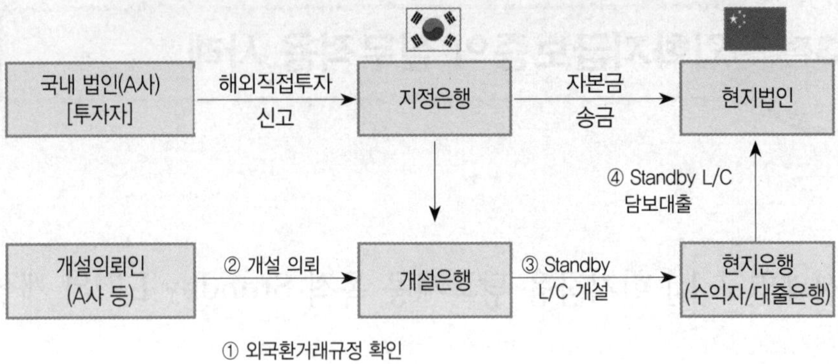

▶ Standby L/C 개설 이전에 「해외직접투자신고서」상의 현지법인을 설립한 자가 누구인지를 반드시 확인해야 함.

Step 1. '관련 외국환거래규정'의 확인

현지법인 등이 현지에서 금융을 수혜 받기 위해 국내은행이 담보제공 목적 Standby L/C를 개설하는 경우 외국환거래규정 제8장 현지금융 제8-2조(신고 등)에 의거, 개설의뢰인은 지정거래외국환은행의 장에게 신고하여야 한다.

■ 현지법인을 설립한 투자자가 법인인 경우(현지금융에 해당함)

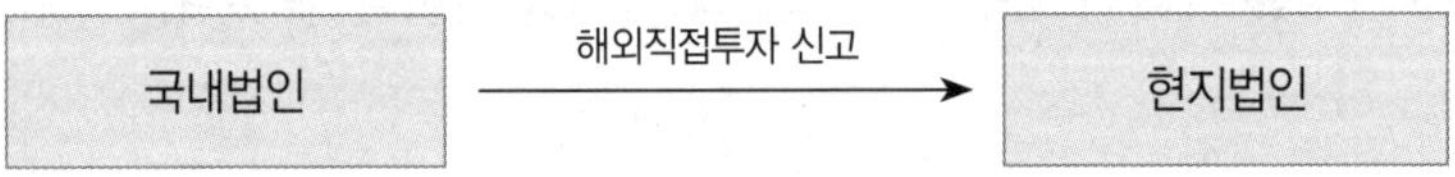

유의사항

① 현지법인 설립 시 신고한 「해외직접투자신고서」를 제출받아 '거래외국환은행 지정(항목 "13") 및 현지금융 신고'를 하여야 한다.

② 해외직접투자신고를 한 외국환은행과는 별개로 다른 외국환은행에서 현지

금융 신고를 할 수 있다.

③ 현지금융 신고 시 보증계약신고서상 보증기간은 자행이 지급 의무를 완전히 면하게 되는 시점으로, 유효기일과 별도로 청구기간이 있는 Standby L/C의 경우 청구기간 종료시점까지 신고가 완료되어야 한다.

제출서류

① 거래외국환은행지정신청서(지침서식 제1-2호)
② 보증계약신고서(지침서식 제7-14호) : 부록 6-1 참조
③ 현지은행과의 금융계약서 또는 융자의향서(Letter of Intent)
④ 해외직접투자신고서 사본
⑤ 현지법인의 영업활동입증서류(결산재무제표 등)

■ **현지법인을 설립한 자가 개인 또는 개인사업자인 경우(현지금융에 해당되지 않음)**

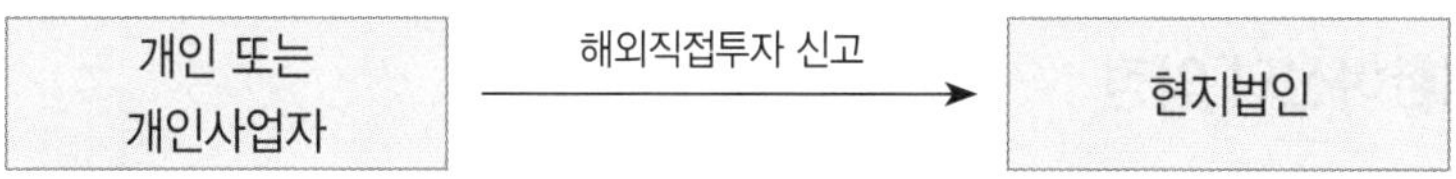

유의사항

현지법인을 설립한 자가 개인 또는 개인사업자인 경우 외국환거래규정상 현지금융이 아니므로 한국은행 총재에게 보증계약신고를 하여야 한다.

제출서류

① 보증계약신고서(규정서식 제7-3호) : 부록 6-2 참조
② 사유서
③ 신청인 및 상대방 실체확인서류(실명확인서류)

④ 보증관련계약서(현지법인과 현지은행 간 대출계약서 등)
⑤ 기타 보증사유 입증서류(현지법인 설립서류 등) 등

Step 2. 거래은행과 외환여신 상담 및 약정

1. 외환여신의 상담

국내법인(투자자)은 거래은행에 Standby L/C 개설을 의뢰하고, 현지법인은 동 Standby L/C를 담보로 현지은행에서 대출을 받게 된다. 만일 대출만기일에 대출을 받은 현지법인이 대출금을 상환하지 못하는 경우 현지의 은행으로부터 Standby L/C 개설은행 앞으로 상환청구를 하게 되고, 개설은행은 상환청구에 무조건적으로 응해야 하는 위험이 있으므로 일반대출과 같이 국내법인(투자자)에게 담보 등을 요구하는 것이 일반적이다.

2. 외환여신의 약정

은행은 개설의뢰인의 신용상태, 담보 등을 종합적으로 검토하여 개설의뢰인과 '기타외화지급보증'이라는 외환여신과목으로 약정한다.

Step 3. Standby L/C 개설

현지법인에게 대출을 실행할 현지은행 앞으로 Standby L/C를 전신(SWIFT) 발송하며, SWIFT의 Message Type(MT)은 760이다.

유의사항

① 보증신용장(Standby L/C)의 수익자(Beneficiary)가 반드시 대출을 실행할 현지은행으로 표시되어야 한다.

② 국내법인이 설립한 현지법인인 경우에는 현지법인을 설립하지 않은 다른 거주자(예 : 다른 계열사 또는 대표이사 개인 등)가 Standby L/C의 개설을 의뢰할 수 있다.

③ 현지금융 신고를 하는 은행과 Standby L/C의 개설은행은 다를 수 있으며, 현지금융 신고 시 보증계약신고서상 보증채무자가 Standby L/C 개설은행으로 기재되어야 한다.

제출서류

① 외화지급보증발행신청서

② 보증계약신고서 원본

Step 4. 현지은행 대출 실행

Standby L/C를 받은 현지은행은 동 L/C를 담보로 현지법인에게 대출을 실행한다.

[사례연구 2] 교포 등에 대한 여신 관련 Standby L/C 개설

교포 A가 국내은행의 뉴욕지점에서 국내은행이 개설한 Standby L/C를 담보로 대출을 받고자 한다. 이 경우에 Standby L/C 개설을 위한 업무절차 및 검토사항은 무엇인가?

[그림 12] 교포 등에 대한 여신 관련 Standby L/C 개설 업무 흐름도

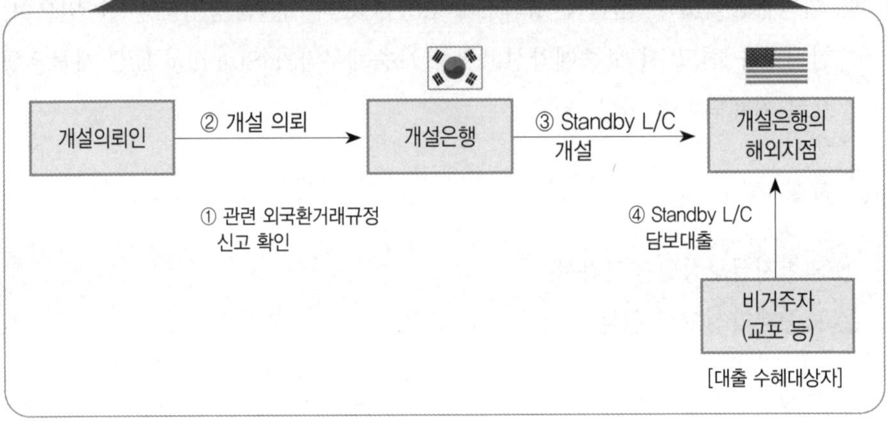

Step 1. 관련 외국환거래규정의 확인

교포등에 대한 여신과 관련하여 거주자 또는 당해 여신을 받는 비거주자가 국내에 있는 은행에 미화 50만불 이내에서 원리금의 상환을 보증하고자 하는 경우에는 외국환거래규정 제7-18조(외국환은행의 장에게 신고 등)에 의거 지정거래 외국환은행의 장에게 신고하여야 한다.

'교포 등에 대한 여신'이라 함은 외국에 있는 거주자(일반여행자 제외), 국민인 비거주자, 국민인 비거주자가 전액 출자하여 설립한 현지법인이 국내에 본점을 둔 외국환은행의 해외지점이나 현지법인 금융기관 등으로부터 받은 대출을 말한다.

유의사항

1. 대출수혜대상자
   ① 외국에 있는 거주자(일반여행자 제외)
   ② 국민인 비거주자
   ③ 국민인 비거주자가 전액 출자하여 설립한 법인
2. 대출실행 해외 현지은행 : 국내 외국환은행을 본점으로 하고 있는 해외지점(현지법인 포함)에 한한다.
3. 교포 등에 대한 여신과 관련, 50만불을 초과하여 Standby L/C를 개설하는 경우 한국은행총재 신고(보증계약) 대상이다.[규정서식 제7-3호 보증계약 신고서(부록 6-2 참조)]

제출서류

① 거래외국환은행지정신청서(지침서식 제1-2호)
② 보증계약신고서(지침서식 제7-14호) : 보증금액이 미화 50만불 이내인 경우(부록 6-1 참조)

Step 2. 거래은행과 외환여신 상담 및 약정

1. 외환여신의 상담

거주자 또는 당해 여신을 받는 교포 등 비거주자가 국내 거래은행에 Standby L/C 개설을 의뢰하고, 교포는 동 Standby L/C를 담보로 현지은행에서 대출을 받게 된다. 만일 대출만기일에 대출을 받은 교포가 대출금을 상환하지 못하는 경우 현지대출은행은 Standby L/C 개설은행 앞으로 상환청구를 하게 되고, 개설은행은 상환청구에 무조건적으로 응해야 하는 위험이 있기 때문에 일반대출과 같이 은행은 거주자 또는 당해 여신을 받는 교포 등 비거주자에게 담보 등을 요구하는 것이 일반적이다.

2. 외환여신의 약정

은행은 개설의뢰인의 신용상태, 담보 등을 종합적으로 검토하여 개설의뢰인과 '기타외화지급보증'이라는 외환여신과목으로 약정한다.

Step 3. Standby L/C 개설

교포에게 대출을 실행할 현지은행 앞으로 Standby L/C를 전신(SWIFT) 발송하며, SWIFT의 Message Type(MT)은 760이다.

유의사항

Standby L/C 수익자가 반드시 대출을 실행할 외국환은행의 해외지점(현지법인 포함)으로 표시되어야 한다.

제출서류

① 외화지급보증발행신청서
② 보증계약신고서 원본

Step 4. **현지은행 대출 실행**

Standby L/C를 받은 현지은행은 동 L/C를 담보로 교포에게 대출을 실행한다.

[사례연구 3] 선박수주 관련 RG(Refund Guarantee)의 발행

A조선사는 해외의 선주(buyer)로부터 선박건조를 수주받고 계약서 조건에 따라 RG발행을 요청하고자 한다. RG 발행절차와 검토사항은 무엇인가?

■ 선박건조 선수금환급보증(Refund Guarantee)의 개념

조선사(Ship builder)가 선주(Buyer)로부터 선수금을 미리 영수하고 관련 선박의 건조 및 인도(delivery) 미이행 시 선주에게 선박건조 선수금의 환급을 보증하는 것을 말하며, RG의 발행절차는 다음과 같다.

Step 1. **거래은행 외환여신 상담 및 심사**

은행은 여신상담 및 심사 시 선박건조계약서, 채권보전의 적정성, 조선사의 현황 등을 고려하여 다음 사항을 검토한다.

1. 선박건조계약서

① 선박규모, 계약금액, 성능요구사항, 인도일자 등 선박 기본사항

② 선박건조계약의 취소 및 해지 조항

③ 선수금지급조건

④ 선수금 청구사유(RG call) 등

2. 채권보전의 적정성 검토

수출보증보험증권, 보증보험증권 등을 담보로 취득하는 경우 다음 사항이 포함되어야 한다.

① 약관기본사항

② 대위변제 청구조건

③ 담보적격 여부 등

3. 조선사의 건조능력 등 조선사의 현황 검토

4. 기타 제반 약정서 등의 법률 검토

Step 2. RG 발행은행의 채권보전 및 여신약정

RG 발행은행은 통상 다음과 같은 담보취득 등 채권보전조치를 취하게 된다.

1. 건조 중 선박에 대한 양도담보의 취득
2. 자행을 수익자로 하는 선박건조보험의 부보
3. 수출보증보험증권, 보증보험증권 등 담보 취득
4. 선수금관리계좌(Escrow Account)에 대한 질권 설정
5. 기타 필요한 채권보전 조치

[참조] 선수금관리계좌(Escrow Account)

1. 정의 : '선수금관리계좌(EA : Escrow Account)'라 함은 선박 건조를 위하여 조선사가 선주로부터 단계별로 지급받는 선수금이 입금되는 계좌로서, 입출금 관리를 위하여 개설된 은행계좌를 말한다.

2. EA관리
   ① 선박선수금은 통상 RG 발행은행에 선수금관리계좌(EA)를 개설하여 관리한다.
   ② EA는 자행 및 조선사 간 EA관리에 필요한 기본약정을 체결하여 관리하며, 다만, 보증기관 등이 EA를 관리하는 경우에는 자행, 조선사, 보증기관 등과의 기본약정 체결 후 관리하게 된다. EA는 조선사 명의로 개설되며, 자금인출 요건, 인출자금의 용도, 자행 및 보증기관 등과의 손실분담 요건 등이 기재된다.
   ③ EA 관리를 위하여 통상 선박 공정진행상황 등의 실사를 정기적으로 하며, 외부전문기관 실사를 원칙으로 하고 있다. EA 관리는 자행의 여신전결권자가 부득이하다고 인정하는 경우에는 예외적으로 운용할 수 있다.

Step 3. RG 발행

1. RG 발행금액 : 선박건조계약에 따르되 표준계약방식일 경우 계약금 입금시점부터 선박인도 전 중도금까지 총 금액으로 RG를 발행한다(TIP 1 참조).
2. 선박건조계약서의 주요사항 등을 확인한 후 선주 앞으로 RG를 발행한다.
3. RG 발행 시 계정처리 : 미확정 지급보증(TIP 2 참조)

수출보증보험 담보취득 시 유의사항

수출보증보험의 보험기간과 수출보증서의 보증기간이 다른 경우, 불일치로 인하여 보험금을 대위변제 받는 데 문제가 발생한다. 실제로 한국무역보험공사의 보상심사 결과에 의하면, 발주자의 보증채무이행청구(calling)를 보험사고로 간주하고 있으며, 보험기간 내에 보증채무이행청구가 이루어진 경우 보상대상이 된다. 따라서 비록 보험기간 내에 보증채무이행청구사유가 발생되었다고 하더라도 보험기간 후에 보증채무이행청구가 이루어진 경우 보상대상에서 제외될 수 있다는 점에 유의하여야 한다.

Step 4. 선수금 수취 및 EA의 관리

1. 선주로부터 선수금이 입금되면 자행의 업무처리절차에 따라 선수금관리계좌(EA)를 관리한다.
2. 선수금관리계좌(EA)에서 자금인출은 일반적으로 다음의 경우에 한다.
   ① 선수금은 자재비, 인건비, 금융비용 등 선박건조와 관련된 직 · 간접 비용에 한하여 지급한다.
   ② RG 발행은행은 조선사 또는 EA 관리 보증기관 등으로부터 인출요청서를 접수하면 공정 진행상황 등을 확인하고 관련 증빙서류를 징구한 후 지급한다. 단, 자재비 등 선박기성에 해당할 경우에는 시설공급자 등 해당 업체에 직접 지급하는 것을 원칙으로 하고 있다.
   ③ 선수금 입금 시 계정처리 : (난외계정)확정 지급보증(TIP 2 참조)

Tip 1. 선박건조계약과 RG 발행(표준계약방식일 경우 예시)

입금 금액	계약금 20%	중도금 20%	중도금 20%	중도금 20%	잔금 20%
입금시점	계약체결 시	강재절단 (Steel Cutting)	블록탑재 시 (용골 시) (Keel Laying)	선박진수 (Launching)	선박최종 인도 시 (Delivery)
RG 발행 범위	←			→	

Tip 2. RG 발행에 따른 여신약정 및 계정처리

구 분	한도 거래	건별 거래
여신약정 시	약정(외환여신 미사용 한도)	계리되지 않음
RG 발행 시	미확정 지급보증(기타)	미확정 지급보증(기타)
선수금입금 시	확정 지급보증(외화지급보증 기타)	확정 지급보증(외화지급보증 기타)

부록

부록 1 취소불능 외화지급보증 발행신청서

■ APPLICATION FORMAT ■ STANDBY LETTER OF CREDIT ■ LETTER OF GUARANTEE	□ 통지방법 □ SWIFT(전신문) □ LETTER (서면)
■ ADVISING BANK (통지은행) □ BANK NAME : □ 만료일 : □ BIC(SWIFT CODE) :	■ DATE AND PLACE OF EXPIRY (만료일 및 제시장소) □ 제시장소 :
■ APPLICANT (보증신청인)	■ 보증형태 □ GUARANTEE (직접보증) □ COUNTER-GUARANTEE (간접보증)
■ BENEFICIARY (수익자) ※ 소재국 :	□ 대외 외화표시 지급보증 ■ 보증종류 □ 대내 외화표시 지급보증 (당행소정양식) □ 대내 외화표시 지급보증 (자유양식) ■ 보증료 이수기일 □ 일괄선납 □ 3개월 선납
■ AMOUNT (보증금액)	■ L/G 또는 Standby L/C NO
■ DETAILS OF GUARANTEE ※ AS PER SPECIFICATIONS ATTACHED (별첨)	

■ 수수료 ALL BANKING CHARGES OUTSIDE KOREA ARE FOR ACCOUNT OF □ APPLICANT □ BENEFICIARY

용도	□ 현지금융담보 (신고수리필수) □ 융자담보 (신고수리필수) □ B-BOND (입찰보증) □ AP-BOND (선수금환급보증) □ P-BOND (계약이행보증) □ R-BOND (유보금환급보증) □ W-BOND (하자보증)□ R/G (선박건조선수금환급보증) □ OTHERS (그외 기타보증)
적용규칙	□ UCP : THIS STANDBY L/C IS SUBJECT TO THE UNIFORM CUSTOMS AND PRACTICE FOR DOCUMENTARY CREDITS, 2007 REVISION, ICC PUBLICATION NO.600. □ ISP98 : THIS STANDBY L/C IS SUBJECT TO THE INTERNATIONAL STANDBY PRACTICES 1998, ICC PUBLICATION NO.590. □ URDG : THIS GUARANTEE IS SUBJECT TO THE UNIFORM RULES FOR DEMAND GUARANTEES, ICC PUBLICATION NO.758. □ NONE : THIS GUARANTEE IS NOT SUBJECT TO ANY RULES. □ OTHR : THIS GUARANTEE IS SUBJECT TO ( ).

■ 특약사항

□ 본인은 아래 조건으로 보증서를 발행함에 있어 발생하는 수수료, 비용 및 손해를 부담할 것을 확약합니다.
□ 보증금액 초과 지급 조항 □ 만료일 미확정 조항 □ 지급 또는 연장 조항

□ 본인은 제시장소가 당행이 아닌 경우 수익자로부터 해지 동의 전신문 또는 공증 받은 공문(아포스티유 제도 등) 확인 후 해지할 수 있음을 확인합니다.

위와 같이 외화지급보증서 발급을 신청하며 별도 제출한 지급보증약정서의 해당 조항에 따를 것을 확약합니다.

20 년 월 일

인감대조

신청인 : (인)

주 소 :

고객 번호 :
승인 번호 :

부록 2 취소불능 외화지급보증 조건변경신청서

■ Application For ☐ Amendment(조건변경) ☐ Cancellation(해지)

1) L/G (SBLC) No. :
2) Issuing Date (개설일) :
3) Total Amount (금액) :

We hereby request you to amend the terms and conditions of the above mentioned Letter of Guarantee (Standby Letter of Credit) as follows :

☐ Amount : ☐ increased by ____________ to ____________.
☐ decreased by ____________ to ____________.
☐ 확정전환(R/G 등) : ☐ increased by ____________ to ____________.
☐ New Expiry Date :
☐ 보증료 이수기일(기한연장, 증액시) : ☐ 일괄 선납 ☐ 3개월 선납
☐ 보증료 환출계좌 (만기전 해지시) :
☐ 통지방법 : ☐ SWIFT ☐ LETTER ☐ 당행소정양식(대내) ☐ NONE
☐ Other Conditions

■ 특약사항

☐ 본인은 아래 조건으로 보증서를 발행함에 있어 발생하는 수수료, 비용 및 손해를 부담할 것을 확약합니다.
☐ 보증금액 초과 지급 조항 ☐ 만료일 미확정 조항 ☐ 지급 또는 연장 조항
☐ 본인은 제시장소가 당행이 아닌 경우 수익자로부터 해지 동의 전신문 또는 공증 받은 공문(아포스티유 제도 등) 확인 후 해지할 수 있음을 확인합니다.

All other terms and conditions remain unchanged.

위와 같이 외화지급보증서 조건변경을 신청하며 별도 제출한 지급보증약정서의 해당 조항에 따를 것을 확약합니다.

20 년 월 일

신청인 : (인)

주 소 :

인감대조

고객 번호 :
승인 번호 :

부록 3-1 URDG758에 따른 '청구보증' 표준양식

Form of Demand Guarantee under URDG 758

[Guarantor Letterhead or SWIFT identifier Code]
To: [Insert name and contact information of the Beneficiary]
Date: [Insert date of issue]

- *TYPE OF GUARANTEE*: [Specify tender guarantee, advance payment guarantee, performance guarantee, payment guarantee, retention money guarantee, warranty guarantee etc.]
- *GUARANTEE NO.* [Insert guarantee reference number]
- *THE GUARANTOR*: [Insert name and address of place of issue, unless indicated in the letterhead]
- *THE APPLICANT*: [Insert name and address]
- *THE BENEFICIARY*: [Insert name and address]
- *THE UNDERLYING RELATIONSHIP*: The Applicant's obligation in respect of [Insert reference number or other information identifying the contract, tender conditions or other relationship between the applicant and the beneficiary on which the guarantee is based]
- *GUARANTEE AMOUNT AND CURRENCY*: [Insert in figures and words the maximum amount payable and the currency in which it is payable]
- *ANY DOCUMENT REQUIRED IN SUPPORT OF THE DEMAND FOR PAYMENT, APART FROM THE SUPPORTING STATEMENT THAT IS EXPLICITLY REQUIRED IN THE TEXT BELOW*: [Insert any additional document required in support of the demand for payment. If the guarantee requires no documents other than the demand and the supporting statement, keep this space empty or indicate "none"]
- *LANGUAGE OF ANY REQUIRED DOCUMENTS*: [Insert the language of any required document. Documents to be issued by the applicant or the beneficiary shall be in the language of the guarantee unless otherwise indicated herein]
- *FORM OF PRESENTATION*: [Insert paper or electronic form. If paper, indicate mode of delivery. If electronic, indicate the format, the system for data delivery and the electronic address for presentation]
- *PLACE FOR PRESENTATION*: [Guarantor to insert address of branch where a paper presentation is to be made or, in the case of an electronic presentation, an electronic address such as the Guarantor's SWIFT address. If no Place for presentation is indicated in this field, the Guarantor's place of issue indicated above shall be the Place for presentation]

- *EXPIRY*: [Insert expiry date or describe expiry event]

- *THE PARTY LIABLE FOR THE PAYMENT OF ANY CHARGES*: [Insert the name of the party]

As Guarantor, we hereby irrevocably undertake to pay the Beneficiary any amount up to the Guarantee Amount upon presentation of the Beneficiary's complying demand, in the form of presentation indicated above, supported by such other documents as may be listed above and in any event by the Beneficiary's statement, whether in the demand itself or in a separate signed document accompanying or identifying the demand, indicating in what respect the Applicant is in breach of its obligations under the Underlying Relationship.

Any demand under this Guarantee must be received by us on or before Expiry at the Place for presentation indicated above.

THIS GUARANTEE IS SUBJECT TO THE UNIFORM RULES FOR DEMAND GUARANTEES (URDG) 2010 REVISION, ICC PUBLICATION NO. 758.

SIGNATURE(S)

Optional clauses to be Inserted in the Form of Demand Guarantee

- *Time as from which a demand can be presented if different from the date of issue:*

A demand under this guarantee may be presented as from [indicate date or event, e.g.:

- The crediting of [insert currency and exact amount to be received as advance payment] to the applicant's account [indicate account number] maintained with the guarantor, provided such remittance identifies the guarantee to which it relates;
- The receipt by the guarantor of [insert currency and exact amount to be received as advance payment] for further credit to the applicant's account [indicate account number] maintained with the guarantor, provided such remittance identifies the guarantee to which it relates*. or

- The presentation to the guarantor of a statement stating [the release of the tender guarantee] [the issue of a documentary credit fulfilling the following terms: indicate amount, issuing or confirming party and goods/services description] or [the entry into effect of the underlying contract].

* This suggested operativeness/entry into effect clause, like the one in the bullet immediately preceding it, is frequently used in advance payment and retention money guarantees. In both cases, the clause ensures that the guarantee is not available for drawdown before the amount due by the beneficiary under the underlying contract is paid to the applicant. There are two ways to draft this clause. The first one, reflected in the first bullet, is to consider the guarantee operative only when the amount is effectively credited to the applicant's account. This leaves the beneficiary/payor with the risks of errors in credit transfers or third party attachments. Another way to draft this type of clauses, reflected in the second bullet, considers the beneficiary's obligations as satisfied when the payment is received by the guarantor holding the applicant's account. Any delay in crediting that payment to the applicant's account is left to be sorted out between the applicant and the guarantor according to the bank-customer relationship agreement or rules of law.

- *Variation of amount clause:*

❖ **The Guarantee Amount will be reduced by [insert percentage of Guarantee Amount or exact amount and currency] upon [choose one or more of the options below:**

- Presentation to the Guarantor of the following document(s): [insert list of documents];
- In the case of an index specified in the guarantee as triggering reduction [insert index figure triggering the reduction in the Guarantee Amount]; or
- (In the case of a payment guarantee): the remittance of [insert exact amount and currency] to the beneficiary's account [indicate account number] held with the guarantor, provided the record of such remittance enables the guarantor to identify the guarantee to which it relates (for example, by referring to the guarantee's reference number).]

❖ **The Guarantee Amount will be increased by [insert percentage or exact amount and currency] upon [choose one or more of the options below:**

- Presentation to the Guarantor of the following document(s): [insert list of documents];
- Presentation to the Guarantor of the Applicant's statement stating that the underlying contract was amended to increase the scope or value of the works and specifying the amount and currency of the new value; or
- In the case of an index specified in the guarantee as triggering increase [insert index figure triggering increase in the Guarantee Amount.]

- *Sample terms for article 15(a)'s supporting statement to be provided by the beneficiary:*

❖ In the case of a tender guarantee, the supporting statement could state:

The Applicant:

- Has withdrawn its offer during the tender period, or

- While it was declared the successful bidder, the Applicant did not sign the contract corresponding to its offer and/or failed to provide the guarantee(s) requested in the call for tenders.

❖ In the case of a p**erformance guarantee**, the supporting statement could state:

The Applicant is in breach of its obligations with respect to the underlying relationship because [of late delivery] [the contract's performance was not completed by the due date] [there was a shortfall in the quantity of the goods supplied under the contract] [the delivered works are defective] etc.

❖ In the case of a **payment guarantee**, the supporting statement could state:

The Applicant has not fulfilled its contractual payment obligations.

❖ Supporting statements required under **other types of guarantees** (advance payment, retention money, delivery, warranty, maintenance, etc.) are likewise expected to be general in their drafting without the need for the beneficiary to substantiate its claim or to provide meticulous technical detail of the breach absent an express requirement in the guarantee itself.

부록 3-2 URDG758에 따른 '구상보증' 표준양식

FORM OF COUNTER-GUARANTEE UNDER URDG 758

[Counter-guarantor Letterhead or SWIFT identifier Code]

To: [Insert name and contact information of Guarantor]

Date: [Insert date of issue]

PLEASE ISSUE UNDER OUR RESPONSIBILITY IN FAVOUR OF THE BENEFICIARY YOUR GUARANTEE IN THE FOLLOWING WORDING:

[Quote the following Form of Demand Guarantee under URDG 758, provide brief details of the guarantee or use your own guarantee text as appropriate]

- *TYPE OF GUARANTEE*: [Specify tender guarantee, advance payment guarantee, performance guarantee, payment guarantee, retention money guarantee, warranty guarantee, etc.]
- *GUARANTEE NO.* [Guarantor to insert guarantee reference number]
- *THE GUARANTOR*: [Guarantor to insert name and address of place of issue, unless indicated in the addressee field above]
- *THE APPLICANT*: [Insert name and address]
- *THE BENEFICIARY*: [Insert name and address]
- *THE UNDERLYING RELATIONSHIP*: The Applicant's obligation in respect of [Insert reference number or other information identifying the contract, tender conditions or other relationship between the applicant and the beneficiary on which the guarantee is based]
- *GUARANTEE AMOUNT AND CURRENCY*: [Insert in figures and words the maximum amount payable and the currency in which it is payable]
- *ANY DOCUMENT REQUIRED IN SUPPORT OF THE DEMAND FOR PAYMENT, APART FROM THE SUPPORTING STATEMENT THAT IS EXPLICITLY REQUIRED IN THE TEXT BELOW*: [Insert any additional document required in support of the demand for payment. If the guarantee requires no documents other than the demand and the supporting statement, keep this space empty or indicate "none"]
- *LANGUAGE OF ANY REQUIRED DOCUMENTS:* [Insert the language of any required document. Documents to be issued by the applicant or the beneficiary shall be in the language of the guarantee unless otherwise indicated

herein]

- *FORM OF PRESENTATION:* [Insert paper or electronic form. If paper, indicate mode of delivery. If electronic, indicate the format, the system for data delivery and the electronic address for presentation]

- *PLACE FOR PRESENTATION*: [Guarantor to insert address of branch where a paper presentation is to be made or, in the case of an electronic presentation, an electronic address such as the Guarantor's SWIFT address. If no Place for presentation is indicated in this field, the Guarantor's place of issue indicated above shall be the Place for presentation]

- *EXPIRY OF GUARANTEE*: [Insert expiry date or describe expiry event]

- *THE PARTY LIABLE FOR THE PAYMENT OF ANY CHARGES*: [Insert the name of the party]

As Guarantor, we hereby irrevocably undertake to pay the Beneficiary any amount up to the Guarantee Amount upon presentation of the Beneficiary's complying demand, in the form of presentation indicated above, supported by such other documents as may be listed above and in any event by the Beneficiary's statement, whether in the demand itself or in a separate signed document accompanying or identifying the demand, indicating in what respect the Applicant is in breach of its obligations under the Underlying Relationship.

Any demand under this Guarantee must be received by us on or before Expiry at the Place for presentation indicated above.

THIS GUARANTEE IS SUBJECT TO THE UNIFORM RULES FOR DEMAND GUARANTEES (URDG) 2010 REVISION, ICC PUBLICATION NO. 758.

[unquote]

As Counter-guarantor, we hereby irrevocably undertake to pay the Guarantor any amount up to the Counter-guarantee Amount indicated below upon presentation of the Guarantor's complying demand, in the form of presentation indicated below, supported by the Guarantor's statement, whether in the demand itself or in a separate signed document accompanying or identifying the demand, indicating that the Guarantor has received a complying demand under the guarantee.

Any demand under this Counter-guarantee must be received by us on or before Expiry of this Counter-guarantee at the place for presentation indicated below.

- *COUNTER-GUARANTEE NO*: [Insert counter-guarantee reference number]

- ***THE COUNTER-GUARANTOR***: [Insert name and address of place of issue, unless indicated in the letterhead]

- ***THE GUARANTOR***: [Insert name and address of Guarantor and place of issue of guarantee]

- ***COUNTER-GUARANTEE AMOUNT AND CURRENCY***: [Insert in figures and words the maximum amount payable and the currency in which it is payable]

- ***FORM OF PRESENTATION:*** [Insert paper or electronic form. If paper, indicate mode of delivery. If electronic, indicate the format, the system for data delivery and the electronic address for presentation]

- ***PLACE FOR PRESENTATION***: [Counter-guarantor to insert address of branch where a paper presentation is to be made or, in the case of an electronic presentation, an electronic address such as the counter-guarantor's SWIFT address. If no Place for presentation is indicated in this field, the counter-guarantor's place of issue indicated above shall be the Place for presentation]

- ***EXPIRY OF COUNTER-GUARANTEE***: [Insert expiry date or describe expiry event. Note that the expiry of the counter-guarantee is generally scheduled to occur later than the expiry of the guarantee to include a mailing period]

- ***THE PARTY LIABLE FOR THE PAYMENT OF ANY CHARGES***: [Insert the name of the party, generally the counter-guarantor]

The Guarantor is requested to confirm to the Counter-guarantor the issuance of the guarantee.

THIS COUNTER-GUARANTEE IS SUBJECT TO THE UNIFORM RULES FOR DEMAND GUARANTEES (URDG) 2010 REVISION, ICC PUBLICATION NO. 758.

Signature(s)

부록 4 Bank Guarantee 및 Standby L/C 작성샘플(1)

1-1. 입찰보증(Bid Guarantee) – 직접보증

To : ________①________ (hereinafter called 'Owner')

Our guarantee No : ______②________

Whereas ______③________ has issued an invitation to Guarantee No.____④______ for ________⑤__________(hereinafter 'Work'), and Whereas ______⑥________, a corporation organized and existing under the law of the Republic of Korea having its principal office at _______⑦________, (hereinafter called the 'Bidder') submitted a bid for the Work on ____⑧____ (the 'Bid').

Now therefore, we, (name of BANK) do hereby undertake to pay to owner on its written demand any amount up to _______⑨_______ (say _______⑩_________) (the 'Guaranteed Amount') against any loss or damage caused to or suffered by the Owner by reason of either of the following :

i) The Bidder withdraws its Bid before the Expiry date of this guarantee without the consent of the Owner, or

ii) The Owner awards the contract for the Work to the Bidder and the Bidder fails to excute the terms of its Bid, within thirty(30) days after receipt of Notification of Award.

Provided that any such demand is accompanied by your confirmation that you have given ten(10) working days' written notice to the Bidder of your intention to make such demand, including the reason for such demand.

Any claim must bear the confirmation of Owner's bankers that the signature thereon are authetic.

Any claim will be addressed to us at (name and address of Bank).

Our maximum aggregate liability under the Guarantee shall not in any event exceed the Guaranteed Amount. This guarantee takes effect from ____⑪_____ and shall remain in force until ____⑫_____(the 'Expiry date') unless sooner terminated and/or released by the Owner.

Any claim under this guarantee must be received by us on or before the Expiry date.

This guarantee is personal to the Owner and not trasferable.

This guarantee shall be governed by and construed in accordance with the laws of ___⑬___ and shall be subject to the exclusive jurisdiction of the ___⑭____ courts.

Yours faithfully,

① 수익자(Beneficiary) 이름과 주소
② 보증서번호
③ 수익자(발주처 등)
④ 입찰공고번호
⑤ 입찰내용(공사명 등)
⑥ 보증신청인(입찰참여자 등)
⑦ 보증신청인 주소
⑧ 입찰참여일
⑨ 보증금액(숫자)
⑩ 보증금액(문자)
⑪ 보증개시일
⑫ 보증만기일(유효기일)
⑬ 준거할 국가법(국가명)
⑭ 준거할 국가법(국가명)

1-2. 입찰보증(Bid Guarantee) - 간접보증

AT THE REQUEST OF ________ⓐ__________, WE HEREBY ISSUE OUR LETTER OF GUARANTEE NO.______ ⓑ_________ WHICH IS THE AMOUNT OF _______ⓒ_________ (SAY _________ⓓ___________) IN YOUR FAVOR FOR ACCOUNT OF ______ⓔ_______ AS BID BOND SO THAT YOU CAN ISSUE AND ADVISE AS QUOTED IN FAVOR OF ______ⓕ_____________.

QUOTE

To : __________①___________ (hereinafter called 'Owner')

Our guarantee No : ________②________

Whereas _________③_________ has issued an invitation to Bid No._______④_______ for ____________ ⑤___________(hereinafter 'Work'), and Whereas ________⑥_________, a corporation organized and existing under the law of the Republic of Korea having its principal office at _________⑦_________, (hereinafter called the 'Bidder') submitted a bid for the Work on _____⑧______ (the 'Bid').

Now therefore, we, (name of BANK) do hereby undertake to pay to owner on its written demand any amount up to ________⑨________ (say _________⑩__________) (the 'Guaranteed Amount') against any loss or damage caused to or suffered by the Owner by reason of either of the following :

i) The Bidder withdraws its Bid before the Expiry date of this guarantee without the consent of the Owner, or

ii) The Owner awards the contract for the Work to the Bidder and the Bidder fails to excute the terms of its Bid, within thirty(30) days after receipt of Notification of Award.

Provided that any such demand is accompanied by your confirmation that you have given ten(10) working days' written notice to the Bidder of your intention to make such demand, including the reason for such demand.

Any claim must bear the confirmation of Owner's bankers that the signature thereon are authetic.

Any claim will be addressed to us at (name and address of Bank).

Our maximum aggregate liability under the Guarantee shall not in any event exceed the Guaranteed Amount. This guarantee takes effect from _____⑪______ and shall remain in force until _____⑫______(the 'Expiry date') unless sooner terminated and/or released by the Owner.

Any claim under this guarantee must be received by us on or before the Expiry date.

This guarantee is personal to the Owner and not trasferable.

This guarantee shall be governed by and construed in accordance with the laws of ___⑬___ and shall be subject to the exclusive jurisdiction of the ____⑭_____ courts.

Yours faithfully,

UNQUOTE

IN CONSIDERATION OF YOUR ISSUING YOUR GUARANTEE AS ABOVE, WE HEREBY GIVE YOU OUR IRREVOCABLE COUNTER GUARANTEE AND UNDERTAKE TO PAY YOU ANY SUM OR SUMS NOT EXCEEDING IN TOTAL AMOUNT OF ________ⓖ__________ (SAY _____________ⓗ_________) UPON RECEIPT BY US AT THIS OFFICE NO LATER THAN _____ⓘ_____ OF YOUR FIRST DEMAND.

ALL BANKING CHARGES OUTSIDE KOREA ARE FOR ACCOUNT OF ________ⓙ__________.

OUR COUNTER GUARANTEE SHALL BE VALID UNTIL ________ⓚ_________ INCLUDING 15 DAYS FOR MAILING TIME. SUCH A DEMAND SHALL BE SUPPORTED BY YOUR WRITTEN STATEMENT THAT YOU HAVE RECEIVED A DEMAND FOR PAYMENT UNDER YOUR GUARANTEE.

THIS GUARANTEE SHALL BE GOVERNED BY AND CONSTRUED IN ACCORDANCE WITH THE LAWS OF ____ⓛ_____ AND SHALL BE SUBJECT TO THE EXCLUSIVE JURISDICTION OF THE ____ⓜ_____ COURTS.

B.REGARDS.

ⓐ 보증신청인(Applicant)
ⓑ 보증서번호
ⓒ 보증금액(숫자)
ⓓ 보증금액(문자)
ⓔ 보증신청인
ⓕ 수익자
ⓖ 보증금액(숫자)
ⓗ 보증금액(문자)
ⓘ 당행 발행 구상보증서 만기일(유효기일)
ⓙ 수수료부담자
ⓚ 유효기일(당행만기)
ⓛ 준거할 국가법(국가명)
ⓜ 준거할 국가법(국가명)

① 수익자(Beneficiary) 이름과 주소
② 보증서번호
③ 수익자 (발주처 등)
④ 입찰공고번호
⑤ 입찰내용(공사명 등)
⑥ 보증신청인(입찰참가자 등)
⑦ 보증신청인 주소
⑧ 입찰참여일
⑨ 보증금액(숫자)
⑩ 보증금액(문자)
⑪ 보증개시일
⑫ 현지은행 발행 보증서의 보증만기일(유효기일)
⑬ 준거할 국가법(국가명)
⑭ 준거할 국가법(국가명)

2-1. 선수금환급보증(Advance Payment Guarantee) – 직접보증

ADVANCE PAYMENT GUARANTEE NO.

MESSER : ____________①____________

We understand that you have entered into a Contract No.______②______ dated _____③______(hereinafter referred to as the contract) with __________④__________(hereinafter referred to as the 'Seller') for the purchasing ________ ⑤_________ in the total value ______⑥______ (say _________⑦__________) (hereinafter referred to as the Contract Price) and that under the Contract the sum of _________⑧_________ is payable in advance (hereinafter referred to as the Advance Payment) against a refund guarantee.

On the instruction of the Seller, we, (name of Bank) hereby irrevocably and unconditionally undertake to pay you an amount up to ________⑨________ (say _______⑩_________).

Upon receipt of your first written demand stating that the seller has failed to comply with his Contract obligation as agreed upon.

For identification purposes, please send us your written payment request containing the above declaration via your banker who have to confirm to us the authenticity of signatures on your demand.

This guarantee shall be become operative only upon receipt of the Advance Payment on Seller's account.

This guarantee shall remain valid until close of banking hours at this office on _____⑪_______ (hereinafter referred to as the 'Expiry date') and any claim hereto under must be received at this office on or before the Expiry date.

Upon Expiry date, this guarantee shall become null and void, whether returned to us for cancellation or not and any claim or statement received after Expiry date shall be ineffective.

Our obligation under this guarantee are limited to payment of money up to the amount mentioned herein above.

This guarantee is personal to yourselves and is not transferable or trasferable.

This guarantee is subject to and shall be governed by and constructed in accordance with the laws of _____ ⑫_____.

All banking charges(including Advising charges) outside the issuing bank are for Beneficiary's account.

B.REGARDS.

① 수익자의 이름과 주소
② 계약서번호
③ 계약서날짜
④ 보증신청인
⑤ 계약내용
⑥ 계약금액(숫자)
⑦ 계약금액(문자)
⑧ 선수금금액
⑨ 보증금액(문자)
⑩ 보증금액(숫자)
⑪ 보증서 만기일(유효기일)
⑫ 준거할 국가법(국가명)

3-1. 계약이행보증(Performance Guarantee) - 직접보증

PERFORMANCE BANK GUARANTEE

Applicant : (name and address)

To : (beneficiary's name and address)

Dear Sirs,

We, (name of bank), at (address of bank) hereby establish as irrevocably Performance Guaranree (P-Guarantee No.________①____________) in your favor for account of ______②_______, in cover of performace guarantee pursuant to the terms and conditions of the Purchase Order for ______③________ (description of goods and/or services) and hereby undertake to pay you up to but not exceeding ________④_________ upon receipt by us to your demand, accompanied by your declaration, stating that the amount claimed is due by reason of ______⑤______ having failed to perform its obligation, responsibilites and/or liablities.

Partial demand or drawing are permitted, provided however, the total of such demand or drawings do not exceed the total of _______⑥______.

This Peformance Bond shall expire on _____⑦______ and claims hereunder shall be received by us on or before ______⑧______. After such date, this Performance Bond shall be null and void whatsoever whether returned to us or not.

This guarantee is subject to the Uniform Rules for Demand Guarantees(URDG) 2010 revision, ICC Publication No.758.

① 보증서번호
② 보증신청인
③ 계약내용
④ 보증금액
⑤ 보증신청인
⑥ 보증금액
⑦ 보증서 만기일(유효기일)
⑧ 보증서 만기일(유효기일)

3-2. 계약이행보증(Performance Guarantee) - 간접보증

PERFORMANCE GUARANTEE

OUR REFERENCE NUMBER.________ⓐ__________

AT THE REQUEST OF ________ⓑ________, PLEASE ISSUE ON OUR RESPONSIBILITY

IN FAVOR OF ________ⓒ_______, YOUR GUARANTEE IN THE FOLLOWING WORDING :

QUOTE

We have been informed that ________①________, (hereinafter called 'the Applicant'), has entered into contract No._______②_______ dated ________③_______ with you, for the supply of (description of goods and/or services).

Furthermore, we understand that, according to the conditions of the contract, a performance guarantee is required.

At the request of the Applicant, we (name of bank) ______④_______ hereby irrevocably undertake to pay you and sum or sums not exceeding in total an amount of ______⑤_______ (say : _________⑥_________) upon receipt by us of your first demand in writing and your written statement stating :

i) that the Applicant is in breach of his obligation(s) under the underlying contract : and
ii) the respect in which the Applicant is in breach.

Your demand for payment must be accompanied by the following document(s) :
(specifiy document(s) if any, or delete)

This guarantee shall expire on ______⑦________ at the latest.
Consequently, any demand for payment under it must be received by us at this office on or before that date.
THIS GUARANTEE IS SUBJECT TO THE UNIFORM RULES FOR DEMAND
GUARANTEES(URDG) REVISION 2010, ICC PUBLICATION NO.758.

UNQUOTE

IN CONSIDERATION OF YOUR ISSUING YOUR GUARANTEE AS ABOVE, WE HEREBY GIVE YOU OUR IRREVOCABLE COUNTER-GUARANTEE AND UNDERTAKE TO PAY YOU ANY SUM OR SUMS NOT EXCEEDING IN TOTAL AMOUNT OF _________ⓓ_________, (SAY _________ⓔ_________) UPON RECEIPT BY US AT THIS OFFICE NO LATER THAN _____ⓕ______ OF YOUR FIRST DEMAND. SUCH A DEMAND SHALL BE SUPPORTED BY YOUR WRITTEN STATEMENT THAT YOU HAVE RECEIVED A DEMAND FOR PAYMENT UNDER YOUR GUARANTEE IN ACCORDANCE WITH ITS TERMS AND WITH ARTICLE 15 OF THE UNIFORM RULES FOR DEMAND GUARANTEES.

THIS COUNTER-GUARANTEE IS SUBJECT TO THE UNIFORM RULES FOR DEMAND GUARANTEES(URDG) REVISION 2010, ICC PUBLICATION NO.758.

PLEASE CONFIRM TO US THS ISSUANCE OF YOUR GUARANTEE.

ⓐ 보증서번호
ⓑ 보증신청인
ⓒ 수익자
ⓓ 보증금액(숫자)
ⓔ 보증금액(문자)
ⓕ 당행 발행 구상보증서 만기일(유효기일)

① 보증신청인
② 계약서번호
③ 계약서날짜
④ 현지 보증서 발행은행명
⑤ 보증금액(숫자)
⑥ 보증금액(문자)
⑦ 현지보증만기일(유효기일)

4. 유보금환급보증(Rentention Guarantee) – 직접보증

RETENTION MONEY GUARANTEE

We refer to the subject _______①_________ contract dated ________②________ awarded to__________ ③_________ (BUILDER) by _________④_________(hereinafter called the 'BUYER'), concerning _____________ ⑤_____________ (description of goods and/or services).

It was a material term and condition of the contract that pursuant to the conditions of payment thereunder, BUYER was entited to retain 5%(five percent) of the value of each invoice rendered by BUILDER up to a maximum of 5%(five percent) of the total contract price amount, to be released to the same according to the provisions of the contract documents.

BUYER has agreed in consideration of this guarantee being provided by BUILDER to waive the making of the said retention as a foresaid upon the terms and conditions hereinafter set forth.

1) We, the undersigned bank hereby irrevocably, unconditionally, jointly and severally guarantee, as primary obligor and not as surety merely, the payment to the BUYER on its first demand, without whatsoever right of objection on our part and without its first claim to the BUILDER of any and every written demand of BUYER stating the amount claimed as a result of failure his obligations under the contract documents.
The BANK maximum aggregate liablity under this guarantee shall be of _______⑥_________(say __________ ⑦____________), which is 5% (five percent) of the total contract price amount.

2) Any payment by us hereunder shall be in _______⑧_______ and without any deduction for or on account of any present or future taxes, levies, imposts, duties, charges, fees, deductions of any nature whatsoever and by whomsoever imposed.

3) This guarantee shall enter into force and effect on the date of its issue and shall remain valid until it is returned to the BANK by the BUYER for cancellation, for the full amount or for a reduced amount that the BUYER will communicate to the BANK in writing.

4) Notwithstanding the above, this guarantee shall be valid until ______⑨_______, that is 6(six) month after the expected date of the beginning of the Warranty Period as defined in the Contract Documents. Therefore any claim under this guarantee must be received by us on or before _____⑩_____.
BUILDER failure to increase and/or extend this guarantee according to the invoices already submitted and/or to the provisions of the Contract Documents shall be considered a default under the Contract Documents.

5) The BANK maximum aggregate liability under this guarantee shall be gradually increased by an amount equal to the amount that would have been retained from BUILDER's invoices by the BUYER should this guarantee not be issued.

6) This guarantee shall be governed and construed in all respect in accordance with the Laws of England without regard to the conflict of law rules thereof and shall be subject to the exclusive jurisdiction of the High Court in London without prejudice to the parties' right to enforce the decision of the High Court in London in other jurisdictions.

7) This guarantee is personel to the BUYER and may be only assigned in full in favour of its successors and assigns as defined and permitted in accordance with the provisions of the Contract Documents, such assignment to be effective immediately upon our receipt of notice in writing from the BUYER and the assignee, notifying us of the name and address of the latter and confirming that the assignee meets the criteria for assignment contained in the provision of the Contract Documents.

① 계약서번호
② 계약서날짜
③ 보증신청인
④ 수익자
⑤ 계약내용
⑥ 보증금액(숫자)
⑦ 보증금액(문자)
⑧ 지급기일
⑨ 보증서 만기일(유효기일)
⑩ 보증서 만기일(유효기일)

5. 하자보증(Warranty Guarantee) – 직접보증

WARRANTY GUARANTEE

BENEFICIARY : (name and address)

DATE : (issue date)

WARRANTY GUARANTEE No. ________①________.

We have been informed that ________②________.(hereinafter called 'the Applicant'), has entered into contract No.________③________ dated ________④_______ with you for __________⑤______________.

Furthermore we understand that, according to the conditions of the contract, a warranty guarantee is required.

At the request of the Applicant we, name of Bank, hereby irrevocably undertake to pay you any sum or sums not exceeding in total an amount of ______⑥______ (in words: _________________⑦____________________) upon receipt by your first demand in writing and your written statement stating that,

i) the Applicant in breach of his obligation under the underlying contract, and

ii) the respect in which the Applicant is in breach.

This letter of guarantee is valid until the official closing time on ________⑧__________ (hereinafter called 'the expiry date') in Korea, after the expiry date this guarantee will become null and void automatically whether returned to us or not.

Consequently any demand for payment under it must be received by us at this office on or before the expiry date.

This guarantee is subject to the Uniform Rules for Demand Guarantees(URDG) 2010 revision, ICC Publication No.758.

① 보증서번호
② 보증신청인
③ 계약서번호
④ 계약서날짜
⑤ 계약내용
⑥ 보증금액(숫자)
⑦ 보증금액(문자)
⑧ 보증서 만기일(유효기일)

6. 융자담보보증(Financial Standby L/C)

STANDBY LETTER OF CREDIT

ISSUE DATE : ____________

L/C NO : ____________

APPLICANT : ______________________

BENEFICIARY : ______________________

BORROWER : ______________________

AMOUNT : __________________

We hereby issue our irrevocable Standby Letter of Credit No.______①_________ in your favor for account of _____②_____ up to an aggregate amount of ______③________ (say ________④_________) as a security for your granting loan to _____⑤_____ for their transactions.

This standby L/C is available by your sight drafts or T/T claim drawn on us accompanied by your signed statement certifying that _____⑥_______ has defaulted in their obligation.

This standby L/C will be valid until ______⑦________ in Korea, we hereby undertake to you that any claim in respect of principal, for the maximum amount of _____⑧_____ which still outstanding, shall be paid by us provided that a claim is made by you within the expiry date.

We agreed that all drafts drawn under and in compliance with terms of this credit shall be honored upon presentation.

This credit is subject to the Uniform Customs and Practice for Documentary Credits, ICC Publication No.600.

(or International Standby Practices 98)

① 보증서번호
② 개설의뢰인(Application)
③ 개설금액(숫자)
④ 개설금액(문자)
⑤ 현지 차주(Borrower)
⑥ 현지 차주(Borrower)
⑦ 보증만기일(유효기일)
⑧ 개설금액(숫자)

7. 상업보증신용장(Commercial Standby L/C)

Please advise the following irrevocable standby letter of credit to the beneficiary.

Beneficiary :

Irrevocable Stanby Letter of Credit No. ______①________

We hereby issue our irrevocable Standby Letter of Credit No.________②_________ in your favor and for account of _______③_______ for the aggregate amount of _______④________ (say _________⑤___________) expiring on __________⑥_________ in Korea.

Funds under this Letter of Credit are available to you against receipt at our counters in Korea of your sight draft(s) drawn on us mentioning thereon our letter of credit No.______⑦________ accompanied by the following documents :

1. Copy of the beneficiary's invoice covering _______⑧________ sent to the applicant.
2. Copy of the airway bill showing that the product was indeed shipped to the applicant.
3. Copy of the applicant's purchase order showing that they did indeed order the product.
4. Letter from the beneficiary signed by an officer of the company stating that the invoice(s) are 30 days past due and that payment has not been received by the beneficiary.

The amount which may be drawn by you under this Letter of Credit shall be automatically reduced by the amount of any drawing hereunder.

Partial drawing are permitted.

We hereby engage with you that all draft(s) drawn and presented under and in accordance with the terms of this Letter of Credit will be duly honored by us.

This Letter of Credit is subject to the Uniform Customs and Practice for Documentary Credits, 2007 Revision, ICC Pub. No.600.

(or International Standby Practices 98)

① 신용장번호
② 신용장번호
③ 개설의뢰인
④ 개설금액(숫자)
⑤ 개설금액(문자)
⑥ 유효기일
⑦ 신용장번호
⑧ 계약금액(수입대금)

부록 5 Bank Guarantee 및 Standby L/C 작성샘플(2)

1. 계약이행보증(Performance Guarantee)

Date of Issuance :

Beneficiary Name and Address :

Applicant Name and Address :

Letter of Guarantee No. :

To : (Beneficiary Name)

We, KBI BANK, Seoul, Korea hereby open our irrevocable Letter of Guarantee No. (Insert Guarantee No. : 보증서 번호) in your favor and for account of (Applicant Name : 보증신청인)(hereinafter called "Contractor" for an amount not to exceed (Maximum amount : 보증서금액) as a security covering performance bond in accordance with the terms and conditions of the contract No. (Contract Number : 계약서번호) dated______ (Date of contract : 계약서날짜) for (Project Name : 프로젝트명).

This Letter of Guarantee is available by your sight drawn on us accompanied by your duly authorized signatory's signed statement as set forth in the quotation marks below quoting our Letter of Guarantee No. (Insert Guarantee No. : 보증서번호).

"We hereby certify that the Contractor has failed to perform its obligations under the contract No.(계약서번호)."

Presentation of drafts and statements shall be made by courier or registered mail, it being understood that payments hereunder shall be made after receipt by us such documents by courier or registered mail (MAILNG : KBI BANK)

This Letter of Guarantee sets forth the terms and conditions of our undertaking and such undertaking shall not in any way be modified, amended, or amplified by reference to any document or instrument referred to herein or to which this Letter of Guarantee relates.

This Letter of Guarantee will expire on (insert expiry date : 유효기일) and any claims must be received by us in writing on or before (insert expiry date : 유효기일), after which date this Letter of Guarantee shall be null and void.

Please return to us the original instrument of this Letter of Guarantee, as soon as its validity expires. However, this Letter of Guarantee shall become null and void upon expiry, notwithstanding the fact that it is not returned to us for cancellation.

Upon payment to you or to your account of the amount demanded hereunder, we shall be fully discharged on our obligation under this Letter of Guarantee with respect to such demand for payment, and we shall not thereafter be obligated to make any further payment under this Letter of Guarantee in respect of such demand for payment to you or any other person. By paying to you an amount demanded in accordance herewith, we make no representation as to the correctness of the amount demanded, and we shall not be liable to you or to any other person for or in respect of any amount so paid or disbursed for any reason whatsoever, including, without limitation, any non-application or misapplication by you of the proceeds of such payment or disbursement.

This instrument cannot be assigned without our prior consent or acknowledgement.

All banking charges outside Korea are for account of (Applicant or beneficiary : 보증신청인 또는 수익자).

This Letter of Guarantee is subject to the Uniform Rules for Demand Guarantees, International Chamber of Commerce Publication No.758, and as to matters not addressed by the ISP, shall be governed by the laws of the Republic of Korea.

Yours faithfully,

Authorized Signatory of KBI BANK.

2. 입찰보증용(Bid Guarantee)

Date of Issuance

Beneficiary Name and Address :

Applicant Name and Address :

Letter of Guarantee No. :

To : (Beneficiary Name)

We, KBI BANK, Seoul, Korea hereby open our irrevocable Letter of Guarantee No. (Insert Guarantee No. : 보증서 번호) in your favor at the request of and for account of (Applicant Name : 보증신청인)(hereinafter caller "Bidder" for an amount not to exceed (Maximum amount : 보증서금액)(US Dollars··············only) as a security covering Bid Bond in accordance with the terms and conditions of the tender for (Name of Project : 프로젝트명) as set out in the invitation for Proposals issues by (Beneficiary : 수익자) on (Date of invitation for Proposal).

This Letter of Guarantee is available by your sight draft drawn on us accompanied by your duly authorized signatory's signed statement as set forth in the quotation marks below quoting our Letter of Guarantee No. (Insert Guarantee No. : 보증서번호).

"We hereby certify that the Bidder has failed to fulfill its bidding obligations for the foresaid project and that the amount due and payable is (Amount claimed not be exceed the maximum amount : 상기 보증서금액을 초과하지 않는 금액)."

Presentation of drafts and statements shall be made by courier or registered mail, it being understood that payments hereunder shall be made after receipt by us such documents by courier or registered mail (MAILNG : KBI BANK)

This Letter of Guarantee sets forth the terms and conditions of our undertaking and such undertaking shall not in any way be modified, amended, or amplified by reference to any document or instrument referred to herein or to which this Letter of Guarantee relates.

This Letter of Guarantee will expire on (insert expiry date : 유효기일) and any claims must be received by us in writing on or before (insert expiry date : 유효기일), after which date this Letter of Guarantee shall be null and void.

Please return to us the original instrument of this Letter of Guarantee, as soon as its validity expires, However, this Letter of Guarantee shall become null and void upon expiry, notwithstanding the fact that it is not returned to us for cancellation.

Upon payment to you or to your account of the amount demanded hereunder, we shall be fully discharged on our obligation under this Letter of Guarantee with respect to such demand for payment, and we shall not thereafter be obligated to make any further payment under this Letter of Guarantee in respect of such demand for payment to you or any other person. By paying to you an amount demanded in accordance herewith, we make no representation as to the correctness of the amount demanded, and we shall not be liable to you or to any other person for or in respect of any amount so paid or disbursed for any reason whatsoever, including, without limitation, any non-application or misapplication by you of the proceeds of such payment or disbursement.

This instrument cannot be assigned without our prior consent or acknowledgement.

All banking charges outside Korea are for account of (Applicant or beneficiary : 보증신청인 또는 수익자).

This Letter of Guarantee is subject to the Uniform Rules for Demand Guarantees, International Chamber of Commerce Publication No.758, and as to matters not addressed by the ISP, shall be governed by the laws of the Republic of Korea.

Yours faithfully,

Authorized Signatory of KBI BANK.

3. 선수금환급보증(Advance Payment Guarantee)

Date of Issuance

Beneficiary Name and Address :

Applicant Name and Address :

Letter of Guarantee No. :

To : (Beneficiary Name)

We, KBI BANK, Seoul, Korea hereby open our irrevocable Letter of Guarantee No. (Insert Guarantee No. : 보증서 번호) in your favor at the request of and for account of (Applicant Name : 보증신청인)(hereinafter caller "Contractor" for an amount not to exceed (Maximum amount : 보증서금액)(US Dollars··············only) as a security covering Advance Payment Bond in accordance with the terms and conditions of Contract No.(Contract Number : 계약서번호) dated (Date of the contract) for (Project Name : 프로젝트명)

This Letter of Guarantee is available by your sight draft drawn on us accompanied by your duly authorized signatory's signed statement as set forth in the quotation marks below quoting our Letter of Guarantee No. (Insert Guarantee No. : 계약서 번호).

"We hereby certify that the Contractor has failed to perform its obligations under Contract No.(계약서번호) and failed to effect repayment for the advance payment."

Presentation of drafts and statements shall be made by courier or registered mail, it being understood that payments hereunder shall be made after receipt by us such documents by courier or registered mail (MAILNG : KBI BANK)

When the repayment is made by installment, the amount of this Letter of Guarantee shall be automatically reduced by the equivalent amount repaid under your advice to us.

This Letter of Guarantee sets forth the terms and conditions of our undertaking and such undertaking shall not in any way be modified, amended, or amplified by reference to any document or instrument referred to herein or to which this Letter of Guarantee relates.

This Letter of Guarantee will expire on (insert expiry date : 유효기일) and any claims must be received by us in writing on or before (insert expiry date : 유효기일), after which date this Letter of Guarantee shall be null and void.

Please return to us the original instrument of this Letter of Guarantee, as soon as its validity expires, However, this Letter of Guarantee shall become null and void upon expiry, notwithstanding the fact that it is not returned to us for cancellation.

Upon payment to you or to your account of the amount demanded hereunder, we shall be fully discharged on our obligation under this Letter of Guarantee with respect to such demand for payment, and we shall not thereafter be obligated to make any further payment under this Letter of Guarantee in respect of such demand for payment to you or any other person. By paying to you an amount demanded in accordance herewith, we make no representation as to the correctness of the amount demanded, and we shall not be liable to you or to any other person for or in respect of any amount so paid or disbursed for any reason whatsoever, including, without limitation, any non-application or misapplication by you of the proceeds of such payment or disbursement.

This instrument cannot be assigned without our prior consent or acknowledgement.

All banking charges outside Korea are for account of (Applicant or beneficiary : 보증신청인 또는 수익자).

This Letter of Guarantee is subject to the Uniform Rules for Demand Guarantees, International Chamber of Commerce Publication No.758, and as to matters not addressed by the ISP, shall be governed by the laws of the Republic of Korea.

Yours faithfully,

Authorized Signatory of KBI BANK.

4. 하자보증(Warranty Guarantee)

Date of Issuance

Beneficiary Name and Address :

Applicant Name and Address :

Letter of Guarantee No. :

To : (Beneficiary Name)

We, KBI BANK, Seoul, Korea hereby open our irrevocable Letter of Guarantee No. (Insert Guarantee No. : 보증서 번호) in your favor at the request of and for account of (Applicant Name : 보증신청인)(hereinafter caller "Contractor" for an amount not to exceed (Maximum amount : 보증서 금액) as a security covering warranty bond in accordance with the terms and conditions of the contract No.(Contract Number : 계약서 번호) dated _______(Date of the contract : 계약서 날짜) for (Project Name : 프로젝트명)

This Letter of Guarantee is available by your sight draft drawn on us accompanied by your duly authorized signatory's signed statement as set forth in the quotation marks below quoting our Letter of Guarantee No. (Insert Guarantee No. : 보증서 번호).

"We are demanding payment in the amount of (Insert Demand Amount) under your Letter of Guarantee No.(Insert Guarantee No.).We hereby certify that the Contractor has failed to perform its obligations under Contract No.(계약서번호). We further certify that we have complied fully with the terms and conditions of the contract No.(Insert No. : 계약서 번호)".

Presentation of drafts and statements shall be made by courier or registered mail, it being understood that payments hereunder shall be made after receipt by us such documents by courier or registered mail (MAILNG : KBI BANK)

This Letter of Guarantee sets forth the terms and conditions of our undertaking and such undertaking shall not in any way be modified, amended, or amplified by reference to any document or instrument referred to herein or to which this Letter of Guarantee relates.

This Letter of Guarantee will expire on (insert expiry date : 유효기일) and any claims must be received by us in writing on or before (insert expiry date : 유효기일), after which date this Letter of Guarantee shall be null and void.

This Letter of Guarantee shall become null and void upon expiry, notwithstanding the fact that it is not returned to us for cancellation.

Upon payment to you or to your account of the amount demanded hereunder, we shall be fully discharged on our obligation under this Letter of Guarantee with respect to such demand for payment, and we shall not thereafter be obligated to make any further payment under this Letter of Guarantee in respect of such demand for payment to you or any other person. By paying to you an amount demanded in accordance herewith, we make no representation as to the correctness of the amount demanded, and we shall not be liable to you or to any other person for or in respect of any amount so paid or disbursed for any reason whatsoever, including, without limitation, any non-application or misapplication by you of the proceeds of such payment or disbursement.

This instrument cannot be assigned without our prior consent or acknowledgement.

All banking charges outside Korea are for account of (Applicant or beneficiary : 보증의뢰인 또는 수익자).

This Letter of Guarantee is subject to the Uniform Rules for Demand Guarantees, International Chamber of Commerce Publication No.758, and as to matters not addressed by the ISP, shall be governed by the laws of the Republic of Korea.

Yours faithfully,

Authorized Signatory of KBI BANK.

5. 현지금융담보보증[Standby L/C (for Loan Purposes)]

Date of Issuance

Beneficiary Name and Address :

Applicant Name and Address :

Letter of Guarantee No. :

To : (Beneficiary Name)

We, KBI BANK, Seoul, Korea hereby open our irrevocable Letter of Guarantee No. (Insert L/C No. : 신용장 번호) in your favor at the request and for account of (Applicant Name : 보증의뢰인) for an amount not to exceed (Maximum amount : 보증서금액)(US Dollars··············only) which shall consist of the principal and accrued interest outstanding under the Loan Agreement (the "Agreement")dated (insert the date of the Loan Agreement : 계약서 일자) and made by and among (Borrower under the Loan Agreement : 계약당사자, 예시-수익자), as a security for (insert purpose of the underlying loan : 프로젝트/계약서 여신목적 기재, 예시 : purchasing materials and equipment for the execution of Project XXX and/or Contract No.XXX)

This Letter of Credit is available by your sight draft drawn on us accompanied by your duly authorized signatory's signed statement as set forth in the quotation marks below quoting our Letter of Credit No.

"We hereby certify that the Borrower is in default of the payment of the aggregate amount of USD (insert the aggregate amount claimed : 총금액) in respect of its obligations under the Agreement. Of such amount,

(1) the principal amount constitutes USD (insert Principal amount : 원금금액) and

(2) the amount of interest accrued up to (DATE) constitutes USD (Insert interests : 이자부문)."

Presentation of drafts and statements shall be made by courier or registered mail, it being understood that payments hereunder shall be made after receipt by us such documents by courier or registered mail (MAILNG : KBI BANK)

When the repayment is made by installment, the amount of this Letter of Credit shall be automatically reduced by the equivalent amount repaid under your advice to us.

This Letter of Credit sets forth the terms and conditions of our undertaking and such undertaking shall not in any way be modified, amended, or amplified by reference to any document or instrument referred to herein or to which this Letter of Credit relates.

This Letter of Credit will expire at the earlier of (insert expiry date : 유효기일) and the date all the outstanding payment obligations under the Agreement are discharged.

Any claims must be received by us in writing on or before (insert expiry date : 유효기일), after which date this Letter of Credit shall be null and void.

Please return to us the original instrument of this Letter of Credit, as soon as its validity expires or it terminates according to the terms herein. However, this Letter of Credit shall become null and void upon expiry or termination, notwithstanding the fact that it is not returned to us for cancellation.

Upon payment to you or to your account of the amount demanded hereunder, we shall be fully discharged on our obligation under this Letter of Credit with respect to such demand for payment, and we shall not thereafter be obligated to make any further payment under this Letter of Credit in respect of such demand for payment to you or any other person.

By paying to you an amount demanded in accordance herewith, we make no representation as to the correctness of the amount demanded, and we shall not be liable to you or to any other person for or in respect of any amount so paid or disbursed for any reason whatsoever, including, without limitation, any non-application or misapplication by you of the proceeds of such payment or disbursement.

This instrument cannot be assigned without our prior consent or acknowledgement.

All banking charges outside Korea are for account of (Applicant or beneficiary : 개설의뢰인 또는 수익자).

This Letter of Credit is subject to the International Standby Practices 1998 ("ISP98"). (International Chamber of Commerce Publication No.590), and as to matters not addressed by the ISP, shall be governed by the laws of the Republic of Korea.

Yours faithfully,

Authorized Signatory of KBI BANK.

부록 6-1 보증계약신고서(지침서식 제7-14호)

<table>
<tr><td colspan="3" rowspan="2">보 증 계 약 신 고 서</td><td>처리기간</td></tr>
<tr><td></td></tr>
<tr><td rowspan="3">신청인</td><td>상호및대표자성명</td><td colspan="2">(인)</td></tr>
<tr><td>주 소(소 재 지)</td><td colspan="2">(전화번호 :)</td></tr>
<tr><td>업 종(직 업)</td><td colspan="2"></td></tr>
<tr><td rowspan="7">신청내역</td><td>보 증 채 권 자</td><td colspan="2"></td></tr>
<tr><td>보 증 채 무 자</td><td colspan="2"></td></tr>
<tr><td>보 증 수 혜 자</td><td colspan="2"></td></tr>
<tr><td>보 증 금 액</td><td colspan="2"></td></tr>
<tr><td>보 증 기 간</td><td colspan="2"></td></tr>
<tr><td>보 증 용 도</td><td colspan="2">□ 해외교포 등에 대한 여신과 관련한 원리금상환 보증
□ 거주자 및 거주자의 현지법인등의 현지금융에 대한 보증
□ 증권회사 현지법인의 현지차입에 대한 보증
□ 거주자의 현지법인의 해외리스에 대한 국내본사등의 보증
□ 국내 시설대여회사 현지법인의 현지차입에 대한 본사의 보증
□ 주채무계열 소속 30대계열기업체의 장기차입에 대한 보증
□ 기타( )</td></tr>
<tr><td>상 환 방 법</td><td colspan="2"></td></tr>
<tr><td colspan="4">외국환거래법 제18조의 규정에 의하여 위와 같이 신고합니다.

년 월 일

외국환은행의 장 귀하</td></tr>
<tr><td colspan="2" rowspan="3">신청인 귀하

위의 신청을 다음과 같이 신고필함
신고조건 :</td><td>신 고 번 호</td><td></td></tr>
<tr><td>신 고 금 액</td><td></td></tr>
<tr><td>유 효 기 간</td><td></td></tr>
<tr><td colspan="4">년 월 일

신 고 기 관 : (인)</td></tr>
</table>

210㎜×297㎜

〈첨부서류〉
1. 보증사유 증빙서류
2. 보증계약서

부록 6-2 보증계약신고서(규정서식 제7-3호)

<table>
<tr><td colspan="3">보 증 계 약 신 고 서</td><td>처리기간

</td></tr>
<tr><td rowspan="3">신고인</td><td>상호 및 대표자 성명</td><td colspan="2">㊞</td></tr>
<tr><td>주 소(소 재 지)</td><td colspan="2">(전화번호 :)
(E-mail :)</td></tr>
<tr><td>업 종(직 업)</td><td colspan="2"></td></tr>
<tr><td rowspan="7">신고내역</td><td>보 증 채 권 자</td><td colspan="2">(□ 거주자 / □ 비거주자)</td></tr>
<tr><td>보 증 채 무 자</td><td colspan="2">(□ 거주자 / □ 비거주자)</td></tr>
<tr><td>보 증 수 혜 자</td><td colspan="2">(□ 거주자 / □ 비거주자)</td></tr>
<tr><td>보 증 금 액</td><td colspan="2"></td></tr>
<tr><td>보 증 기 간</td><td colspan="2"></td></tr>
<tr><td>보 증 용 도</td><td colspan="2">□ 주채무계열소속 30대 계열기업체의 단기외화차입에 대한 보증
□ 비거주자간 거래에 대한 보증
□ 외금융회사의 거래 및 채무이행에 관한 직·간접적 보증
□ 기타</td></tr>
<tr><td>상 환 방 법</td><td colspan="2"></td></tr>
<tr><td colspan="4">외국환거래법 제18조의 규정에 의하여 위와 같이 신고합니다.
년 월 일
한국은행총재(외국환은행장) 귀하</td></tr>
<tr><td colspan="2" rowspan="6"></td><td>신 고 번 호</td><td></td></tr>
<tr><td>신 고 금 액</td><td></td></tr>
<tr><td>신 고 일 자</td><td></td></tr>
<tr><td>유 효 기 간</td><td></td></tr>
<tr><td>기타 참고사항</td><td></td></tr>
<tr><td colspan="2">신 고 기 관 :</td></tr>
</table>

* 음영부분은 기재하지 마십시오. 210㎜×297㎜

〈첨부서류〉

1. 보증 사유서
2. 보증관련 계약서
3. 신고인 및 거래관계인의 실체확인서류(법인등기부등본, 사업자등록증 등)
4. 보증 원인거래 및 보증용도 입증서류
5. 보증채무 이행에 따른 구상채권 회수방안
6. 기타 신고기관의 장이 필요하다고 인정하는 서류

※ 다음 물음에 답하시오.

1. Standby L/C 또는 Demand Guarantee 발행 시 은행의 외환여신과목은?

① 외화대출 ② 기타외화지급보증

③ 수입신용장 개설 ④ OA수출채권매입

2. Standby L/C와 Demand Guarantee의 특징으로 옳은 것을 모두 고르면?

㉠ 기초계약으로부터의 독립성	㉡ 서류의 거래성	㉢ 지급약정의 추상성

① ㉠ ② ㉠, ㉡

③ ㉠, ㉢ ④ ㉠, ㉡, ㉢

3. 다음 중 보증서 발행 시 억제해야 할 조건과 거리가 먼 것은?

① 보증기일 만료사안(expiry event)

② 보증서가 반환되어야만 보증채무가 종료된다는 조건

③ 적용법규와 재판관할권 누락

④ 자동 유효기간 연장(Evergreen Clause) 조건

4. 다음 중 독립성 측면에서 보증의 성격이 다른 하나는?

① 상업신용장(Commercial L/C) ② 청구보증서(Demand Guarantee)

③ 부종보증(Accessory Guarantee) ④ 보증신용장(Standby L/C)

5. 다음 중 개설(보증)은행의 서류심사기간에 대한 설명으로 틀린 것은?

① UCP600에서 개설은행에 5영업일의 서류심사기간이 허용된다.

② ISP98에서 비합리적이지 않는 것으로 인정된 서류심사기간은 5영업일이다.

③ ISP98에서 7영업일을 경과하면 비합리적인 것으로 간주한다.

④ URDG758에서는 서류심사기간으로 5영업일이 인정된다.

정답 및 해설

1. ② : Standby L/C 또는 Demand Guarantee 발행 시 은행과 '기타외화지급보증' 외환여신 약정을 먼저 해야 한다.

2. ④ : Standby L/C와 Demand Guarantee는 기초계약과 독립성, 지급약정의 추상성, 서류의 거래성 등의 특징을 가지고 있다.

3. ① : 보증기일 만료사안은 URDG758 제2조 등에 따라 보증서에 기재할 수 있는 조건이다.
   ② 일부 중동지역의 경우 보증서의 원본을 반환하지 않으면 수익자가 지급청구를 할 수 있다.
   ③ 적용법규와 재판관할권 누락 등은 보증은행 및 보증신청인의 위험(risk)이 커지게 되므로 보증서 발행 시 피해야 할 문언이다.

4. ③ : 상업신용장, 보증신용장, 청구보증서는 기초계약과 독립되어 있으나, 부종보증(Accessory Guarantee ; Surety Guarantee)은 기초계약에 종속되어 있다. 부종보증은 수익자가 보증신청인의 1차적인 계약불이행을 입증하여야만 대금을 받을 수 있다.

5. ②
   ① UCP600에서는 개설은행에 최장 5영업일의 서류심사기간을 허용한다.
   ②~③ ISP98에서는 3영업일은 비합리적이지 않은 것으로, 7영업일을 경과하면 비합리적인 것으로 인정된다.
   ④ URDG758에서는 서류심사기간으로 5영업일을 인정한다.

제4편

외환관련여신 [외환회계]

한국금융연수원

제 1 장

외환회계

제1절 개 요

1. 외환회계의 개요

1-1. 의의

외국환회계란 외국환은행이 외국환업무를 취급함에 따라 발생되는 자산, 부채의 증감사항과 손익사항을 복식부기의 원리에 따라 체계적으로 기록, 계산, 정리하는 제도로, 외화재무상태표 작성기준과 외화계정과목 처리기준을 제시하는 것을 작성목표로 한다.

외국환회계는 기본적으로 일반적인 은행회계와 다르지 않으나, 격지 간의 대외거래, 복수 통화 간의 거래 등 외국환거래의 특수성을 반영하고 있다. 예를 들어 대부분의 외화계정 과목은 원화 재무상태표상의 계정과목과 내용 및 명칭이 유사하지만, 매입외환, 매도외환, 미지급외환, 미결제외환 등의 경과계정 과목은 외국환회계에서만 발생되는 특수한 계정이다.

외국환업무 회계처리는 근거법인 '외국환거래법' 및 '외국환거래법시행령'에 의하여 금융위원회에 처리권한이 위탁되어 있으며, '은행업감독규정' 및 '은행업감독업무 시행세칙'에 처리기준이 제시되어 있다.

다만, 관련 법규에서 외국환거래를 포함한 은행의 주요업무에 대한 회계처리 방침을 별도로 규정하는 경우에도 기본원칙은 '한국채택국제회계기준'을 따라야 한다. 그 이유는 은행이 수행하는 업무의 종류가 다양한 경우에도 은행 전체의 재무정보가 통일성을 갖추어야 하며, 이를 위해서는 회계처리기준의 일관성이 유지되어야 하기 때문이다.

1-2. 외국환회계의 특징

가. 외화재무상태표의 작성

외국환회계는 별도의 외화재무상태표 작성기준을 제시하고 있다.

외화재무상태표는 일반회계처럼 일반에 공표되는 재무제표의 일종은 아니지만, 국가의 대외 외환통계 및 외환부문 건전성 등에 유용한 정보로 활용되기 때문에 외화재무상태표 작성이 의무화되어 있다.

[참고] 관련 규정

- 금융감독원 : 은행업감독규정
- 한국은행 : 외국환거래업무 취급세칙

(1) 일반회계와는 달리 외화재무상태표 외 손익계산서 등의 기타 재무제표는 작성하지 않는다. 손익항목 및 자본조정계정 항목은 외화재무상태표에서 제외하여 원화로 직접 회계처리한다.

(2) 외화재무상태표의 계정과목 배열은 일반회계와 마찬가지로 상대적 유동성 배열법을 적용하고 있다. 다만, 계정과목 구분 및 배열순서가 일부 다른 것은 감독 당국의 목적수행을 위하여 원화재무상태표에 나열되어 있는 외국환거래 관련 계정과목보다 세부적인 정보가 필요하기 때문이다.

(3) 외화재무상태표의 계정과목은 원화재무상태표의 계정과목에 쉽게 연결 및 환산할 수 있도록 작성되어야 한다.

(4) 외국환거래에서 일반적으로 통용되는 화폐가 미달러화(USD)임에 따라 외화재무상태표는 미달러화(USD)를 기준으로 작성한다.

나. 외국환의 상품화

은행거래는 금전, 즉 자금의 대차가 대부분으로 화폐 등 지급수단 자체를 상품으로 간주하지는 않는다. 하지만, 외국환거래는 대외채권 및 채무를 결제하는 대외지급수단인 외국통화, 외화수표 등 외국환 자체를 하나의 상품으로 간주한다.

즉, 고객 또는 은행 간에 자국통화나 다른 외화를 대가로 다른 외화를 교환하는 매매거래가 발생한다.

따라서 환율이 변동하는 경우 외국환이라는 상품의 가치가 변동되어 외국환의 보유 · 매매에 따른 이익 또는 손실이 발생하게 된다.

다. 환율의 개입

고객과의 외국환 매매거래 시 통화 간의 교환비율인 환율이 개입되며, 외국환 매매거래 시마다 통화별, 거래유형별, 결제방법별로 정해진 환율을 적용한다.

환율은 통화별로 다르지만 외국환은행의 수수료, 환리스크에 대한 보험료적인 요인 및 매매익 등을 감안하여 고시하고 있다.

[참고] 대고객 적용환율

- 현찰매매율 : 현찰매입율, 현찰매도율
- 전신환매매율 : 전신환매입율, 전신환매도율

라. 외환손익의 복합성과 원화계리

(1) 외국환거래는 국제 간 거래라는 특수성 때문에 실물 도착에 필요한 우편일수 및 기한부(Usance)어음 매입 시 어음기간 동안의 여신지원에 따른 이자부문 손익과 상품의 매매거래에서 발생되는 수수료부문 손익 등 복합적인 손익요소가 발생되는 거래이다.

(2) 외국환거래에서 발생되는 모든 손익은 발생 즉시 원화로 평가하여 원화손익으로 계상한다.

[참고] 외국환거래손익 구성

(1) 외환매매손익

① 이자부문

- 환가료(Exchange Commission) : 외국환 매입 시 결제기간까지의 자금부담에 대하여 징수하는 이자손익

② 수수료부문

ⓐ 매매손익 : 대고객 외국환거래 시 적용환율의 차이에서 발생되는 매매마진

ⓑ 수수료 : 일상적인 영업활동과 관련하여 고객에게 제공한 용역의 대가 또는 외부의 거래처가 제공한 용역에 대한 대가로 발생되는 손익

- 외화수표 매입수수료, 당(타)발송금수수료, 수입신용장 개설수수료, 외화대체료, 외화현찰수수료 등

(2) 외환평가손익

외국환 매매거래에 따라 보유하는 외화표시 자산, 부채의 당초 취급가액과 평가차액과의 원화가치 변동액

마. 국제 간 거래에 따른 특이한 계정체계

외국환거래의 대금결제는 외국환은행의 국외본지점 및 해외외화타점예치금 계정인 당방계정(Our Account)의 증감으로 처리되지만, 국제은행 간 거래라는 특수성으로 인하여 계리시점까지 시간적 차이가 발생되며, 이러한 지리적, 시간적 차이에 따라 해당 거래의 결제가 이루어질 때까지 과도기적으로 처리하는 '경과계정(Tunnel Account)' 및 외국환거래가 최종적으로 귀착되는 '결제계정(Settlement Account)' 등의 계정과목이 존재한다.

[참고] 경과계정과 결제계정

구 분	자산계정	부채계정
경과계정	매입외환, 미결제외환, 외화출자전환채권	매도외환, 미지급외환
결제계정	외화본지점, 외화타점예치금	외화본지점, 외화타점예수금

(1) 경과계정

대고객 외국환거래 시 해당 거래가 종료되지 않은 경우 결제가 완료되는 시점까지 일시적으로 처리하는 가계정

① 자산계정

ⓐ 매입외환 : 외화수표 추심전매입, 수출환어음 추심전매입 등

고객이 보유한 외국환을 매입하여 추심 중에 있는 외화자금이 예치환거래은행에 개설되어 있는 당방계정이나 국외본지점 계정에 입금되는 시점까지 일시적으로 처리하는 경과계정 과목

외화수표 추심전매입 또는 수출환어음 추심전매입 시 매입대금은 국내의 매입신청인에게 선지급되지만, 해외외화타점예치금계정(Our Account)은 결제은행으로부터 대금을 결제받기까지 미대기(미입금) 상태이므로, 결제되기까지의 기간 동안 가계정과목인 '매입외환' 계정으로 처리

ⓑ 미결제외환 : 수출환어음 매입대금 부족입금분(Less Charge, 수출관련 미입금액), 내국신용장 판매대금추심의뢰서 미결제 등

해외 예치환거래은행 등에 있는 외국환은행의 당방계정 또는 국외본지점 계정에서 선차기(선지급)되었으나, 아직 그 귀속주체가 정해지지 않아 미결제되고 있는 대금을 처리하는 경과계정 과목

수출환어음 추심전매입 대금이 해외외화타점예치금계정(Our Account)에 대기(입금)되었으나, 부족입금분이 발생한 경우 국내의 매입신청인으로부터 동 부족입금액을 결제받기까지 가계정과목인 '미결제외환' 계정으로 처리

ⓒ 외화출자전환채권계정

② 부채계정

ⓐ 매도외환 : 외화송금수표(Demand Draft) 발행

외화송금수표(Demand Draft) 발행 시 국내의 송금신청인으로부터는 송금대금을 지급받았으나, 해외외화타점예치금계정(Our Account)에서 차기(지급) 처리되지 않은 경우, 동 대금이 차기(지급) 처리되어 해외의 송

금수취인에게 지급되는 시점까지 가계정과목인 '매도외환' 계정으로 처리 다만, 전신송금(Telegraphic Transfer)의 경우에는 송금실행과 동시에 송금지시서(Payment Order)가 지급은행에 전달되므로 경과계정인 '매도외환' 계정을 거치지 않고 '외화타점예치금(해외은행)' 계정으로 처리

ⓑ 미지급외환 : 타발송금 대금지급, 외화수표 추심대금 입금 등
해외로부터 내도된 타발송금 대금은 해외외화타점예치금계정(Our Account)에 이미 대기(입금)되었으나, 국내의 송금수취인에게 아직 송금대금이 지급되지 않은 경우 지급시점까지 가계정과목인 '미지급외환' 계정으로 처리

(2) 결제계정

① 외국환거래가 최종적으로 귀착되는 계정과목으로, 해외 예치환거래은행 또는 국외본지점과의 채권, 채무를 표시

② 계정과목

ⓐ 외화본지점(Inter-Office Account)

ⓑ 외화타점예치금(Our Account)

ⓒ 외화타점예수금(Their Account)

[참고] 당방계정 vs 선방계정

(1) 당방계정(Our A/C, Nostro A/C)

① 국내 외국환은행이 해외 환거래은행에 개설한 자행 명의 환결제계정으로 해외 환거래은행에 개설되어 당방의 지시에 의하여 입출금이 행하여지는 외화표시 타점계정을 의미

② 원계정에 대한 투영계정(Shadow A/C)

③ 외화타점예치금(자산), 외화타점차(부채)

(2) 선방계정(Their A/C, Vostro A/C)

① 해외 환거래은행이 국내 외국환은행에 개설한 환결제계정

② 두 은행 간의 환결제 원계정(Actual A/C)

③ 외화타점대(자산), 외화타점예수금(부채)

(3) 이론상으로는 양계정의 잔액이 항상 일치하여야 하나, 외국환거래의 특성상 양계정의 잔액이 항상 일치하지 않고 있는 바, 일정 기간마다 환대사(Reconcilement)를 통하여 그 차이를 규명하고 있으며, 실제 자금운용상의 기준은 선방계정(Their A/C)의 잔액을 중심으로 함.

[참고] 예정대체일 제도

• 외화타점예치금계정의 효율적인 관리를 위하여 해외 예치환거래은행으로부터의 결제통보 접수 여부와 관계 없이 거래일로부터 일정기간을 더한 시점을 예정대체일로 정하고, 예정대체일이 경과하면 자동적으로 경과계정에서 결제계정으로 대체시키는 제도를 말한다.

• 예정대체일 제도는 외국환거래 시 해외 환거래은행으로부터 대금이 결제되었다는 통지를 받는 데까지 상당한 시일이 소요되므로 외국환은행의 신속한 자금화와 외화자금의 효율적 운용을 도모하기 위한 제도이며, 이러한 점이 결제가 확실히 완료되는 시점에 계리하는 일반회계와 다른 특징이라고 할 수 있다.

• 예정대체일

① 신용장방식 일람불(At Sight) 수출환어음 추심전매입
: 매입일 + 8일(환가료 징수일수)

② 외화수표 추심전매입 : 매입일 + 통화별 표준우편일수
※ 통화별 표준우편일수 : USD - 9일, JPY - 8일 등

바. 대내외 구분의 명확화

외국환회계 처리 시 외화자산은 대내외화자산과 대외외화자산으로 구분하며, 외화부채는 대내외화부채와 대외외화부채로 구분한다.

대내 및 대외의 구분에 따라 외환보유액이나 순대외외화자산(NFA) 등을 산출하게 되므로 모든 외화자산 및 외화부채에 대하여 대내외의 구분이 명확하게 이루어져야 한다.

[참고] 대내외 구분의 판단 기준 : 거주성

구 분	자산계정	부채계정
거주자 간 거래	대내외화자산	대내외화부채
거주자와 비거주자 간 거래	대외외화자산	대외외화부채

[참고] 거주성구분(외국환거래법 시행령)

1. 국민
   (1) 거주자
      ① 국내에 주소 또는 거소를 둔 자연인
      ② 대한민국 재외공관에서 근무할 목적으로 외국에 파견되어 체재하고 있는 자
      ③ 비거주자이었던 자로서 입국하여 3개월 이상 체재하고 있는 자
      ④ 2년 이상 외국에서 체재하고 있는 자가 일시 귀국 목적으로 입국하여 국내에서 3개월 이상 체재하고 있는 자

   (2) 비거주자
      ① 외국에서 영업활동에 종사하고 있는 자
      ② 외국에 있는 국제기구에서 근무하고 있는 자
      ③ 2년 이상 외국에 체재하고 있는 자(한국국적의 해외교포). 이 경우 일시 귀국 목적으로 귀국하여 3개월 이내의 기간 동안 체재한 경우 그 체재기간은 2년에 포함된 것으로 본다.

(3) 동거가족

거주자 또는 비거주자에 의하여 주로 생계를 유지하는 동거가족은 해당 거주자 또는 비거주자의 구분에 따라 거주자 또는 비거주자로 구분한다.

2. 외국인

(1) 거주자

① 국내에 있는 영업소 기타의 사무소에 근무하고 있거나 국내에서 영업활동에 종사하고 있는 자

② 6개월 이상 국내에 체재하고 있는 자

③ 거주자이었던 외국인으로 출국 후 6개월 이내에 국내에 6개월 이상 체재할 목적으로 다시 입국하여 체재하고 있는 자

(2) 비거주자

① 국내에 있는 외국정부의 공관 또는 국제기구에 근무할 목적으로 파견되어 국내에 체재하고 있는 외국인

② 주한미군과 이에 준하는 국제연합군 및 그 구성원, 군속 및 초청계약자와 해당되는 경우의 가족

3. 법인 · 공관 등

(1) 거주자

① 국내에 주된 사무소를 둔 법인

② 대한민국의 재외공관

③ 비거주자의 대한민국 내의 지점 · 출장소 · 기타의 사무소

(2) 비거주자

① 주한 외교공관 및 국제기구

② 거주자의 외국에 있는 지점 · 출장소 · 기타의 사무소

제2절 계정과목 해설

외화 계정과목은 「은행업감독업무 시행세칙」 상의 '외국환계정 회계처리기준'에 명시되어 있으며, 동 기준은 외국환은행의 외화표시 자산, 부채, 자본 및 난외계정 과목을 대상으로 하며, 외국환은행은 이 기준에 따라 회계처리하여야 한다.

외국환은행의 외화표시 자산, 부채, 자본은 실제 거래통화별로 계상되며, 한국은행에 보고하는 외국환은행의 외화자금상황보고서 작성 시에는 '외국환거래업무 취급절차'에서 정하는 대미환산율에 의거 미달러화로 환산하여 제출하고 있으며, 금융감독원에는 외국환업무보고서로 금융회사 외화재무상태표를 작성 보고하고 있다.

[참고] 외국환회계 계정과목 체계

자산계정	부채계정
1. 외국통화	1. 외화예수금
2. 외화예치금	2. 매도외환
3. 외화증권	3. 미지급외환
4. 외화대여유가증권	4. 외화콜머니
5. 매입외환	5. 외화차입금
6. 미결제외환	6. 외화발행금융채권
7. 외화대출금	7. 외화리스부채
8. 은행간외화대출	8. 외화수입보증금
9. 외화사모사채	9. 외화직불카드채무
10. 내국수입유산스	10. 외화수출팩토링미지급금

11. 외화리스자산	11. 외화환매조건부채권매도
12. 외화신용카드채권	12. 외화본지점
13. 외화직불카드채권	13. 기타외화부채
14. 외화지급보증대지급금	14. 역외파생상품부채
15. 외화본지점	15. 역외외화부채
16. 국외고정자산	16. 외화현재가치할인차금(-)
17. 기타외화자산	
18. 외화환매조건부채권매수	
19. 외화수출팩토링채권	**자본계정**
20. 외환출자전환채권	1. 외화신종자본증권
21. 외화파생상품자산	
22. 역외외화자산	
23. 외화현재가치할인차금(-)	
24. 외화대손충당금(-)	
난외계정	
1. 미확정외화지급보증	5. 외화대손상각채권
2. 확정외화지급보증	6. 외화신용파생상품보증매입
3. 배서어음	7. 외화환매조건부대출채권매각
4. 외화약정	8. 외화파생상품거래

1. 주요 계정과목

1-1. 자산계정(Asset Account)

과거의 거래 또는 행위의 결과에 따라 회계실체가 소유하는 재화 및 권리로 미래의 경제적 이익을 제공할 잠재력을 가진 경제적 자원이며, 자산의 증가는 차변, 감소는 대변에 기입하고 잔액은 차변에 나타나 각종 자산의 현재액을 표시한다.

가. 외국통화(Foreign Currency)

외국환은행이 보유하고 있는 외화현찰을 처리하는 계정으로 외국통화 현찰만이 표시되며 타인발행 수표, 자기앞수표, 송금수표, 우편환증서 등 즉시 현금화가 가능한 일람출급 조건의 유가증권이라 하더라도 동 계정에 포함시키지 않는다.

외국통화 매입은 내국지급수단을 대가로 외국통화 현찰을 수납하는 거래로 외화현금자산이 증가되므로 외화재무상태표 차변에 계상하고, 외국통화 매도는 내국지급수단 수납 조건으로 외국통화 현찰을 지급하는 거래로 외화현금자산이 감소되므로 외화재무상태표 대변에 계상한다.

외국통화 계정의 잔액은 차변에 계상되며, 외국환은행의 외국통화 시재금을 표시한다.

▶ **계정처리 예시**

① 외국통화 현찰 수납 조건으로 원화를 지급하는 경우(외국통화매입)

(차변) 외국통화 XXX (대변) 현금 XXX

② 원화 수납 조건으로 외국통화 현찰을 지급하는 경우(외국통화매도)

(차변) 현금 XXX (대변) 외국통화 XXX

③ 외국통화 현찰 수납대금을 외화보통예금에 입금하는 경우

(차변) 외국통화 XXX (대변) 외화보통예금 XXX

나. 외화예치금(Due from Banks in Foreign Currency)

해외환거래은행, 타외국환은행, 한국은행에 외화자금을 예치함으로써 발생되는 외화채권을 처리하는 계정과목이다.

구 분	계정과목
예치대상 금융기관 소재국	해외예치금, 국내예치금
예치금 종류	외화타점예치금, 외화정기예치금, 외화기타예치금

(1) 외화타점예치금(Due from Banks on Demand)

수시로 발생하는 외국환거래의 결제자금으로 사용하기 위하여 국내외 거래은행에 개설해 놓은 요구불예치금(Our Accounts)을 처리하는 계정이다.

외화타점예치금은 대상금융기관의 소재지에 따라 국내와 해외로 구분된다. 국내 외화타점예치금은 수시로 발생하는 거래의 결제를 위해 국내의 타외국환은행에 예치한 자의적인 대기성 예치금과 외국환관리에 수반되는 의무적인 예치금 등이 있으며, 해외 외화타점예치금은 주로 외국의 금융기관에 대한 당좌예치금으로 대외결제에 사용되는 자금이다.

① 한국은행에 대한 외화타점예치금

외화예수금에 대한 지급준비금인 법정예치금과 외국환은행 간 또는 한국은행과 외국환은행 간의 대차관계 결제를 위한 환결제자금예치금으로 구분된다.

② 국내 외국환은행에 대한 외화타점예치금

국내 타외국환은행에 대한 예치로 외국환업무 중계 등에 필요한 결제 준비자금 성격의 예치금 계정이다.

③ 해외은행에 대한 외화타점예치금

해외 외국환은행과의 외국환거래에서 발생되는 대차관계 결제를 목적으로 해외환거래은행에 예치하는 당좌예치금 계정이다.

이 계정의 입금은 매입외환 추심대금, 미지급외환 대금, 거래은행으로부터의 수입이자, 수입수수료 등이 포함되며, 지급은 전신송금(T/T) 등을 포함하는 매도외환 대금, 수입결제대금, 거래은행에 대한 지급이자 등이 포함된다.

[참고] 환거래은행과 예치환거래은행

(1) 환거래은행(Correspondent Bank)
환거래계약이 체결된 은행으로 상대은행에 자행 명의의 예금계정(당방계정)을 개설한 예치환거래은행(Depository Bank)과 자행 명의 예금계좌 개설 없이 단순히 환거래계약만 체결된 무예치환거래은행(Non-Depository Bank)으로 구분된다.

(2) 예치환거래은행(Depository Correspondent Bank)
환거래은행(Correspondent Bank) 중 자행 명의 예치환(외화당좌예치금)계정이 개설되어 있는 은행으로, 국제 간 대금결제는 예치환거래은행(Depository Bank)의 자금중계를 통하여 이루어진다.

▶ **계정처리 예시**

① 외국환은행이 해외은행에 예치되어 있는 해외타점예치금 계정에서 인출하여 한국은행에 당좌예치하는 경우

(차변) 외화타점예치금(한국은행) XXX (대변) 외화타점예치금(해외은행) XXX

② 해외은행에서 타발송금 대금이 내도하였으나, 국내의 송금수취인에게 아직 지급되지 않은 경우

(차변) 외화타점예치금(해외은행) XXX (대변) 미지급외환 XXX

(2) 외화정기예치금(Due from Banks on Time)

외국환은행이 보유하는 여유자금을 이자취득 목적으로 상당 기간 타금융기관에 예치하는 금융기관간 정기예금을 처리하는 계정이다.

① 국내외화정기예치금 : 국내은행에 정기예치한 대내외화자산

② 해외외화정기예치금 : 해외은행에 정기예치한 대외외화자산

[참고] 해외외화정기예치금 종류

(1) O/N(Overnight Deposit) : 여타 자산에 투자하기 전의 대기자금이나, 유동성 확보를 위하여 일시적으로 예치하는 일일예치금

(2) T/D(Time Deposit) : 일정 금액을 일정 기간 동안 은행에 예치 · 운용하는 형태로 예치은행의 소재지역 및 예치통화 등에 따라 Domestic T/D, EURO T/D 등으로 구분

(3) 2DN(Two Days, Notice, 2일 전 통지예금) : 입출금 시 2일 전 통지하는 예금

▶ **계정처리 예시**

① 해외은행의 외화타점예치금 계정에서 인출하여 국내 타외국환은행에 정기예치하는 경우

(차변) 외화정기예치금(타외국환은행) XXX (대변) 외화타점예치금(해외은행) XXX

② 해외외화타점예치금 계정에서 인출하여 해외 타외국환은행에 정기예치하는 경우

(차변) 외화정기예치금(해외은행) XXX (대변) 외화타점예치금(해외은행) XXX

(3) 외화기타예치금(Others)

해외은행 또는 타외국환은행에 개설된 외화예치금 계정 중 외화타점예치금 계정이나 외화정기예치금 계정 이외의 예치금을 처리하는 계정으로, 외화양도성예금증서 매입, 별단예금, 통지예금 등으로 예치한 자금 처리 시 이용된다.

다. 외화증권(Securities in Foreign Currency)

외국정부, 국제금융기구, 국내외금융기관, 국내외기업 등이 발행한 국공채, 사채, 은행 인수어음(B/A), 주식, CP(유통시장에서 매입한 경우에 한함) 등 각종 외화표시유가증권을 매입하는 경우 처리하는 계정이다.

외화증권은 상각후원가 측정 금융자산(AC), 기타포괄손익-공정가치 측정 금융자산(FVOCI), 당기손익-공정가치 측정 금융자산(FVPL)으로 분류하여 회계

처리한다.

금융자산의 분류는 실무상 채무상품, 파생상품 및 지분상품에 따라 상이하며, 채무상품 및 지분상품의 구분은 금융부채 및 자본의 분류에 따라 판단한다. 단, 모든 풋가능 금융상품은 지분상품으로 분류하지 않는다.

(1) 채무상품

채무상품은 금융자산의 관리를 위한 사업모형과 금융자산의 계약상 현금흐름 특성에 근거하여 상각후원가 측정 금융자산, 기타포괄손익-공정가치 측정 금융자산, 당기손익-공정가치 측정 금융자산 범주로 분류한다.

[참고] 채무상품 분류 근거

(1) 금융자산의 관리를 위한 사업모형

사업모형이란 현금흐름을 창출하기 위해 주요 경영진에 의해 결정된 금융자산을 관리하는 방식을 의미하며, 다음의 세 가지 유형으로 분류

① 계약상 현금흐름 수취모형

② 계약상 현금흐름의 수취 및 금융자산의 매도 모형

③ 그 외 사업모형

(2) 금융자산의 계약상 현금흐름 특성

금융자산을 상각후원가 측정 금융자산 또는 기타포괄손익-공정가치 측정 금융자산으로 분류하기 위해서는 해당 사업모형을 만족해야 할 뿐만 아니라 해당 금융상품의 계약상 현금흐름이 원금과 원금잔액에 대한 이자의 지급만으로 구성되어 있어야 함

① 상각후원가 측정 금융자산(Financial Asset Measured at Amortised Cost)

각종 외화표시 채무상품 중 사업모형에서 계약상 현금흐름 수취모형을 만족하고 계약상 현금흐름이 원금과 원금잔액에 대한 이자의 지급만으로 구성되어 있는 상품을 처리하는 계정이다.

상각후원가 측정 금융상품으로 분류된 채무상품은 최초 인식시점의 측정금액

에서 상환된 원금을 차감하고, 최초 인식금액과 만기금액의 차액에 유효이자율법을 적용하여 계산된 상각누계액을 가감하여 측정하며, 기대신용손실을 측정하여 손실충당금으로 인식한다.

② 기타포괄손익-공정가치 측정 금융자산(Financial Asset Measured at Fair Value through other Comprehensive Income)

각종 외화표시 채무상품 중 사업모형에서 계약상 현금흐름의 수취 및 금융자산의 매도 모형을 만족하고 계약상 현금흐름이 원금과 원금잔액에 대한 이자의 지급만으로 구성되어 있는 상품을 처리하는 계정이다.

기타포괄손익-공정가치 측정 채무상품은 기대신용손실 변동, 이자수익 및 외환손익은 당기손익으로 인식하며, 공정가치 변동은 기타포괄손익으로 인식한다.

③ 당기손익-공정가치 측정 금융자산(Financial Asset Measured at Fair Value through Profit or Loss)

해당 금융상품의 관련 손익은 모두 당기손익으로 인식한다.

(2) 지분상품

① 당기손익-공정가치 측정 지분상품(Equity Instruments Measured at Fair Value through Profit or Loss)

기타포괄손익-공정가치 측정 금융자산으로 지정하지 않은 지분상품은 모두 당기손익-공정가치 측정 금융상품에 해당한다.

당기손익-공정가치 측정 지분상품은 결산기 말 현재의 공정가액을 재무상태표 가액으로 하고 장부가액과의 차액은 당기손익으로 처리하며, 해당 지분상품을 제거할 경우에는 금융자산의 장부가액과 수취한 대가의 차액을 당기손익으로 인식한다.

② 기타포괄손익-공정가치 측정 지분상품(Equity Instruments Measured at Fair Value through other Comprehensive Income)

최초 인식시점에 지정한 단기 매매목적으로 취득한 경우가 아니라면 기타포괄손익–공정가치 측정 금융자산으로 지정할 수 있으며, 이후 취소가 불가능하다.

취득 이후 결산기 말 시점에 공정가액을 재무상태표 가액으로 하고 장부가액과의 차액은 기타포괄손익으로 처리하며, 처분 시 기타포괄손익은 당기손익으로 재순환할 수 없고 자본 내 재분류는 가능하다.

③ 외화지분법적용투자지분(Investment Stock in Foreign Currency)

외화증권 중 피투자회사에 대하여 중대한 영향력을 행사할 수 있는 지분증권을 외화지분법적용투자주식으로 분류한다.

▶ 계정처리 예시

① 해외 외화타점예치금 계정에서 인출하여 외화증권을 매입한 경우

(차변) 외화증권 XXX (대변) 외화타점예치금(해외은행) XXX

② 보유 외화증권을 만기 상환받아 해외 외화타점예치금 계정에 입금한 경우

(차변) 외화타점예치금(해외은행) XXX (대변) 외화증권 XXX

③ 보유 외화증권을 만기 전 장부금액 이상으로 매각하였을 경우

(차변) 외화타점예치금(해외은행) XXX (대변) 외화증권 XXX

유가증권처분익 XXX

라. 매입외환(Bills Bought)

고객이 보유한 외국환을 매입하여 추심 중에 있는 외화자금이 예치환거래은행에 개설되어 있는 당방계정이나 해외 본지점계정에 입금될 때까지 일시적으로 처리하는 경과계정(Tunnel Account)이다.

고객의 요청에 따라 외화로 표시된 수출환어음, 외화표시 내국신용장 판매대금추심의뢰서, 약속어음(P–Note), 외화수표 등을 매입한 후 이러한 각종 어음 또는 서류를 신용장 개설은행이나 지급은행 등에 추심하여 매입대금을 회수하는 일종의 여신행위로 인하여 발생한 채권을 처리하는 계정을 의미하며, 이 계정의 잔액은 자기계산으로 매입한 외국환이 자금화되지 않은 미추심금액을 표시하게 된다.

수출환어음 등의 외국환을 매입하는 경우 차변에 기재하고, 대금의 추심이 완

료되어 당방계정 등에 입금되는 경우 대변에 기재한다.

매입외환은 그 성격에 따라 다음과 같이 분류한다.

(1) 수출환어음(Export Bills Bought)

수출화물을 선적한 수출기업이 선적서류 등을 담보로 하여 발행한 수출환어음 또는 선적서류, 선적통지부 외상수출채권(Open Account)을 매입하는 경우, 신용장 개설은행이나 추심은행 등으로부터 동 대금을 결제받을 때까지 처리하는 경과계정 과목이다.

매입 시 차기하였던 동 계정은 대금결제가 완료되는 시점에 대기하게 되는데 해외 상대은행으로부터 당방계정 또는 국외본지점계정에 입금되었다는 입금통지서(Credit Advice)가 내도되는 시점까지 일정기간의 시차가 존재하게 되므로 신용장 개설은행(Issuing Bank)으로부터 대금결제를 보장받는 신용장방식 수출환어음 매입의 경우에는 예정대체일 제도를 적용하여 일정한 기일(환가료 계산 시 적용 일수)이 경과하면 개설은행의 입금통지와 관계없이 매입외환 계정을 정리함으로써 외화자금운용의 효율화를 기하고 있다.

다만, 대금수령일(실제 입금을 확인한 날)에 대체 처리하는 것도 가능하며, 예정대체 처리를 한 경우라도 상대은행으로부터 부도통보 등을 받았거나 부도처리 기일까지 입금되지 않은 경우에는 반대기표를 하여야 한다.

상대은행으로부터 대금결제가 되지 않아 부도처리된 매입외환 계정의 경우 동 매입외환이 부실화되었더라도 외화자산인 매입외환 계정으로 보유하다가 고객으로부터 회수하거나, 회수가 불가능하게 된 경우에는 동 계정에서 대손상각 처리한다. 다만, 고객과의 별도의 약정이 있는 경우에는 약정에서 별도로 정한 기일에 원화미수금 계정으로 대체 처리할 수 있다.

[참고] OA(Open Account) : 선적통지조건 기한부 사후송금 결제방식

- 수출입상 간에 일정기간 동안의 수출입거래와 관련한 기본 매매계약을 체결하고 수입상이 매 건별로 구매주문서(Purchase Order)에 의하여 선적을 지시하면, 수출상은 그 지시에 따라 물품 선적후 선적서류 원본을 수입상에게 송부하고, 수입상은 물품 인수 후 선적일을 기준으로 일정기간이 경과한 시점에 수출상이 지정한 계좌로 수입대금을 송금하여 결제하는 방식
- 송금방식 수출입거래의 일종으로 추심 수단인 환어음이 미발행되며, 선적서류 원본은 수출상에 의해 수입상 앞으로 직접 송부됨.

[참고] 환가료(Exchange Commission)

(1) 매입한 수출환어음 등의 추심 소요기간 동안 매입은행이 외화자금을 부담함에 따라 징수하는 이자

(2) 수출환어음 등 추심전매입 시 매입은행의 자금부담이 발생되므로, 매입신청인으로부터 선이자에 해당되는 환가료(Exchange Commission) 징수

– 환가료 징수산식(수출환어음 추심전매입)

ⓐ 일람출급(At Sight) 수출환어음

매입 외화금액 × 징수지점의 대고객 매매기준율 × 일람출급(At Sight) 환가료율 × 8일/360(365)

ⓑ 기한부(Usance) 수출환어음

매입 외화금액 × 징수지점의 대고객 매매기준율 × 기간별 환가료율 × 자금부담일수/360(365)

※ 자금부담일수 : 어음기간 + 8일 – 1일(한편 넣기)

▶ 회계처리 예시

① 수출기업이 제시한 수출환어음을 추심전매입하는 경우

(차변) 매입외환(수출환어음) XXX　　(대변) 고객계정 XXX

② 대금입금일, 어음기일(기한부), 예정대체일(신용장방식 일람출급 수출환어음 매입 시)

(차변) 외화타점예치금(해외은행) XXX (대변) 매입외환 XXX
또는 국외본지점

(2) 외화표시 내국신용장어음(Local L/C Bills Bought in Foreign Currency)

외화표시 내국신용장에 의해 발행된 판매대금추심의뢰서 및 서류를 매입하는 경우, 내국신용장 개설은행으로부터 동 대금을 결제받을 때까지 처리하는 경과계정 과목이다.

▶ 계정처리 예시

① 외화표시 내국신용장 판매대금추심의뢰서를 매입하는 경우

(차변) 매입외환 XXX (대변) 고객계정 XXX
(외화표시내국신용장 판매대금추심의뢰서)

② 동 판매대금추심의뢰서 대금추심이 완료되어 대금이 입금되는 경우

(차변) 외화타점예치금(한국은행) XXX (대변) 매입외환 XXX
(외화표시내국신용장 판매대금추심의뢰서)

(3) 약속어음(P-Note : Promissory Note in Foreign Currency Bought)

수출업체나 건설용역업체 등이 물품수출 및 해외건설용역 제공과 관련하여 영수한 약속어음(P-Note)을 외국환은행이 매입한 경우, 동 약속어음의 추심이 완료될 때까지 처리하는 경과계정 과목이다.

(4) 기타 : 무화환어음(Clean Bill), 외화수표 등

[참고] 외화수표 종류

① 개인수표(Personal Check)

② 은행수표(Banker's Check)

③ 환거래은행이 보증한 개인수표(Bank Certified Personal Check)

④ 기타 : 국고수표(Treasury Check), 머니오더(Money Order) 등

마. 미결제외환(Bills Unsettled)

해외 예치환거래은행 등에 있는 외국환은행의 당방계정 또는 국외본지점 계정에서 선차기(선지급) 되었으나 아직 그 귀속주체가 정해지지 않아 미결제되고 있는 대금을 처리하는 경과계정 과목으로 귀속주체가 결정되어 고객으로부터 결제받거나 상대은행으로부터 반환받으면 동 계정이 소멸된다.

위와 같은 선차기대금은 과거에는 일반적으로 외화본지점(미결제) 계정에서 처리되고 있었으나, 그 대금의 성격이 외국환은행의 본점과 지점 또는 지점 상호간의 대차거래를 처리하는 외화본지점 계정에는 해당되지 않고 은행의 고유업무인 수출입거래에서 일상적, 반복적으로 발생되고 비교적 단기간에 정리되며, 일정기일이 경과해야 귀속주체가 정해진다는 점에서 가지급금이나 미수금으로 처리하기도 어려운 성격을 가지므로 본 계정을 신설하였다.

(1) 종류

① 일람불 상환방식(Sight Reimbursement) 수입신용장 거래 시 해외의 매입은행이 지정된 상환은행 앞으로 대금을 청구하였다고 표시한 환어음 또는 선적서류를 수령하였으나, 국내의 신용장 개설의뢰인으로부터 아직 결제받지 못한 수입대금

[참고] 일람불 상환방식(Sight Reimbursement)

신용장 개설은행이 자기의 거래은행(환거래은행으로 개설은행의 계좌가 있는 은행, 예치환거래은행)을 상환은행으로 지정하고, 동 상환은행으로 하여금 수출상의 신용장에 근거한 대금청구 시 대금 지급 후 개설은행 계좌에서 해당자금을 차기하도록 수권을 주는 방식

② Overseas Banker's Usance 방식 기한부 수입신용장 거래 시 해외의 수출상이 발행한 기한부 환어음을 개설은행의 예치환거래은행 등이 인수 및 할인하고 동 인수 및 할인료를 개설은행 당방계정에서 선차기(선지급)한 경우 발생되는 ACDC(Acceptance Commission & Discount Charge)

[참고] Overseas Banker's Usance

신용장 개설은행이 정한 제3의 은행(인수은행)이 기한부(Usance) 기간 동안의 신용을 공여하는 방식으로, 개설은행이 정한 해외의 거래은행(예치환거래은행)을 인수은행으로 지정하고, 지정된 인수은행은 수출상이 발행한 기한부 환어음을 인수, 할인하여 어음금액 전액을 매입(추심)은행을 통하여 자기자금으로 수출상에게 일람불(At Sight)로 지급한 후, 개설은행에 인수내역을 통보하여 만기일에 개설은행으로부터 수입대금을 회수하는 방식으로, ACDC(Acceptance Commission & Discount Charge) 발생

[참고] ACDC(Acceptance Commission & Discount Charge)

(1) 인수은행의 기간 할인료(이자)

(2) ACDC 징수시점

① 선취 : 환어음 인수 시점

② 후취 : 환어음 만기 시점

(3) ACDC 금리산출

① 기준금리 : 영국 금융감독청(FCA) 리보금리 산출 중단에 따라 대체금리 적용

통화	대체금리	금리 설명
USD	텀소파(TERM SOFR)	시카고상업거래소(CME)에서 고시하는 기간별 달러화 금리
EUR	유리보(EURIBOR)	유럽자금시장기구(EMMI)에서 고시하는 기간별 유로화 금리
JPY	타이보(TIBOR)	일본은행연합회(JBATA)에서 고시하는 기간별 엔화 금리
GBP	텀소니아(TERM SONIA)	구 로이터(Refinitiv)에서 고시하는 기간별 파운드화 금리
CHF	디파짓레이트 (Deposit Rate)	구 로이터(Refinitiv)에서 고시하는 기간별 스위스 프랑화 예금금리

② 금액결정 : 환어음 인수금액 × 적용금리(기준금리+가산금리) × 인수(할인)일수/360(365)

(4) 유의사항

① 국제금융시장의 차입여건 및 유동성에 따라 적용금리 변동

② 만기전 조기결제 시 잔여기간에 대한 ACDC 환급은 원칙적으로 불가

③ 신용장방식 수출환어음 추심전매입 시 매입대금에서 일정금액이 차감되고 해외외화타점예치금 계정에 입금되었으나, 국내의 매입신청인으로부터 아직 결제받지 못한 동 미입금액(수출관련 미입금액, Less Charge 등)

④ 당발송금(해외로송금) 취결 후 해외 지급은행에서 선차기(선지급)된 수수료 등

▶ **계정처리 예시**

① 상환은행(Reimbursing Bank) 앞 상환청구가 이루어진 일람불 상환방식 수입신용장의 환어음 및 선적서류 수령 시

(차변) 미결제외환 XXX (대변) 외화타점예치금(해외은행) XXX

② 신용장 개설의뢰인(Applicant)으로부터 동 환어음 대금을 결제받는 경우

(차변) 고객계정 XXX (대변) 미결제외환 XXX

바. 외화대출금(Loans in Foreign Currency)

외국환은행이 거주자 또는 비거주자에게 외화로 대출하거나, 해외지점이 현지에서 취급한 대출금을 처리하는 계정과목으로, 원화자금으로 대출한 대출채권이라도 표시통화 및 대출, 회수금액의 결정통화가 외화인 경우에는 외화대출금으로 처리한다.

[참고] 외화대출금(Loans in Foreign Currency)

구 분	계정과목
대외외화자산	국외기타외화대출금
대내외화자산	외화대출, 외화표시원화대출, 전대차관자금대출, 국내기타외화대출금

(1) 외화대출(Loans in Foreign Currency)

외국환은행의 거주자에 대한 외화대출 자금용도는 해외사용 실수요목적(물품수입, 해외직접투자, 해외차입금 상환 등)자금과 국내시설자금에 한하여 허용되고 있으며, 계정에는 일반적인 대출방식 외에도 사모방식에 의한 국내 외화 기

업어음(CP) 인수방식의 대출도 포함된다. 외화대출채권은 다른 외국환은행 또는 해외은행에 매각하여 만기전에 자금화할 수 있으며, 환매조건이 있는 경우에는 난외계정의 외화환매조건부대출채권매각 계정에 기재한다.

▶ **계정처리 예시**

① 물품 수입대금 결제 목적으로 외화대출을 실행하는 경우

(차변) 외화대출 XXX (대변) 고객계정 XXX

또는 외화타점예치금(해외은행) XXX

② 대출만기일에 외화대출을 상환받는 경우

(차변) 고객계정 XXX (대변) 외화대출 XXX

또는 외화타점예치금(해외은행) XXX

(2) 외화표시원화대출(Loans in Won Denominated in Foreign Currency)

외화차입금, 외화예수금 등을 재원으로 하는 외화표시원화대출 시 처리하는 계정 과목으로 과거에는 원화대출금 계정으로 처리하였으나, 동 자산의 내용이 실질적으로 외화자산 성격이므로 본 계정으로 처리한다.

대출금은 원화를 기준으로 하되 대출실행 당일의 대고객 매매기준율을 적용하여 환산한 해당외화로 기표하며, 원리금회수는 회수 당일의 대고객 매매기준율을 적용한 원화 환산금액으로 하되 해당외화로 기표 처리한다.

아울러, 타외국환은행에 대하여 동 외화표시원화대출을 실행하는 경우 '은행간외화대출' 계정으로 처리하지 않고 본 계정으로 처리한다.

▶ **계정처리 예시**

① 원화 1억원을 외화표시원화대출로 실행하는 경우(대고객 매매기준율 1,000원/USD 가정)

(차변) 외화표시원화대출 U$100,000 (대변) 고객계정 100,000,000원

② 대출만기일에 원화로 상환받는 경우(대고객 매매기준율 1,100원/USD 가정)

(차변) 고객계정 110,000,000원 (대변) 외화표시원화대출 U$100,000

(3) 전대차관자금대출(Loans from Foreign Borrowings)

외국환은행이 국내의 외화자금 실수요자에게 전대하는 조건으로 도입한 차관자금을 재원으로 하여 어음대출 또는 증서대출 방식으로 취급하는 대출계정 과목이다.

차관자금은 주로 외국의 수출입은행 등 특수금융기관이나 IBRD, ADB 등의 국제금융기구로부터 차입하고 있는데 그 자금의 용도, 금리 및 기타 전대조건은 차입금의 조건에 따라 결정되고 있으며, 대부분 수출증진, 경제개발사업을 위한 원자재 또는 시설재 수입 지원자금으로 사용되고 있다.

(4) 기타 : 국내기타외화대출금, 국외기타외화대출금

사. 은행간외화대출(Interbank Loans in Foreign Currency)

외국환은행이 국내 타외국환은행 및 해외은행에 대하여 취급한 외화대출금을 처리하는 계정으로 외화당좌대출 성격의 외화타점대, 90일 이내 만기의 대여금을 처리하는 외화콜론 및 90일 초과 만기의 대여금을 처리하는 은행간외화대여금으로 구분한다.

대출기간	계정구분
일시자금(외화당좌대출)	외화타점대
90일 이내 만기	외화콜론
90일 초과 만기	은행간외화대여금

(1) 외화타점대(Overdrafts Due from Banks in Foreign Currency)

① 해외 외화타점대

국내 외국환은행에 개설된 해외 환거래은행의 당좌예수금계정(Their Account) 잔액이 부족하여 대월 처리되거나 메일크레디트(Mail Credit), 리파이넌스(Refinance) 등의 신용을 공여한 경우에 처리하는 자산계정 과목으로, 해외 환거래은행 입장에서는 외화타점차계정이다.

② 국내 외화타점대

외국환은행이 국내 타외국환은행에 대하여 당좌대월을 제공하는 경우 처리하는 자산계정 과목이다.

▶ **계정처리 예시**

① 해외 환거래은행으로부터 의뢰받은 타발송금 대금지급으로 국내 외국환은행에 개설된 해외 환거래은행의 당좌예수금 계정에 대월이 발생하는 경우

(차변) 외화타점대(해외은행) XXX (대변) 미지급외환 XXX

② 대월을 받은 해외 환거래은행으로부터 대월금액만큼 예치하였다는 통지를 받은 경우

(차변) 외화타점예치금(해외은행) XXX (대변) 외화타점대(해외은행) XXX

(2) 외화콜론(Call Loan in Foreign Currency)

외국환은행이 단기 여유자금을 타외국환은행 또는 해외은행에 일시적으로 공여하는 경우 처리하는 계정과목으로, 실무적으로 최장 90일 이내의 대차거래를 본 계정으로 처리한다.

외화자금을 대여하는 은행 입장에서는 자산 계정인 외화콜론(Call Loan)에 해당되며, 차입하는 은행 입장에서는 부채 계정인 외화콜머니(Call Money)에 해당된다.

▶ **계정처리 예시**

① 해외 환거래은행에 외화콜론을 제공하는 경우

(차변) 외화콜론 XXX (대변) 외화타점예치금(해외은행) XXX

② 외화콜론을 상환받는 경우

(차변) 외화타점예치금(해외은행) XXX (대변) 외화콜론 XXX

(3) 은행간외화대여금(Interbank Loans in Foreign Currency)

외국환은행이 타외국환은행 또는 해외은행에 외화자금을 대여하는 경우 처리하는 계정과목으로, 실무적으로 90일을 초과하는 대차거래를 본 계정으로 처리한다.

은행간외화대여금은 이자 수취를 주목적으로 타외국환은행에 외화자금을 대여하는 금전소비대차계약으로 만기에 원리금을 상환받는 거래이며, 동 외화자금을 차입한 외국환은행은 외화차입금 계정으로 처리하고 있다.

다만, 만기가 90일 이내의 외국환은행간 외화자금 거래는 본 계정으로 처리하지 않고 콜거래로 취급하고 있다.

▶ 계정처리 예시

① 만기 90일 초과 외화자금을 타외국환은행에 대여하는 경우

(차변) 은행간외화대여금 XXX (대변) 외화타점예치금(해외은행) XXX

② 만기에 대출금을 상환받는 경우

(차변) 외화타점예치금(해외은행) XXX (대변) 은행간외화대여금 XXX

아. 내국수입유산스(Domestic Import Usance Bill)

외국환은행이 자행이 개설한 Banker's Usance 방식 기한부 수입신용장의 조건에 따라 동 수입대금을 직접 결제하거나 다른 은행에 결제를 위탁하여 발생한 개설의뢰인(Applicant)에 대한 신용공여를 처리하는 계정과목으로, 신용장 개설의뢰인에 대한 인수은행(Accepting Bank)의 신용공여인 Banker's Usance 거래를 (난내)내국수입유산스로 통일하여 통합 회계처리하도록 회계처리기준을 변경하여 적용하고 있다.

(1) 결제은행의 형태에 따른 세목분류

① 국내본점 : 신용장 개설은행 본점 결제분

② 해외지점 : 신용장 개설은행 해외지점 결제분

③ 해외은행 : 해외은행 결제 위탁분

④ 타외국환은행 : 타외국환은행 결제 위탁분

(2) 수입환어음 인수 및 지급 시 대외결제 방법에 따른 내국수입유산스 상대계정

① 외화타점예치금 : 국내본점 결제

② 기타외화차입금 : 해외 예치환거래은행 또는 다른 외국환은행에 상환수권을 부여하여 결제를 위탁한 경우

- 결제은행이 해외 예치환거래은행인 경우 동 은행은 은행간외화대여금으로 처리

③ 외화본지점 : 자행의 해외지점에 상환수권을 부여하여 결제를 위탁하는 경우

▶ 계정처리 예시

① Banker's Usance 방식 기한부(Usance) 수입신용장 개설 시

(난외) 수입신용장발행(미확정외화지급보증)

② 인수 및 결제 시 계정처리

- 신용장 개설은행(국내은행본점)이 수입환어음을 인수하고 결제하는 경우

(차변) 내국수입유산스(국내본점) XXX (대변) 외화타점예치금 XXX

(난외) 수입신용장발행 XXX : 삭제

- 해외 예치환거래은행에 결제를 위탁하여 동 은행이 수입환어음을 인수하고 결제하는 경우

(차변) 내국수입유산스(해외은행) XXX (대변) 기타외화차입금 XXX

(난외) 수입신용장발행 XXX : 삭제

※ 결제은행(해외 예치환거래은행) 계정처리

(차변) 은행간외화대여금 XXX (대변) 외화타점예치금 XXX

- 신용장 개설은행 해외지점에 결제를 위탁하여 동 지점이 수입환어음을 인수하고 결제하는 경우

(차변) 내국수입유산스(해외지점) XXX (대변) 외화본지점(차입) XXX

(난외) 수입신용장발행 XXX : 삭제

자. 외화본지점(Inter-Office Account in Foreign Currency)

동일 외국환은행의 본점과 지점 또는 지점 상호 간의 모든 외화표시 대차거래를 처리하는 계정과목이다.

(1) 특징

① 잔액이 차변에 표시될 수도 있고, 대변에 표시될 수도 있는 양변계정으로 차변잔액일 경우 자산계정, 대변잔액일 경우 부채계정이다.

② 본지점 합산재무제표 작성 시 잔액이 상쇄되어 나타나지 않는 것이 원칙이다.

(2) 계정구분

① 국내본지점계정

외국환업무 취급 국내영업점 간의 외화 대차거래를 처리하는 계정과목으로, 외화자금의 조달 및 운용의 효율성을 기하기 위하여 외국환은행별로 집중관리를 하고 있으므로 본지점 간 환거래가 발생하게 되는데, 이때 처리하는 계정과목으로 본지점 합산재무제표 작성 시 완전히 상쇄되어 외화재무상태표에 표시되지 않는다.

② 국외본지점계정

외국환은행의 국내영업점과 국외영업점 간의 대차거래를 처리하는 계정과목으로, 갑계정(Special Account)과 을계정(Ordinary Account)으로 구분된다.

[참고] 갑계정(Special Account)과 을계정(Ordinary Account)

① 갑계정(Special Account)

본지점 간 비교적 장기의 자금 조달 및 운용 필요가 발생하는 경우 처리하는 계정과목으로 유동화하기 어려운 자본금 성격을 갖는 거래 항목이다.

외국환은행이 해외지점에 영업기금, 창업비 등으로 사용할 자금을 제공하였을 경우에는 해외지점에 대한 채권으로 국외본지점(갑계정) 차변에 기재하고, 동 자금을 상환받는 경우 국외본지점(갑계정) 대변에 기재한다.

- 영업자금, 창업비, 기타 이에 준하는 영업소 설치자금
- 운영자금 및 비용에 충당하기 위한 자금
- 기타 금융위원회가 정하는 자본거래

② 을계정(Ordinary Account)
갑계정으로 분류되지 않는 단기운용자산 및 부채의 본지점간 거래 시 처리하는 계정과목이다.
해외지점에서 취결한 송금대금의 지급 또는 해외지점에서 개설된 신용장에 의한 수출환어음 매입 등의 경우 해외지점에 대한 채권이 발생하므로 국외본지점(을계정) 차변에 기재하고, 동 대금을 결제받는 경우 국외본지점(을계정) 대변에 기재한다.
- 무역 및 무역외거래와 관련한 본지점 간 경상거래
- 본지점 간 단기자금 대여 또는 차입

▶ **계정처리 예시**

① 외국환은행 본점이 해외지점 설립에 필요한 창업비 및 운영자금을 제공하는 경우

(차변) 국외본지점(갑계정) XXX (대변) 외화타점예치금(해외은행) XXX

② 해외지점이 외국환은행 본점으로부터 단기자금을 차입하는 경우

(차변) 국외본지점(을계정) XXX (대변) 외화타점예치금(해외은행) XXX

③ 해외지점이 개설한 신용장에 근거하여 제시된 수출환어음을 추심전매입하는 경우

(차변) 국외본지점(을계정) XXX (대변) 외화타점예치금(해외은행) XXX

차. 외화지급보증대지급금(Advances for Customers in Foreign Currency)

외국환은행이 신용장이나 지급보증서의 발행을 통하여 고객의 채무에 대한 지급을 보증한 후 결제기일에 고객이 채무를 결제하지 않아 은행이 대신 결제함으로써 취득하게 되는 고객에 대한 구상채권을 처리하는 계정과목이다.

외환관련여신과 관련하여 대지급이 발생하는 경우 대지급 실행 당일의 전신환매도율을 적용하여 원화로 환산하여 대지급 금액을 확정하도록 하고 있으므로, 일반적으로는 원화지급보증대지급금 계정에 기표처리하고 있다.

[참고] 수입 대지급

신용장 개설 후 매입(추심)은행으로부터 내도된 선적서류가 신용장조건과 불일치하는 사항이 없어 지급거절(일람불) 또는 인수거절(기한부) 통보를 하지 않았거나, 지급(인수)거절 통보를 하였더라도 부득이 대금결제를 해야 하는 건으로, 정해진 기간 이내에 개설의뢰인(수입상)이 결제하지 못하는 경우 신용장 개설은행이 대신 상대은행에 수입대금을 지급하는 업무

(1) 수입신용장 관련 지급보증채무의 대지급 처리시점

① 일람불(At Sight) 수입신용장

선적서류의 개설은행 본점접수일 또는 차기통지서 도착일 익일로부터 5영업일의 다음영업일

② 기한부(Usance) 수입신용장 : 수입환어음 만기일의 다음영업일

(2) 내국신용장 관련 지급보증채무의 대지급 처리시점

개설은행 앞 내국신용장 판매대금추심의뢰서 내도일(교환제시일)로부터 3영업일

▶ 계정처리 예시

① 외화지급보증 대지급을 외화로 실행하는 경우

(차변) 외화지급보증대지급금 XXX (대변) 외화타점예치금(해외은행) XXX

– 관련 난외계정 삭제

② 외화지급보증 대지급을 원화로 실행한 경우

(차변) 원화지급보증대지급금 XXX (대변) 외화타점예치금(해외은행) XXX

– 관련 난외계정 삭제

③ 대지급금 회수 시

(차변) 고객계정 XXX (대변) 외화지급보증대지급금 XXX

또는 원화지급보증대지급금 XXX

카. 외화대여유가증권

은행이 대여료를 취득할 목적으로 일정기간 경과후 동종, 동액의 외화유가증권을 반환할 것을 약정한 거래처에게 그 소유권을 이전시킨 외화유가증권으로 외화당기손익인식증권, 외화매도가능증권, 외화만기보유증권을 대여한 경우 처리하는 계정이다.

외화대여유가증권은 은행의 물적 신용을 대여해 주는 것으로 거래처는 외화유가증권을 필요한 기간 동안 일시적으로 이용할 수 있으며, 은행으로서도 보유한 외화유가증권에 대한 본래의 이자 또는 배당금 이외의 대여료를 받을 수 있다는 이점이 있다. 다만, 대여된 유가증권이 담보로 제공되는 경우 거래처가 주채무를 이행하지 않으면 동 외화유가증권이 제3의 채권자에 의하여 처분될 위험이 있으므로 자산 및 신용이 확실한 거래처에 한하여 상당한 담보물을 취득한 후 대여하고 있다.

타. 기타 자산계정

(1) 외화사모사채(Private Placement Corporate Bonds in Foreign Currency)

외국환은행이 외화표시 회사채를 사모의 방식으로 인수하였을 경우 처리하는 계정과목이다.

(2) 외화리스자산(Lease Assets in Foreign Currency)

외화로 발생하는 리스자산을 처리하는 계정과목이다.

(3) 외화신용카드채권(Credit Card Accounts in Foreign Currency)

외국환은행의 신용카드 업무와 관련하여 고객에 대하여 현금서비스를 제공하였거나, 가맹점에 대하여 대금을 선지급하는 경우 처리하는 계정과목으로 신용판매대금, 현금서비스, 카드론, 기타 신용카드채권 등이 외화로 발생하는 경우 동 계정과목으로 처리된다.

(4) **외화직불카드채권**(Debit Card Accounts in Foreign)

해외의 신용카드업자가 발행한 직불카드 회원이 국내에서 직불카드를 이용하여 물품을 구입하거나, 자동화기기를 통한 현금 인출 시 가맹점 또는 회원에게 우선 지급한 금액을 처리하는 계정과목이다.

(5) **외화수출팩토링채권**(Factoring Receivable in Foreign Currency)

외국환은행이 국제팩토링 거래에서 수출팩터(Export Factor)가 되어 수출상의 수입상에 대한 외상수출채권을 매입한 경우 이를 처리하는 계정과목이다.

상환청구권이 있는 조건으로 외상수출채권을 취득한 경우 대금 선지급금액을 본 계정에 차기하였다가 회수 시 대기하고, 상환청구권이 없는 조건인 경우에는 대금 선지급 여부와 관계없이 취득한 외상수출채권 전액을 본 계정에서 차기하며, 고객에 대한 선지급금액과 채권액면금액의 차이는 외상수출팩토링 미지급금 계정에 기재한다.

[참고] 팩토링(Factoring)채권
고객이 상거래와 관련하여 취득한 외상매출채권을 매입하는 방식으로 자금을 대여한 대출채권

(6) **외화출자전환채권**(Loans for Debt-Equity Swap in Foreign Currency)

외화대출채권조정 등에 의하여 출자전환키로 합의하였으나 출자전환이 즉시 이행되지 않고 출자전환 시까지 이자가 면제되는 방식으로 재조정된 경우 재조정된 외화채권을 처리하는 계정과목이다.

(7) **외화환매조건부채권매수**(Bonds Purchase under Resale Agreement in Foreign Currency)

환매조건으로 채권을 외화로 매수하였을 경우 동 매수가액을 처리하는 계정과목이다.

환매조건부채권을 외화로 매도하였을 경우 이를 채권의 감소로 처리하지 않고 별도의 부채 계정과목인 '외화환매조건부채권매도' 계정에 계상하고, 환매조건부채권을 외화로 매수하였을 경우 자산 계정과목인 '외화환매조건부채권매수' 계정에 계상한다.

[참고] 환매조건부채권(RP) 매매

매매당사자가 매매되는 채권을 일정기간이 경과한 후에 일정이율에 의한 가격으로 동일채권을 다시 매수하거나, 매도할 것을 조건으로 매매하는 거래

(8) 외화미수금(Accounts Receivable in Foreign Currency)

은행이 고유업무 이외에서 발생한 미수채권을 처리하는 계정으로, 국외고정자산, 외화대출채권 또는 외화유가증권 등을 처분하였으나 그 대금이 아직 완납되지 않은 경우 등을 본 계정으로 처리한다.

(9) 외화미수수익(Accrued Revenues Receivable in Foreign Currency)

미수수익이란 실제로 현금이 수입되지는 않았으나 발생주의원칙에 입각하여 수익으로 처리하는 것이 타당한 부분을 당기손익에 포함시킴으로써 기간손익의 적정을 기하기 위한 결산정리계정인데, 이와 같은 미수수익이 외화로 발생한 경우 본 계정으로 처리한다.

(10) 외화가지급금(Suspense Receivable in Foreign Currency)

가지급금이란 지급은 발생하였으나 계정과목이 확정되지 않았거나, 계정과목은 확정되었으나 금액이 불확정인 경우 동 계정과목과 금액이 확정될 때까지 일시적으로 당행 지급금을 처리하는 계정을 의미하는 데, 이와 같은 가지급금이 외화로 발생한 경우 본 계정으로 처리한다.

(11) 외화선급비용(Prepaid Expenses in Foreign Currency)

선급비용은 일정한 계약에 근거하여 계속적으로 용역의 제공을 받는 경우 아직 제공되지 않은 용역에 대하여 지급된 이자로서 단기간 내에 비용화되는 것을

의미하며, 선지급된 임차료, 지급이자, 수선비 등이 여기에 해당되며, 이와 같은 선급비용이 외화로 발생되는 경우 본 계정으로 처리한다.

(12) 역외외화자산(Off-Shore Assets in Foreign Currency)

역외금융시장에서 조달한 외화자금을 비거주자에게 대출 또는 예치하였을 때 처리하는 계정과목이다.

[참고] 역외금융 거래

역외금융 거래 제도는 금리 및 환율의 가격기능이 제한적인 국내 금융시장에 영향을 주지 않으면서 선진국의 제 금융기법의 습득을 통한 외국환은행의 경쟁력 제고를 위하여 도입된 제도이다.

국내 외국환은행이 별도의 역외금융 계정을 설치한 경우 이를 일반계정과 구분 계리하여야 하며, 역외계정과 일반계정간 자금이체는 기획재정부장관의 허가를 받아야 하지만, 직전 회계연도 중 역외외화자산 평잔의 100분의 10 범위 내에서의 자금이체는 제외된다.

① 역외외화예치금

외국환은행이 비거주자 또는 다른 역외금융계정으로부터 조달한 외화자금을 비거주자 또는 타금융기관 역외계정에 예치하는 경우 동 외화자금을 처리하는 계정과목

② 역외외화대출금

외국환은행이 비거주자 또는 다른 역외금융계정으로부터 조달한 외화자금을 비거주자 및 타금융기관 역외계정에 대여하는 경우 동 외화자금을 처리하는 계정과목

③ 역외외화증권

외국환은행이 비거주자 또는 다른 역외금융계정으로부터 조달한 외화자금으로 비거주자가 발행한 외화증권을 인수 및 매입할 때 처리하는 계정과목(역외당기손익인식증권, 역외매도가능증권, 역외만기보유증권, 역외지분법적용투자주식)

④ 역외외화본지점

국내은행 본점과 국외지점 간 역외자금의 외화대차거래를 처리하는 계정과목

⑤ 역외환매조건부채권매수

역외금융시장에서 조달한 자금으로 비거주자가 발행한 외화환매조건부채권을 매입하는 경우 동 매수가액을 처리하는 계정과목

⑥ 기타 : 역외파생상품자산, 역외기타외화자산

(13) 외화대손충당금(−)(Allowance for Credit Losses in Foreign Currency)

외화대출금 등의 적정평가를 위해 기말 현재의 외화대출채권에 대하여 경상적으로 발생하는 대손의 추산액을 공제하여 실질가치를 반영하기 위한 평가계정과목이다.

(14) 외화현재가치할인차금(−)(Discount Present Value in Foreign Currency)

장기연불조건의 매매거래, 금전대차거래 또는 이와 유사한 거래에서 발생한 채권, 채무로서 계약금액의 현재가치와 명목상 가액과의 차액을 처리하는 계정과목이다.

1-2. 부채계정(Liabilities Account)

과거 및 당기에 수취한 효용에 대하여 어느 정도 확정된 미래시점에 이에 상응하는 금액을 지급해야 하는 특정기업의 의무로, 외화재무상태표의 대변항목에 표시한다.

가. 외화예수금(Deposits in Foreign Currency)

외화예수금의 수입으로 발생한 외화부채를 처리하는 계정과목으로 입금은 대변에, 지급은 차변에 표시되며, 잔액은 대변에 표시된다.

외국환은행은 모든 외화예수금에 대하여 예수받은 당해 외화 또는 기타 지정통화로 지급준비금을 한국은행에 예치하여야 한다.

외화예수금계정의 세과목은 외화당좌예금, 외화보통예금, 외화통지예금, 외화

정기예금, 외화정기적금과 일종의 경과계정인 외화별단예금 등으로 세분된다.

[참고] 가수금과 별단예금

구분	가수금	별단예금
성격	1. 계정과목 또는 금액 미확정 2. 정당계정 처리 시까지 일시적으로 처리하는 계정	1. 미결제, 미정리자금 2. 회계목적상 설정된 예금계정
지급	1. 고객에게 직접 환급되지 않고 대체 처리하게 되므로 영수증빙 불요 2. 단, 목적변경 등으로 환급될 때에는 영수증빙 필요	고객에게 환급되므로 영수증빙 필요 : 수표, 청구서, 기타
처리	미결산 가계정으로 단시일 내에 정리	지급기한은 거래내용에 따라 상이
부리	무이자	무이자가 원칙
지급준비	지급준비금 불요	지급준비금 예치대상

[참고] 계정구분

① 거주자계정

개인사업자 자격의 외국인 거주자, 국민인 거주자(우리나라 정부의 재외공관 근무자 및 그 동거가족을 제외)의 취득 및 보유가 인정된 대외지급수단, 내국지급수단을 대가로 하여 외국환은행이 매입한 대외지급수단을 예치하는 경우 처리하는 계정과목

② 대외계정

비거주자, 개인인 외국인 거주자, 우리나라 재외공관 근무자 및 그 동거가족 등이 개설한 외화예금을 처리하는 계정과목

③ 해외이주자계정

해외이주자 및 재외동포가 개설하는 외화예금을 처리하는 계정과목

(1) 외화당좌예금(Current Deposits in Foreign Currency)

요구불예금을 처리하는 계정과목으로 예금주의 거주성에 따라 해외은행, 비거주자, 해외이주자의 예금은 대외부채로, 타외국환은행, 국민인 거주자, 외국인 거주자, 해외주택취득자의 예금은 대내부채로 구분 처리한다.

(2) 외화보통예금(Passbook Deposits in Foreign Currency)

예치금액, 예치기간, 입출금횟수 등에 대한 제한 없이 자유롭게 거래할 수 있는 요구불예금을 처리하는 계정과목이다.

▶ **계정처리 예시**

① 신용장방식 수출환어음 추심전매입 대금을 매입신청인의 외화보통예금 계좌에 입금하는 경우(국민인 거주자)

(차변) 매입외환 XXX (대변) 외화보통예금(거주자계정) XXX

② 해외이주예정자가 국내재산 처분대금을 본인명의 외화보통예금에 예치하는 경우

(차변) 고객계정 XXX (대변) 외화보통예금(해외이주자계정) XXX

③ 외국인 거주자 앞으로 내도된 타발송금 대금을 수취인 명의 외화보통예금에 입금하는 경우

(차변) 외화타점예치금(해외은행) XXX (대변) 외화보통예금(대외계정) XXX

(3) 외화정기예금(Time Deposits in Foreign Currency)

타외국환은행, 해외은행, 거주자, 비거주자, 해외이주자, 해외주택취득자 등으로부터 예수받은 외화표시 정기예금을 처리하는 계정과목으로 양도성예금증서(CD), 변동금리부 정기예금증서(FRCD)를 발행한 경우 또는 적립식 정기예금을 예수받은 경우에도 본 계정과목으로 처리한다.

▶ **계정처리 예시**

① 비거주자로부터의 외국통화 현찰 매입대금으로 외화정기예금에 가입하는 경우

(차변) 외국통화 XXX (대변) 외화정기예금(대외계정) XXX

② 해외이주예정자가 본인명의 국내재산 처분대금을 본인명의 외화당좌예금에 입금하는 경우

(차변) 고객계정 XXX (대변) 외화당좌예금(해외이주자계정) XXX

(4) 외화통지예금(Notice Deposits in Foreign Currency)

타외국환은행, 해외은행, 거주자 및 비거주자, 해외이주자, 해외주택취득자로부터 예수받은 외화표시 통지예금을 처리하는 계정과목이다.

> **[참고] 통지예금**
>
> 입금일로부터 일정기간(15일 이상) 이상 경과 후, 예금 인출 전 3일 이전에 예고할 것을 조건으로 하는 저축성예금의 일종으로, 단기간의 여유자금을 효율적으로 운용하고자 하는 경우 주로 이용

(5) 외화정기적금(Installment Savings Deposits in Foreign Currency)

거주자 등으로부터 일정한 기간 후에 일정한 금액을 지급할 것을 약정하고 매월 일정일에 일정액을 적립하는 예금을 처리하는 계정이다.

(6) 외화별단예금(Temporary Deposits in Foreign Currency)

외국환업무 취급 과정에서 발생하는 일시적인 예수 성격의 미결제 정리자금이나, 특수거래에 따른 외화예금 계좌 미개설인으로부터의 일시적 예수금 등 기타 예금과목으로 처리하기 어려운 예수금을 처리하는 계정과목이다.

▶ **계정처리 예시**

① 본인명의 예금계좌가 없는 고객으로부터 외화수표 추심의뢰를 받은 후 동 수표의 추심이 완료되어 해외예치환거래은행의 당방계정(Our Account)에 대금이 입금된 경우

(차변) 외화타점예치금(해외은행) XXX (대변) 미지급외환 XXX

② 불가피한 사정으로 동 추심대금이 장기간 국내의 매입신청인에게 지급되지 않는 경우

(차변) 미지급외환 XXX (대변) 외화별단예금 XXX

나. 매도외환(Drafts Sold)

외국환은행이 당발송금을 취결하거나, 외화송금수표(D/D : Demand Draft)를 발행하는 경우 고객으로부터 받은 송금대금 등이 외국에서 실제 지급되거나 위탁은행에 동 대금이 결제되는 날까지는 상당한 차이가 발생하므로 이 기간 중의 대외채무를 잠정적으로 처리하는 부채계정의 대표적인 경과계정 과목이다.

송금수표 발행일에 대기하였다가, 예정대체일 또는 차기통지서 접수일에 차기한다.

다만, 전신송금(T/T : Telegraphic Transfer)의 경우에는 송금취결과 동시에 송금지시서(P/O : Payment Order)가 지급은행에 전달되므로 매도외환 계정을 거치지 않고 바로 외화타점예치금계정으로 처리한다.

[참고] 당발송금의 종류

① 전신송금(T/T : Telegraphic Transfer)

② 외화송금수표 발행 : CRS, WEFAS, Demand Draft 등

③ 우편송금(M/T : Mail Transfer)

▶ 계정처리 예시

① 국내의 송금신청인의 요청에 의하여 전신송금에 의한 방법으로 당발송금(해외로송금)을 취결한 경우

(차변) 고객계정 XXX (대변) 외화타점예치금(해외은행) XXX

② 국내의 송금신청인의 요청에 의하여 외화송금수표(D/D)를 발행한 경우

(차변) 고객계정 XXX (대변) 매도외환 XXX

③ 외화송금수표(D/D) 발행 건의 예정대체일 경과 또는 차기통지서가 접수된 경우

(차변) 매도외환 XXX (대변) 외화타점예치금(해외은행) XXX

다. 미지급외환(Remittances Pending in Foreign Currency)

외국으로부터 내도된 타발송금 대금은 이미 외국환은행의 외화타점예치금계정에 입금되었으나, 국내의 송금수취인에게 대금지급이 이루어지지 않은 경우

지급 시점까지 처리하는 부채계정의 대표적인 경과계정 과목이다.

해외로부터 타발송금 지급지시서(P/O)가 내도되면 외화타점예치금 계정에서 차기함과 동시에 미지급외환 계정에 대기하였다가 국내의 송금수취인에게 송금 내도안내 통지 후 고객계좌에 입금처리가 완료되면 미지급외환 계정을 정리함으로써 거래가 종료된다.

▶ **계정처리 예시**

① 해외예치환거래은행으로부터 타발송금 지급지시서(P/O : Payment Order)가 내도하는 경우

(차변) 외화타점예치금(해외은행) XXX (대변) 미지급외환 XXX

② 국내의 송금수취인의 요청에 의하여 송금대금을 수취인 계좌에 입금하는 경우

(차변) 미지급외환 XXX (대변) 고객계정 XXX

라. 외화콜머니(Call Money in Foreign Currency)

자산계정의 외화콜론(Call Loan)에 대응하는 부채계정으로, 외국환은행이 일시적인 자금부족을 충당하기 위해 국내 타외국환은행 및 해외은행으로터 단기간 차입하는 경우 처리하는 계정과목이다.

차입기간은 90일 이내 단기자금으로 타외국환은행 및 해외은행으로부터의 차입으로 구분한다.

▶ **계정처리 예시**

① 해외은행으로부터 단기외화자금(외화콜머니)을 차입하는 경우

(차변) 외화타점예치금(해외은행) XXX (대변) 외화콜머니 XXX

② 차입자금을 만기에 상환하는 경우

(차변) 외화콜머니 XXX (대변) 외화타점예치금(해외은행) XXX

마. 외화차입금(Borrowings in Foreign Currency)

외국환은행이 정부, 한국은행, 타외국환은행, 해외은행 및 기타 금융기관으로

부터 만기 90일을 초과하여 외화로 차입한 채무와 원화로 차입하였으나 표시통화 및 차입, 상환금액의 통화가 외화인 경우에 해당되는 채무를 처리하는 계정과목이다.

본 계정에는 일반고객과의 외국환거래 즉, 수출, 수입, 송금거래 등과 직접 관련되어 국내 및 해외은행으로부터 차입하는 단기차입과 일반고객 거래와는 직접적인 관련이 없는 운영자금 조달목적의 단기 또는 중장기 자금차입으로 구분할 수 있다. 일반고객과 직접적인 관련이 있는 단기차입 중 대표적인 것으로는 차월(Overdrafts), 메일크레디트(Mail Credit), 리파이넌스(Refinance)등을 들 수 있다.

외화차입금 계정은 차입방식에 따라 외화타점차, 은행차입금, 외화표시원화차입금, 전대차입금, 외화수탁금, 기타차입금 등으로 구분된다.

(1) 외화타점차(Overdrafts Due to Banks)

일상적인 대고객 거래와 직접 관련하여 예치환거래은행으로부터 환거래계약시 설정된 신용공여한도(Credit Line) 범위 내에서 차입하는 외화자금이다.

ⓐ 당좌차월(Overdrafts)

예치환거래은행으로부터 공여받은 신용공여한도(Credit Limit)에 의거하여 일정한 한도와 조건에 따라 외화타점예치금 금액을 초과하여 지급을 의뢰하는 경우 동 초과금액을 처리하는 계정과목이다.

당좌차월은 거래 상대은행 입장에서는 당좌대월이 되며, 잔액파악의 기준은 항상 대출은행의 원장을 기준으로 하므로 차입은행측이 기장하는 당좌차월계정은 상대은행에 개설되어 있는 당방계정(원계정 : Actual Account)에 대한 대응계정(Shadow Account)이며 자금운용상 필요에 따라 기장하는 것이다.

▶ 계정처리 예시

① 일람불 상환방식(Sight Reimbursement) 수입신용장 개설 후 예치환거래은행인 상환은행(Reimbursing Bank) 당방계정의 잔액이 없는 상태에서 수입대금이 선차기(선지급)되는 경우

(차변) 미결제외환 XXX (대변) 외화타점차(당좌차월) XXX

② 당발송금(T/T) 취결 시 잔액이 없는 해외 예치환거래은행 당방계정에서 송금대금이 차기된 경우

(차변) 고객계정 XXX (대변) 외화타점차(당좌차월) XXX

[참고] 일람불(At Sight) 수입신용장 대금결제

(1) 일람불 송금방식(Sight Remittance Base)

신용장에 근거하여 수출상이 선적서류를 개설은행 앞으로 송부하면, 신용장 개설은행은 제시된 선적서류에 하자가 없는 한 개설은행 본점 서류접수일 익일로부터 5영업일 이내에 수입상으로부터 대금을 결제받아 동 대금을 매입(추심)은행 앞으로 직접 송금하는 방식

(2) 일람불 상환방식(Sight Reimbursement Base)

신용장 개설은행이 자기의 거래은행(환거래은행으로 개설은행의 계좌가 있는 은행, 예치환거래은행)을 상환은행으로 지정하고, 상환은행으로 하여금 수출상의 신용장에 근거한 대금청구 시 대금 지급 후 개설은행 계좌에서 해당자금을 차기하도록 수권을 주는 방식

매입(추심)은행으로부터 대금지급을 요청받은 상환은행은 대금청구일로부터 3영업일 이내에 개설은행을 대신하여 상환에 응해야 하기 때문에, 개설은행의 선적서류 심사 전에 대금의 선차기(선지급)가 발생됨.

ⓑ 메일크레디트(Mail Credit)

매입신청인(수출상)으로부터 제시받은 일람불 수출환어음을 매입한 날로부터 해외 지급은행으로부터 매입대금을 지급받는 날까지의 기간 즉, 표준우편일수 만큼 대금을 앞당겨 자금화하는 방식이다. 매입한 수출환어음 및 선적서류 발송과 동시에 지급은행 앞으로 어음금액 상당액의 메일크레디트를 전신으로 요청하면, 지급은행은 선지급 형식의 메일크레디트를 실행하여 매입은행의 외화타점예치금계정에 대금을 입금시켜 주고, 환어음과 선적서류가 도착하면 수입상으로부터 대금을 결제받아 계정을 정리하게 된다.

메일크레디트는 대외결제에 따른 일시적인 자금부족이 발생되거나, 거액의 수출환어음을 추심전으로 매입하는 경우 외국환은행의 신속한 자금화를 위

하여 주로 이용된다.

ⓒ 리파이낸스(Refinance)

일람불(At Sight) 수입신용장 개설 후 수입대금 결제 시 외국환은행의 외화타점예치금계정의 잔액이 부족한 경우 차월(Overdrafts) 방식이 아닌 단기신용을 공여받아 결제자금을 조달하는 형태의 차입방식이다.

▶ **계정처리 예시**

① 해외 예치환거래은행에 수입결제대금의 리파이낸스를 요청하는 경우

(차변) 외화타점예치금(해외은행) XXX (대변) 리파이낸스 XXX

② 리파이낸스를 상환하는 경우

(차변) 리파이낸스 XXX (대변) 외화타점예치금(해외은행) XXX

(2) 은행차입금(Borrowings from Banks in Foreign Currency)

외국환은행이 국내 타외국환은행 및 해외은행으로부터 외화자금의 부족을 보전하거나 운영자금을 조달할 목적으로 차입기간 90일을 초과하는 외화자금을 차입하였을 때 처리하는 계정과목이다.

은행차입금은 90일 초과 1년 이내의 단기차입이 주를 이루며, 외화대출 등 장기융자재원 조달을 위한 중장기차입은 주로 국제금융시장에서 해외금융기관으로부터 신디케이트론(Syndicated Loan) 방식으로 차입하거나 단일은행으로부터 차입(Bilateral Loan)하는 형태를 취한다.

구 분	차입방식
대내은행차입금	외국은행 국내지점 및 타 외국환은행으로부터 차입
대외은행차입금	해외은행으로부터의 차입

(3) 외화표시원화차입금(Borrowings in Won Denominated in Foreign Currency)

외화표시원화대출금의 재원이 되는 차입금을 처리하는 계정과목으로, 과거에

는 원화차입금으로 처리하였으나 동 부채의 성격이 실질적인 외화부채의 성격이므로 외화부채 계정으로 처리한다.

동 차입금은 원화를 기준으로 하되 차입 당일의 대고객 매매기준율을 적용하여 환산한 해당 외화로 기표하며, 원리금 상환은 상환당일의 대고객 매매기준율을 적용한 외화 환산액으로 하되 해당 외화로 기표한다.

▶ **계정처리 예시**

① 원화 1억원을 외화표시원화차입금으로 차입하는 경우(대고객 매매기준율 1,000원/USD)

(차변) 지준예치금 100,000,000원 (대변) 외화표시원화차입금 U$100,000

② 차입만기일에 원화로 상환하는 경우(대고객 매매기준율 1,100원/USD)

(차변) 외화표시원화차입금 U$100,000 (대변) 지준예치금 110,000,000원

(4) 전대차입금(Borrowings for Sub-loan)

외국환은행이 차입자금을 실수요자에게 전대할 것을 조건으로 정부, 타외국환은행, 해외은행 및 기타 금융기관 등으로부터 외화자금을 차입하는 경우 처리하는 계정과목이다.

(5) 외화수탁금(Due to Bank of Korea in Foreign Currency)

외국환은행이 한국은행으로부터 외화자금을 수탁받았을 경우 동 수탁자금을 처리하는 계정과목이다.

외화수탁금은 수출환어음매입 지원자금 등 단기영업자금으로 차입하는 일반외화수탁금과 시설재 수입자금 또는 차관 및 1년 초과 은행차입금의 조기상환용 외화대출자금 등의 특별외화수탁금으로 구분된다.

외화수탁금은 외화예수부채와는 달리 수탁한 자금의 용도가 특정되어 있으므로 외국환은행에서는 외화정기예금 등과 구분하기 위하여 본 계정을 사용한다.

(6) **기타(Others)**

외화차입부채 중 외화타점차, 은행차입금, 외화표시 원화차입부채 및 전대차입금 등으로 분류되지 않는 기타차입금을 처리하는 계정으로 기업어음(CP) 발행에 의한 차입, 내국수입유산스 관련 차입금 등이 포함된다.

바. 외화발행금융채권(Finance Debentures Issued in Foreign Currency)

외국환은행이 외화표시 금융채권을 발행하는 방법에 의하여 외화자금을 조달하는 경우 처리하는 계정과목으로 채권 발행 시점에 대기하고, 상환 시점에 차기하며 대변에 미상환잔액이 남게 된다.

할인발행 및 할증발행의 경우에도 액면가액을 본 계정에 대기하여야 하며, 액면가액과 할인 및 할증발행과의 차액은 각각 외화채권할인발행차금 및 외화채권할증발행차금의 계정과목으로 대변에 가감항목으로 처리하여야 한다.

(1) **발행가격** : 액면발행, 할인발행, 할증발행

(2) **발행방법** : 사모발행, 공모발행

(3) **상환방법** : 만기일시상환, 분할상환

사. 외화수입보증금(Deposits for Letter of Guarantees and Others in Foreign Currency)

외국환은행이 고객과의 거래와 관련하여 예치받은 담보금 및 보증금을 처리하는 계정과목으로 대내외화부채로 분류되며, 수입담보보증금, 수입물품선취보증금, 기타 보증금으로 구분된다.

(1) **수입(담보)보증금**

수입신용장 개설 시 수입대금의 결제를 담보하기 위하여 납입받는 보증금을

처리하는 계정이다.

▶ **계정처리 예시**

① 일람불(At Sight) 수입신용장 개설 시 개설의뢰인(Applicant)으로부터 외화수입보증금을 납입받는 경우

(차변) 고객계정 XXX (대변) 수입(담보)보증금 XXX

(난외) 수입신용장발행 XXX : 기재

② 선적서류 내도 후 적립된 외화수입보증금으로 수입대금을 결제하는 경우

(차변) 수입(담보)보증금 XXX (대변) 외화타점예치금(해외은행) XXX

(난외) 수입신용장발행 XXX : 삭제

(2) 수입물품선취보증금

수입물품선취보증서(L/G : Letter of Guarantee) 발급과 관련하여 개설의뢰인(Applicant)으로부터 외화로 수취한 보증금을 처리하는 계정이다.

▶ **계정처리 예시**

① 신용장 개설의뢰인(Applicant)으로부터 수입물품선취보증서 발급 시 보증금을 외화로 수취하여 적립하는 경우

(차변) 고객계정 XXX (대변) 수입물품선취보증금(L/G보증금) XXX

(난외) 수입신용장발행 XXX : 삭제

수입물품선취보증(L/G) XXX : 기재

② 선적서류 내도 후 적립된 외화수입보증금으로 수입대금을 결제하는 경우

(차변) 수입물품선취보증금 XXX (대변) 외화타점예치금(해외은행) XXX

(난외) 수입물품선취보증(L/G) XXX : 삭제

(3) 기타

수입담보보증금, 수입물품선취보증금에 해당되지 않는 외화수입보증금을 처

리하는 계정으로 파생상품 관련 증거금, 보증신용장(Standby L/C) 및 기타 보증서 발행 시 고객으로부터 수납하는 외화보증금 등을 본 계정으로 처리한다.

아. 외화본지점(Inter-Office Account in Foreign Currency)

동일 외국환은행의 본점과 지점 또는 지점 상호 간의 모든 외화표시 대차거래를 처리하는 계정과목이다.

자산계정의 외화본지점 계정과 마찬가지로 잔액이 차변에 표시될 수도 있고, 대변에 표시될 수도 있는 양변계정으로 차변잔액일 경우 자산계정, 대변잔액일 경우 부채계정으로, 본지점 합산재무제표 작성 시 잔액이 상쇄되어 나타나지 않는 것이 원칙이다.

자. 외화직불카드채무(Debit Card in Foreign Currency)

고객계좌에서 인출한 직불카드의 해외사용대금을 해외은행 정산 시까지 처리하는 계정과목으로 국내에서 발급받은 직불카드를 이용하여 해외에서 물품을 구입하거나 ATM기를 통한 외화현금 인출 시 회원 결제계좌에서 인출하여 해외 결제은행과의 자금정산 시까지 동 인출금액을 처리하는 계정이다.

차. 외화환매조건부채권매도(Bonds Sold under Repurchase Agreements in Foreign Currency)

환매조건으로 채권을 외화로 매도하였을 경우 동 매도가액을 처리하는 계정과목이다. 환매조건부채권을 외화로 매도하였을 경우 이를 채권의 감소로 회계처리하지 않고 별도의 부채계정 과목인 외화환매조건부채권매도계정에 기재한다.

카. 외화수출팩토링미지급금(Factoring Payables in Foreign Currency)

팩토링 업무에 있어서 상환청구권이 없는 조건으로 외상매출채권을 취득한 경우 대금의 선지급 여부와 관계없이 외화채권의 액면금액 전액을 팩토링채권으로 표시하고 고객에 대한 선지급액과 채권 액면금액의 차액을 처리하는 계정과목이다.

타. 역외외화부채(Off-Shore Liabilities in Foreign Currency)

비거주자 또는 다른 역외금융계정에 운용하기 위하여 비거주자 또는 다른 역외금융계정에서 외화자금을 조달하였을 때 이를 처리하기 위한 계정과목으로 차입형태에 따라 역외외화예수금, 역외외화차입금, 역외외화발행금융채권, 역외외화본지점, 역외환매조건부채권매도, 역외파생상품부채, 역외기타외화부채 등으로 구분된다.

파. 외화현재가치할인차금(-)(Discount Present Value in Foreign Currency)

장기연불조건의 매매거래, 금전대차거래 또는 이와 유사한 거래에서 발생한 외화채권 · 채무의 계약금액 현재가치와 명목상 가액과의 차액 중 외화채무에서 발생한 할인차금을 처리하는 계정과목으로 외화부채에서 차감하여 기재한다.

하. 기타외화부채(Other Liabilities in Foreign Currency)

(1) 외화미지급금(Account Payable in Foreign Currency)

특정한 계약에 의하여 확정된 외화부채 중 아직 지급이 끝나지 않은 부분을 처리하는 계정과목이다.

(2) 외화가수금(Suspense Receivable in Foreign Currency)

수입된 외화자금으로서 계정과목이 확정되지 않았거나, 그 거래금액이 미확정인 경우 처리하는 미결산 가계정과목으로 계정의 지급은 목적 변경이 없는 한 대체 지급되며, 고객의 요구가 있으면 언제라도 현금 지급되는 별단예금과는 구별된다.

(3) 외화선수수익(Unearned Revenues in Foreign Currency)

자산계정의 선급비용 계정과 같이 결산보정의 결과로 발생하는 계정과목으로 현금의 수입은 있었으나, 기간의 미경과로 수익이 실현되지 못하여 당기의 수익에서 공제하는 선수수익을 처리하는 계정이다.

(4) 외화미지급비용(Accured Expenses Payable in Foreign Currency)

납기가 도래하지 않아 현금지급은 없으나, 기간경과로 인한 비용을 인식하여 처리함에 따라 당기에 부담하여야 하는 결산 정리계정 과목으로 자산계정의 외화미수수익 계정과는 달리 모든 미지급이자 등을 전액 당기비용으로 처리하며, 일반적으로 다음 회계연도 최초영업일에 손익계정에 대체 환원처리한다.

(5) 외화미지급미결제현물환(Payable Spot Exchange in Foreign Currency)

거래일 이후 2영업일 이내에 결제가 이루어지는 외화매도현물환 거래에서 실제 실물인수도가 이루어지지 않은 외화미지급미결제액을 계약 체결시점에서 인식하여 처리하는 계정이다.

(6) 외화지급보증충당금(Allowance for Acceptances and Guarantees Losses in Foreign Currency)

외화확정지급보증, 외화미확정지급보증, 외화배서어음에 대하여 주채무자의 부도 등으로 인한 보증채무 이행에 따라 은행이 미래에 부담하게 될 손실에 대한 현재의 추정액에 대하여 외화로 충당금을 설정하는 계정이다. 주채무자의 부도 등으로 대지급 사유가 발생하였으나 아직 대지급 처리를 하지 않은 지급보증과 대지급 사유가 발생하지 않은 지급보증에 대해서는 주채무자의 부실화 정도를 측정하여 외화지급보증충당금을 설정하여야 한다.

1-3. 자본계정(Equity Account)

(1) 외화신종자본증권(Other Equity Instruments in Foreign Currency)

외화신종자본증권은 외화자금의 조달을 위하여 발행한 신종자본증권을 처리하는 계정이다. 신종자본증권은 하이브리드(hybrid) 채권이라고도 하며, 일반적인 채권과는 달리 원금과 이자지급 의무에 대한 회피가능성이 있어 주식과 채권의 중간적 성격을 띤다.

계약에 따라 일정한 수준의 이자가 지급되고 만기가 있다는 점에서는 채권과 유사하지만, 그 계약상 의무를 재량에 따라 회피할 수 있는 점은 주식과 유사하다.

신종자본증권은 유상증자보다 발행이 쉽고, 적격요건을 충족할 경우 기본자본으로 인정받을 수 있을 뿐만 아니라, 청산 시 원리금 상환부담이 없다는 장점이 있다. 채권 소지자는 정기예금보다 높은 금리를 받을 수 있는 장점이 있으나, 발행 금융기관이 파산할 경우 채무상환순위가 가장 후순위가 되고, 본 사채의 중도상환을 요구할 수 없다는 단점이 있다.

신종자본증권은 아래의 자본(지분상품) 분류 요건을 모두 충족하는 경우에만 자본(지분상품)으로 분류가 가능하다.

① 다음의 계약상 의무를 포함하지 아니한다.

· 거래상대방에게 현금 등 금융자산을 인도하기로 하는 계약상 의무

· 발행자에게 잠재적으로 불리한 조건으로 거래상대방과 금융자산이나 금융부채를 교환하는 계약상 의무

② 자기지분상품으로 결제되거나 결제될 수 있는 계약으로, 다음 중 하나에 해당하여야 한다.

· 변동가능한 수량의 자기지분상품을 인도할 계약상 의무가 없는 비파생금융상품

· 확정수량의 자기지분상품에 대하여 확정금액의 현금 등 금융자산의 교환을 통해서만 결제될 파생상품

제3절 수출입회계(난외계정)

1. 난외계정(Footnotes)

재무제표 본문(난내)에 표시되지 않는 회계정보 중 은행의 우발적인 채무관계, 재무제표 작성상의 중요한 원칙이나 방법 등 재무제표 이용자에게 유익하고 의미있는 정보는 주석을 통하여 제공하며, 이러한 주석사항 중 특히 금융기관의 재무상태를 이해하는 데 필요한 사항을 재무상태표의 부외계정에 별도로 표시하고 있는데 이 계정과목을 난외계정이라 한다.

난외계정에 표시되는 사항은 통상 부외거래(Off-Balance Sheet Transaction)라고 칭하고 있다. 부외거래는 보증료 등 수익증대, 리스크 이전 등 경제적인 효율성은 높은 반면 복잡한 거래구조 등으로 인하여 방만하게 취급하는 경우 관련 리스크가 높아 동 거래에 대한 감독이 강화되는 추세에 있으며, 이에 따라 국제결제은행(BIS)에서는 자기자본비율 규제 시 부외자산을 위험가중자산에 포함시켜 적정 자기자본비율을 유지하도록 하고 있다.

1-1. 난외계정과목

채무상태	계정과목
주채무 미확정(우발채무)	미확정외화지급보증
주채무 확정(확정채무)	확정외화지급보증
기타	배서어음, 외화약정, 외화대손상각채권 등

가. 미확정외화지급보증(Acceptances and Guarantees in Foreign Currency)

외국환은행의 외화표시 지급보증에 따른 우발채무로서 주채무가 미확정된 경우 이를 처리하는 계정과목으로 수입신용장발행, 외화표시 내국신용장발행, 차관외화보증, 기타미확정외화보증이 본 계정에 해당된다.

> **[참고] 우발채무(수입신용장 거래)**
>
> 주채무자인 신용장 개설의뢰인(Applicant)이 어떤 사유로 수입대금을 결제하지 못하는 우발적인 사태가 발생하였을 경우 보증채무자인 신용장 개설은행이 대신 채무이행을 하게 될 가능성이 있는 성질의 채무

(1) 수입신용장발행(Import L/C Outstanding)

외국환은행이 외화로 표시된 신용장을 발행함에 따라 부담하게 되는 우발채무를 처리하는 계정과목으로, 일람불(At Sight) 또는 기한부(Usance) 조건의 수입신용장 발행 시 외화재무상태표 난외 수입신용장발행 계정에 표시하고, 추후 선적서류 수령(일람불 상환방식), 수입어음 결제(일람불 송금방식), 수입어음 인수(기한부방식), 수입물품선취보증서(L/G) 발급 시 동 계정을 삭제한다.

외국환은행이 수입신용장을 발행한 후, 신용장 유효기일이 경과되었음에도 수입신용장 발행금액이 그대로 남아 있거나, 일부 수입이 이루어지고 잔액이 남아 있는 경우가 있다. 유효기일이 경과된 상태에서 미사용잔액을 장기간 방치하게 되면 부외자산 보유에 따른 BIS자기자본 계산 시 불이익 등이 초래될 수 있다.

일반적으로 신용장의 유효기일은 수출국 기준으로 이루어지고 있으므로 비록 유효기일이 경과되었다고 하더라도 수출국에서 신용장 유효기일 내에 물품을 선적하고, 정당하게 수출환어음을 매입하여 개설은행 앞으로 선적서류를 송부하여 대금을 청구할 수 있다.

따라서 신용장발행 외국환은행은 신용장 유효기일이 경과되었다고 하여 난외계정을 바로 삭제하지 않고, 유효기일로부터 30일 이상 경과되었음에도 선적서류가 내도되지 아니한 수입신용장에 대하여는 개설의뢰인이 취소신청서를 제출한 경우 동 신청서의 접수일에, 개설의뢰인의 취소 여부 또는 기일연장 여부를

확인할 수 없는 경우에는 신용장 유효기일로부터 2개월이 경과된 날이 속하는 달의 최종영업일에 동 금액을 삭제한다. 다만, 해당 신용장에 의한 선적이 확인된 경우 및 기타 신용장 개설은행이 불가피하다고 인정하는 경우에는 그러하지 아니하다.

[참고] 수입신용장발행 외화지급보증의 성격

(1) 개설의뢰인(Applicant)이 어떠한 사정에 의하여 수입대금을 결제하지 못하는 경우 등 미래 우발적 상황이 발생할 경우 확정채무가 될 가능성이 있는 성격의 미확정 우발채무
(2) 난외(주석)계정으로 처리
(3) 수출상에 대한 지급보증채무와 개설의뢰인(Applicant)에 대한 지급보증채권이 동시에 발생

① 수입신용장 대금결제방법

구 분	대금결제방법
일람불(At Sight)	송금방식(Sight Remittance Base)
	상환방식(Sight Reimbursement Base)
기한부(Usance)	Shipper's Usance
	Banker's Usance

② 일람불(At Sight) 수입신용장

신용장에 근거한 선적서류가 개설은행 앞으로 내도되는 경우 신용장 조건과의 불일치 사항이 없는 한 개설신청인(수입상)으로부터 신용장 대금을 결제받는 조건으로 선적서류를 인도하고 매입(추심)은행에게 동 대금을 지급하는 조건의 수입신용장 대금결제방식

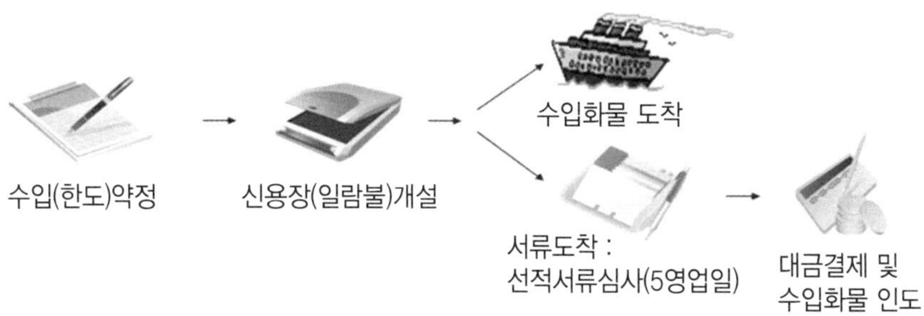

③ 기한부(Usance) 수입신용장

신용장 개설의뢰인(수입상)에게 기한부(Usance) 기간만큼 수입 대금결제 유예를 허용하는 조건의 수입신용장 대금결제방식

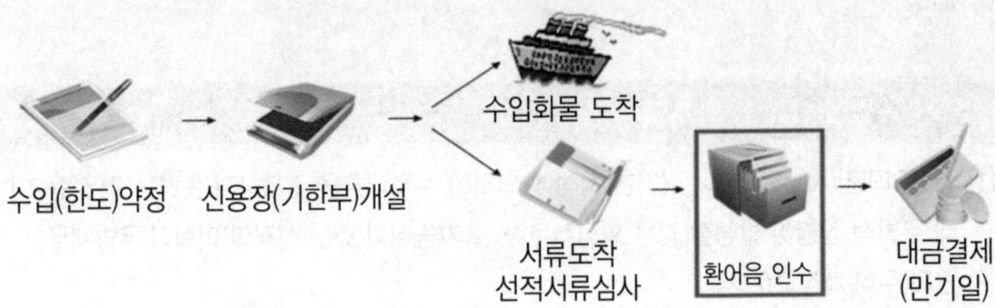

[참고] 수입신용장 개설 시 징수수수료

(1) 개설수수료

수입신용장 개설은 개설의뢰인(Applicant)을 대신하여 미래에 발생할 수 있는 수출상에 대한 지급보증 채무를 부담하는 여신행위이므로, 동 리스크(Risk) 부담에 대한 보상적 성격으로 징수하는 수수료

(2) 전신료 : 신용장전문(MT700) 발송 비용

▶ 수입신용장 개설 시 계정처리

① 수입보증금 적립 없이 수입신용장을 개설하는 경우

(난외) 수입신용장발행 XXX

(손익계정)

(차변) 고객계정 XXX　　(대변) 외환수입수수료(개설수수료) XXX

전신료(가수금) XXX

② 외화수입보증금 전액 적립 조건으로 수입신용장을 개설하는 경우

(난외) 수입신용장발행 XXX

(난내)

(차변) 고객계정 XXX　　(대변) 외화수입보증금 XXX

(손익계정)

(차변) 고객계정 XXX (대변) 외환수입수수료(개설수수료) XXX

전신료(가수금) XXX

(2) 외화표시 내국신용장발행(Local L/C Outstanding in Foreign Currency)

외국환은행이 외화표시 내국신용장을 개설함에 따라 부담하는 우발채무를 처리하는 계정과목으로, 외화표시내국신용장과 외화부기 원화표시내국신용장이 해당된다.

[참고] 내국신용장(Local L/C)

(1) 융자대상증빙 또는 과거 수출실적을 보유한 수출기업이 수출물품을 제조, 가공하는 데 소요되는 수출용 원자재 또는 완제품을 국내에서 조달하기 위하여 수출용 원자재 또는 수출용 완제품 공급업자를 수익자로 하여 개설하는 국내용 신용장을 의미하며 LOCAL L/C라고도 함

※ 개설가능 기업 : 수출용 수입원자재, 수출용 원자재, 수출용 완제품을 구매하고자 하는 기업

(2) 내국신용장 표시통화

① 원화

② 외화

③ 외화부기 원화(개설일 현재 기준환율로 환산한 외화금액 부기)

(3) 차관외화보증(Guarantees for Foreign Loans)

차관관계 지급보증 시 처리하는 계정과목으로 물자차관의 도입을 위하여 신용장을 별도로 개설하는 경우에는 동 계정과 수입신용장발행을 동시에 기재한다.

(4) 기타미확정외화보증(Others)

수출관련 선수금환급보증서(A/P Guarantee), 보증신용장(Stand-by L/C), 기타보증서 등을 발행하였거나, 수입팩토링 신용승락 시 부담하여야 하는 미확정 우발채무를 처리하는 계정과목이다.

① 타 외국환은행이 개설한 신용장에 대한 2차 지급보증(L/C Confirmation)으로 인한 우발채무도 동 계정으로 처리한다.

② 수출선수금 환급보증은 수출선수금 수령일에, 지급보증신용장(Stand-by L/C) 및 기타보증서는 보증채무확정일 또는 보증 종료일에 기타미확정외화보증외화보증 계정을 삭제한다.

나. 확정외화지급보증(Acceptances and Guarantees outstanding in Foreign Currency)

외국환은행의 외화표시 지급보증에 따른 우발채무가 주채무로 확정된 경우 처리하는 계정과목으로 수입신용장 거래 관련 수입물품선취보증(L/G), 인수(Acceptance) 계정과 기타외화지급보증(Others), 수입팩토링인수(Acceptance for Import Factoring), 차관인수(Acceptance for Foreign Loans) 계정 등이 본 계정에 해당된다.

(1) 수입물품선취보증(Acceptance for L/G)

수입화물이 선적서류보다 먼저 도착한 경우 외국환은행의 수입물품선취보증서(L/G : Letter of Guarantee) 발급 시 처리하는 계정과목으로 수입물품선취보증서(L/G) 발급으로 선박회사에 대한 보증서 발급은행(개설은행)의 책임이 증대되므로 관련 리스크(Risk) 회피를 목적으로 보증금액에 대하여 100% 수입보증금을 적립하는 것이 원칙이며, 확정외화지급보증으로 계정처리하는 것이다.

[참고] 수입물품선취보증(L/G) 제도

선적서류 원본보다 수입화물이 먼저 도착한 경우 신용장 개설의뢰인(Applicant)의 요청에 의하여 선하증권(B/L) 원본 없이 사본만으로 수입화물을 미리 인도받을 수 있도록 하기 위한 신용장 개설은행의 선박회사 앞 보증행위

[참고] 수입물품선취보증서(L/G) 발급효과

(1) 선박회사에 대한 의무 부담
원본 선하증권(Bills of Lading) 없이 개설의뢰인(Applicant)에게 수입화물을 인도함에 따라 발생되는 선박회사에 대한 모든 책임을 개설은행이 부담한다.

(2) 지급거절(일람불) 및 인수거절(기한부) 불가
수입물품선취보증서(L/G) 발급 후 내도된 선적서류 심사 시 하자가 있는 경우라도, 이를 이유로 지급거절(일람불) 또는 인수거절(기한부) 통보가 불가하다.

▶ 수입물품선취보증서(L/G) 발급 시 계정처리

① 수입물품선취보증금(L/G보증금) 적립 없이 수입물품선취보증서(L/G)를 발급하는 경우

(난외) 수입신용장발행(미확정외화지급보증) XXX : 삭제
수입물품선취보증(확정외화지급보증) XXX : 기재

(손익계정)

(차변) 고객계정 XXX	(대변) 외환수입수수료 XXX (수입물품선취보증서발급수수료)

② 수입물품선취보증금(L/G보증금) 적립 조건으로 수입물품선취보증서(L/G)를 발급하는 경우

(난외) 수입신용장발행(미확정외화지급보증) XXX : 삭제
수입물품선취보증(확정외화지급보증) XXX : 기재

(난내)

(차변) 고객계정 XXX	(대변) 외화수입보증금 XXX (수입물품선취보증금)

(손익계정)

(차변) 고객계정 XXX	(대변) 외환수입수수료 XXX (수입물품선취보증서발급수수료)

(2) 인수(Acceptances)

개설의뢰인(수입상)의 요청으로 Shipper's Usance 방식 기한부(Usance)

신용장을 개설한 후 선적서류를 인수하거나, 내국수입유산스 방식(Banker's Usance) 기한부(Usance) 신용장을 개설하고 해외의 수출상이 발행한 환어음을 인수했다가 동 인수어음을 매각하는 경우 이를 처리하는 계정과목이다.

기한부(Usance) 수입신용장은 다시 Shipper's Usance 방식과 Banker's Usance 방식으로 구분되는 데, 수입신용장 발행 후 수입환어음 인수 시 각각의 계정처리가 상이함에 유의하여야 한다.

(1) Shipper's Usance 방식 기한부 수입신용장 개설 후 수입환어음 인수 시 계정처리 : 인수(확정외화지급보증 – 난외계정)

(2) Banker's Usance 방식 기한부 수입신용장 개설 후 수입환어음 인수 시 계정처리 : 내국수입유산스(자산 – 난내계정)

[참고] 기한부(Usance) 수입신용장

(1) Shipper's Usance

① 기한부(Usance) 기간 동안의 신용공여를 수출상이 제공하는 방식

② 신용장 조건에 따라 선적서류가 도착하는 경우 수입상의 환어음 인수 후 신용공여기간 경과후인 만기일에 수입대금 결제

(2) Banker's Usance

① 신용장 개설은행이 정한 제3의 은행(인수은행)이 기한부(Usance) 기간 동안의 신용을 공여하는 방식

② 개설은행이 자기의 거래은행(예치환거래은행)을 인수은행으로 지정하고, 지정된 인수은행은 수출상이 발행한 기한부 환어음을 인수, 할인하여 어음금액 전액을 매입(추심)은행을 통하여 자기자금으로 수출상에게 일람불(At Sight)로 지급한 후, 개설은행에 인수내역을 통보하여 만기일에 개설은행으로부터 수입대금 회수

▶ 기한부(Usance) 수입신용장 거래단계별 계정처리

(1) Shipper's Usance

① 수입신용장을 개설하는 경우 : 수입보증금 적립 면제 가정

(난외) 수입신용장발행 XXX

(손익계정)

(차변) 고객계정 XXX (대변) 외환수입수수료(개설수수료) XXX
전신료(가수금) XXX

② 수입물품선취보증서(L/G)를 발급하는 경우 : 수입물품선취보증금(L/G보증금) 적립 면제 가정

(난외) 수입신용장발행(미확정외화지급보증) XXX : 삭제
수입물품선취보증(확정외화지급보증) XXX : 기재

(손익계정)

(차변) 고객계정 XXX (대변) 외환수입수수료 XXX
(수입물품선취보증서발급수수료)

③ 개설의뢰인(수입상)의 수입환어음 인수행위가 발생하는 경우

(난외) 수입물품선취보증(확정외화지급보증) XXX : 삭제
인수(확정외화지급보증) XXX : 기재

(손익계정)

(차변) 고객계정 XXX (대변) 외환수입수수료(인수수수료) XXX

④ 개설의뢰인(수입상)이 만기일에 수입대금을 결제하는 경우

(난외) 인수(확정외화지급보증) XXX : 삭제(계정마감)

(2) Banker's Usance

① 수입신용장을 개설하는 경우 : 수입보증금 적립 면제 가정

(난외) 수입신용장발행 XXX

(손익계정)

(차변) 고객계정 XXX (대변) 외환수입수수료(개설수수료) XXX
전신료(가수금) XXX

② 수입물품선취보증서(L/G)를 발급하는 경우 : 수입물품선취보증금(L/G보증금) 적립 면제 가정

(난외) 수입신용장발행(미확정외화지급보증) XXX : 삭제
수입물품선취보증(확정외화지급보증) XXX : 기재

(손익계정)

(차변) 고객계정 XXX (대변) 외환수입수수료 XXX
(수입물품선취보증서발급수수료)

③ 인수은행(해외은행)의 수입환어음 인수 및 대금지급 후 인수통보서(A/A)가 접수되는 경우

(난외) 수입물품선취보증(확정외화지급보증) XXX : 삭제

(난내)

(차변) 내국수입유산스(해외은행) XXX (대변) 기타외화차입금 XXX

(손익계정)

(차변) 고객계정 XXX (대변) 외환수입수수료(인수수수료) XXX

④ 인수은행(Accepting Bank)의 인수 및 할인료(A/D : Acceptance Commission & Discount Charge)를 개설의뢰인(수입상)으로부터 지급받는 경우

(손익계정)

(차변) 고객계정 XXX (대변) 미결제외환 XXX
외환수입이자(A/D) XXX

⑤ 개설의뢰인(수입상)이 만기일에 수입대금을 결제하는 경우

(난내)

(차변) 기타외화차입금 XXX (대변) 내국수입유산스(해외은행) XXX

[참고] 인수수수료

기한부(Usance) 수입신용장 개설 후 개설의뢰인(Applicant)의 수입환어음 인수 시 인수시점부터 만기일까지 일정 수수료율을 적용하여 징수하는 수수료

[참고] 일람불(At Sight) 수입신용장 거래단계별 계정처리 요약

거래단계	수입신용장발행	수입물품선취보증서(L/G) 발급	결 제
계정구분	난외	난외	계정소멸
계정과목	미확정외화지급보증	확정외화지급보증	
세과목	수입신용장발행	수입물품선취보증(L/G)	

[참고] 기한부(Usance) 수입신용장 거래단계별 계정처리 요약

대금결제조건	구 분	신용장발행	수입물품선취보증서(L/G) 발급	인 수	결 제
Shipper's Usance	계정구분	난외	난외	난외	계정소멸
	계정과목	미확정외화지급보증	확정외화지급보증	확정외화지급보증	
	세과목	수입신용장발행	수입물품선취보증(L/G)	인수	
Banker's Usance	계정구분	난외	난외	난내(자산)	계정소멸
	계정과목	미확정외화지급보증	확정외화지급보증	내국수입유산스	
	세과목	수입신용장발행	수입물품선취보증(L/G)		

(3) 기타외화보증(Others Guarantees)

① 수입팩토링인수(Acceptances for Import Factoring)

무신용장방식 무역거래에서 수출상이 수입상에게 상품이나 용역을 제공함에 따라 발생되는 매출채권을 팩토링회사(수입팩터)가 인수하여 수입상에게 금융을 제공하는 거래방식으로, 수입팩터인 외국환은행의 신용승락 시 미확정외화지급보증인 '기타미확정외화보증'을 기재하고, 선적서류 인수 시 '기타미확정외화보증'을 삭제하며, 확정외화지급보증인 '수입팩토링인수'를 기재한다.

② 차관인수(Acceptances for Foreign Loans)

자금차관의 경우 차관자금 입금시점에 미확정외화지급보증인 차관외화보증을 삭제하고 확정외화지급보증인 차관인수 계정을 기재한다.

③ 외화신용파생상품보증매도(Credit Derivatives for Guarantee Sold in Foreign Currency) 등 외화신용파생상품 거래에서 기초자산의 채무불이행 시 해당 계약조건에 따른 지급보증을 받을 수 있는 권리를 매도하는 경우 신용위험 매도은행의 우발채무를 처리하는 계정이다.

(4) 기타외화지급보증(Others)

수입팩토링인수, 차관인수, 외화신용파생상품보증매도 이외의 외화지급보증을 처리하는 계정으로, 수출관련 선수금환급보증서(Advance Payment Guarantee)를 발행한 경우에는 수출선수금 수령일, 보증신용장(Standby L/C) 및 기타 보증서(Guarantee)를 발행한 경우에는 보증채무 확정일에 미확정지급보증인 기타미확정외화보증을 삭제하고 본 계정으로 처리한다. 단, 해외에서의 현지차입과 입찰보증금, 계약이행보증금, 선수금 등을 위한 지급보증 및 기타 주채무 확정여부 파악이 곤란한 지급보증은 보증서 발행 시 확정된 채무로 간주하여 본 계정으로 처리한다.

다. 배서어음(Bills Endorsed)

외국환은행이 외화어음을 양도하면서 동 어음에 배서함에 따른 소구권(상환청구권)으로 인한 우발채무를 처리하는 계정과목이다.

단, 소구권이 없는 경우(Without Recourse)는 리스크를 부담하지 않는다는 점에서 난외계정으로 처리하지 않는다.

수출환어음 재매입(Renego) 의뢰 시, 재매입(Renego) 은행으로부터 입금된 매입대금은 어음지급인으로부터 결제된 것이 아니기 때문에 어음지급인으로부터 동 대금을 결제받을 때까지 우발채무로 처리하며, 어음기일 또는 재매입은행으로부터의 대금수령일에 계정을 삭제한다.

[참고] 신용장방식 수출환어음 추심전매입

(1) 수출상이 신용장에 근거하여 수출물품 선적을 완료하고 발행한 수출환어음 및 신용장에서 요구하는 선적서류 일체를 할인(Discount) 매입하여, 매입대금을 수출상에게 선지급하고 동 대금을 해외지점 또는 예치환거래은행을 통하여 개설은행 앞으로 추심하는 행위로, 매입은행의 수출상에 대한 여신행위

(2) 수출환어음 추심전매입 시 매입은행의 자금부담이 발생되므로, 수출상(매입신청인)으로부터 선이자에 해당되는 환가료(Exchange Commission) 징수

※ 환가료(Exchange Commission)
매입한 수출환어음의 추심 소요기간 동안 매입은행이 외화자금을 부담함에 따라 징수하는 이자

[참고] 수출환어음 재매입(Renego)

(1) 의의
신용장에 지급, 인수, 매입은행이 특정은행으로 지정되어 있는 경우 그 지정된 은행만이 지급, 인수, 매입할 수 있으므로, 지정은행이 아닌 다른 은행으로 매입 제시된 운송서류에 대해 지정은행 앞으로 다시 매입 제시하는 행위

(2) 1차 매입은행의 지위
1차 매입은행은 비지정은행으로 신용장 거래의 관련 당사자가 아니며, 개설은행에 대하여 대금지급 청구권을 갖지 못하고, 단순히 신용장상의 수익자(수출상)의 대리인 및 환어음의 배서인으로서의 지위만 갖게 된다.
따라서 재매입은행(2차 매입은행)은 하자 없는 매입이라 하더라도 개설은행의 지급거절이 있는 경우 무조건 1차 매입은행에 대하여 소구권을 행사할 수 있는 것이 국내 재매입 관행이다.

▶ 수출환어음 재매입(Renego) 거래단계별 계정처리

① 1차 매입은행이 수출환어음을 매입하는 경우

(차변) 매입외환 XXX	(대변) 고객계정 XXX
	외환수입이자(환가료) XXX

외환수입수수료(은행간 외화대체료) XXX
우편료(가수금) XXX

※ 외환수입이자 : 환가료
4영업일(1차 매입은행분) + 9일(재매입은행분) / 외국환은행별로 별도 적용 가능

※ 외환수입수수료 : 은행간 외화대체료(0.1%)

② 재매입(Renego)은행을 통하여 매입대금을 수령하는 경우

(차변) 외화타점예치금(국내은행) XXX (대변) 매입외환 XXX
외환수입이자(환가료환출-9일) XXX (원화)본지점 XXX
외환수입수수료(대체료) XXX
우편료(가수금)

(난외) 배서어음 XXX : 기재

라. 외화약정(Commitments in Foreign Currency)

일정 외화한도를 정하여 외국환은행이 고객에게 신용공여를 약속한 경우 그 한도를 처리하는 계정과목으로 동 약정한도 중 미사용잔액이 표시된다. 아울러 약정관련 내용 중 거래처의 신용악화 시 약정의 취소가 가능하여 직접적인 신용위험을 부담하지 않는 약정에 대하여는 난외계정에 별도로 표시하지 않으며, 외국환은행의 의도로 취소할 수 없는 약정에 대하여만 동 계정과목으로 표시한다.

(1) 외화대출약정(Commitments on Foreign Loans)

고객과 일정한도 범위 내에서 미래에 발생할 외화대출공여 약정을 체결하는 경우 그 한도를 기재하는 계정이다.

(2) 역외외화대출약정(Commitments on Off-shore Foreign Loans)

고객에게 일정한도 범위 내에서 미래에 발생할 역외외화대출공여 약정을 체결하였을 경우 그 한도를 기재하는 계정이다.

(3) 기타 : 외화유가증권인수약정, 외화유가증권매입계약 등

마. 금융보증계약(Financial Guarantee Contract in Foreign Currency)

채무상품의 최초 계약조건이나 변경된 계약조건에 따라 지급기일에 특정 채무자가 채무를 이행하지 못하여 채무상품의 보유자가 입은 손실을 보상하기 위하여 발행자가 특정 금액을 지급하여야 하는 계약을 의미하며, 보증, 신용장, 신용위험이전계약, 보험계약 등 다양한 법적 형태로 나타날 수 있다.

최초 인식시점에서 금융보증계약의 계약금액을 난외계정에 표시하고, 금융보증계약의 공정가치를 금융보증계약부채로 처리하여야 한다.

금융보증계약이 특수 관계가 없는 독립된 당사자 사이에서 이루어질 경우, 해당 계약의 최초 공정가치는 반증이 없는 한 거래가격과 동일할 것이다. 이에 따라 금융보증계약의 공정가치는 수취한 수수료가 되며, 보증기간 동안 수수료를 분할 수취하는 경우에는 이미 받은 수수료와 미래시점에 받을 수수료의 현재가치를 합하여 금융보증계약부채의 최초 공정가치 금액을 측정한다. 받을 수수료의 현재가치 산출 시 할인율은 화폐의 시간가치와 시장위험 및 채무자의 신용위험이 반영되어야 한다.

바. 외화대손상각채권(Receivable Charge-Offs in Foreign Currency)

외국환은행이 은행업회계처리준칙 및 금융감독원 '은행업감독업무시행세칙' 등에 의하여 상각처리한 외화채권의 잔액을 처리하는 계정과목이다.

사. 외화신용파생상품보증매입(Contracts on Credit Derivatives Purchased in Foreign Currency)

파생상품 거래에서 기초자산의 채무불이행 시 해당계약조건에 따른 지급을 보증받을 수 있는 권리를 매입하는 경우 신용위험 매입은행이 본 계정으로 처리한다.

아. 외화환매조건부대출채권매각(Loans Sold under Repurchase Agreements in Foreign Currency)

자. 외화파생상품거래(Derivatives Contracts in Foreign Currency)

1-2. 손익계산서(P/L)

가. 손익계산서(P/L) 구성

수 익		비 용	
외환매매수입이자	일람불 수출환어음 매입이자	외환매매지급이자	수출환어음 재매입이자
	기한부 수출환어음 매입이자		수입환어음 결제이자
	수입환어음 결제이자		기타외환매매이자
	기타외환매매이자		
외환수입 잡이자	수출관계	외환지급 잡이자	수출관계
	- 입금지연이자		- 입금지연이자
	- 인수지연이자		- 부도이자
	- 부도이자		- 기타 수출관계 잡이자
	- 지체료		
	수입관계		수입관계
	- 수입어음 결제지연이자 (Graceday Charge)		- 수입어음 결제지연이자 (Graceday Charge)
	- 지체료		- 기타수입관계지급잡이자
	- 기타 수입관계 잡이자		
	기타		외환지급이자
	- B/P 매입이자		기타
	- 내국신용장매입 부도이자		
	- 외화가지급금 이자	외환지급수수료	수출신용장수수료
	- 기타외환관계이자		수입신용장수수료
			외화송금수수료
외환수입수수료	수출신용장수수료		외환추심수수료
	- 통지수수료		외환매매수수료
	- 양도수수료		- 대체료
	- 확인수수료		- 현찰수수료
	- 기타수출신용장수수료		외화 현수송수수료
	수입신용장수수료		- 본지점 현수송수수료
	- 개설수수료		- 타행 현수송수수료
	- 기간수수료		기타
	- 증액수수료		수출보증보험료

수 익		비 용	
외환매매익	- 조건변경수수료 - 인수수수료 - 수입물품선취보증서 발급수수료 - 수입결제 하자수수료 - 기타수입신용장수수료내국신용장 수수료 - 개설수수료 - 기간수수료 - 증액수수료 - 기타조건변경수수료 외환매매수수료 - 대체료 - 현찰수수료 - 여행자수표 매도수수료 외화 현수송수수료 - 본지점 현송수수료 - 타행 현수송수수료 외환송금수수료 외환추심수수료 외환수입잡수수료 - 외화대출약정수수료 - 기타잡수수료 - Account 관리비 - 자금이체수수료 외화자금수입수수료 - 대리인수수료 - 참여수수료 - 인수수수료 - 약정수수료 - 부대비용 및 기타 상임대리인수수료	외환매매손	외화자금지급수수료 - 대리인수수료 - 선지급수수료 - 약정수수료 - 상장수수료 - 부대비용 - 기타 외환지급수수료 외환지급잡수수료 - Account 관리비 - Banking Fee - Custody Fee(대행) - Back Value Charge

나. 외국환 거래 시 징수이자 및 수수료 구분

(1) 취급수수료적 성격의 수수료(Handling Commission)

외국환업무 취급과정에서 발생되는 제반 비금리비용을 보상받기 위하여 징수하는 수수료

① 정액수수료

ⓐ 수출신용장 통지수수료

ⓑ 수출신용장 양도수수료

ⓒ 수입물품선취보증서(L/G) 발급수수료

ⓓ 수입결제 하자수수료

ⓔ 수출실적증명 발급수수료

ⓕ 수출환어음매입 취급수수료 등

② 정률수수료

ⓐ 당(타)발 추심수수료

ⓑ 내국신용장 취급수수료

ⓒ D/A, D/P 타발추심 어음결제 시 추심수수료

ⓓ 외화대체료

ⓔ 외화현찰수수료 등

(2) 신용위험부담 보상적(Credit Risk Covering) 성격의 수수료

개별 거래당사자의 우발적 신용위험을 감안하여 외국환은행의 신용능력을 이용하는 대가로 징수하는 수수료

① 신용장 개설수수료 : 수입신용장 개설수수료, 내국신용장 개설수수료

② 수입환어음 인수수수료

③ 외화표시 지급보증수수료

④ 수출신용장 확인수수료

⑤ 수입물품선취보증료(L/G보증료)

(3) 자금부담비용 보상적(Credit Cost Covering) 성격의 이자

외국환은행이 거래당사자에게 신용을 공여하는 경우 신용공여 자금을 조달하는 데 소요되는 자금조달 비용이나, 자기자금 부담부분에 대한 금리보전적 성격으로 징수하는 이자

① 수입환어음 결제이자

② 수출환어음 매입이자(환가료)

③ 내국신용장 판매대금추심의뢰서 매입이자

④ 기타어음 매입이자 등

제4절 외화자산 및 부채 평가

1. 환포지션(Exchange Position)

외국환은 상품으로 볼 때 상품매매 가격인 원화가 개입된 환율로 외국환을 매매할 경우, 외국환의 매도액과 매입액의 차이로 발생되는 잔액의 수량, 즉 매매거래의 결과로 남아 있는 잔량의 상태를 의미하는 것으로, 환위험(Exchange Risk)에 노출된 부분을 계량적으로 파악한 개념을 말한다.

구 분	매입초과 포지션 (Over Bought Position)	매도초과 포지션 (Over Sold Position)	스퀘어 포지션 (Square Position)
외환 매입/매도	매입 〉 매도	매입 〈 매도	매입 = 매도
외화 자산/부채	자산 〉 부채	자산 〈 부채	자산 = 부채
환율상승	환차익	환차손	없음
환율하락	환차손	환차익	
원화자금흐름	원화유출	원화유입	

2. 환포지션(Exchange Position) 발생 거래유형

원화 수납 조건의 외국환 매도 또는 원화 지급 조건의 외국환 매입 거래 시 포지션(Position) 발생 거래유형은 다음과 같다.

구 분	수출거래	수입거래	기타거래
매입초과 포지션 (Over Bought Position)	1. 수출환어음 추심전매입 2. 수출환어음 부도대금 대외입금 등		1. 타발송금 2. 외국통화매입 3. 외화예금지급 4. 외화가수금지급 5. 외화수표 추심전매입 등
매도초과 포지션 (Over Sold Position)	1. 매입외환 부도대금 자기자금 결제 2. 미입금액, Less Charge 징수	1. 수입어음 결제 2. 수입대지급 처리	1. 당발송금 2. 외국통화매도 3. 여행자수표 판매 등

3. 포지션(Position) 조정거래

가. 건별 Cover 거래

외국환은행 영업점에서 대고객 외국환 거래로 인하여 발생한 일정금액 이상의 포지션(Position)을 시장환율로 본부와의 반대거래를 통해서 환리스크를 제거하고, 매매익을 확정하는 거래를 말한다.

건별 Cover 거래 시 포지션(Position) 조정 시점에 영업점 외환매매손익이 확정된다.

나. 일괄 Cover 거래

건별 Cover 거래를 행하지 않은 포지션(Position)의 환Marry(매입과 매도 포지션 Netting) 후 남는 잔액 포지션에 대해 당일 매매기준율로 행하는 본부와의 반대거래를 말하며, 일괄 Cover 거래 시 영업점 외환 매매손익은 일계 마감후 포지션 Cover 종료 시 확정되며, 이 경우 일중 환율변동에 따른 환리스크는 영업점에서 부담한다.

※ 다음 물음에 맞는 답을 고르시오.

1. 외화재무상태표상 경과계정 과목이 아닌 것은?

① 매도외환 ② 매입외환
③ 외화본지점 ④ 미지급외환

2. 외화재무상태표상 자산계정 과목이 아닌 것은?

① 외국통화 ② 외화수입보증금
③ 외화증권 ④ 미결제외환

3. 내국수입유산스란 Shipper's Usance 방식 기한부 수입신용장 개설 후 인수은행의 인수 및 지급통보 시 재무상태표 난내에 표시하는 자산 계정과목이다.

① 0 ② X

4. 외화재무상태표의 난외 미확정외화지급보증 계정과목이 아닌 것은?

① 수입신용장발행 ② 외화표시 내국신용장발행
③ 인수 ④ 차관외화보증

5. '외화대체료'는 외국환업무 취급과정에서 발생하는 제반 비금리비용을 보상받기 위하여 징수하는 정액수수료에 해당된다.

① 0 ② X

정답 및 해설

1. ③ : 외화본지점계정은 결제계정 과목이다.

2. ② : 외화수입보증금은 부채계정 과목이다.

3. ② : 내국수입유산스는 Banker's Usance 방식 기한부 수입신용장 개설 후 인수은행의 인수 및 지급통보 시 재무상태표 난내에 표시하는 자산 계정과목이다.

4. ③ : 인수는 외화재무상태표 난외 확정외화지급보증 계정과목이다.

5. ② : 외화대체료와 외화현찰수수료는 정률수수료에 해당된다.

저자소개

김 종 환 [제1편 : 무역금융]

- 신한은행 성남공단금융센터 센터장
- 성균관대학교 무역학과 졸업
- Aalto University School of Economic EMBA
- 한국금융연수원 강사
- 전 신한은행 여신 강사
- 전 신한은행 신용기획부, 여신기획부, 여신심사본부 근무
- 전 신한은행 기업여신심사부 부장심사역

김 성 민 [제2편 : 외화대출]

- 농협은행 여신심사부 심사역
- 한국금융연수원 강사
- 전 농협은행 국제업무부 근무
- 전 농협은행 강남대기업RM센터 근무

김 용 승 [제3편 : 외화지급보증]

- 새롬 · 외환무역금융연구소 소장
- 와이에스경영컨설팅 대표
- 경기대학교 수학과 졸업
- 한국금융연수원 강사
- 전 우리은행 LS타워금융센터장
- 전 우리은행 인재개발부 외환 겸임교수
- 전 우리은행 외환명장/Credit Hero
- 전 한국무역협회 외환자문위원

신 태 용 [제4편 : 외환회계]

- 현 우리카드 RM본부장
- 전 우리은행 충정로 금융센터장
- 전 우리은행 운정중앙지점 지점장
- 성균관대학교 경제학과 졸업
- 한국금융연수원 강사
- 전 우리은행 외환사업단 근무
- 전 우리은행 인재개발부 외환 전임교수
- 현 한국금융연수원 외환 자문교수

외환관련여신

초　　판　1쇄 발행　2005년 11월 3일
전정12판　1쇄 발행　2025년 5월 27일

저　　자　김종환 · 김성민 · 김용승 · 신태용
발 행 인　이준수
발 행 처　한국금융연수원 출판미디어사업부
(03053) 서울특별시 종로구 삼청로 118
전　　화　02)3700-1500
팩　　스　02)3700-1530
홈페이지　www.kbi.or.kr
등　　록　1990년 4월 20일(제1-1040호)
정　　가　24,000원

ISBN 978-89-287-8266-6 13320

※ 도서의 오류내용(오탈자 등)을 제보해주시어 채택되신 분께는 소정의 상품을 보내드리오니 독자 여러분들의 많은 참여 바랍니다.(상세정보는 www.kbi.or.kr 참조)

※ 본 도서의 내용은 한국금융연수원의 견해와 다를 수 있습니다.

한국금융연수원 자격검정시험 안내

•「국가공인자격」은 자격기본법에서 정한 기준과 절차에 따라 국가가 공인한 자격으로 신용분석사, 여신심사역, 국제금융역, 자산관리사(FP), 신용위험분석사(CRA), 외환전문역 I종, 외환전문역 II종 등 7개의 자격이 있습니다.

•「자체인증자격」은 우리 원이 인정, 수여하는 자격으로 공개시험형 자체자격인 프라이빗 뱅커(CPB), 은행텔러, 영업점 컴플라이언스 오피서(은행)(보험)(증권), KBI 금융DT 테스트, 자금세탁방지 업무능력 검정시험 등 7개 자격이 있습니다.

구분	자 격 명 (공인/등록번호)	응시료	자격소개
국가공인자격	신용분석사 (제2024-1호) (2008-0438)	전과목 : 66,000원 1부 : 28,000원 2부 : 39,000원	금융회사의 여신관련 부서에서 기업에 대한 회계 및 비회계자료 분석을 통하여 종합적인 신용상황을 판단하고 신용등급을 결정하는 등 기업신용 평가업무를 담당하는 금융전문가
	여신심사역 (제2024-2호) (2008-0439)	전과목 : 66,000원 1부 : 28,000원 2부 : 39,000원	금융회사의 여신심사 담당자로서 경제상황과 기업의 재무, 비재무상태 등을 분석, 파악하여 적정한 대출심사 의견서 작성, 대출이율 및 대출기간 결정 등 대출실행 여부를 판단하고 자금의 효율적 운용, 대손 방지를 위한 제반조치, 여신의 법률적 검토, 사후관리업무 등 여신업무와 관련한 종합적인 업무를 수행하는 금융전문가
	국제금융역 (제2021-1호) (2008-0440)	전과목 : 66,000원 1부 : 33,000원 2부 : 33,000원	금융회사의 국제금융 관련 부서에서 국제금융시장의 동향파악, 분석 및 예측 등을 통하여 외화자금의 효율적 조달과 운용업무를 담당하고 이에 따른 리스크관리 등 국제금융 관련 업무를 수행하는 금융전문가
	신용위험분석사(CRA) (제2023-2호) (2008-0442)	1차 : 77,000원 2차 : 88,000원	금융회사 및 기업신용평가기관 등에서 개인과 기업에 대한 신용상태를 조사평가하고 신용위험을 측정 · 관리하는 여신전문가
	자산관리사(FP) (제2020-1호) (2008-0441)	전과목 : 55,000원 1부 : 28,000원 2부 : 28,000원	금융회사 영업부서의 PB(Private Banking) 팀에서 고객의 수입과 지출, 자산 및 부채현황, 가족상황 등 고객에 대한 각종 자료를 수집, 분석하여 고객이 원하는 Life Plan 상의 재무목표를 달성할 수 있도록 종합적인 자산설계에 대한 상담과 실행을 지원하는 금융전문가
	외환전문역 I종 (제2020-1호) (2008-0436)	전과목 : 55,000원	금융회사의 외환업무 중 외국환 거래 법규 및 외환거래실무를 이해하고 고객의 외화 자산에 노출되는 각종 외환 리스크를 최소화시키는 등 주로 개인 외환과 관련된 직무를 담당
	외환전문역II종 (제2020-1호) (2008-0436)	전과목 : 55,000원	금융회사의 외환업무 중 수출입업무 및 이와 관련된 국제무역규칙을 이해하고 외환과 관련된 여신 업무를 수행하는 등 주로 기업 외환과 관련된 직무를 담당
자체인증자격	은행텔러 (2008-0437)	전과목 : 55,000원	창구에서 일어나는 제반업무에 대해 신속하고 친절한 업무수행과 정확한 업무처리로 고객에게 도움을 주고 상담을 통해 문제해결을 하도록 도와주는 금융전문가
	영업점 컴플라이언스 오피서(은행) (2010-0118) (보험, 증권) (2013-0702,0703)	전과목 : 각 44,000원	금융회사의 영업점에서 준법관련 법규와 감독기관의 감독규정이 정한 내용과 취지를 충분히 이해하고 업무 수행과정에서 이를 준수하며, 영업점에서 발생 가능한 금융사고 및 민원사항이 발생하지 않도록 사전적 예방 차원에서 그 준수사항의 이행을 점검하는 금융전문가(은행, 보험, 증권 분야별로 자격이 구분됨)
	프라이빗뱅커 (CPB) (2018-004091)	1차 : 110,000원 2차 : 342,000원 (실무교육)	개인고액자산가의 자산 및 수익증대를 실현하기 위해 금융분야 전반에 걸쳐 종합적인 금융상담과 실행을 지원할 수 있는 최고급 수준의 금융자산설계전문가
	KBI 금융DT 테스트 (2021-001872)	전과목 : 44,000원	금융인 및 예비금융인을 대상으로 디지털금융 전반에 대한 기본지식과 업무활용능력 등 금융DT 관련 기본역량 평가
	자금세탁방지 업무능력 검정시험 (2023-004792)	전과목 : 66,000원	금융시스템을 이용한 자금세탁행위와 공중협박자금조달행위를 적발 및 예방할 수 있는 전문적인 업무역량 평가

소비자 알림사항

•상기 "프라이빗뱅커(CPB)", "영업점컴플라이언스 오피서(은행)(보험)(증권)", "KBI 금융DT 테스트", "은행텔러", "자금세탁방지 업무능력 검정시험" 자격은 자격기본법 규정에 따라 등록한 민간자격으로, 국가로부터 인정받은 공인자격이 아닙니다.
•민간자격 등록 및 공인 제도에 대한 상세내용은 민간자격정보서비스 (www.pqi.or.kr)의 '민간자격 소개'란을 참고하여 주십시오.

기타

•응시료 환불 규정 : 접수기간 중 100%, 접수기간 종료 후 시험일 5일전 18시까지 50% 환불/이후 환불 불가
•자격 공인번호는 재공인시점에 따라 변경될 수 있으며, 응시료, 환불규정 등은 응시 시점에 따라 변경될 수 있으니 자격시험 응시 전 반드시 한국금융연수원 홈페이지에서 응시하고자 하는 자격시험에 관한 최신 정보를 확인하시기 바랍니다. 자격시험에 관한 자세한 사항은 한국금융연수원 홈페이지를 참조하시기 바랍니다.
•주소 : 서울특별시 종로구 삼청로 118 / TEL : 02-3700-1500 / 홈페이지 : www.kbi.or.kr